深圳律师实务丛书

# 专利保护实务问题研究

组　编　深圳市律师协会专利法律专业委员会
主　编　孙大勇
副主编　刘志伟　左殿勇　丁建春

RESEARCH ON PRACTICAL ISSUES OF PATENT PROTECTION

法律出版社
LAW PRESS · CHINA
北京

**图书在版编目（CIP）数据**

专利保护实务问题研究 / 深圳市律师协会专利法律专业委员会组编 ; 孙大勇主编 ; 刘志伟, 左殿勇, 丁建春副主编. -- 北京 : 法律出版社, 2025. -- (深圳律师实务丛书). -- ISBN 978-7-5244-0363-0

Ⅰ. D923.424

中国国家版本馆 CIP 数据核字第 20257KT869 号

**专利保护实务问题研究**
**ZHUANLI BAOHU SHIWU WENTI YANJIU**

深圳市律师协会专利法律专业委员会 组编
孙大勇 主编
刘志伟 左殿勇 丁建春 副主编

策划编辑 朱轶佳
责任编辑 朱轶佳
装帧设计 鲍龙卉

**出版发行** 法律出版社
**编辑统筹** 司法实务出版分社
**责任校对** 李慧艳
**责任印制** 胡晓雅
**经　　销** 新华书店

**开本** 710 毫米×1000 毫米 1/16
**印张** 28　**字数** 445 千
**版本** 2025 年 8 月第 1 版
**印次** 2025 年 8 月第 1 次印刷
**印刷** 三河市龙大印装有限公司

地址:北京市丰台区莲花池西里 7 号(100073)
网址:www.lawpress.com.cn
投稿邮箱:info@lawpress.com.cn
举报盗版邮箱:jbwq@lawpress.com.cn

销售电话:010-83938349
客服电话:010-83938350
咨询电话:010-63939796


**书号**:ISBN 978-7-5244-0363-0
**定价**:106.00 元

# 深圳律师实务丛书
# 编委会

# 本书编委会


主　　任：孙大勇

副 主 任：马　戎　刘志伟　丁敬伟

顾　　问：陈迎春（国家知识产权局专利局复审委员会诉讼处原处长、二级巡视员）

邱永清（广东省高级人民法院民事审判第三庭原副庭长）

于春辉（深圳市中级人民法院知识产权法庭原审判长）

主　　编：孙大勇

副 主 编：刘志伟　左殿勇　丁建春

编写组成员（按姓氏拼音排序）：

周　芮　袁丛清　叶志鹏　熊永明　肖　军

夏　晶　吴文文　唐克胤　谭曦鹭　沈克琪

欧阳启明　刘刚华　刘芸芸　李龙飞　管伟江

程　亮

编　　务：龙思敏

# 回归专业　潜心钻研
# 促进高质量发展

斗转星移,继往开来。深圳市律师协会自 2012 年启动“深圳律师实务丛书”(以下简称丛书)出版工作以来,至今已出版实务专著 48 部,内容涵盖诸多专业领域,全面展现了深圳律师业务的研究成果和实务经验,已成为深圳市律师协会推进行业专业化建设的品牌项目。

鼓励和引导律师著书立说是深圳市律师协会推动律师专业化的一项长期性的重点工作。丛书旨在充分发挥深圳市律师协会的业务指导作用,通过鼓励深圳律师和深圳市律师协会各专业委员会撰写实务专著,可以有效提升律师业务水平,增强律师业务能力,保证律师服务质量,以专业引领和成果共享助推深圳律师行业高质量发展。

本套丛书凝集着深圳律师的心血与经验,展现了深圳律师的专业水平。本套丛书在律师业务的众多领域,汇集了深圳律师的业务成果,总结了深圳律师的执业经验,体现了深圳律师的专业能力,彰显了深圳律师的职业精神。这一本本专著必将成为深圳律师专业化发展史上一颗颗璀璨的明珠,永远镶嵌在深圳律师专业化发展的史册上。

2023 年是全面贯彻落实党的二十大精神的开局之年,深圳律师要深学细悟笃行党的二十大精神,让党的二十大精神在深圳律师行业落地生花,要以习近平法治思想为指引，大兴专业研究之风，切实回归专业，潜心研究，深挖专业和实务问题，以高品质的法律服务保障行业的高质量发展。开展业务和实务研究不能脱离实际，必须密切关注经济社会发展和法治建设，聚焦其中的热点、难点、堵点问题，深入开展有针对性的研究，进而提出应用对策与实践指引，也期待深圳律师能输出更多的法律实务研究成果，并能形成专著与同行共享，这本身也是律师业务领域的一种先行示范。

希望本套丛书成为广大实习人员、执业律师期待、必备的好工具，也希望未来能够出版更多、更好的供律师们学习提高、掌握律师实务知识与技能的好专著！

**张　斌**

**深圳市律师协会会长**

**2023 年 1 月 9 日**

# 本书序

深圳，这座中国的经济特区，自诞生之日起，便以“敢为天下先”的英勇气概，肩负起改革开放的历史使命。随着国家科技创新战略的深入实施以及知识产权强国建设的不断推进，深圳专利律师在这一波澜壮阔的历史进程中，扮演着至关重要的角色。

作为科技创新的前沿阵地，深圳会聚了无数高新技术企业和创新人才，对知识产权保护有强烈需求。作为专业的法律服务力量，深圳专利律师凭借坚定的职业信念、开阔的全球视野和精湛的专业技能，帮助创新主体制定知识产权战略，申请专利，许可或转让专利，诉讼维权，为深圳的科技创新保驾护航，为中国的科技进步作出巨大贡献。随着全球化的深入发展，知识产权已成为企业参与国际竞争的重要战略资产。越来越多的深圳专利律师走上国际舞台，帮助企业在全球市场上维护自身权益，持续提升深圳在世界范围的科技竞争力和文化影响力。

在依法治国的大背景下，深圳专利律师越发重要。他们不仅是法律服务的提供者，更是法律知识的传播者和法治精神的践行者。他们积极投身法律理论研究，踊跃参与专利法律制度的完善与实施，身体力行地推动深圳乃至全国知识产权法治环境的持续优化，为中国法治建设贡献了重要力量。在这一意义上，深圳专利律师既是知识产权法治的守护者，也是创新的助推器，帮助深圳乃至国家营造可持续发展的创新环境。

为展现深圳专利律师的专业素质，总结实务经验，引领行业发展，深圳市律师协会专利法律专业委员会专门组织编写了本书。本书汇集了深圳专利律师的最新实务研究成果、2021—2023 年以来经典优秀案例的总结以及最新的专利维权实务研究报告。具体而言，本书分“观点争鸣”、“案例评述”和“研究报告”三部分。其中，“观点争鸣”部分主要以实务论文的形式探讨专利法律实务问题；“案例评述”部分对 2021—2023 年由深圳市律师协会评选的由深圳律师代理的经典专利案例进行了评述、总结、提炼和升华；“研究报告”部分则呈现了深圳专利律师团队撰写的优秀研究报告。上述三部分内容分别从不同的角度体现了深圳专利律师的专业素质、实操能力和研究水平，让人印象深刻。

本书不仅是对深圳专利律师专业成果的全面展示，更是对专利法律实务领域宝贵经验的分享，为读者提供了实用、权威、前沿的专利法律实务指南。希望本书能够成为广大律师、企业法务、高校师生等群体的良师益友，助力他们在专利法律实务或理论研究领域取得更加卓越的成就。同时，期待本书能够激发更多有志之士投身专利法律事业，共同推动我国知识产权保护工作的蓬勃发展！

**崔国斌**[*]

**2025 年 6 月 30 日**

---

* 崔国斌：法学博士、教授，清华大学法学院知识产权法研究中心主任。

# 目　录

## 第一篇　观点争鸣

## 第二篇　案例评述

## 第三篇 研究报告

# 第一篇

# 观点争鸣

# 第一章

# 专利民事诉讼实务

## 符合发明目的原则在判断现有技术隐含公开特征中的运用

郑　雄*

### 一、案情简介[1]

涉案专利专利号为 ZL20091××××××××.×，发明名称为"微型天线"，专利权人××公司许可原告公司实施本专利并明确授权专利权人以自己名义维权。涉案专利权利要求共 8 项，原告在本案中主张保护权利要求第 1、2 项。为证明侵权事实，原告分别在淘宝、京东、拼多多平台销售被诉产品的部分链接进行了网页证据保全，并购买了被诉产品实物。诉讼中被告提出现有技术抗辩，证据是公开号为 CN1501×××A 的中国发明专利。

被诉产品中落入涉案专利保护范围的技术特征是：基体的第一表面设有一具导电性的第一电极层，基体的第二表面设有一具导电性的第二电极层，且该第二电极层与该第一电极层具有部分对应重叠（以下简称特征 D）。如图 1 所示。

---

* 郑雄：深圳市律师协会第十一届专利法律专业委员会委员，广东卓建律师事务所律师。

〔1〕 参见上海知识产权法院民事判决书，（2022）沪 73 知民初 30 号。

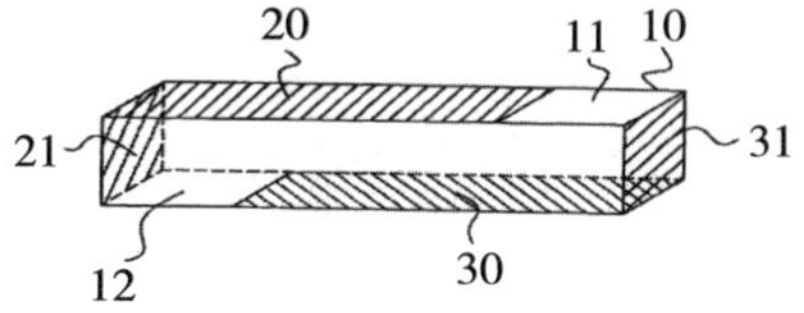


**图 1　被诉产品中落入涉案专利保护范围的技术特征**

现有技术证据中相应技术特征是:“其中缝隙 3b 的位置是可以变化确定的”(以下简称特征 d)。如图 2 所示。

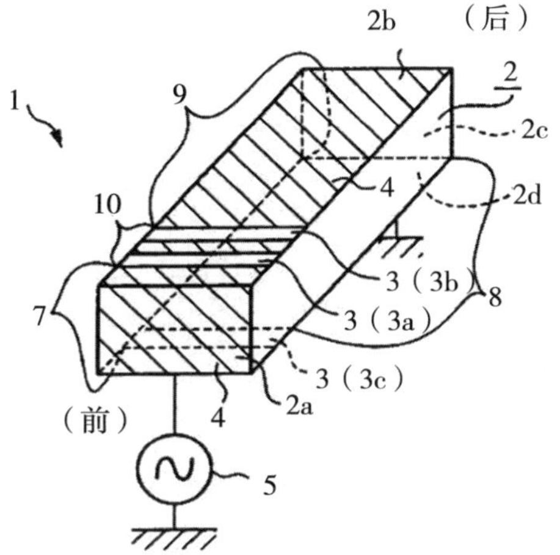


**图 2　现有技术证据中相应技术特征**

## 二、现有技术抗辩

被告主张现有技术证据公开了“其中缝隙 3b 的位置是可以变化确定的”,因此当缝隙 3b 往前端表面 2a 方向延伸时,导电薄膜 9 和导电薄膜 7 延伸到底面的部分会产生重叠,导电薄膜 9 相当于第一电极层,导电薄膜 7 相当于第二电极层,在第一表面和第二表面的两电极层就会形成重叠。因此,现有技术公开了上述被诉产品中落入涉案专利保护范围的技术特征,现有技术抗辩成立。

## 三、关于现有技术抗辩的应对

第一，现有技术证据并未明确记载“导电薄膜9与导电薄膜7重叠”的技术特征。

首先，从图2来看，导电薄膜9与导电薄膜7并未重叠。

其次，虽然现有技术证据公开“其中缝隙3b的位置是可以变化确定的”，但未明确公开缝隙3b的位置将会如何变化，缝隙3b的位置可以朝2b方向延伸，也可以朝2a方向延伸。虽然当缝隙3b往前端表面2a方向延伸时，存在导电薄膜9和导电薄膜7延伸到底面的部分产生重叠的可能，但这仅仅是一种可能，而不是现有技术证据明确记载的内容。

第二，现有技术证据公开的内容包括证据中明确记载的内容，还包括隐含公开的内容，但“导电薄膜9具有与导电薄膜7重叠”这一技术特征，对本技术领域的技术人员来说，并不能从上述现有技术中直接地、毫无疑义地得出，因此，该特征不属于现有技术隐含公开的内容。

《专利审查指南》第二部分第三章第2.3节规定：“引用对比文件判断发明或者实用新型的新颖性和创造性等时，应当以对比文件公开的技术内容为准。该技术内容不仅包括明确记载在对比文件中的内容，而且包括对于所述技术领域的技术人员来说，隐含的且可直接地、毫无疑义地确定的技术内容。但是，不得随意将对比文件的内容扩大或缩小。”上述规定虽然是关于专利授权确权过程中适用的规则，但在司法实践确定侵权诉讼中，确认现有技术公开的内容时通常适用同样的规则。

就本案而言，现有技术中未公开“导电薄膜9具有与导电薄膜7重叠”这一技术特征，只有当缝隙3b的位置朝2b方向延伸，且恰好延伸至与导电薄膜7重叠的位置时，才有可能。缝隙3b的位置如向2b方向移动，或者向2a方向稍微移动，都不会出现“导电薄膜9具有与导电薄膜7重叠”这种情况。因此“导电薄膜9具有与导电薄膜7重叠”只是多种可能中偶然出现的一种可能，不属于现有技术中可直接地、毫无疑义地确定的技术内容。

特别要注意的是，现有技术证据中如出现“导电薄膜9具有与导电薄膜7重叠”的情形，发明目的将落空。根据现有技术证据说明书记载的内容可知，改变缝隙3b的位置是为了改变辐射电极9的有效长度，通过调整辐射电极9的长度来调整辐射电极9的谐振频率，即辐射电极9的长度决定了辐射电极9的谐振频率。但如果改变缝隙3b的位置使相应两电极层部分重叠，势必使电容量增加，这必然对辐射电极9的谐振频率产生巨大影响，这样就会使通过仅改变辐射电极9的有效长度来改变谐振频率的目的落空。因此，从该专利的发明目的出发，移动缝隙3b的位置使相应两电极层部分重叠，与发明目的相违背，故“导电薄膜9具有与导电薄膜7重叠”不可能属于现有技术隐含公开的技术特征，现有技术抗辩不成立。

## 四、总结

“在确定专利权保护范围时，不应将不能实现发明目的、效果的技术方案解释到权利要求的保护范围中”[1]一般被称为符合发明目的原则。在专利侵权诉讼中，符合发明目的原则往往为被告用作不侵权抗辩的抗辩理由，但对于原告来讲，这一原则在原告对抗现有技术抗辩时也有机会适用。现有技术公开的内容不仅包含明确记载的技术特征，还包含隐含公开的技术特征。而对于技术特征是否隐含公开的判断，不管是在民事侵权诉讼中，还是在专利授权确权案件中都是案件的难点。毕竟关于“直接、毫无疑义地得出”的判断难免有主观的因素，但是如果待确认的隐含公开特征不能实现该现有技术证据发明目的，应可以直接得出该特征不属于隐含公开的特征。本案代理人陈述的上述观点也得到了法院的采纳，认定现有技术抗辩不成立。

---

〔1〕 北京市高级人民法院《专利侵权判定指南（2017）》第4条规定：“符合发明目的原则。在确定专利权保护范围时，不应将不能实现发明目的、效果的技术方案解释到权利要求的保护范围中，即不应当将本领域普通技术人员在结合本领域的技术背景的基础上，在阅读了说明书及附图的全部内容之后，仍然认为不能解决专利的技术问题、实现专利的技术效果的技术方案解释到专利权的保护范围内。”

另外，在现有技术抗辩场景中，符合发明目的原则还可以用来帮助判断现有技术公开的技术特征与被诉产品落入涉案专利保护范围的技术特征是否“无实质性差异”。现有技术抗辩的适用规则采用的是“相同或无实质性差异”[1]标准，相同判断相对容易，“无实质性差异”判断一般可以参照“等同原则”的标准来把握。而等同判断一直是专利诉讼中的难点，但如果在现有技术公开的相应技术方案因为相应技术特征而与涉案专利发明目的不符合的情况下，应当也可以作出两者不属于“无实质性差异”的技术特征的判断。

---

〔1〕 最高人民法院《关于审理侵犯专利权纠纷案件应用法律若干问题的解释》第 14 条第 1 款规定：“被诉落入专利权保护范围的全部技术特征，与一项现有技术方案中的相应技术特征相同或者无实质性差异的，人民法院应当认定被诉侵权人实施的技术属于专利法第六十二条规定的现有技术。”

# 从功能性权利要求视角看专利技术特征之发明目的解释方式的适用

吴　军*

## 一、案件背景[1]

某和公司是ZL2014206268××实用新型专利(以下简称涉案专利)的专利权人,涉案专利名称为"带××记事本"。

某和公司认为被告聚某公司在天猫"某某旗舰店"销售的涉案产品落入了涉案专利权利要求1的保护范围,侵害了涉案专利的专利权。

为此,某和公司特向法院对被告提起民事诉讼,请求判令被告立即停止侵害,赔偿经济损失及维权合理开支等。

### (一)一审法院的判决认定

通过将被诉侵权产品与某和公司主张保护的涉案专利权利要求1进行比对,一审法院认为:(1)被诉侵权产品是一个带优盘的记事本,包括扣合装置和记事本;(2)被诉侵权产品正面夹层中有个圆形磁铁,被诉侵权产品上的优盘插入鼻带前端金属容置部件后,优盘与该金属容置部件磁吸为一体,

---

* 吴军:深圳市律师协会第十一届专利法律专业委员会委员,广东深科律师事务所律师。

〔1〕 参见深圳市中级人民法院民事判决书,(2020)粤03民初5341号;最高人民法院民事判决书,(2021)最高法知民终2211号。

与圆形磁铁磁性吸合，从而将记事本进行扣合；（3）前述圆形磁铁、鼻带均为独立部件，优盘可以从鼻带前端金属容置部件拔出，单独使用，三者分体设置；（4）圆形磁铁固定在记事本正面夹层中，鼻带的一端固定在记事本背面；（5）优盘的一端可以插入鼻带前端金属容置部件或者拔出。优盘背面有一个磁铁，鼻带前端金属容置部件中内置一个圆形的磁铁。既可以将优盘与鼻带前端金属容置部件中内置的磁铁磁吸形成整体后再与正面夹层中的圆形磁铁磁吸连接；也可以将鼻带前端金属容置部件中内置的磁铁去掉后，将优盘插入鼻带前端金属容置部件，用优盘背面的磁铁与正面夹层中的圆形磁铁磁吸连接。因此，被诉侵权产品具备涉案专利权利要求 1 的全部技术特征，构成侵权。具体说明如下。

1. 关于被诉侵权产品圆形磁铁及其位置问题。首先，某和公司在主张保护的涉案专利权利要求 1 中并未限定“金属扣”的具体形状、结构，一审法院认为，侵权产品正面夹层中的圆形磁铁与涉案专利权利要求 1 中“金属扣”这一技术特征构成相同。退一步讲，即使圆形磁铁不是“金属扣”，但圆形磁铁所在位置、与优盘的磁吸连接关系均与涉案专利权利要求 1 中“金属扣”的位置、“金属扣”与优盘的磁吸连接关系完全相同，均实现了将记事本进行扣合的功能和效果；且利用磁铁的磁吸关系形成连接关系是该领域普通技术人员无须经过创造性劳动就能够联想到的特征，该圆形磁铁也与涉案专利权利要求 1 中的“金属扣”特征构成等同。其次，关于“金属扣”的位置，涉案专利权利要求 1 记载为“固定在记事本的一面”。聚某公司、骐某公司根据涉案专利说明书附图 2 的内容，将涉案专利权利要求 1 记载的“记事本一面”解释为“记事本的上表面”，限缩了涉案专利权利要求 1 的保护范围，不符合专利法及相关司法解释中对权利要求内容进行解释的原则和方法，不予采纳。侵权产品中的圆形磁铁，即金属扣位于记事本的正面，与涉案专利权利要求 1 记载的“记事本一面”的技术特征构成相同。

2. 关于优盘是否系必要扣合装置的问题。根据全面覆盖原则，只要被诉侵权技术方案的技术特征包含了专利权保护范围的技术特征，即认定前者落入专利权的保护范围。除最高人民法院《关于审理侵犯专利权纠纷案件应用法律若干问题的解释(二)》第7条规定的特定的封闭式权利要求表征的组合物专利之外,被诉侵权产品是否包括其他增加的技术特征,在所不问。被诉侵权产品在鼻带前端金属容置部件中设置了一个磁铁,该磁铁既可以与优盘上的磁铁磁吸,也可以与记事本上的金属扣磁吸连接,但该项技术特征属于被诉侵权产品增加的技术特征。将被诉侵权产品鼻带前端金属容置部件中的磁铁去除后,不影响被诉侵权产品中的优盘的插拔,而且优盘上的磁铁也能与金属扣磁吸连接,被诉侵权产品完全覆盖涉案专利权利要求1的全部技术特征,落入涉案专利权利要求1的保护范围。

综上,聚某公司、骐某公司关于被诉侵权产品没有金属扣,被诉侵权产品圆形磁铁安装位置不同,被诉侵权产品优盘不是扣合的必要装置的比对意见,均不予采纳。一审法院同时认定聚某公司、骐某公司主张的现有技术抗辩不能成立,判决聚某公司、骐某公司立即停止侵害,赔偿某和公司经济损失10万元和维权合理开支3万余元。

### (二)二审法院的判决认定

聚某公司、骐某公司不服一审判决,向最高人民法院提起上诉,就涉案专利主张在没有优盘的情况下记事本将无法扣合,被诉侵权产品的扣合是通过鼻带直接完成,没有优盘也能正常扣合,且被诉侵权产品“优盘直接插入鼻带中,记事本的扣合由鼻带独立完成”的连接方式与涉案专利“记事本的一面上固定金属扣;优盘的一端拔插式插入鼻带的另一端,优盘另一端磁吸式连接于金属扣上”的连接方式不同,两者属于不同的技术特征,实现的技术效果也不同,不构成侵权。聚某公司、骐某公司请求撤销原审判决,依法改判驳回某和公司的所有诉讼请求。

最高人民法院经审理认为,涉案专利说明书第[0004段]记载,为克服现有带优盘记事本存在的优盘不能单独取下,优盘容易丢失磨损等问题,该实用新型将优盘较好地整合在记事本中,提供一种优盘可以单独取下,优盘不易丢失、不易磨损的带优盘记事本。第[0017段]记载，鼻带固定在记事本上的方式会在取下优盘后起到提醒的作用，防止优盘丢失……而鼻带如果固定在记事本上，单独取下优盘后记事本无法合上……进而提醒使用者优盘遗忘。

而且国家知识产权局针对涉案专利于2017年5月23日作出的第32××号决定，认定涉案专利权利要求1与在先专利（本案中聚某公司、骐某公司主张现有技术抗辩使用的证据）相比的主要区别在于"优盘的一端插拔式插入鼻带的另一端，优盘另一端磁吸式连接于金属扣上"，目前没有证据证明上述区别为该领域的公知常识。涉案专利通过将金属扣、优盘和鼻带分体设置，将优盘的两端分别与金属扣和鼻带连接，使优盘作为扣合过程的必要部件，达到优盘不容易丢失的目的。涉案专利权利要求1相对于现有技术具备新颖性和创造性，维持该权利要求1有效。

在二审中，各方争议的主要焦点是：被诉侵权技术方案是否缺少涉案专利权利要求1中"优盘的一端插拔式插入鼻带的另一端，优盘另一端磁吸式连接于金属扣上"这一技术特征。

最高人民法院认为，首先，关于上述技术特征的解释。对于权利要求中技术特征的解释，应根据权利要求的记载，结合该领域技术人员阅读权利要求书和说明书后的整体理解予以解释，不仅要考虑该技术特征采用的技术手段，还要结合发明目的，考虑采用该技术手段所解决的技术问题、实现的功能和达到的效果。结合涉案专利说明书的记载和第32××号决定的认定，对于涉案专利权利要求1中"优盘的一端插拔式插入鼻带的另一端，优盘另一端磁吸式连接于金属扣上"这一技术特征应当作整体理解，因为"优盘的一端插拔式插入鼻带的另一端"和"优盘另一端磁吸式连接于金属扣上"均不能作为独立的技术手段实现相应的功能。涉案专利权利要求1这一技术特征通过将优盘的两端分别与金属扣和鼻带连接，使优盘作为扣合过程的必要部件。当优盘被取下，鼻带不能直接将记事本扣合，从而提醒使用者优盘被遗落，以达到优盘不容易丢失的效果。其次，关于被诉侵权产品的相应技术特征认定。根据原审当庭勘验及各方当事人陈述,被诉侵权产品记事本正面皮革夹层内嵌有一个圆形磁铁片;鼻带的一端固定在记事本背面,另一端连接有金属容置部件,该金属容置部件的末端有圆形磁铁片,可以与记事本正面的磁铁片进行吸合,使鼻带将记事本扣合;优盘金手指端插入上述金属容置部件,优盘的另一端也具有磁性,在优盘插入上述金属容置部件时,优盘具有磁性的另一端与金属容置部件末端吸合。被诉侵权产品优盘的金手指端插拔式插入鼻带末端的金属容置部件,但优盘另一端并非磁吸式连接于记事本正面的圆形磁铁片。被诉侵权产品不需要优盘即可实现以鼻带将记事本扣合的效果,优盘仅是插入鼻带末端的金属容置部件并吸附在金属容置部件上;优盘被取下时,并不影响记事本的扣合,不能达到提醒使用者因遗落而丢失优盘的效果,无法实现涉案专利的发明目的。

综上,根据对于涉案专利权利要求 1 争议技术特征的理解以及对被诉侵权产品相应技术特征的确定可知,被诉侵权产品不具有涉案专利权利要求 1 中"优盘的一端插拔式插入鼻带的另一端,优盘另一端磁吸式连接于金属扣上"这一技术特征;被诉侵权产品的相应技术特征与涉案专利权利要求 1 的上述争议技术特征所采用的手段、实现的功能和达到的效果均明显不同,被诉侵权产品无法实现涉案专利的发明目的,两者既不相同也不等同,故被诉侵权技术方案没有落入涉案专利权利要求 1 的保护范围。原审法院认定被诉侵权技术方案落入涉案专利权利要求 1 的保护范围有误,依法予以纠正。

## 二、案件争议焦点

上述争议焦点涉及的权利要求为功能性权利要求即功能性限定。在专利法中,功能性限定也被称为功能性限定特征或功能性特征,主要是指在描述一个技术特征时,不是通过该技术特征结构、组分、材料、步骤、条件或相互之间的关系来限定,而是通过该技术特征在发明创造中所起的功能或者效果来进行限定。

在专利的权利要求中,使用功能性限定主要有两种情况。一种情况是当结构描述无法很好地描述出技术方案的本质时，使用功能性限定能更有利于技术方案的准确表述。另一种情况是申请人为了扩大保护范围，涵盖多个实现同一功能的多个技术方案，使用功能性的限定进行概括性的描述。需要注意的是，功能性限定应当理解为覆盖了所有能够实现所述功能的实施方式。对于含有功能性限定的特征的权利要求，应当审查该功能性限定是否得到说明书的支持。纯功能性的权利要求若未得到说明书的支持，是不被允许的。功能性限定在专利法中是一种特殊的描述方式，它有助于更准确地描述技术方案，同时有助于扩大专利的保护范围。

## 三、关于功能性权利要求的法律条款及应用

### （一）司法解释和部门规章

关于功能性权利要求的司法解释和部门规章，主要可以参考《专利审查指南》和最高人民法院《关于审理侵犯专利权纠纷案件应用法律若干问题的解释》（以下简称《专利侵权司法解释（一）》）。

首先，《专利审查指南（2023）》第二部分第二章第 3.2.1 节对于功能性权利要求有明确的阐述，即对于权利要求中所包含的功能性限定的技术特征，应当理解为覆盖了所有能够实现所述功能的实施方式。这意味着，在专利审查中对于涉及功能性限定的技术特征，会考虑到所有可能实现该功能的方式。

其次，《专利侵权司法解释（一）》对于功能性权利要求也有具体的解释。其中第 4 条规定，对于权利要求中以功能或者效果表述的技术特征，法院应当结合说明书和附图描述的该功能或者效果的具体实施方式及等同的实施方式，确定该技术特征的内容。也就是说，在涉及功能性权利要求的专利权侵权判断中，人民法院会根据具体实施方式及等同的实施方式重新确定专利权的保护范围。

这些司法解释和法条为功能性权利要求的审查和侵权判断提供了明确的指导，有助于确保专利权的公正、合理保护。

### (二)在诉讼中的应用

首先,在诉讼中,法院在解释功能性限定的技术特征时,通常会结合专利说明书和附图中所描述的具体实施方式及等同的实施方式,以确定这些特征的具体内容。这样的解释方法有利于为专利权人提供合理的保护,同时确保公众利益不受侵犯。

其次,在判断争议技术特征是否属于"功能性特征"时,法院不仅会考虑技术特征文字本身的含义,还会将技术特征纳入权利要求限定的整体技术方案进行理解。例如,如果一个技术特征在权利要求中以功能或效果来表述,但结合说明书和附图,该领域普通技术人员能够直接、明确地确定该特征的具体实施方式,那么该特征可能就不被视为功能性特征。

值得注意的是,并非所有以功能或效果表述的技术特征都不能明确具体实施方式。在某些情况下,如变压器、放大器等,具体实施方式可能是相对明确的。同时,如果将所有与功能或效果有关的技术特征都用于确定保护范围,可能会不适当地限制保护范围。

在具体的诉讼案例中,法院会根据以上原则进行裁判。例如,如果被诉侵权产品具有与专利中描述的功能性特征相似的功能或效果,且该功能性特征在专利权利要求中被明确描述,法院可能会认定构成等同侵权。

### (三)小结

总之,功能性权利要求的诉讼案例涉及对技术特征的解释、对保护范围的确定以及对侵权行为的认定等多个方面。在处理这类案件时,法院会综合考虑技术特征的文字描述、说明书和附图的内容以及整体技术方案等因素,以作出公正、合理的裁判。

## 四、总结

发明或者实用新型专利权的保护范围以权利要求的内容为准,说明书及附图可以用于解释权利要求的内容。因此,在具体解释权利要求技术特征的含义时,应该结合说明书及附图的内容对技术特征进行全面理解。

结合相关领域技术人员阅读权利要求和说明书后的整体理解予以解释,不仅要考虑该技术特征采用的技术手段,还要结合发明目的,考虑采用该技术手段所解决的技术问题、实现的功能和达到的效果,本案对于合理确定专利权利要求的保护范围,准确进行侵权判定具有一定参考意义。

# 浅议对专利权利要求中明显错误作修正性理解的正当性

郑　雄*

## 一、问题的提出

专利授权公告有两个作用:一个是彰显权利人的权利;另一个是通过公示的权利要求划清专利保护范围,让权利人之外的社会公众了解权利的界限,界限之内,不能侵犯,界限之外,则是自由,非专利权人皆可以任意实施。问题是,由于专利申请文件撰写人的疏忽,实践中很多授权专利权利要求中出现了一些明显错误。特别是未经实质审查的授权实用新型专利,此种明显错误出现的概率相对较高,这种错误与说明书或说明书附图产生明显的矛盾,按照这种错误的描述,权利要求的技术方案根本无法实施,但是根据原说明书、权利要求书的上下文中又可以清楚地得出唯一理解,没有作其他解释或者修改的可能。如何看待此类专利的保护范围?如允许就该专利权利要求按照说明书或附图的正确含义进行修正性理解来确定权利要求保护范围,则有损专利的公示价值以及社会公众的利益;但如果严格按照字面含义理解权利范围,则有损专利权人利益,打击专利权人发明创造的积极性。目前司法实践对上述明显错误如何看待?司法实践的处理方式有无法律依

* 郑雄:深圳市律师协会第十一届专利法律专业委员会委员,广东卓建律师事务所律师。

据？如何处理才能很好地平衡专利权人和社会公众的利益？笔者梳理了相关案例和相关法律规定，并对上述问题进行了分析和探讨，以期对读者有所帮助。

## 二、何为权利要求中的“明显错误”

何为“明显错误”，《专利法》及相关司法解释并没有给出明确的定义，此前，只在《专利审查指南(2010)》[1]第一部分第二章第8节之(1)中有相关规定：“所谓明显错误，是指不正确的内容可以从原说明书、权利要求书的上下文中清楚地判断出来，没有作其他解释或者修改的可能。”另外，《专利审查指南(2010)》第二部分第八章第5.2.2.2节之(11)中有关于“明显错误”的一些规定：“修改由所属技术领域的技术人员能够识别出的明显错误，即语法错误、文字错误和打印错误。对这些错误的修改必须是所属技术领域的技术人员能从说明书的整体及上下文看出的唯一的正确答案。”根据以上规定，不难理解什么是语法错误以及打印错误方面的明显错误，但何谓文字错误？明显的打字错误如打成了同音的字或形状相近的字之类的错误，此种错误为明显错误较好理解，但是有些情况相对复杂，譬如说字并没有写错。例如，“左端”和“右端”写反了，“上下表面”写成“左右侧面”，这样算不算文字错误呢？单从文字表达来看，上述文字表述含义清楚明确，但如果按照字面意思理解该文字内容，专利技术方案就根本无法实施，本文暂且将这种情况称为“非严格意义上的文字错误”。此种错误是否属于指南规定的明显错误，不免让人产生困惑。

## 三、司法实践如何处理权利要求中的明显错误

司法实践中，对于权利要求书中的语法、文字、数字、标点、图形、符号等

---

[1] 《专利审查指南》已于2023年修订，本文所提及规定均无修改。

错误,包括上文所称的“非严格意义上的文字错误”,只要相关领域普通技术人员通过阅读权利要求书、说明书及附图可以得出唯一理解,都归属为“明显错误”,并对保护范围作修正性的解释。下文结合四个具体案例的法院裁判观点具体说明。

### (一)西科公司与恒美公司等侵害发明专利权纠纷案〔1〕

法院认为,涉案专利权利要求3保护一种具有一转动联动装置的可移动的折叠台,包括:“……第一端枢轴转动安装于该隆起的中心部,而其第二端枢轴转动安装于该台盖板的基本上呈矩形的第二连杆……”被诉产品的“活动舞台”的第二连杆是U形结构。二审法院查明专利说明书中有关于“U”形连杆的表述,且第二连杆不是U形连杆将不能解决背景技术指出的缺陷,最后认定,“本案中,所属技术领域普通技术人员能够明确无误地确认权利要求3中‘基本上呈矩形的第二连杆(105)’是撰写错误,也能明显无疑地知道该处的‘基本上呈矩形的第二连杆(105)’应为‘基本上呈U形的第二连杆(108)’”。

### (二)国威公司、蒋某屏与林芝公司、苏宁公司侵害实用新型专利权纠纷案〔2〕

法院认为,首先,根据权利要求2记载的技术方案,该领域普通技术人员可以认识到,散热铝条粘贴在导热铝管的左右侧面存在错误。其次,该案专利说明书[0008段]记载的内容不仅提示了权利要求2关于散热铝条的粘贴位置存在错误,还提示了正确的解决方法。最后,该案专利说明书[0021段]记载的内容以及附图4和附图6显示,散热铝条粘贴在发热芯中导热铝管的上下表面。因此,散热铝条显然应当粘贴在导热铝管的上下表面而非左右

〔1〕 参见上海市高级人民法院民事判决书,(2012)沪高民三(知)终字第44号。
〔2〕 参见最高人民法院民事判决书,(2018)最高法民再111号。

侧面，该案专利权利要求 2 中的“所述散热铝条(11)粘贴在发热芯(10)中导热铝管(1)的左右侧面上”中的“左右侧面”确系“上下表面”的笔误，属于可以纠正的明显错误。

（三）德乐公司、启重公司侵害发明专利权纠纷案[1]

法院认为，虽然权利要求 1 的技术特征“所述出油口 A 和出油口 B 分别与主活塞腔内的中左部和中右部连通，出油口 A 还与控制活塞腔的左端连通，出油口 B 还与控制活塞腔的右端连通”清楚地表达了连接关系，但这种连接关系无法实现油路自动换向这一发明的基本功能，而该领域普通技术人员能够根据说明书和附图的相应记载明确、直接、毫无疑义地确定权利要求 1 中出油口与主活塞腔、控制活塞的同侧连接关系存在明显的表述错误，实际应为交叉连接关系，应修正为“出油口 A 还与控制活塞腔的右端连通，出油口 B 还与控制活塞腔的左端连通”。另外，在该案询问过程中，德乐公司亦承认该领域普通技术人员通过阅读修正前的说明书和附图，能够认识到涉案专利权利要求 1 限定的技术方案无法正常工作，只有经过修正，才能实现功能。因此，专利权利要求中的相关内容应理解为“出油口 A 还与控制活塞腔的右端连通，出油口 B 还与控制活塞腔的左端连通”。

（四）叶某诉株式会社钟化等发明专利无效行政纠纷案[2]

法院认为，“由于权利要求 1 存在明显的文字记载错误，本领域技术人员结合说明书及附图，能够将本专利权利要求 1 中的‘在衬底(1)上从光入射侧顺序层积一导电型层(31、51)、实质本征半导体的光电变换层(32、52)及含有反向导电型层(33、53)的多个光电变换单元(3、5)’更正性地

---

〔1〕 参见最高人民法院民事裁定书，(2019)最高法民申 565 号。

〔2〕 参见北京市高级人民法院行政判决书，(2014)高行终字第 1811 号。

理解为‘在衬底(1)上从光入射侧顺序层积含有一导电型层(31、51)、实质本征半导体的光电变换层(32、52)及反向导电型层(33、53)的多个光电变换单元(3、5)’。在此基础上，本专利权利要求1记载的技术方案与说明书附图10中的技术方案是一致的，权利要求1能够得到说明书的支持。专利复审委员会仅依据本专利权利要求1的错误文字记载就机械地得出其无法根据说明书得到或者概括得出的结论是错误的。在此基础上，专利复审委员会认定权利要求1的从属权利要求也得不到说明书的支持亦属错误”。

## 四、对权利要求中明显错误作修正性理解的法律依据

首先，根据《专利审查指南(2010)》第一章和第二章中有关明显错误的规定，当权利要求中出现所述明显错误时，在专利申请审查过程中，只要是在符合《专利法实施细则》规定的修改时机和方式的情况下，申请人可以就明显错误作出修改，此种修改方式并不属于修改超范围的情形。

其次，根据最高人民法院《关于审理侵犯专利权纠纷案件应用法律若干问题的解释(二)》(以下简称《专利侵权司法解释(二)》)第4条规定:“权利要求书、说明书及附图中的语法、文字、标点、图形、符号等存有歧义，但本领域普通技术人员通过阅读权利要求书、说明书及附图可以得出唯一理解的，人民法院应当根据该唯一理解予以认定。”法院在民事司法审判中应当对权利要求中出现的明显错误作出修正性理解。

最后，根据《专利审查指南(2010)》第四部分第三章第4.6.2节“修改方式”可知，权利要求的修改“一般限于权利要求的删除、技术方案的删除、权利要求的进一步限定、明显错误的修正”，即专利权人可以在专利无效宣告程序中就明显错误进行修正。另外，最高人民法院《关于审理专利授权确权行政案件适用法律若干问题的规定(一)》(以下简称《专利授权确权行政案

件若干规定（一）》）第4条规定："权利要求书、说明书及附图中的语法、文字、数字、标点、图形、符号等有明显错误或者歧义，但所属技术领域的技术人员通过阅读权利要求书、说明书及附图可以得出唯一理解的，人民法院应当根据该唯一理解作出认定。"

综上，如果说之前的司法实践中对授权专利权利要求中明显错误作修正性理解还存在争议的话，从2016年《专利侵权司法解释（二）》生效实施之后，对授权专利权利要求中明显错误作修正性理解就有了明确的法律依据，从法律适用的角度已经没有任何障碍。《专利审查指南（2017）》关于无效程序中可以进行对明显错误的修正的规定以及2020年《专利授权确权行政案件若干规定（一）》的规定，则更进一步统一了民事程序和行政程序中对权利要求中明显错误作修正性理解的规定。因此，依法应对权利要求中明显错误作修正性理解。

## 五、问题和建议

目前，虽然对权利要求中"明显错误"作修正性理解已有明确的法律规定，但实践中就"明显错误"的修改时机和方式还存在一些错误做法，且现行相关法律规定明显倾向于保护专利权人的利益而忽略了社会公众的利益，为此，笔者提出如下问题和建议。

第一，专利授权之后，申请人发现权利要求出现上述明显错误的，国家知识产权局能否应专利权人的申请就上述明显错误直接更正并重新公布？

实践中曾发现国家知识产权局应专利权人的申请就专利中出现的上述明显错误（特别是撰写造成的错误）直接更正并重新公布专利的情况，笔者认为此操作十分不妥，也没有任何法律依据。《专利法实施细则》第57条就专利修改的时机和方式有明确的规定，专利授权之后，专利申请审查程序即终止，不应当再轻易启动审查程序。《专利法实施细则》第64条规定:“国务院专利行政部门对专利公告、专利单行本中出现的错误,一经发现,应当及时更正,并对所作更正予以公告。”但这里关于“更正”的规定,立法本意应在于国家知识产权局对在专利审查完毕后进行公告的过程中自身出现的工作失误,譬如印刷错误、排版错误等,进行自我改正,显然不包括专利授权后的重新审查,不能据此给专利权人修改权利要求书和说明书的机会。

第二,授权专利权利要求中的明显错误,特别是“非严格意义上的文字错误”,是专利权人自己撰写错误造成的,根据责任自负的原则,专利权人应当就自身错误承担不利后果。对此,能否寻求更能合理平衡专利权人和社会公众利益的法律机制?

本文所述“非严格意义上的文字错误”是指那些文字含义清楚明确,但该表述与说明书或附图存在明显矛盾,按照该表述技术方案不能实施,根据权利要求书、说明书以及附图该领域技术人员能够得出唯一正确理解的错误。此种错误是专利权人撰写失误造成,但由于社会公众并不是专业的法律人士,对于该错误应当如何作出修正性解释并不一定能够得出正确的判断。如果一定要将此义务强加给社会公众,明显不合理地增加了社会公众的负担。而且,专利权利范围原本一经授权公告就应当确定,而不应当等到发生纠纷后再确定,否则将会使社会公众无所适从,严重有损专利的公示价值。另外,此种错误是专利权人自身造成的,专利权人应当对此种错误承担一定的不利后果。但是,如果完全以此错误来认定专利权利范围,显然也有损专利权人的创新积极性,因此应当在两者之间寻求一种利益平衡来解决以上冲突。

笔者建议,可以借鉴美国的再颁专利制度,建立一种新的机制。在该机制下,就上述错误给予专利权人修改权利要求的机会,允许专利权人在专利授权之后就该专利提交纠正错误的审查申请,审查通过后则应当就该专利重新授权公告。对重新公告前社会公众的实施专利的行为,专利权人不得主张侵权,但专利经重新公告后,社会公众未经许可不得实施。这样的制度既体现了专利的公示作用,又减小了对专利权人的创新积极性的伤害,平衡了社会公众和专利权人之间的利益,或许更显公平。

# 主题名称对权利要求的限定作用

刘志伟*

## 一、问题提出

在权利要求撰写的架构上，权利要求的主题名称属于前序部分，[1]主题名称的作用是确定权利要求的类型。[2] 权利要求的主题名称，既可以包括用途，[3]也可以包括方法。[4]《专利审查指南》在解析权利要求构造时指出主题名称应予以"考虑"，[5]即在授权确权程序中，主题名称限定作用取决

---

* 刘志伟：深圳市律师协会第十一届专利法律专业委员会委员，北京市隆安（深圳）律师事务所律师。

〔1〕《专利法实施细则》第 21 条第 1 款规定："发明或者实用新型的独立权利要求应当包括前序部分和特征部分，按照下列规定撰写：(一)前序部分：写明要求保护的发明或者实用新型技术方案的主题名称和发明或者实用新型主题与最接近的现有技术共有的必要技术特征；(二)特征部分：使用'其特征是……'或者类似的用语，写明发明或者实用新型区别于最接近的现有技术的技术特征，这些特征和前序部分写明的特征合在一起，限定发明或者实用新型要求保护的范围。"

〔2〕参见尹新天：《中国专利法详解》，知识产权出版社 2011 年版，第 364 页。权利要求的类型根据权利要求的主题名称来确定。

〔3〕《专利审查指南(2023)》第二部分第二章第 3.1.1 节规定："对于主题名称中含有用途限定的产品权利要求，其中的用途限定在确定该产品权利要求的保护范围时应当予以考虑，但其实际的限定作用取决于对所要求保护的产品本身带来何种影响。"

〔4〕《专利审查指南(2023)》第二部分第二章第 3.1.2 节规定："对于这种引用另一权利要求的独立权利要求，在确定其保护范围时，被引用的权利要求的特征均应予以考虑，而其实际的限定作用应当最终体现在对该独立权利要求的保护主题产生了何种影响。"

〔5〕参见马云鹏：《专利权利要求解释规则》，法律出版社 2021 年版，第 331 页。

于“对所要求保护的产品本身带来何种影响”[1]。在侵权程序中，最高人民法院认可了主题名称的限定作用。[2] 权利要求中的技术特征，无论出现在独立权利要求的“前序部分、特征部分”，还是出现在从属权利要求的“引用部分、限定部分”，凡是写入权利要求，都对整体技术方案的保护范围起到了限定作用，都要予以同样的重视。在整体技术方案中，每一个特征的作用大小可以不同，但对于实现发明的目标来说，每一个特征都是必不可少的。尽管每个技术特征所起到的限定作用可能不同，但它们彼此之间的法律地位都是平等的。[3] 更有观点认为，在权利要求或者说明书对发明的应用范围没有作出特别限定或者说明的情况下，对权利要求的主题名称应按照该主题名称在该技术领域中所能涵盖的最宽合理范围进行解释。[4] 因此，实践中关于如何确定主题名称的限定作用，争议很大。

本文根据主题名称在具体权利要求中产生影响的方面不同，具体分为5种类型进行探讨，具体包括“发明点”式主题名称、“概括”式主题名称、“技

[1] 《专利审查指南(2023)》第二部分第二章第3.1.1节规定：“通常情况下，在确定权利要求的保护范围时，权利要求中的所有特征均应当予以考虑，而每一个特征的实际限定作用应当最终体现在该权利要求所要求保护的主题上。”

[2] 最高人民法院《关于审理侵犯专利权纠纷案件应用法律若干问题的解释(二)》第5条规定：“在人民法院确定专利权的保护范围时，独立权利要求的前序部分、特征部分以及从属权利要求的引用部分、限定部分记载的技术特征均有限定作用。”

[3] 参见最高人民法院民事判决书，(2020)最高法知民终384号；最高人民法院民事判决书，(2020)最高法知民终547号。

[4] 参见江苏省高级人民法院民事判决书，(2017)苏民终833号。该案中，翔度公司二审提交的国家标准GB/T 18348.1—2001对“单体蓄电池”“动力蓄电池”定义作了区分，但该标准仅适用于电动乘用车辆领域，该标准中关于“动力蓄电池”的定义不能限定权利要求1主题名称中的“动力电池”。对于蓄电池领域的普通技术人员而言，“动力电池”和“单体电池”的各自指代对象并非界限分明的两种事物，两者是从不同角度(前者是从功能角度，而后者是从结构角度)来描述蓄电池这一事物，“动力电池”既可以由单个“单体电池”构成，也可以由多个“单体电池”组成。因此，在权利要求和说明书均没有对涉案发明“可反复充放电的锂离子动力电池及其制造方法”的应用范围作出特别限定或者说明的情况下，对于权利要求主题名称“一种可反复充放电的锂离子动力电池”中的“动力电池”的含义，应当按照蓄电池领域中关于“动力电池”所能够涵盖的最宽范围去理解。居某明将权利要求主题中所指的“动力电池”解释为“单体电池”，符合上述解释原则，法院予以支持，被诉产品系一种“可反复充放电的锂离子动力电池”，与涉案专利权利要求的主题名称相同。

术领域”式主题名称、“技术特征”式主题名称及“用途”式主题名称。[1]

## 二、“发明点”式主题名称

“发明点”式主题名称，是指主题名称中包含体现本专利发明点的技术特征，无论是授权确权程序中，还是侵权程序中，均应当确认主题名称具有实际的限定作用。

在名称为“组合式移动电源租赁设备”的实用新型专利确权程序[2]中，权利要求的主题名称为“一种组合式移动电源租赁设备”。争议焦点之一为如何理解该专利权利要求主题名称中的“组合式”。国家知识产权局认为，该专利中的“组合式”指的应是各自助功能模块和附加功能模块在物理上可分离的组合。在该次审查中，国家知识产权局确认了“组合式”是该专利的技术方案区别于现有技术的“发明点”，因此，主题名称具有限定作用。同时，根据“禁止反悔原则”，确权程序中确认的“组合式”是涉案专利的发明点，在侵权程序中禁止否认主题名称的限定作用。

在名称为“可拆装式空调室内机管路安装挡板”的实用新型专利侵权纠纷案[3]中，争议焦点为主题名称中的“可拆装”是否具有限定作用。广东省高级人民法院认为，根据国家知识产权局的无效宣告请求审查决定，涉案专利得以维持有效的创新点就是“实现挡板的可拆装”。因此，涉案专利“可拆装”这一功能性技术特征，在进行侵权判断时不能忽略。

通常情况下，在确定权利要求的保护范围时，权利要求中的所有技术特征均应当予以考虑，而每个技术特征的实际限定作用应当最终体现在该权利要求所保护的主题上。而对于“发明点”式主题名称而言，由于主题名称中具有体现发明点的技术特征，而且该技术特征使该专利相对于现有技术

---

〔1〕 包含用途的权利要求将在本书其他文章中论述，本文不再讨论。

〔2〕 参见国家知识产权局无效宣告请求审查决定书（第 37616 号）。

〔3〕 参见广东省高级人民法院民事判决书，（2013）粤高法民三终字第 615 号；最高人民法院民事裁定书，（2014）民申字第 1812 号。

具有实质贡献，因此，该类主题名称对权利要求的保护范围具有实际的限定作用。

## 三、“概括”式主题名称

主题名称中对技术方案概括的特征应当予以考虑，但是具体体现在具体特征上。这是因为，前序部分的主题名称是对专利技术方案的简单命名，本质上不是一个单独的技术特征，代表的技术方案通常能够通过权利要求的全部技术特征来体现，是对权利要求包含的全部技术特征所构成的技术方案的抽象概括。[1] 此时，因为主题名称的限定作用已经被权利要求中特征部分的技术特征具体化，主题名称实际上不再单独发挥限定作用。

主题名称对权利要求保护范围的限定作用是更宏观的本质属性方面的限定，是决定性的。如果两个权利要求的主题名称有明显区别，则两者没有比较的必要。[2]

在名称为“交互式的多功能数字身份令牌装置”的发明专利行政纠纷案[3]中，涉案权利要求保护一种交互式的多功能数字身份令牌装置。争议焦点之一为主题名称“交互式的多功能数字身份令牌装置”是否构成区别技术特征。对此，最高人民法院认为，该案中，主题名称体现的技术内容能够为权利要求的全部必要技术特征所具体指代，被诉决定也全面审查了该专利权利要求记载的全部技术方案和具体技术特征，并在此基础上明确了该专利相对于最接近的现有技术所具有的区别技术特征。该案中，主题名称“交互式的多功能数字身份令牌装置”属于对权利要求包含的全部技术特征所构成的技术方案的抽象概括。

在名称为“有水位高度调节功能的插槽连接式绿化砖”的发明专利侵权

---

〔1〕 参见最高人民法院行政裁定书，(2019)最高法行申7304号。

〔2〕 参见最高人民法院民事判决书，(2020)最高法知民终1229号；最高人民法院民事判决书，(2021)最高法知民终1950号。

〔3〕 参见最高人民法院行政裁定书，(2019)最高法行申7304号。

纠纷案[1]中，涉案专利权利要求保护一种“有水位高度调节功能的插槽连接式绿化砖”，该案争议焦点之一为主题名称的“水位高度调节功能”对权利要求保护范围是否具有限定作用。最高人民法院认为，权利要求中的“水位高度调节功能”记载在前序部分的主题名称中，采用了功能表述的方式。权利要求的特征部分通过两个技术特征记载了实现水位高度调节功能的具体方式：土壤容纳空腔的斜面上至少有一个或一组水位高度调节溢水孔；水位高度调节溢水孔是底部即将贯通的盲孔。“水位高度调节功能”实际是对特征部分所记载的结构能够实现的功能的描述。该案中，“水位高度调节功能”是对权利要求保护的产品的结构能够实现的功能的概括，对权利要求保护范围的限定实质上通过两个具体技术特征实现。

在确定权利要求的保护范围时，应当考虑权利要求记载的主题名称；该主题名称对权利要求保护范围的实际限定作用取决于该主题名称对权利要求所要保护的主题本身产生何种影响。据此，主题名称作为前序的一部分，在确定保护范围时具有限定作用。但是，主题名称本身并不是具体的技术特征，而是对权利要求包含的全部技术特征所构成的技术方案的抽象概括，是对专利技术方案的命名，专利主题名称的基础功能在于专利授权管理和分类检索。因此，主题名称与技术方案之间这种抽象概括与具体描述的关系，构成了对专利技术方案的限定程度，应当在主题名称所指定的功能领域、应用领域内从该领域普通技术人员的角度理解。[2] 就“概括”式主题名称而言，主题名称本身对权利要求的保护范围没有直接的限定作用，而由具体的技术特征起到直接限定作用。

## 四、“技术领域”式主题名称

主题名称是对专利技术方案的命名，用来确定专利技术方案所属领域。

---

[1] 参见最高人民法院民事判决书，(2019)最高法知民终657号；最高人民法院民事判决书，(2020)最高法知民终908号。

[2] 参见最高人民法院民事判决书，(2019)最高法知民终1864号。

在确定权利要求的保护范围时，权利要求记载的主题名称应当予以考虑，实际限定作用取决于该内容对权利要求所要保护的产品产生了何种影响。“技术领域”式主题名称通常对权利要求的保护范围具有直接的限定作用。

在名称为“铝栅 CMOS 双层金属布线的版图结构”的实用新型专利权确权程序〔1〕中，权利要求保护一种铝栅 CMOS 双层金属布线的版图结构，争议焦点之一为主题名称中的“铝栅”对权利要求是否具有限定作用。国家知识产权局认为，权利要求的保护范围是由权利要求记载的全部内容作整体限定的，权利要求中的所有特征应当予以考虑，而每一特征的实际限定作用应当最终体现在权利要求所保护的主题上，不应忽略主题名称部分的特征限定。该次审查中，权利要求保护的技术方案是针对“铝栅 CMOS”进行的改进，并以此区别于“硅栅 CMOS”集成电路。主题名称中的“铝栅”具体限定了权利要求保护的技术方案应用的技术领域，因此，“铝栅”具有限定作用。

在名称为“一种箱包拉链密码锁”的发明专利侵权纠纷案〔2〕中，涉案权利要求保护一种箱包拉链密码锁，争议焦点之一为主题名称“一种箱包拉链密码锁”中的“拉链”是否具有限定作用。最高人民法院认为，该案中，虽然涉案专利权利要求的主题名称“一种箱包拉链密码锁”中有“拉链”，但从权利要求记载的技术特征来看，并无体现“拉链”的部件或结构，也无由“拉链”决定的技术特征。因此，“拉链”不宜作为限定权利要求的保护范围的技术特征，而至多可理解为涉案密码锁可以使用的领域，即该种密码锁可以使用在带有“拉链”的箱包上。“拉链”不是涉案专利权利要求技术特征，对保护范围不具有限定作用。

在确定专利权利要求的保护范围时，权利要求中记载的主题名称应当予以考虑。如果该领域普通技术人员阅读权利要求之后，认为主题名称也体现了具体的技术特征，或者说主题名称对专利技术方案的具体结构、功能

---

〔1〕 参见国家知识产权局无效宣告请求审查决定书(第 4489 号)。
〔2〕 参见最高人民法院民事判决书，(2019)最高法知民终 810 号。

等具有限定作用，则通常应当将主题名称作为确定专利权保护范围的考量因素。相反，如果主题名称对专利技术方案的具体结构、功能等未起到实质性限定作用，则一般不宜将主题名称中的相关描述作为确定专利权保护范围的技术特征。上述关于"拉链"的案件中，法院既然已经确定了拉链决定了该专利应用的技术领域，则应当承认"拉链"的限定作用。如果被诉产品的技术领域与拉链无关，则不应当认定构成侵权，即技术领域本身对权利要求的保护范围具有直接的限定作用。

## 五、"技术特征"式主题名称

"技术特征"式主题名称，是指主题名称记载了权利要求特征部分没有记载的技术特征，该技术特征属于权利要求保护的技术方案的一部分，因此具有限定作用。

在名称为"一种置有液体输导仓的发酵罐及其使用方法"的专利侵权纠纷案〔1〕中，权利要求保护一种置有液体输导仓的发酵罐，争议焦点之一为主题名称中的"一种置有液体输导仓的发酵罐"是否具有限定作用。对此，最高人民法院认为，涉案专利独立权利要求的主题名称包括"一种置有液体输导仓的发酵罐"，该权利要求所记载的技术方案包含了在"发酵罐顶部设置"的一个"顶部输导仓"。以"软管"的工作方式为例，说明书所列举的"输导仓"中的软管既可收缩折叠于仓内，亦可伸出至无菌区并作为输送液体的通路的具体实施方式，正是前述功能和效果的印证。前述"一种置有液体输导仓的发酵罐"实际上起到了限定作用，即该专利发酵罐中的"输导仓"必须可用于输送液体。该案中，主题名称记载了权利要求特征部分没有记载的具体技术特征，因此，主题名称对权利要求的保护范围具有实际的限定作用。

在名称为"固定框架"的发明专利侵权纠纷案〔2〕中，权利要求保护一种

〔1〕 参见最高人民法院民事裁定书，(2019)最高法民申6265号。

〔2〕 参见北京市高级人民法院民事判决书，(2014)高民终字第2044号。

“用来固定接插连接模块和装入接插连接壳体或拧紧在壁板上的固定框架”,争议焦点之一在于主题名称的限定作用。对此,北京市高级人民法院认为,该专利权利要求前序部分中,主题名称为“用来固定接插连接模块和装入接插连接壳体或拧紧在壁板上的固定框架”,接插连接模块和接插连接壳体系涉案专利前序部分的特征,该两个技术特征在确定专利保护范围时应予考虑,但实际限定作用取决于该两个特征对于技术方案产生了何种影响。其中,插接连接模块对涉案专利的保护范围具有限定作用。而接插连接壳体仅在主题名称中出现,未在前序部分及特征部分出现,而且也未对专利技术方案产生任何影响。由“装入接插连接壳体或拧紧在壁板上”这一修饰语可知,接插连接壳体仅是对涉案专利的固定框架的装入或紧固位置进行说明,而插接连接壳体或壁板既不是涉案专利的固定框架的组成部分,也没有对涉案专利的固定框架的结构产生影响。因此,接插连接壳体对专利权利要求的保护范围没有限定作用。

“技术特征”式主题名称对权利要求的保护范围通常应当具有限定作用,因为主题名称记载了明确的技术特征,忽略技术特征的限定作用会产生与“全面覆盖原则”的冲突。

## 六、结语

在确定权利要求的保护范围时,权利要求记载的主题名称的实际限定作用取决于该内容对权利要求所要保护的产品产生了何种影响。其中,“发明点”式主题名称、“技术特征”式主题名称具有限定作用,使要求保护的产品具有某种特定结构、组成等,对于权利要求保护范围的确定起到限定作用;技术领域是判断创造性的因素之一,“技术领域”式主题名称通常对权利要求的保护范围具有限定作用;“概括”式主题名称通常通过权利要求的具体技术特征间接起到限定作用。

# 微信朋友圈构成专利法意义上的公开

管巧丽[*]　李　萌[**]

随着互联网的飞速发展，现有技术/设计证据不再局限于出版物公开，外在表现形式多种多样，如微博、博客、QQ 空间、微信朋友圈、抖音短视频、公众号等。随着通信技术更迭，社交类软件蓬勃发展，加之立法的滞后性，摆在法院和专利局复审和无效审理部面前最核心的问题就是如何认定此类证据的公开性。实务工作者不能简单一概而论，应当持发展的眼光结合具体案情做具体分析。

## 一、关于现有设计/技术的法律规定

关于现有设计/技术这一概念在法律上的定义，《专利法》第 23 条第 4 款规定，现有设计是指申请日以前在国内外为公众所知的设计。第 22 条第 5 款规定，现有技术是指申请日以前在国内外为公众所知的技术。这些条文明确了判断是否属于现有设计/技术需满足“专利申请日以前”“公众所知”“相同设计”3 个条件。实务中，时间点判断和相同设计判断争议一般不大，但是对于涉互联网证据中的“公众所知”，往往不同法官观点不一。

“公众所知”涉及“公众”及“知”两个概念，《专利审查指南（2023）》第二

* 管巧丽：深圳市律师协会第十一届专利法律专业委员会委员，北京市京师（深圳）律师事务所律师。

** 李萌：北京安杰世泽（深圳）律师事务所律师。

部分第三章第2.1节“现有技术”中记载“现有技术应当在申请日以前处于能够为公众获得的状态”。第2.1.2.2节“使用公开”中记载“使用公开的方式包括能够使公众得知其技术内容的制造、使用、销售、进口、交换、馈赠、演示、展出、招标投标等方式。只要通过上述方式使有关技术内容处于公众想得知就能够得知的状态,就构成使用公开,而不取决于是否有公众得知”。

上述规定提及了“能够”及“想得知就能够得知”。通过研读上述规定,可知“公众所知”中的“知”是一种可能的状态,即可能性,并不是指实际知悉。此处不是实际知悉的背后逻辑是公众获取信息取决于主观、客观、认知等多方面的因素,主观上要有意愿,客观上存在被知悉的可能性。笔者认为,专利法上对公开性要求是排除客观存在获取信息的阻却因素。

## 二、正面案例

实务中对“公众所知”理解不一,有观点认为是不存在保密义务或保密约定,也有观点认为是不存在物理上的阻却,如微信添加好友验证、QQ好友的获得方式、QQ空间链接的获取方式或者公开内容的限制设置等。下面结合几个案例,深入分析实务界对此之裁判思路。

### (一)季某与某灯饰店侵害外观设计专利权纠纷案[1]

原告季某是名为“吸顶灯边框(1)”、专利号ZL2017301××××的外观设计专利权人,该专利于2017年5月4日申请,7月21日获得授权。现经调查发现,被告某灯饰店未经许可制造并销售被诉产品,在外观造型、尺寸大小、工业应用上均与专利产品一致,为此季某提起了专利侵权之诉。被告答辩称侵权产品设计在涉案专利申请日前已经公开,属于现有设计,并提供了微信号××21、微信名称“宝××××灯配”、电话139××××××××的微信朋友圈及相册截图多张等证据。以上证据显示该微信号朋友圈自3

〔1〕 参见广东省高级人民法院民事判决书,(2019)粤民终260号。

月 30 日至 4 月 11 日所发朋友圈内容有多张灯罩图片,其中 2017 年 4 月 10 日 15:49 发布的九宫格朋友圈有多款外边框颜色不同的灯罩产品,其中一款蓝色边框产品外观与勘验图片中的被诉产品外观相同,该朋友圈内容有 3 人点赞。

法院认为:涉案朋友圈信息源于被告经营者孙某于 2017 年 4 月 10 日发布的九宫格产品信息。该九宫格图片除了展示含有该案被诉侵权产品在内的多款灯饰产品外,中间图片即为某灯饰店的名片。而且,该朋友圈的其他信息也多次展示了各款灯饰产品,微信昵称为“宝××××灯配”,其下标有联系电话。故从常理判断,被告通过朋友圈发布图片,是让更多人了解自身产品,进而达到宣传推销的目的,显然不会禁止他人查看该朋友圈内容。该信息必然会被朋友圈中的“好友”所获取,虽然微信“好友”人数有一定限制,但各个“好友”并不负有保密义务,可能在更大范围内传播、分享发布的相关信息,从而实现发布内容对不特定公众的公开。退一步而言,即便不推定涉案朋友圈信息已为公众所知悉,某灯饰店在涉案专利申请日前发布产品宣传图片的行为也说明某灯饰店在涉案专利申请日前已做好销售经营该款产品的准备。

该案中,法院支持现有设计抗辩的理由:(1)该微信朋友圈的内容是产品宣传,推断微信拥有者主观上为宣传推销目的;(2)各个好友不负有保密义务,能够实现向不特定的公众公开;(3)先用权。

### (二)罗某与永康市兴某五金制造厂、司某宁公司侵害外观设计专利权纠纷案〔1〕

原告罗某是 ZL201630247×××.×号“门花(铸铝艺术-2)”外观设计专利权人,指控被告司某宁公司印制在宣传册中的一款门花产品构成侵权,遂起诉至法院。司某宁公司辩称在涉案专利申请日前,在微信账户的朋友

〔1〕 参见浙江省高级人民法院民事判决书,(2018)浙民终 551 号。

圈中已经发布前述设计，遂主张现有设计抗辩。

法院认为：涉案朋友圈中发布门花产品图片的微信昵称为“金金铸铝门花罗×”的罗某的真实身份是上诉人的妹妹，也是罗某公司的职工，在微信朋友圈中的个性签名内容为“精品铸铝门花，追求艺术品味。欢迎选购，抢购电话××××××”；另一涉案微信用户“飞宇公司，陈某”也是从事门业生产经营的同行。很显然，上述微信用户在朋友圈发布门花图片的目的就是希望通过朋友圈推销自身产品，且明确相关产品已经在售，公众可以购买使用。经二审当庭核查，上述微信用户均未对朋友圈图片的可见时间和范围进行限制。

该案中，法院支持现有设计抗辩的理由：(1)微信拥有者的使用微信的目的是推销自身产品；(2)庭审时微信添加其为好友及查看朋友圈未设置限制。

### (三)谭某与新会区某家具店、新会区会城某家具厂侵害外观设计专利权纠纷案[1]

原告谭某是专利号 ZL20173010××××.9 外观设计的专利权人。两被告新会区某家具店、新会区会城某家具厂未经许可，擅自制造、销售与涉案专利产品一致的侵权产品，谭某遂提起专利侵权之诉。两被告答辩称该外观设计早已存在，并当庭提交以下证据：(1)何某手绘设计图、微信聊天记录、朋友圈记录、被告宣传手册、收据、微店销售商品记录、QQ 空间公开的相片。(2)被告销售出货单。(3)宣传册原件。两被告称，何某的妻子王某的微信朋友圈最早于 2015 年 9 月 4 日上传了被诉侵权产品图片；何某儿媳的 QQ 空间于 2017 年 2 月 16 日上传被诉侵权产品图片；何某儿子的 QQ 空间于 2016 年 8 月 18 日上传被诉侵权产品图片；黄某微店于 2016 年 8 月 12 日上传被诉侵权产品图片。上述宣传册与谭某公证购买被诉侵权产品时取得

---

〔1〕 参见广东省高级人民法院民事判决书，(2019)粤民终 1993 号。

的宣传册一致，黄某的微信朋友圈于2016年10月30日上传该宣传册图片。销售出货单可以证明两被告在涉案专利申请日前已销售了被诉侵权产品。

法院认为，关于是否“为公众所知”，因微信朋友圈及QQ空间既可作为用户对不特定公众公开发布信息的网络平台，也可由用户通过设置访问权限，从而改变相关内容的公开状态，故两者均兼具公开性与私密性的双重特点。由于是否在专利申请日前处于完全开放的状态难以从技术上确定，故在审判中应结合具体案情进行判断。该案的微信朋友圈及QQ空间并非仅为私密性的个人使用，上传的内容除相关图片之外，还有联系电话、地址等信息，并有其他款式的供桌图片，具有明确的展示、推广和销售的意思表示，即具有商业用途。一般而言，具有明显商业用途的微信朋友圈、QQ空间处于不公开的状态不符合常理，在网上交易日趋发达的今天，通过微信朋友圈及QQ空间向公众展示产品并加以销售符合商业交易习惯。

该案中，法院支持朋友圈证据的理由如下：(1)微信非仅私密性个人使用，具有商业用途；(2)推定商业用途的微信向公众展示的可能性较大。

## 三、反面案例

根据公开案例，部分判决中法院持有相反意见。现提供两份法院未支持朋友圈证据公开性的判决书，以此解读法院推理的逻辑。

### (一)胡某与蒋某侵害外观设计专利权纠纷案[1]

原告胡某系ZL20183005××××.8外观设计专利“电视柜”的权利人，该专利包含设计1和设计2。2018年9月，原告在被告蒋某经营的“兴创新”店铺内，购买了D82电视柜、D81电视柜、D94茶几、D93茶几等4套产品。原告认为，D81电视柜(以下简称被诉产品)与涉案专利设计1在视觉效果上没有明显区别，构成近似，落入了涉案专利的保护范围，遂提起专利侵权

[1] 参见四川省高级人民法院民事判决书，(2019)川知民终231号。

之诉。被告蒋某答辩称被诉产品的外观设计是现有设计，没有侵犯胡某的外观设计专利权，被告提供了案外人［微信号“成都某创新（苏州办事处）”］发布的朋友圈的图片，予以证明涉案外观专利是现有设计。

法院认为，该案中，微信号“成都某创新（苏州办事处）”为个人微信号而非公众号，因此该微信号下的朋友圈内容在发布之日是否处于不特定的公众想得知即能得知的状态还取决于该微信号的设置方式。在蒋某未能证明微信号“成都某创新（苏州办事处）”在上述图片发布于朋友圈时接受任何人添加朋友的申请并且未阻止任何联系人查看朋友圈或者已设置为允许陌生人查看朋友圈的情况下，上述图片虽然在朋友圈发布，但从微信聊天内容及发布状态来看，并未引起更多关注。微信中的聊天内容亦与所发布的图片无关，也不构成现有设计，无法支持蒋某关于被诉侵权产品使用的是现有设计的抗辩主张。

该案中，法院未支持微信朋友圈证据的理由有两点：(1)被告需证明彼时彼刻其微信号不设置验证；(2)发布的图片未引起过多关注。法院将微信号设置验证作为“为公众所知”的阻却因素，同时图片未引起过多关注其实是法院对知悉的结果评价，法院将知悉理解为实际知悉。

（二）侯某君与锌光门市部侵害外观设计专利权纠纷案[1]

原告侯某君是专利号为 ZL20173027××××.3、名称为“灯饰配件（镂空弯臂）”的外观设计专利权人。被告锌光门市部未经侯某君许可，以生产经营为目的，擅自制造侵犯侯某君外观设计专利权的灯饰配件，并在位于中山市的灯饰配件批发市场广泛销售、许诺销售，原告遂提起专利侵权之诉。被告答辩称被诉侵权产品很早之前就在市场上流通销售，二审诉讼期间，被告提交了经营者方某玉个人的 QQ 空间网络照片截图以及第三人在方某玉微信朋友圈发布的照片截图，拟证明被诉侵权产品属于现有设计。

[1] 参见广东省高级人民法院民事判决书，(2019)粤民终 1408 号。

法院认为,关于第三人在方某玉微信朋友圈发布照片,经验证,该第三人设置了“加我为朋友时需要验证”的程序,被告未提供充分证据证明第三人在朋友圈发布涉案 5 张照片时未设置添加好友限制及浏览照片限制,因此,涉案 5 张照片亦不满足在申请日前“为公众所知”的条件。

该案中,法院未支持朋友圈证据的核心理由是认为被告未证明微信号彼时彼刻未设置添加验证,从而否认了证据的公开性。

## 四、观点评价

通过法院支持的 3 个案例可知,朋友圈证据构成现有设计公开需满足微信具有商业用途及微信添加好友不设限制之条件。反之,两个法院未支持的案例则认为微信添好友设置限制否认其公开性。因此,实务界倾向于以微信需添加好友验证作为认定“为公众所知”的阻却因素。

此处笔者思考,若如上述反面案例所述,添加好友设置验证属于阻却因素,那么图书馆中的书籍在闭馆期间不能阅读是否构成阻却因素?根据《专利审查指南(2023)》第二部分第三章第 2.1.2.1 节,可知纸质出版物和视听资料不受地理位置、语言或者获得方式的限制,也不受年代的限制。纸质出版物和视听资料是否能够获得与出版发行量多少,是否有人阅读过、申请人是否知道无关。另外,存在于互联网或者其他在线数据库中的资料应当是通过合法途径能够获得的,资料的获得与是否需要口令或者付费,资料是否有人阅读过无关。

笔者认为,“处于能够为公众获得的状态”应该理解为公众想要知道就能知道的状态,而不是公众已经实际获得的状态,不必关心事实上是否有人获得、阅读和理解所公开的技术或设计内容、有多少人获得之类的问题。因此,微信添加好友设置验证不是专利法意义上公开性的阻却因素。

## 五、延伸思考

专利法意义上证据公开性的阻却因素是什么?《专利审查指南》规定,

处于保密状态的技术内容不属于现有技术。所谓保密状态,不仅包括受保密规定或协定约束的情形,还包括社会观念或者商业习惯上被认为应当承担保密义务的情形,即默契保密的情形。证明现有技术处于为公众想得知就可以得知的状态,关键要证明该技术内容处于公开状态,而不是保密状态,公众不负有明示的或默示的保密义务。

法定及约定保密义务相对较为明确,默示保密义务主要指根据法律原则、社会观念、商业习惯、当事人间的关系、有关情势、环境等缘由,推定一方当事人负有保密义务。如果对方当事人没有默示的承诺保密表示,权利人就不可能告知或让对方使用商业秘密。因此,如果没有明示或默示的保密义务,则构成法律意义上的公开,即没有明示或默示的保密义务的相关资料接受人构成了专利法意义上的"公众"。

微信朋友圈的"好友"是否是负有保密义务的人呢?朋友圈"好友"有熟人,也包括不曾交往的朋友及陌生人。可见,朋友圈"好友"的身份通常较为多元,导致朋友圈所谓的私密性只是极度弱的相对私密性,不具有法律意义上的秘密性。特别是借助微信朋友圈营销的微信用户,更希望所发布的信息不仅能够被"好友"分享和获取,而且"好友"能够帮助转发传播,因而更谈不上"私密性"的问题。

从微信朋友圈目的、性质和作用以及"好友"身份出发,鉴于朋友圈"好友"之间不承担明示或默示的保密义务,故这类"好友"不应该被认为是负有保密义务的特定人,应该属于专利法意义上的"公众"中的成员。因此,微信朋友圈所发布的信息处于想得知就能得知的状态,构成专利法意义上的公开。

# “备而不用”是否构成专利侵权

林　烨*

2023年年末，最高人民法院就高清编解码科技有限公司诉OPPO广东移动通信有限公司等侵害发明专利权及标准必要专利使用费纠纷案（以下简称高清公司诉OPPO公司案）作出二审判决。[1] 有学者评论该判决为标准必要专利诉讼提供了一套全面的审理标准，确立了中国标准必要专利的审判框架。但值得商榷的是，该二审判决中貌似提出了一个比较绝对的分析思路，即只要产品中“含有”某个技术方案，即属于“备”，即使“备而不用”，也属于“实施”专利，进而认定构成专利侵权。这一观点对产业界具有极大的杀伤力，非常值得从专利法原理层面展开讨论。笔者认为，对于“备而不用”这一情况，必须根据个案事实进行精细化分析，“备而不用”并不必然构成专利侵权。

## 一、侵害专利权的行为必须是专利法明确规定的行为

我国《专利法》第11条第1款规定：“发明和实用新型专利权被授予后，除本法另有规定的以外，任何单位或者个人未经专利权人许可，都不得实施其专利，即不得为生产经营目的制造、使用、许诺销售、销售、进口其专利产

---

* 林烨：广东君之泉律师事务所律师。

〔1〕 参见最高人民法院民事判决书，（2022）最高法知民终907、911、916、917、918号。

品,或者使用其专利方法以及使用、许诺销售、销售、进口依照该专利方法直接获得的产品。”

《专利法》第65条规定:“未经专利权人许可,实施其专利,即侵犯其专利权。”

根据上述规定,客观层面上,专利侵权行为必然是“实施专利”的行为。何谓“实施专利”？对于发明专利,即专利法规定的“制造、使用、许诺销售、销售、进口”这5种行为。

众所周知,专利权的本质是公开换保护,权利人公开专利的技术方案,相应地法律赋予权利人基于公开的技术方案所获得的市场垄断利益,基于此形成权利人的市场竞争优势。而如何保护权利人基于公开技术方案所获得的法律赋予的、本应享有的市场竞争优势,法律也对此明确规定。任何第三人未经专利权人许可,不得为生产经营目的实施专利权人专利,也就是说第三人不能未经许可使用权利人专利公开的技术方案,实现专利的技术效果,从而使得使用了专利技术方案,实现了专利技术效果的侵权产品在市场上流通,与权利人非法竞争,进而损害权利人本应获得的法律赋予的市场竞争优势。也正是基于此,专利法明确规定必须“实施”了专利才侵权,因为实施了、使用了专利的技术方案和效果,侵权人才会因实施、使用专利,基于专利的技术效果而获得非法利益,如此才会损害法律赋予的专利权人的市场利益,这是专利法规定专利侵权以“实施”专利为前提的逻辑所在。

## 二、“备而不用”的精细化分析

### (一)“含有技术方案”不等于专利法规定的“实施专利”

高清公司诉OPPO公司案二审判决的逻辑为:产品中“含有”技术方案=实施专利=备而不用=侵权,实质上,最高人民法院将“含有”技术方案=“实施”专利。笔者认为,此种认定有待商榷。

首先,根据《专利法》第11条的规定,“实施”专利包括5种情形:制造、使用、销售、许诺销售、进口。也就是说,“实施”是5种侵权行为的上位概念。

其次,关于5种侵权行为之一的“使用”行为,北京市高级人民法院《专利侵权判定指南(2017)》第101条明确规定:“使用发明或者实用新型专利产品,是指权利要求所记载的产品技术方案的技术功能得到了应用或者效果得以实现。”司法实践中也是如此认定的。[1] 显然,“使用”这一侵权行为必然要求应用了专利技术方案,专利技术效果得以实现。按照《专利法》第11条的逻辑,涵盖“使用”行为的上位概念——“实施”专利,则至少必须包括应用专利技术方案,实现专利技术效果,而不能等于“含有”专利技术方案,但是不应用,也就是“备而不用”。因此,从《专利法》第11条的逻辑来看,实施专利不等于含有专利。

### (二)关于“备而不用”之“备”

再回到高清公司诉OPPO公司案,OPPO公司有没有“备”的行为?笔者并非该案的代理人,从公开判决来看,最高人民法院本院认为部分写明:“OPPO公司将能够支持VoLTE功能的芯片作为零部件用于组装相关型号的被诉侵权手机。”从该表述可知,被控技术方案存在于芯片中,假设该技术方案侵权,那么“备”的主体应该是芯片制造商而非OPPO公司。之后,OPPO公司将已经“备”了被控技术方案的芯片组装到了手机中,OPPO公司的此种行为是否还是“备”?根据最高人民法院《关于审理侵犯专利权纠纷案件应用法律若干问题的解释》(以下简称《专利侵权司法解释(一)》)第12条[2],此种行为应为“使用”行为。从“备而不用”字义来看,“备”不是使用行为,否则就与“用”重复了。因此,OPPO公司没有“备”。假如“备”是制造

---

[1] 参见广州知识产权法院民事判决书,(2021)粤73知民初692号。

[2] 《专利侵权司法解释(一)》第12条规定:“将侵犯发明或者实用新型专利权的产品作为零部件,制造另一产品的,人民法院应当认定属于专利法第十一条规定的使用行为;销售该另一产品的,人民法院应当认定属于专利法第十一条规定的销售行为。将侵犯外观设计专利权的产品作为零部件,制造另一产品并销售的,人民法院应当认定属于专利法第十一条规定的销售行为,但侵犯外观设计专利权的产品在该另一产品中仅具有技术功能的除外。对于前两款规定的情形,被诉侵权人之间存在分工合作的,人民法院应当认定为共同侵权。”

行为，那么正如最高人民法院二审判决所示，制造行为的主体应为芯片制造商，而不是 OPPO 公司。因此，就该判决和被控技术方案而言，OPPO 公司是否存在“备”这一行为，貌似亦值得探讨。

### （三）关于“备而不用”之“用”

“备而不用”之“用”大致可以分为两种情况：（1）事实上能用；（2）事实上不能用。具体分析如下。

#### 1. 事实上能用

在西电捷通诉索尼发明专利侵权案[1]中，索尼的手机产品中含有能够使用的“WAPI”功能模块，即便手机的用户不使用该“WAPI”功能，仍可归于“备而可用”。这种表面上“备而不用”的情况，才属于二审判决中所称的“专利技术方案客观上在产品中已经实施，即便该专利技术方案基于各种主观、客观原因对于最终用户而言尚处于‘备而不用’的状态”，才可得出“亦不妨碍将该产品认定为属于‘实施专利’的产品”的结论。

如果 OPPO 公司的手机产品虽然事实上未使用 VoLTE 功能，但提供了相关软件，使任何第三人可以自行下载相关软件之后在 OPPO 手机产品上使用 VoLTE 功能，那么此种情况下，事实上对 VoLTE 这一功能为“使用”，OPPO 手机产品具备支持 VoLTE 的功能。虽然表面上看是“备而不用”，但实际上却是“备而能用”或“备而可用”，那么，OPPO 公司作为手机制造商也可能构成侵权。

#### 2. 事实上不能用

根据高清公司诉 OPPO 公司案二审判决披露的内容可知，首先，涉及“备而不用”的技术方案（芯片）不是 OPPO 公司制造的，而是第三方提供的，显然，OPPO 公司没有“实施”专利法规定的制造行为。

其次，根据《专利侵权司法解释（一）》第 12 条第 1 款规定，“将侵犯发明

---

[1] 参见北京知识产权法院民事判决书，（2015）京知民初字第 1194 号；北京市高级人民法院民事判决书，（2017）京民终 454 号。

或者实用新型专利权的产品作为零部件，制造另一产品的，人民法院应当认定属于专利法第十一条规定的使用行为”。那么，“OPPO 公司将能够支持 VoLTE 功能的芯片作为零部件用于组装相关型号的被诉侵权手机”的行为，充其量涉嫌“《专利法》第 11 条规定的使用行为”。因此，法院需要查明是否存在“OPPO 公司将能够支持 VoLTE 功能的芯片作为零部件用于组装相关型号的被诉侵权手机”的在案证据。“对于诉讼中事实的认定，应依据有关的证据作出，没证据，不得认定事实”。[1] 由于中国运营商网络未开通相应的功能进而不支持“VoLTE 功能”，且有证据证明 OPPO 公司已采取措施保证在手机产品中关闭（不支持）相应的专利技术功能，因此，虽然该专利技术方案客观上仍存在于手机中（实际上是芯片中），但不论是终端制造商，还是最终用户，均无法从相应的“备而不用”功能中获益。黄武双教授对此做出中肯的评论：“从终端制造商视角，若其已采取措施保证在其手机产品关闭（不支持）相应的专利技术功能，即便该专利技术方案客观上仍存在于手机中（实际上是芯片中），不管是终端制造商，还是最终用户都无法从相应的‘备而不用’功能中获益，若中国运营商网络未开通相应的功能，该等‘备而不用’实际上对终端设备商和最终用户而言就是明确‘不可用’，对于‘不可用’的标准技术方案，相关产品可认为实际上不构成对该标准技术方案对应专利的侵害。”[2]

## 三、结语

笔者认为，在判断某一行为是否构成专利侵权行为时，一方面，必须精准理解和把握专利、专利侵权行为、专利制度的本质；另一方面，要时刻清楚区分实施主体与实施行为的性质，行为和主体必须同时予以考虑。对于第三方提供的芯片，手机制造商将芯片组装到手机产品中的“实施”行为在性

---

〔1〕 参见中共中央《关于全面推进依法治国若干重大问题的决定》。

〔2〕 黄武双：《中国标准必要专利审判实践的创新与发展——评高清公司诉 OPPO 案》，载微信公众号“知产力”2024 年 3 月 1 日，https://mp. weixin. qq. com/s/fqtCb7QPsYfIuvqIncQg - g。

质上为专利法意义上的“使用”行为。如果有证据证明手机制造商“使用”的芯片的某些功能不属于标准必要专利的权利要求保护范围，就不存在“备而不用”，就不存在“实施专利”的行为。因此，从专利法原理上，我们必须要意识到对被控侵权主体及行为作出精细化分析之必要性，不能照搬该二审判决的观点。当然，该观点的可取之处仍在于“备而不用”。

# 外观设计专利权、著作权、反不正当竞争权利竞合解析

杜奕良[*]

在现代知识产权法律体系中，外观设计专利权、美术作品著作权和反不正当竞争构成了保护创新和美学表达的三大支柱。尽管它们的保护焦点各有侧重，但共同致力于维护创作者的合法权益，并对美学价值的表达给予法律保护。特别是在外观设计专利权终止后，原有设计方案的保护问题尤为复杂，可能涉及著作权的自动保护以及反不正当竞争法的补充作用。

本文旨在深入探讨和解析，在外观设计专利权终止后，权利人是否能够依据著作权或反不正当竞争继续获得法律保护，以及这种保护的可能性和实际操作中的挑战。本文所讨论的外观设计专利权终止，既包括期限届满、未及时续费导致的自然终止，也包括外观设计专利权被宣告无效等情形下的被动终止。在这些情况下，外观设计专利权的法律效力终止，但原有设计方案可能仍具有商业价值和艺术性，因此，探讨原有设计方案在著作权和反不正当竞争法下的保护潜力，对于权利人来说具有重要的现实意义。

## 一、外观设计专利权、美术作品著作权、反不正当竞争法律保护的区别

在知识产权的法律框架内，外观设计专利权、美术作品著作权和反不正

* 杜奕良：深圳市律师协会第十一届专利法律专业委员会委员，广东广和（龙华）律师事务所律师。

当竞争法各自扮演着独特的角色，它们虽然在某些情况下可能存在重叠，但各自的保护重点和法律要求却有着明显的区别。

外观设计专利权保护的对象是具有工业应用价值的新设计，这包括商品的形状、图案或者它们的结合，以及色彩与形状、图案的结合，且这些设计必须富有美感。根据《专利法》第2条第4款的定义可知，外观设计属于《专利法》规定的“发明创造”，其专利的获得需要经过国家知识产权局的审查和批准。一旦获得，2021年6月1日以后的外观设计专利权的有效期限为15年，且需要权利人每年按时缴纳年费以维持有效性。这意味着外观设计专利权的维持需要权利人进行持续的行政程序确认和承担财务支出。

与外观设计专利权不同，美术作品著作权自作品创作完成之日起即自动产生，无须经过任何行政申请程序。根据《著作权法实施条例》第4条第8项，美术作品包括绘画、书法、雕塑等具有审美意义的造型艺术作品。自然人著作权的保护期限通常为作者终生及死后50年。著作权登记可以作为证明权利归属的证据，但登记本身并不影响著作权的成立。此外，美术作品一旦被用于商品的外观设计，便可能同时受到著作权和外观设计专利权的双重保护。同时，著作权的维持不经由任何行政机构，登记与否不影响著作权的产生，经济上也不需要进行长时间的投入。

《反不正当竞争法》旨在维护市场的公平竞争，防止混淆行为误导消费者。根据《反不正当竞争法》第6条第1项，经营者不得擅自使用与他人有一定影响的商品名称、包装、装潢等相同或者近似的标识，以免造成市场混淆。为了获得反不正当竞争法的保护，商品装潢必须具有一定影响，并且装潢本身需要具有显著性。在商品外观设计中，除了外观设计专利权和著作权外，还可能涉及《反不正当竞争法》的保护，尤其是当设计元素与商品的装潢、包装等商业标识相关联时。反不正当竞争法也不同于著作权法、专利法的规定，没有相关行政机构确认或者登记相关事项，同时不需要支付持续的费用进行确权。

在实务中，商品的外观设计可能同时蕴含多种设计元素和智力成果，如色彩选择、包装构成等。这些元素不仅共同构成了商品的外观，而且可能同时受到外观设计专利权、著作权和反不正当竞争法的保护。因此，在商品外观设计的法律保护层面，存在一定的权利竞合现象。权利人需要综合考虑各种法律工具和经济效益，以最大化保护自己的智力成果。

## 二、外观设计专利权终止后，著作权以及反不正当竞争竞合的案例实务解析

外观设计专利权终止后，对权利人能否获得《著作权法》或者《反不正当竞争法》保护，实务中有不同的认定和判断。笔者从不同法院关于外观设计专利权以及著作权、不正当竞争案由的案例中，筛选出以下几个案例以供参考。

### （一）认定外观设计专利权失效后不对著作权进行保护的案例

在三茂公司与永隆商行著作权侵权纠纷案[1]中，一审法院认为，该案涉及著作权与外观设计专利权的权利冲突。就同一涉案标贴作品，三茂公司既享有著作权也享有外观设计专利权，外观设计专利因失效已进入公有领域。因三茂公司选择外观设计专利权进行保护，而外观设计专利权已进入公有领域，成为任何人都可以使用的公共财富，故失去了著作权的专有权保护；永隆商行未经三茂公司许可，以经营为目的，近似使用三茂公司涉案标贴作品的行为，也因三茂公司选择外观设计专用权保护而失去著作权的专有权保护，而不被追究侵权责任。故一审法院对三茂公司的诉请予以驳回。后永隆商行不服，提起上诉，二审法院维持了原判。

在谢某林与叶某木、明扬公司著作权侵权纠纷案[2]中，一审法院认为，

〔1〕 参见广东省深圳市中级人民法院民事判决书，(2004)深中法民三初字第670号；广东省高级人民法院民事判决书，(2005)粤高法民三终字第236号。

〔2〕 参见浙江省嘉兴市中级人民法院民事判决书，(2013)浙嘉知终字第5号；浙江省高级人民法院民事裁定书，(2014)浙民申字第660号。

“鼓励发明创造，推动发明创造的应用”是我国专利法的立法宗旨之一。通过外观设计专利权的授予，外观设计专利权人享有独占实施专利，并禁止他人未经许可实施专利的权利，亦应当承担向公众公开专利及缴纳年费的义务。在外观设计专利权因保护期届满或其他原因，如外观设计专利权人怠于履行缴纳年费义务，自愿放弃外观设计专利权而终止后，该专利便进入公有领域，成为社会公众均可以自由利用的公共财富。根据《专利法》第 44 条第 2 款之规定，外观设计专利权在期限届满前终止的，由国务院专利行政部门登记和公告。社会公众对国务院专利行政部门专利公告之公示效力所产生的信赖利益亦应当受到法律的保护。该案中，专利号为 0134 × × × ×.0 的外观设计专利已于 2006 年 2 月 15 日因未缴纳年费而终止。因此，社会公众有理由相信该专利已经进入公有领域，可以自由利用。若仍允许以享有外观设计专利中的外观设计图片的著作权为由阻碍他人实施已经进入公有领域的专利，因著作权自作品创作完成之日起即产生，故公众无法得知自身对已经进入公有领域的专利的利用是否会受到著作权人的追究，这显然有损社会公众的信赖利益，亦与专利法之宗旨相悖。二审法院也从专利信赖利益保护出发，认为外观设计专利权终止之后，著作权的行使不能对抗外观设计专利权到期的状态，不能在外观设计专利权保护期届满后继续适用著作权进行保护。

### （二）认定外观设计专利权失效后仍可以对著作权进行保护的案例

在特普丽公司与淘米公司著作权侵权纠纷案[1]中，一审法院认为，在知识产权领域，一种客体上可以同时存在两种或两种以上的权利。涉案壁纸图片同时承载了外观设计专利权与著作权两种不同种类的知识产权，该两种权利各自独立存在，其中一种权利的消灭并不必然导致另一种权利的消灭，即特普丽公司主张权利的涉案壁纸在外观设计专利权失效后，不再受

---

〔1〕 参见江苏省常州市中级人民法院民事判决书，(2014)常知民初字第 85 号；江苏省高级人民法院民事判决书，(2015)苏知民终字第 00037 号。

《专利法》的保护，但仍然受《著作权法》的保护，该壁纸所承载的著作权不因外观设计专利权的失效而灭失。淘米公司上诉后，二审法院认为，涉案壁纸的著作权均在法定保护期内，如果因为外观设计专利权失效，该壁纸就进入公有领域，这一结论显然与《著作权法》相抵触，实质是将著作权当作外观设计专利权的从属权利，既无法律依据，也与基本法理相悖。

在江铃公司与达畅陆风公司不正当竞争纠纷案[1]中，法院认为："一物一权"系物权法的基本原则，指一物之上只能存在一个所有权，而非泛指所有民事权利。相反，在满足不同法律规定的情况下，同一汽车外观并非仅为一项知识产权的权利客体，具有存在多项知识产权重叠的可能，例如，著作权、特有商品装潢、外观设计专利权等。不同权利在保护范围、所保护的法益、保护条件等方面并不相同，多种权利并行不悖，当事人有权基于不同的权利基础提起多个诉讼。针对同一保护客体而言，当其中一项权利，如外观设计专利权，被无效或保护期届满后，不当然意味着权利人同时丧失其他权利。故捷豹路虎公司在"揽胜极光"汽车外观的外观设计专利权被无效后，仍有权就"揽胜极光"汽车外观分别依据著作权法、反不正当竞争法的规定寻求救济。至于捷豹路虎公司是否能够在实体上得到救济，则应分别依据不同法律规定进行具体判断。因此，捷豹路虎公司在另案提起侵害著作权纠纷诉讼的同时，提起本案诉讼不属于权利滥用。

在蔡某有诉群兴玩具公司著作权权属、侵权纠纷案[2]中，二审法院也秉承支持重叠保护的观点，二审法院认为："群兴玩具公司自玩具手枪美术作品创作完成之日起享有著作权。群兴玩具公司有权决定是否以该作品申请外观设计专利，并可以在符合专利法授予外观设计专利的条件时，获得专利权。我国法律未规定作品在申请专利时必须放弃享有的著作权，因此同一件作品得到著作权和专利权的双重保护并不违反法律规定。此时，两种权利依据不同的法律产生，权利界限有所区别，权利保护的侧重点不同。权

[1] 参见北京市高级人民法院民事判决书，(2019)京73民终2033号。

[2] 参见广东省高级人民法院民事判决书，(2010)粤高法民三终字第114号。

利人既可以选择只保护其中某一种权利，也可以选择同时保护两种权利。人民法院应当依据相应法律，判断相关权利是否被侵犯，以及是否应当停止侵权行为。而在确定赔偿数额时，则应贯彻全面赔偿原则，对同一侵权行为造成的相同经济损失，不予判决重复赔偿。与此相应，当某一种权利因故丧失后并不必然导致另一种权利丧失。本案中，群兴玩具公司享有的外观设计专利权被宣告无效后，其享有的著作权并没有丧失，群兴玩具公司仍然可以依据著作权寻求法律保护。”

### （三）认定外观设计专利权失效后，原权利人仍能通过反不正当竞争保护要求对原有设计进行保护的案例

在中韩晨光公司与微亚达制笔公司擅自使用知名商品特有装潢纠纷案[1]中，二审法院认为，对于获得外观设计专利权的商品外观而言，外观设计专利权终止之后，在使用该外观设计的商品成为知名商品的情况下，如果他人对该外观设计的使用足以导致相关公众对商品的来源产生混淆或者误认，这种在后使用行为就会不正当地利用该外观设计在先使用人的商誉，构成不正当竞争。因此，外观设计专利权终止后，该外观设计并不当然进入公有领域，在符合反不正当竞争法的保护条件时，它还可以受到该法的保护。

在华鑫然公司、椰树公司商业贿赂不正当竞争案[2]中，一审法院认为，该案中，椰树公司请求保护的椰树公司产品所使用的包装、装潢由一系列要素构成，在可以自由设计的范围内，包装、装潢各要素独特排列组合，具有识别商品来源的显著特征，可以构成商品特有的包装、装潢。该案中，椰树公司产品使用的罐贴于2005年7月申请外观设计专利，于2006年5月被授权公告。椰树公司产品的包装、装潢由一系列文字、图形、色彩、形状等排列组合而成，具有独特性，形成了显著的整体形象，且与商品的功能性无关。经过椰树公司长时间的使用和大量宣传，已足以使相关公众将上述包装、装潢

---

〔1〕 参见最高人民法院民事判决书，(2010)民提字第16号。
〔2〕 参见浙江省高级人民法院民事判决书，(2018)浙01民终6061号。

的整体形象与椰树公司产品联系起来,具有识别商品来源的作用。故椰树公司产品的包装、装潢属于《反不正当竞争法》规定的特有包装、装潢。华鑫然公司辩称椰树公司的外观设计专利已到期,进入公有领域,不再受反不正当竞争法的保护。对此一审法院认为,外观设计专利终止后,如果该外观设计构成知名商品特有包装、装潢,则不影响权利人取得反不正当竞争法的保护,对该抗辩意见,一审法院不予采信。华鑫公司不服,提起上诉。二审法院对一审判决予以维持。

## 三、结论

结合不同法院对于权利竞合的分析和判决,上述案例中,裁判的法院还是倾向于外观设计专利权失效后,涉案作品仍可受到著作权以及反不正当竞争保护。笔者也同意这一观点,理由如下:立法并不限制多个民事权利在同一作品上共存。自作品创作完成之时起,作者自动获得著作权,该权利的确立旨在激励创新,推动文化繁荣及经济发展,这亦与社会的整体福祉相吻合。在商业实践中,美术作品等创意成果常被广泛用于商品的外观设计、品牌标识、包装装饰及营销推广中,这些应用可能同时触及著作权、专利权、商标权及反不正当竞争等多个法律领域。此种多重法律保护的现象,与民法的基本原则相符,且已被社会普遍接受。当同一作品上出现多重权利时,每种权利及相应的法律义务都应根据所属的法律体系独立确定。若著作权因外观设计专利权的存在而被剥夺,则不仅与著作权法的立法精神相违背,也不利于作品的流通与利用,损害了社会公共利益。一旦专利权因期限届满或其他原因终止,保护对象就转变为公共领域的组成部分,但此原则并不适用于基于同一作品产生的著作权。专利权如因期限届满或未续费而终止,仅表明该设计方案不再享有专利法的保护。著作权与专利权虽可能共存于同一作品,但它们是相互独立的权利。著作权的保护期限由著作权法明确界定,不应受专利法的限制。若接受各权利相互冲突且只能选择其一的观点,将导致法律规定之间的矛盾。例如,著作权的保护期通常延续至作者去世后 50 年,而外观设计专利权的有效期通常为 15 年。若按照专利权的期限来限制著作权,将导致著作权的保护期限被不合理地缩短,这实质上将著作权降为专利权的次要权利,不仅没有法律依据,也违反了法律的基本逻辑。

因此,从法律角度分析,著作权与外观设计专利权可能在特定情况下产生权利交叉,但两者依据不同的法律基础,各自独立存在。著作权旨在保护文学和艺术作品的原创性,而外观设计专利权则侧重于保护工业设计的独特性和实用性。即便外观设计专利权因失效或其他原因而终止,基于同一设计的著作权依然有效,保护作品的原创性和作者的精神权利。在法律框架内,若忽视权利人的著作权,将违背公平原则。因此,对于同一客体,多种知识产权的共存是合法且必要的。进一步而言,《反不正当竞争法》为知名商品的特有包装和装潢提供了额外的保护层。当这些元素经过长期使用并获得显著性,成为识别商品来源的重要标志时,它们便受到《反不正当竞争法》的保护,以防止市场混淆和避免不正当竞争行为。在《著作权法》或《专利法》无法提供充分救济的情况下,《反不正当竞争法》提供了一种备选的法律保护机制,确保权利人的合法权益得到全面保护。知识产权的多元化保护机制是确保创新成果得到公正对待的关键。法律体系应当允许并鼓励权利人通过多种途径维护自身智力成果,以保障公众利益和促进市场竞争的健康发展。

# 专利权权属纠纷抗辩新类型

## ——评厦门卓元鼎汇诉厦门米兹专利权权属纠纷案

林 烨*

通说认为,专利权权属纠纷的法律关系与一般侵犯财产权纠纷在本质上是一样的,只是戴上了一顶专利权的帽子,但这顶帽子改变不了专利权是一种财产权的属性,相当于一个技术成果。这个技术成果的获得只有两个途径:一是自主研发从而构成原始取得,二是通过合法手段继受取得。至于该成果是否申请专利,全凭成果所有人处置。我国法律并不强制要求权利人必须申请专利。换言之,技术成果无论是否申请专利,权利人都是该技术成果的主人——所有权人。因此,在专利权权属纠纷审理中,主张专利权归属自己的一方作为原告,通过举证证明自己是该成果的主人,而对方无权就该成果申请专利,请求法院将专利权判归自己所有。因此,法院应循着上述思路进行审理。至于专利权本身是否有效,在所不问。

2023 年 11 月 27 日,针对卓元鼎汇公司与米兹公司专利权权属纠纷案(以下简称卓元鼎汇案),最高人民法院作出了驳回上诉,维持原判的二审判决。[1] 该二审判决在裁判要点中将涉案法律问题总结为"现有技术抗辩",从而树立了专利权权属纠纷中被告抗辩的新类型,又一次刷新了专利权权

---

* 林烨:广东君之泉律师事务所律师。

〔1〕 参见最高人民法院民事判决书,(2023)最高法知民终 1956 号。

属纠纷的审理思路。

本文先简单梳理了既往的专利权权属纠纷中被告抗辩的形式，然后对最高人民法院在专利权权属纠纷中引入“现有技术抗辩”新类型给业内带来的启示展开分析。

## 一、专利权权属纠纷之传统抗辩思路

在专利权权属纠纷中，原告通常主张涉案专利被当前的专利权人不当占有，以当前的专利权人作为被告向法院提起专利权权属纠纷诉讼。被告为了否定原告的诉讼请求，通常会采用以下形式进行抗辩。

### （一）诉争专利的专利权人为个人时，被告（专利权人）采用“非本职工作”进行抗辩

例如，中国专利权权属纠纷第一案——陶某与地基公司专利权权属纠纷案[1]，先后经历了北京市专利管理局的行政程序、北京市中级人民法院的一审程序、北京市高级人民法院的二审程序。陶某 1983 年 1 月前在中国人民解放军基建工程兵六支队任工程师，此后调任至构件厂任厂长，直至 1988 年离职，一直在构件厂任职。涉案专利技术方案为“钻孔压浆成桩法”，属于地基施工方面的研究和发明，完成时间是陶某在构件厂任厂长期间。

三个程序中的争议焦点都围绕着发明人陶某作出的“钻孔压浆成桩法”发明专利是否属于“非本职工作”展开：如果属于“非本职工作”，则该发明为陶某的非职务发明，专利权应归陶某个人；如果属于履行职务的“本职工作”，则该发明为职务发明，专利权应归单位所有。北京市专利管理局认为该“钻孔压浆成桩法”发明专利为职务发明，专利权归原告地基公司；北京市中级人民法院以陶某虽然对“钻孔压浆成桩法”的构思及专利技术内容的完成起了决定性作用，但在该项专利技术的试验过程中，使用了被告专门为此

---

〔1〕 参见陶某诉北京市地铁地基工程公司发明专利权属纠纷案，载《最高人民法院公报》1992 年第 3 期。

购买的设备为由，认定“钻孔压浆成桩法”发明专利权属原告陶某和被告地基公司共有。

对于此问题，北京市高级人民法院认为：第一，涉案专利技术方案不属于构件厂的经营范围，不应认为是构件厂厂长的本职工作；第二，涉案专利技术方案是陶某在多年从事地基工程方面工作的经验积累的基础上研究出来的，不属于单位交付的任务；第三，陶某在完成发明过程中，主要依靠自己几十年从事地基工程施工的经验积累，并非主要利用单位的物质条件。综上，北京市高级人民法院判决涉案专利并非职务发明，专利权属归陶某所有。

### （二）诉争专利的专利权人为单位时，被告（专利权人）采用“发明人为本单位员工”进行抗辩

法院在判断权利归属时，主要聚焦于谁是实际发明人的问题。结合实际发明人身份，根据相关法律法规判断是否属于职务发明，进而确认涉案专利的权利归属。如果实际发明人隶属于原告单位，或者是原告单位的前员工，离职自涉案专利申请日起算不满一年，则判专利权归原告单位所有。在信炜公司、莫某华、刘某春与敦泰公司专利申请权权属纠纷案[1]中，法院首先围绕“谁是涉案申请的实际发明人”讨论。法院经审理后认定，涉案申请的实际发明人为莫某华，涉案申请上显示的发明人刘某春不是涉案申请的实际发明人。莫某华为了规避法律，以刘某春作为发明人提交多项专利申请。同时，因莫某华为涉案申请的实际发明人，涉案申请系莫某华在与敦泰公司劳动人事关系终止后1年内作出的，与任职敦泰公司期间本职工作有关的发明创造，故属于职务发明创造，相关权益应归属于敦泰公司。

〔1〕 参见最高人民法院民事判决书，(2021)最高法知民终524号。

### （三）采用“实质性特点”进行抗辩

在东育公司与袁某扬专利权权属纠纷案[1]中，一审法院审理后总结出如下争议焦点：原告东育公司为攀钢公司设计的酸洗切边卷取机的技术特征与涉案专利是否相同。

一审法院认为：“涉案专利权利要求书中明确该装置的自动穿头是通过切边导料管实现的，切边导料管带有底板翻动机构。说明书中亦明确本专利需要解决的技术问题包括卷取开始时切边头子被卷筒的夹紧要能自动的问题。通过设置切边导料管，可以把切边剪剪下来的切边引导至卷筒并被夹紧，然后通过底板翻动机构使导料管离开原来的位置，使之不会影响随后的卷取。可见切边导料管和底板翻动机构正是涉案专利主要的发明点。鉴于原告在庭审中认可其设计的酸洗切边卷取机不具有切边导料管和底板翻动机构，即使如原告所说利用夹棍装置能够实现自动导料功能，其与涉案专利所使用的也是完全不同的技术方案，故本院认为原告为攀钢公司设计的酸洗切边卷取机的技术方案与涉案专利不相同，原告据此主张对涉案专利的专利权没有事实及法律依据。”

二审法院审理认为：“根据专利制度的一般原理，在后技术方案即使完全包含了在先专利，如其符合可专利的实质条件，仍可获得专利权。现涉案专利既已获得授权，即应推定其相对于现有技术已具有新颖性、实用性、创造性等获得专利授权的必备条件，袁某扬作为涉案专利发明的发明人而成为涉案专利的专利权人，并不违背专利法。如东育公司认为袁某扬不应获得涉案专利权，可通过宣告专利权无效程序予以解决。……本院认为，涉案专利技术方案相较于东育公司为攀钢公司设计的技术方案，已增加了切边导料管和底板翻动机构的技术特征，两技术方案已不属于同一技术方案。社会公众有基于现有技术进行发明创造的自由，如在后的发明创造相较于

[1] 参见上海知识产权法院民事判决书，（2015）沪知民初字第568号；上海市高级人民法院民事判决书，（2016）沪民终171号；最高人民法院民事裁定书，（2016）最高法民申2905号。

现有技术具有可专利的实质性特点，即可以获得专利授权，这符合技术创新的规律，亦为现行专利制度所认可。现本案涉案专利已经获得授权，本院可以推定其具有专利的实质性特点，并进而认为其与东育公司为攀钢公司设计的酸洗切边卷取机并不相同。”

## 二、专利权权属纠纷之最新抗辩类型——现有技术抗辩说

在卓元鼎汇案[1]中，二审法院最高人民法院认为，涉案专利的技术方案在申请日前已经公开，应为现有技术，涉案专利不应获得专利授权，故不应将涉案专利判原告所有。此为“现有技术抗辩说”。

## 三、“现有技术抗辩说”给业界的启发

### （一）扩大了“现有技术抗辩”适用场景

在我国的专利法语境下，现有技术抗辩专指《专利法》第 67 条的规定，是专利侵权纠纷中的一个抗辩理由，限于比对被控方案与现有技术，背后的法理是公众有实施现有技术方案的自由。

但在卓元鼎汇案中，最高人民法院明确了该专利权属纠纷案的法律问题为“现有技术抗辩”，将涉案专利与现有技术的比对也纳入“现有技术抗辩”，将现有技术抗辩适用的案件从专利侵权纠纷扩大到专利权权属纠纷，从而扩展了“现有技术抗辩”适用场景。

### （二）将专利权权属纠纷与专利侵权纠纷相提并论，丰富了专利侵权理论

我国的专利法语境下的专利侵权，仅指“未经专利权人许可，实施其专利”的情形，属于狭义的专利侵权，现有技术抗辩也仅限于狭义专利侵权纠纷使用。而卓元鼎汇案判决将权属纠纷纳入了广义的专利侵权的“大口

---

〔1〕 参见最高人民法院民事判决书，(2023) 最高法知民终 1956 号。

袋”,从而丰富了专利侵权理论,使现有技术抗辩也能够应用在专利权权属纠纷中。

### (三)突破专利制度“双轨制”

专利制度“双轨制”,是指在职权分工主义下,法院负责审查专利民事纠纷,而对于专利权的有效性审查,专属于国务院专利行政机关——国家知识产权局,两个机关分工配合,但不得相互替代。卓元鼎汇案中,最高人民法院在专利权权属纠纷中接受“现有技术抗辩”,既将涉案专利与现有技术进行比对,又将涉案专利与原告的在先技术成果比对,使法院的司法审查具有多重视角。通过对涉案专利的专利性的否定性评价,涉案专利实际上已处在“社死”的状态,巧妙地突破了我国专利制度中的“双轨制”,实现了司法“一元化”,免去了社会公众启动无效宣告程序的诉累,又遏制了现专利权人发动侵权诉讼的冲动;践行了最高人民法院提出的“抓前端、治未病”、双赢多赢共赢、案结事了、政通人和等司法为民的理念,不断推动法院审判工作现代化,从而节约司法资源,提高审判效率。

## 四、结语

本文通过梳理专利权权属纠纷传统审理规则,介绍了最高人民法院在卓元鼎汇案中确认的新的抗辩类型——现有技术抗辩说。略有遗憾的是,卓元鼎汇案中出现了“本案现有证据可以证明涉案专利系现有技术不应获得专利授权,故本案不应将涉案专利判归卓元鼎汇公司所有”的逻辑错误,其中的“涉案专利系现有技术不应获得专利授权”与“本案不应将涉案专利判归卓元鼎汇公司所有”没有任何逻辑关联。另外,该判决认为“如果卓元鼎汇公司认为涉案专利亦不应归米兹公司所有,可通过无效宣告程序或者其他法律途径予以解决”。其实,无效宣告程序只能解决该专利的有效与否问题,而不能解决在该专利权“帽子”下的技术方案(不论是否申请)到底归属于谁[1]的问题,“其他法律途径”恰恰只能是提起专利权权属纠纷,原告卓元鼎汇公司已经这样做了。不过,瑕不掩瑜,我们仍然欣赏最高人民法院勇于探索的精神,并期待着最高人民法院总结审判经验,积极探索多元争端解决机制。

---

[1] 1985 年的《专利法实施细则》规定对于权属纠纷,可以通过“异议程序”解决。但之后的专利法修改将此规定取消了。1985 年《专利法实施细则》第 54 条规定:“依照专利法第四十一条规定,对专利局公告的发明或者实用新型专利申请可以提出异议的情形是指:……(三)申请人依照专利法第六条、第八条、第十八条规定无权申请专利,或者申请的主要内容是取自他人的说明书、附图、模型、设备等,或者取自他人使用的方法,而未经其同意的……”

# 从涉专利被恶意放弃纠纷系列案件看诉讼时效问题

丁敬伟*

## 一、案件背景

本系列案件的原告、被告之间存在众多专利权权属纠纷，2016 年，原告先就其中的 18 件专利先行提起专利权权属纠纷诉讼（以下简称“18 案”）。2017 年，深圳市中级人民法院一审判决认定该 18 件专利的权属应归于原告。在该判决结果出来后，被告立刻就其他存在潜在权属纠纷但原告尚未提起诉讼的共计 108 件专利全部进行了专利权放弃。后续，“18 案”又经过了二审、发回重审一审、发回重审二审、再审，直至 2021 年，“18 案”经过了最高人民法院二审才最终确定 18 件专利的权属归于原告。此时，距离被告放弃其他专利的专利权已逾 3 年。

在收到“18 案”最高人民法院的二审判决后，原告开始计划就对方放弃其他 108 件专利权属的行为进行起诉，以维护自身的权利。2022 年，原告提起本系列案件诉讼，共计 108 案，法院先行就其中的 10 案进行了审理，计划采取以判促调的方式处理原告、被告之间的纠纷。2023 年，经过数次的庭审，法官就部分案件进行了判决，并以判决所确定的金额为基础进行了多轮

* 丁敬伟：深圳市律师协会第十一届专利法律专业委员会副主任，北京德恒（深圳）律师事务所律师。

调解，最终推动了本系列案件的全部解决。

## 二、案件争议焦点

涉案专利权登记在被告名下且被被告放弃，在涉案专利权无法恢复的情况下，原告的救济渠道为向被告进行索赔。本系列案件至少包含两层法律关系，一是专利权权属，二是侵权责任。需要先就专利权的权属进行判断，并在此基础上，结合被告的主客观行为，判断被告的行为性质，即系列案件的争议焦点应当包括以下 4 点：

（1）涉案专利权的真正权利人是否为原告；

（2）若真正专利权人为原告，那么被告放弃专利权的行为是否属于侵权；

（3）如果被告的行为构成侵权，被告应该承担何种责任；

（4）要求被告承担责任的诉讼请求是否已过诉讼时效。

关于第 1 点和第 2 点，由于本系列案件同在先的“18 案”存在较大的关联性，根据“18 案”判决书认定的相关内容即可确定本系列案件的涉案专利的真正权利人应为原告；被告在“18 案”审理的过程中放弃本系列案件涉案专利的行为具有恶意，系侵权行为，就侵权行为给原告造成的损失，被告应当承担赔偿责任。

如案件背景所介绍，被告放弃涉案专利的行为发生在 2017 年，且原告在被告放弃涉案专利后即知晓，而本系列案件在 2022 年起诉。在此情况下，本系列案件的争议焦点实际在于第 4 点，即原告要求被告承担侵权赔偿责任是否已过诉讼时效。

## 三、关于诉讼时效抗辩的应对

在庭审过程中，被告以原告提起本系列案件诉讼距原告知晓被告放弃涉案专利权已逾 3 年为由进行诉讼时效抗辩，原告的应对思路如下。

### （一）关于案件性质

强调本系列案件相对于普通侵权案件的特殊性，必须以专利权的权属认定为前提。本系列案件要求被告赔偿损失必须以认定涉案专利权的权属为前提，而专利权的权属纠纷案件由中级人民法院管辖。本系列案件由深圳市中级人民法院一审审理也正是要先认定涉案专利权的权属。因此，本系列案件实质上属于以认定专利权权属为前提的侵权赔偿案件。

### （二）关于专利权权属纠纷不适用诉讼时效

在强调本系列案件的特殊性后，先行就专利权权属纠纷不适用诉讼时效进行论述：

1. 诉讼时效只适用于债权请求权纠纷

知识产权具有排他性，在绝对权和对世权的意义层面上具有与传统民法等同的物权法律地位。同理，确认知识产权权利归属的请求权应类似于确认物权请求权，不应受诉讼时效的限制。

《民法典》第196条规定，“不动产物权和登记的动产物权的权利人请求返还财产”不适用诉讼时效的规定。[1] 该条款确认了物权的请求权不受诉讼时效的限制这一基本原则。知识产权作为民法体系中与物权并列的一种特殊财产权，权利对象并非传统的“物”。但这种差异仅仅体现在财产的形式上，知识产权与物权的权利返还请求权不应因此而产生差异，因此专利权权属纠纷也应当享有与物权类似的地位，而不受诉讼时效的限制。

知识产权客体具有无形性，虽同传统的“物”在表现形态上具有差异，但并不影响请求权的实现。物权请求权体现为请求真正的权利人获得对于物的支配权，这种支配权的转移体现为通过当事人约定或司法确认实现物这

---

[1] 《民法典》第196条规定：“下列请求权不适用诉讼时效的规定：（一）请求停止侵害、排除妨碍、消除危险；（二）不动产物权和登记的动产物权的权利人请求返还财产；（三）请求支付抚养费、赡养费或者扶养费；（四）依法不适用诉讼时效的其他请求权。”

种有形体的转移;知识产权请求权体现为请求真正的权利人获得对于知识产权的支配权,这种支配权的转移体现为通过当事人约定或司法机关、行政机关的确认以对外公示权利的所有人。[1] 虽然转移方式与权利的自然属性有关,但无论是物权还是知识产权,请求权的提出都不会受到形式差异的影响。因此,在视知识产权请求权与物权请求权具有相同法律地位的基础原则下,专利权的权属纠纷不应受到诉讼时效的限制。

另外,最高人民法院《关于审理专利纠纷案件适应法律问题的若干规定》(以下简称《专利纠纷若干规定》)指出,侵权行为持续进行的,知识产权权利人要求停止知识产权侵权行为的请求是不受诉讼时效限制的。[2] 《专利纠纷若干规定》第 1 条明确将专利权权属纠纷案件和侵犯专利权纠纷案件划分为两类不同的案件。狭义的"侵犯专利权"主要指他人未经许可实施专利权人的技术方案,而并未涉及他人非法占有作为所有权客体的物。然而,这种行为仍能适用"不受 3 年诉讼时效限制"的规定。根据法律对知识产权权属的规定,本来应享有某项知识产权的人面临的情况并非他人侵犯了自己的知识产权,而是更为严重的情况——他人占有了自己的权利,这种行为比狭义侵权更为严重。然而,在这种情况下,权利人却不能得到类似于"持续侵犯专利权"的法律救济,反而要受到诉讼时效的限制,这显然是不公平的,违背了举轻以明重的法理原则,也与专利法的立法目的和专利制度的作用相矛盾。

因此,诉讼时效适用于债权请求权纠纷,而不适用于知识产权和传统民法中物权的情况。保护知识产权的目的是确保权利人能够有效行使权利,在确认知识产权权利归属的问题上也不应受诉讼时效的限制。

---

[1] 参见张晓霞、李梦欢:《金杜知卓|专利权权属纠纷是否适用诉讼时效》,载搜狐网 2018 年 10 月 15 日,https://www.sohu.com/a/259722196_221481。

[2] 《专利纠纷若干规定》第 17 条规定:"侵犯专利权的诉讼时效为三年,自专利权人或者利害关系人知道或者应当知道权利受到损害以及义务人之日起计算。权利人超过三年起诉的,如果侵权行为在起诉时仍在继续,在该项专利权有效期内,人民法院应当判决被告停止侵权行为,侵权损害赔偿数额应当自权利人向人民法院起诉之日起向前推算三年计算。"

2. 司法实践中关于专利权（申请权）权属纠纷案不适用诉讼时效的认定

分析近年来我国的司法判例可以看出，法院在对待专利权权属纠纷诉讼时效的态度上发生了很大变化，从最初的严格适用诉讼时效到不受诉讼时效拘束。在相对早期的案件中，如北京锅炉厂诉潘某专利权权属纠纷上诉案[1]中，北京市高级人民法院认为，诉讼时效应从专利授权日起算，即专利权权属纠纷应当适用诉讼时效。同样在蓝派公司诉欣路特公司专利权权属纠纷案中，北京市第一中级人民法院在判决中延续了北京市高级人民法院的上述观点。[2] 但是随后，北京市高级人民法院在原告蓝派公司的上诉中，改变了在北京锅炉厂诉潘某专利权权属纠纷案中的观点，提出了完全相反的观点，认为侵权导致的专利权权属纠纷不受诉讼时效的限制。[3] 在接下来的案件中，则有法院开始认定所有的专利权权属纠纷都不应当适用诉讼时效。[4]

（三）赔偿损失请求权尚未产生

结合本系列案件的实际情况，从赔偿损失请求权尚未产生的角度，论述本系列案件的起诉未过诉讼时效。

本系列案件赔偿损失请求权的产生应基于本系列案件涉案专利权权属的确定，即只有在涉案专利权归属于原告的情况下，原告对因涉案专利权被他人侵害而产生的损失才享有求偿权，故在涉案专利权权属被法院认定属于原告所有时，原告的赔偿损失请求权才于该时刻产生，在此之前，原告的请求权并未产生，更无法谈及已过诉讼时效。

诉讼时效的起算点为“知道或应当知道”。从原告“知道”的维度起算，诉讼时效应自本系列案件涉及专利的权属被法院认定属于原告起算。而本

---

〔1〕 参见北京锅炉厂诉被告潘某专利权权属纠纷上诉案，载《最高人民法院公报》1995 年第 3 期。
〔2〕 参见北京市第一中级人民法院民事判决书，(2003)一中民初字第 9839 号。
〔3〕 参见北京市高级人民法院民事判决书，(2004)高民终字第 1051 号。
〔4〕 参见广东省高级人民法院民事判决书，(2006)粤高法民三终字第 18 号。

系列案件中涉及权属的认定还在审理过程中，原告到现在都不知道法院是否会将涉案专利的专利权/申请权判归自己所有，所以关于赔偿的诉讼时效并未产生，更无法谈及已过诉讼时效。

以上观点与李某、卞某侵害商业秘密纠纷案[1]的两审法院深圳市中级人民法院和广东省高级人民法院所持观点一致。在该案中，广东省高级人民法院认为："一审(2012)深南法知刑初字第8号生效刑事判决及其二审(2012)深中法知刑终字第34号生效刑事判决认定李某等人侵害金立翔公司的商业秘密。该二审生效刑事判决作出时间为2012年12月18日，本案一审起诉时间为2014年3月7日。金立翔公司的起诉未超出诉讼时效。李某认为应当以其被公安机关逮捕的时间即2011年8月为诉讼时效起算点。对此，本院认为，二审(2012)深中法知刑终字第34号生效刑事判决作出之前，金立翔公司并不能确认李某等人存在侵害其商业秘密的事实。该二审生效刑事判决作出之后，金立翔公司才确定侵害商业秘密事实的存在。因此，本案诉讼时效的起算点应当在二审(2012)深中法知刑终字第34号生效刑事判决生效之日起。"

### (四)赔偿损失请求权最早可能产生的时间

结合诉讼时效起算中的"应当知道"的含义，原告关于本系列案件赔偿损失请求权的诉讼时效最早也应自最高人民法院就"18案"作出二审判决之日起算。

从原告"应当知道"的维度起算，诉讼时效应自最高人民法院就"18案"作出二审判决之日起算。因为直至最高人民法院就"18案"作出二审判决，被告恶意规避法律，侵占原应属于原告的专利权这一事实才得以确认，原告才确认被告对原告其他专利权的放弃系无权处分且具有恶意的行为。同时，考虑到"18案"涉及的专利技术方案与涉案专利的技术方案具有相关性，

---

[1] 参见广东省深圳市中级人民法院民事判决书，(2014)深中法知民初字第178号；广东省高级人民法院民事判决书，(2018)粤民终1574号。

所以,直至“18 案”终审判决作出,原告才可能“应当知道”涉案专利的权属也应属于自己,原告关于赔偿损失请求权的诉讼时效的起算点应为最高人民法院就“18 案”作出二审判决之日,原告在本系列案件中的赔偿之诉也未超过诉讼时效。

本系列案件的求偿基础有二:其一,应确认涉案专利归属于原告;其二,应确认两被告放弃专利权的行为系无权处分且恶意。

从一方面来讲,在涉案专利权归属于原告这一事实未被确认前,原告基于该专利权被放弃而产生的赔偿损失请求权尚未产生,故原告的关于赔偿损失请求权的诉讼时效起算时间点应为权属被确认之时。

从另一方面来讲,在本系列案件中,赔偿损失请求权的产生必须基于恶意侵权行为,故必须确认两被告的行为具备恶意,才可向两被告主张损失赔偿。值得注意的是,涉案专利以及“18 案”的专利系通过层层流转而最终登记在被告的名下,如果被告在层层流转中系善意取得,则被告将不承担损失赔偿责任。而直至最高人民法院就“18 案”作出二审判决,才根据原告提供的证据判断出被告的行为系为规避法律的恶意行为,在此之前,“18 案”的任何判决书或裁定书均未对被告的恶意进行提及。直至原告收到“18 案”的最高人民法院二审判决书后,才发现和确认被告占有原告专利权的行为具有恶意,被告放弃相关专利权的行为不仅是无权处分而且是恶意,原告应享有要求被告赔偿损失的请求权。故从此角度来说,原告在本系列案件中要求被告赔偿损失的诉讼时效最早也应从“18 案”最高人民法院二审判决之日起算。

### (五)关于诉讼时效的立法本意

从诉讼时效的立法本意出发,强调原告并未怠于行使自己的权利,原告在收到“18 案”终审判决后再行提起本系列案件诉讼符合常理。

“诉讼时效”是指权利人怠于行使请求权,经过法定期间而导致该权利消灭,丧失请求人民法院依法保护自身民事权利的法律制度,立法本意在于督促权利人及时行使权利,提高经济资源的利用率和降低诉讼成本。

原告在发现两被告可能将应属于自己的专利权登记在了他们名下时,就立即提起了“18案”的诉讼,此外,仍有108件专利被被告侵占,相关专利均来源于原告就指纹触控技术的整体技术方案。相关案件系基于同一事实,若原告选择与“18案”同时提起诉讼,一者严重占用司法资源,二者就案件的诉讼开支来说,也是一笔不小的负担,是十分不经济的选择。故原告选择先提起了“18案”的诉讼,并决定在“18案”有所定论的情况下再提起其他案件的诉讼。在有在先判决的情况下,事实情况已经得到认定,会极大减少在后案件的审理时间,可在最大限度上节约诉讼成本。

但“18案”的审理经过了一审、二审、发回重审一审、发回重审二审、再审,历时近6年,这说明了案情复杂,案件相关事实的确认困难,故在终审判决作出之前,原告无法确认被告的侵权事实,也无法判断自身的权利是否受到了侵害。但被告自收到一审判决,判断有败诉风险时起,出于摆脱诉讼的考虑,就将含本系列案件标的在内的108件专利全部放弃,同时,被告立即提起了上诉,案件的相关事实尚无定论,原告也无法确认被告的相关行为是否侵权。

在“18案”历经数年由最高人民法院作出二审判决后,原告最终确认了相关事实,并立即提起本系列案件以及关联案件的诉讼,原告并未怠于行使自身的权利,原告就诉讼时间点的选择是符合常理以及立法本意的,不应认定原告的诉讼超过了诉讼时效。

### (六)小结

综上,本系列案件专利权应归属原告,被告并非真正的权利人,被告撤回或放弃专利申请权或专利权属于无权处分且恶意的侵权行为,该侵权行为已经给原告造成损失,据此要求被告赔偿损失。从本系列案件系专利权权属纠纷,权属未确定之前相应的损失赔偿请求权未产生,应自法院确认涉案专利权归属于原告时起算诉讼时效,而专利权权属案件不适用诉讼时效的角度，或者从诉讼时效应从“原告知道权属属于自己”之日起算，也就是应从最高人民法院二审确认“18 案”专利权应归原告时起算的角度，或者从需确认被告行为系恶意，即最高人民法院二审认定被告行为系恶意之日起算诉讼时效的角度，本系列案件均未超过诉讼时效。

## 四、总结

诉讼时效是民事诉讼中需要关注的重点问题，诉讼时效是否已超过需要考虑多方面的因素，对请求权产生的时间点、“知道”或者“应当知道”的起算点等进行判断。在本系列案件中，原告针对被告的诉讼时效抗辩，结合案件的实际情况，从请求权产生之前不应计算诉讼时效，“知道”或“应当知道”的判断，诉讼时效的立法本意等多层次进行了分析和应对。

最终，法院采纳了原告的观点，认为原告的起诉并未过诉讼时效，法院在判决书中阐述的观点与原告一致：“在人民法院确定涉案专利真正的专利权人之前，因侵害该专利申请权而产生的债权请求权的诉讼时效无法开始计算。退一步而言，即使原告在其与本案被告另外 18 个专利权权属纠纷的二审生效判决作出之日，原告可以根据前述生效判决认定的事实知晓被告亦可能涉嫌侵害涉案专利权，原告在 2022 年 4 月 29 日向本院提起诉讼，仍在《民法典》第一百八十八条规定的三年诉讼时效期限内。”法院在就本系列案件中的部分案件进行判决后，积极组织双方进行调解，最终双方就本系列全部 108 案达成和解。

本系列案件涉及专利权被他人登记在自己名下并恶意放弃这一特殊的情形，希望本系列案件对诉讼时效抗辩的应对成功，能够为民事诉讼时效问题提供一定的启示和应对思路。而本系列案件在审理过程中所采取的以判促调的方式，也可以为专利权权属系列纠纷的“一揽子”解决提供创新方案。

# 外观设计专利侵权组件产品与套件产品的认定

## ——以鋅马公司诉时迈公司案为例

李龙飞 *　莫天虹 **

## 一、问题的提出

《专利审查指南(2010)》进一步明确了组件产品和套件产品的概念,[1] 同时也圈定了二者的保护范围。构成组件产品的每一个构件单独均不具备使用价值,因此只有由各组件组合而成的完整产品能够受到专利法的保护;而套件产品中的每一个套件都具备独立的使用价值,因此每个套件单独均能够受到保护。正因组件产品专利和套件产品专利的保护范围如此悬殊,实务中出现了专利的"组件"与"套件"之争。而在《专利审查指南》中,对组件产品和套件产品的判断相对主观,在没有绝对客观标准的情况下,组件产品和套件产品难以区分。然而两者内涵的不同,使组件产品或套件产品的判定对在无效宣告程序中对外观设计专利进行外观相同或近似的判断以及侵权判定时影响颇大。[2] 因此根据不同情况正确认定产品专利是组件产品

* 李龙飞:深圳市律师协会第十一届专利法律专业委员会委员,广东广和律师事务所律师。

** 莫天虹:广东广和律师事务所实习律师。

[1] 《专利审查指南(2006)》规定:"由数件物品组合为一体的产品,其中每一件单独的构成部分没有独立的使用价值,组合成一体时才能使用的产品为组件产品。"《专利审查指南(2010)》规定:"组件产品,是指由多个构件相结合构成的一件产品。"《专利审查指南(2010)》不再强调组件产品中的每个构件都不具备单独使用价值。

[2] 参见王美芳:《正确区分成套产品与组件产品》,载《中国发明与专利》2006 年第 10 期。

或是套件产品，对案件结果有重大影响。

本文以笔者亲历案件——铧马公司诉时迈公司案[1]为例，阐述组件产品专利与套件产品专利的认定标准，以及不同判断对案件的不同影响。

（一）基本案情

原告铧马公司拥有申请日为2015年5月5日，专利号为ZL2015×××××12.8，专利名称为“铝合金连接件”的外观设计专利权，图片或照片记载如图1至图4所示。

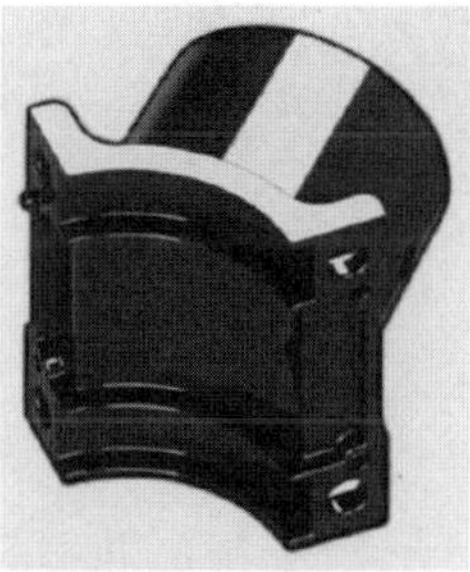

图1　组件1

图2　组件2

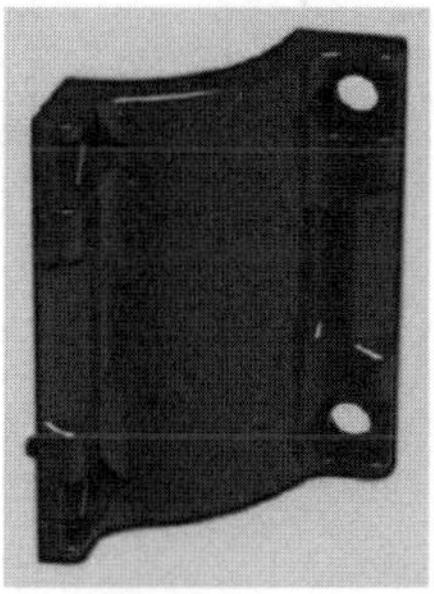

图3　组件3

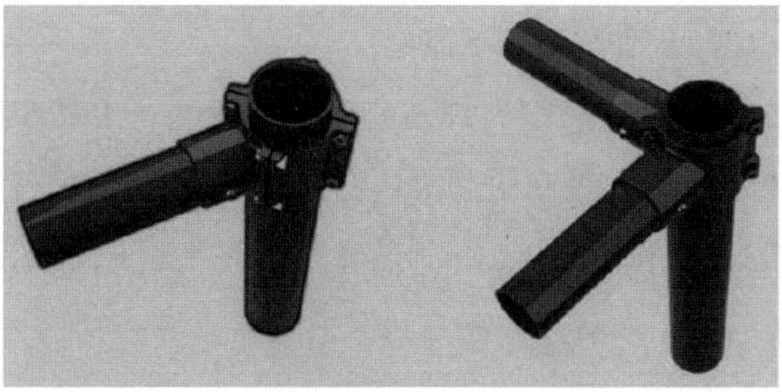

图4　使用状态

铧马公司认为，时迈公司制造、销售的网球场组合式围网连接件（如图5所示）与专利组件2相同，涉嫌侵犯铧马公司上述外观设计专利，故向广州

〔1〕参见广州知识产权法院民事判决书，(2021)粤73民初2584号；广东省高级人民法院民事判决书，(2022)粤民终2893号。

知识产权法院提起诉讼,请求判令时迈公司:第一,立即停止生产、销售、许诺销售侵害涉案专利权的产品,并销毁库存侵权产品及专用生产模具;第二,赔偿经济损失及合理开支共100万元。

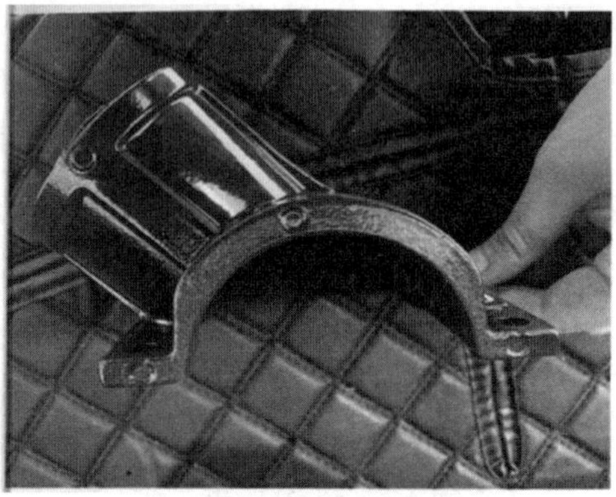

**图5 被诉产品**

（二）裁判结果

本案一共经历两次审理,广州知识产权法院认定时迈公司产品未落入鍟马公司外观专利的保护范围,驳回了鍟马公司的诉讼请求。广东省高级人民法院二审也驳回上诉,维持了原判。

值得注意的是,在本案之前,鍟马公司已经就同一专利在广州知识产权法院有了在先判决,[1]且该在先判决认定被告产品侵权,支持了原告鍟马公司的诉请。在此种不利情况下,由于正确分析并举证原告专利为组件产品专利,时迈公司的产品未落入涉案专利保护范围,案件实现了逆风翻盘。

## 二、研判思路——组件与套件之争

### （一）被诉产品不落入原告组件产品专利权保护范围

原告涉案专利权的简要说明记载:本外观设计产品的名称为铝合金连

---

〔1〕 参见广州知识产权法院民事判决书,(2018)粤73民初3032号。

接件;用途为组合式围网的连接;本外观设计产品为组件产品,由组件 1、组件 2 和组件 3 组成,共同组合使用和销售。

根据《专利审查指南》[1],组件产品是由多个构件相结合构成的一件产品。组件产品又分组装关系唯一的组件产品,组装关系不唯一的组件产品以及各个构件无组装关系的组件产品。在本案中,原告涉案专利文本明确记载了"本外观设计为组件产品",且需要"共同组合使用或销售",因此在判断该专利性质时,毋庸置疑应当认定为组件产品专利。

《专利法》第 31 条第 2 款规定,"一件外观设计专利申请应当限于一项外观设计"。根据组件产品的定义,构成组件产品的构件不能单独作为一种产品。因此组件产品的外观设计应当属于以一件外观设计专利申请的一项外观设计,主张权利时应当以全部构件作为对比对象,[2]即各构件单独不作为外观专利的保护对象。同时,依据最高人民法院《关于审理侵犯专利权纠纷案件应用法律若干问题的解释(二)》(以下简称《专利侵权司法解释(二)》)第 16 条第 2 款规定"对于各构件之间无组装关系或者组装关系不唯一的组件产品的外观设计专利,被诉侵权设计与其全部单个构件的外观设计均相同或者近似的,人民法院应当认定被诉侵权设计落入专利权的保护范围;被诉侵权设计缺少其单个构件的外观设计或者与之不相同也不近似的,人民法院应当认定被诉侵权设计未落入专利权的保护范围"可知,如被诉产品仅涉嫌侵犯组件产品专利中的其中部分组件,则不构成侵权。

如图 5 所示,时迈公司被诉产品中只有与组件 2 相对应的 1/2 圆弧加侧管接口的构件,没有与组件 1 相对应的 1/4 圆弧加侧管接口的构件,也没有

---

〔1〕 参见国家知识产权局制定的《专利审查指南》在第一部分第三章第 9 节规定:一件组件产品的设计属于一项外观设计。组件产品是指由多个构件相结合构成的一件产品。组件产品包括 3 种组装关系:组装关系唯一的组件产品,例如,由榨汁杯、刨冰杯与底座组成的榨汁刨冰机,带灶具、烤箱、洗碗机的整体橱柜;组装关系不唯一的组件产品,例如,可插接成不同造型的积木;无组装关系的组件产品,例如,扑克牌。多件随意拼凑的产品不属于组件产品,例如,在桌上随意摆放的装饰物。

〔2〕 参见白亮、宋子良:《浅论组件产品与套件产品外观设计的区别及申请策略》,"2013 年中华全国专利代理人协会年会暨第四届知识产权论坛"论文,2013 年 7 月于北京。

与组件3相对应的1/4圆弧无侧管接口的构件。

故而,作为被告时迈公司的代理律师,在分析完毕诉讼材料及被诉产品的基本特征后,笔者认为前述产品未落入涉案专利的保护范围,因此不构成专利侵权。

### (二)在先判决认定原告专利为套件产品

所谓套件产品,是指用于同一类别且成套出售或者使用的产品,并且具有相同设计构思的两项以上外观设计。成套产品是指由两件以上(含两件)属于同一大类、各自独立的产品组成,各产品的设计构思相同,其中每一件产品具有独立的使用价值,而各件产品组合在一起又能体现出组合使用价值的产品。

由套件产品的定义可知,与组件产品不同,组成套件产品的各部分都是各自独立的一种产品。换句话说,虽然一件套件产品得到的是一件外观设计专利,但保护范围与各套件分别申请获得多件外观设计专利而得到的保护范围是相同的。[1] 因此,只要被诉产品落入组成套件产品的其中一种产品的保护范围,即可构成侵权。

原告此前已根据上述专利权起诉过案外人恒冠公司并取得判定停止侵权并赔偿损失的胜诉判决。经细致解读该在先(2018)粤73民初3032号民事判决书,该生效判决已经将涉案专利认定为套件产品专利,并具体论述为:"原告涉案专利组件1、2、3并非必须组合才具有使用价值,而是都具有独立使用价值,组合后还具有组合使用价值,故涉案专利是套件产品。虽然该专利简要说明称其是组件产品,但外观设计专利权的保护范围应以授权公告图片中的产品外观设计为准,故简要说明的解释不能推翻上述套件产品的认定。将被诉设计与原告涉案专利进行比对,前者与后者组件2近似,故前者落入后者保护范围。被告主张原告涉案专利是组件产品,进而认为

---

[1] 参见张尧:《组件产品与套件产品的区别及外观设计专利申请策略》,载《中国知识产权》2021年总第173期。

前者不落入后者保护范围,依据不足,本院不予支持。”

依据《专利侵权司法解释(二)》第15条的规定,对于成套产品的外观设计专利,被诉侵权设计与其一项外观设计相同或者近似的,人民法院应当认定被诉侵权设计落入专利权的保护范围,可以说在此在先生效判决认定原告产品为套件产品后,原告专利的保护范围大大增加。由于被诉产品与原告专利组件2构成近似,被诉产品极有可能落入涉案专利权保护范围,构成专利侵权。

该在先判决从产品使用价值的角度出发,认为涉案专利并非只有组合使用才能发挥价值,单独的组件也具有独立的使用价值。因此认定涉案专利为套件专利,拓宽了该专利的保护范围。同时,原告专利组件与套件之争直接影响到被告产品是否侵权,因此原告专利究竟是组件产品专利还是套件产品专利为本案的争议焦点。如果能有充分的证据使法官重新认定涉案外观设计属于组件产品,那么案件将峰回路转。

## 三、认定组件产品与套件产品的实质与形式标准

认定某个专利产品属于组件产品还是套件产品,应当先从定义出发。由《专利审查指南》和《专利法实施细则》的相关定义可知,组件产品专利与套件产品专利的主要区别在于:构成产品的组件在脱离产品后是否还具有独立的使用价值。换言之,套件产品是由两件以上各自独立的产品组成,而组件产品是由多个构件组成的一件产品。广州知识产权法院在(2018)粤73民初3032号民事判决书中即认为原告的3个专利组件分别具有独立的使用价值,因此才认定原告专利为套件产品专利。

“单独组件是否具备使用价值”的标准作为判断组件产品或套件产品的实质标准,应用时偏向主观,因为在实务中,实际存在既可以被认定为组件产品,又可以被认定为套件产品的中间地带。当“组件产品”中的每一个构件均具有独立使用价值时,也可以作为“套件产品”。通俗理解,“组件产品”

的范围涵盖了“套件产品”,“套件产品”可以理解为一种特殊的“组件产品”。[1]

除了法律定义,组件产品和套件产品在专利申请条件方面也有所不同。对于成套产品,应当在其中每件产品的视图名称前以阿拉伯数字顺序编号标注,并在编号前加“套件”字样。对于无组装关系或者组装关系不唯一的组件产品,申请人应当提交各构件的视图,在每个构件的视图名称前以阿拉伯数字顺序编号标注,并在编号前加“组件”字样。

综上所述,组件产品和套件产品的判断标准实际上包含了形式和实质两重标准。实质标准即根据审查指南的定义,判断专利产品中的各组件是否单独具备使用价值;而形式标准则是以申请文件为依据,以外观专利记载的图片或照片中的编号标注为准。

在銲马公司诉时迈公司案中,对于原告涉案专利的实质标准认定,即各组件是否单独具备使用价值存在争议:如按照笔者最初的分析,以专利文献记载为依据,该组件只用于组合式围网的连接,那么明显单个组件无法组合使用,不具备使用价值;但是按照在先判决的思路,不囿于使用场景,那么单个组件确实具有一定的使用价值,因而涉案专利被认定为套件专利。若按照形式标准,原告已经在外观图片记载编号中标明了“组件”字样,即已经将专利申请为组件专利,那么后续是否能够改变专利性质从而扩大保护范围,值得重点思考。

对此,笔者作为代理律师,主要从两个方面着手策划组织证据。一方面,围绕“专利公示原则”,从涉案专利实际发挥的作用正本清源地解释涉案专利为组件产品专利,从而证明涉案专利的3个组件只有组合起来才能具有使用价值,而单独的组件无法发挥使用价值。

笔者提交的原告专利产品介绍册的展示内容,显示专利产品应用于网球场的围网连接,与涉案专利简要说明中的“用于组合式围网的连接”用途

[1] 参见贰话不说:《再谈外观设计专利之“组件产品”与“套件产品”》,载微信公众号“IPRdaily”2022年11月16日,https://mp.weixin.qq.com/s/IR4JxTAQ9pJUhVjFRTZS6Q。

一致；介绍册中存在“两头连接法”“转角连接法”“三边连接法”组合使用状态图，既与涉案专利使用状态参考图相对应，又进一步扩充展示了多种使用状态，从而高度盖然地确定了涉案专利产品的用途是“围网”的连接，而非原告所陈述的仅需要围合成圆周的连接，而“围网”的连接必然需要组件1、2、3全部使用方能完成。

另一方面，围绕“禁止反悔原则”缩限涉案专利保护范围，以阻止涉案专利变更为套件产品而被扩大解释。笔者组织针对组件2提起不符合《专利法》第23条之规定的无效宣告请求，国家知识产权局作出仅针对组件2无法使涉案组件产品专利无效的审查决定。相当于在无效审查过程中，将涉案专利进一步认定为组件产品专利。

在上述“专利公示原则”“禁止反悔原则”对涉案专利保护范围进行限缩解释的情况下，广州知识产权法院在本案中否决了在先生效判决将涉案专利视为套件产品专利进行保护的认定，将涉案专利更正认定为组件产品专利。广东省高级人民法院也进一步维持了上述认定，从而驳回上诉维持原判。

至此，在笔者的应诉策划和积极举证下，该案件峰回路转，法院对涉案专利按照组件产品外观设计专利重新进行了认定。

## 四、结语

上述涉案专利的性质认定历经“组件产品专利，不侵权”—“套件产品专利，极有可能侵权”—“组件产品专利，不侵权”3个阶段。由于组件产品专利和套件产品专利的保护范围不同，对案件最终被判侵权与否有着直接影响，因此当出现在先不利判决时，需要针对组件产品专利和套件产品专利在形式和实质上的不同积极寻找证据，在程序和专利性质分析方面主动作为，以便最终取得案件胜诉结果。

# 透明材料外观设计的相似性比对

崔　军[*]　王　宁[**]　唐克胤[***]

外观设计,是指对产品的整体或者局部的形状、图案或者形状与图案的结合以及色彩与形状、图案的结合所作出的富有美感并适于工业应用的新设计,保护范围以展示在图片或者照片中的该产品的外观设计为准。在外观设计专利侵权纠纷中,被诉产品外观设计是否与授权外观设计构成相同或近似,通常会成为案件的争议焦点。而外表使用透明材料的产品,外观上通常会使人产生不同的视觉感观。近年来,使用透明材料的产品日渐增多。然而大多数外观设计专利的简要说明并没有写明产品的外观由透明材料制成,导致使用透明材料的产品外观设计与授权外观设计的相似性比对变得更加复杂。本文将从透明设计特征出发,来探讨透明材料外观设计相似性比对的判断规则。

## 一、透明材料外观设计相似性比对的基本原则

外观设计专利保护的客体不是产品本身,而是产品的设计,判断外观设计是否相同或者近似,应当仅以产品的外观作为判断的对象,考虑产品的形状、图案、色彩这 3 个要素产生的视觉效果,遵循“整体观察、综合判断”的原

* 崔军:北京德恒(深圳)律师事务所律师。

** 王宁:北京德恒(深圳)律师事务所律师。

*** 唐克胤:深圳市律师协会第十一届专利法律专业委员会委员,北京德恒(深圳)律师事务所律师。

则。在判断被诉产品外观设计与授权外观设计是否相同或相似时,应当从整体视觉效果上进行比较,不能过于注意局部的细微差别。要从一件产品外观设计的全部或者主要构成上来确定是否与授权外观设计相同或者相近似,而不能从一件产品外观设计的局部出发,更不能把产品外观设计的各个组成部分分割开来。[1]

在判断使用透明材料的产品的外观设计是否与授权外观设计相同或者近似时,通过人的视觉能观察到的透明部分以内的形状、图案和色彩(以下简称透明设计特征),应当视为该产品的外观设计的一部分,纳入比对范围,与授权外观设计比较整体视觉效果,综合判断后得出结论。

例如,在"食品成型加工设备"外观设计专利侵权案件[2]中,被诉产品外观设计与涉案外观设计专利整体框架近似,主要区别在于两者面板使用不同材质导致的视觉效果差异:涉案外观设计专利的面板为不透明面板,不能看见产品的内部结构;被诉产品的面板为透明面板,可以看见产品的内部结构。专利权人将被诉产品的使用透明材料的外表面及透过透明材料可以观察到的内部结构,划分为外部和内部两个部分进行侵权比对,并认为内部结构属于功能性设计,在比对时不应当予以考虑,进而主张被诉产品与涉案外观设计专利形状相同,整体视觉效果近似。但一审法院和二审法院均没有采纳专利权人的这一主张,而是一致认为:尽管被诉产品外观设计与涉案外观设计专利整体框架近似,但被诉产品透明面板约占前后面板 1/2 的面积,通过一般消费者的视觉可以观察到被诉产品的内部结构,而涉案外观设计专利的相应部位由不透明面板遮挡,内部结构不可见,从整体上观察,两者在外观上的视觉效果不相同,也不近似。这进一步明确了,对于外表使用透明材料的外观设计进行相似性判断仍然需要在"整体观察,综合判断"基本方法的框架下进行。[3]

---

〔1〕 参见程永顺:《浅议外观设计的侵权判定》,载《知识产权》2004 年第 3 期。

〔2〕 参见上海市高级人民法院民事判决书,(2022)沪民终 38 号。

〔3〕 参见唐震:《使用透明材料外观设计的侵权比对》,载《人民司法》2022 年第 23 期。

## 二、透明材料外观设计相似性比对的判断主体

最高人民法院《关于审理侵犯专利权纠纷案件应用法律若干问题的解释》(以下简称《专利侵权司法解释(一)》)第10条规定,法院应当以外观设计专利产品的一般消费者的知识水平和认知能力,判断外观设计是否相同或者近似。“一般消费者”是法律上拟制的人,既不是外观设计产品的一般设计人员,也不是外观设计产品的实际购买者,而是由一定知识水平和认知能力所界定的判断主体。“一般消费者”的知识水平,是指他通常对外观设计专利相同种类或者相近种类产品的外观设计及常用设计手法具有常识性的了解。“一般消费者”的认知能力,是指他通常对外观设计产品之间在形状、图案以及色彩上的区别具有一定的分辨力,但不会注意到产品的形状、图案以及色彩的微小变化。对于不同种类的外观设计产品,“一般消费者”的知识水平和认知能力不同。

通常就对外观设计相似性的判断而言,日用品的一般消费者的知识水平比较接近普通社会大众。专业产品的一般消费者,应该具有该类产品的特定消费群体的一般知识水平,对于该类产品的认知能力往往要高于普通社会大众。例如,工业插头的一般消费者,是对工业用插头插座产品的技术参数指标具有一定了解的企事业单位的技术人员,而非一般个人消费者。相较于个人消费者,该类产品的一般消费者除了关注插座颜色对应的额定电压之外,还会关注具体的技术参数等。[1]

一般消费者对使用透明材料的产品的外观设计进行整体观察时,需要对产品的基本功能、性能、使用情况和现有设计基本状况等具有一定了解,具有常识性了解的能力。在专业性产品的相近似判断中,一般消费者对产品的特点、在先设计的惯常形状、相应的设计空间的常识性了解的能力尤为关键。这种常识性了解的能力源于对现有设计的认知,来自经常接触并关

〔1〕 参见上海市高级人民法院民事判决书,(2013)沪高民三(知)终字第37号。

注某类产品的经验，体现在获知了产品的使用情况、相关技术性能，表现为知晓惯常设计，了解现有设计的状况以及产品性能对造型的限定等设计内容。[1] “尽管在现实中某些具体的人群对于产品的常识性了解贴近一般消费者，但是外观设计专利性判断主体实质上是一系列标准的体现”。[2]

随着技术进步和产业领域的发展，一般消费者的知识水平和认知能力也会产生变化。对于一般消费者的知识水平和认知能力的时间基准，实践中存在两种不同观点：一是授权外观设计的专利申请日；二是被诉侵权行为发生时。笔者认为，在专利授权及确权阶段，适宜采用第一种观点；在专利侵权诉讼阶段，适宜采用第二种观点。在外观设计侵权案件中，以被诉侵权行为发生时一般消费者的知识水平和认知能力为侵权判断标准，能更准确地反映被诉侵权行为对专利权人实施专利所获利益的实际影响，从而能更公平地调整权利人与其他市场主体的财产关系。[3]

## 三、透明材料外观设计相似性比对的重要因素

根据北京市高级人民法院《专利侵权判定指南（2017）》第 91 条的规定，将不透明材料替换为透明材料，或者将透明材料替换为不透明材料，且仅属于材料特征的变换，未导致产品外观设计发生明显变化的，在判断外观设计的相同相近似时，应不予考虑。但是，透明材料使该产品外观设计的美感发生了变化，导致一般消费者对该产品的整体视觉效果发生变化的，则应当予以考虑。对于透明材料使该产品外观设计的美感发生变化的情况，在进行外观比对时，除了要遵循上述基本原则之外，还要考虑透明设计特征（如功能性设计、惯常设计、装饰性设计、设计空间的大小、透明设计特征所占比例等）对一般消费者的视觉效果影响程度。

---

〔1〕 参见罗霞：《外观设计专利相近似的司法判断》，载《人民司法（应用）》2012 年第 13 期。

〔2〕 参见钱亦俊：《论外观设计专利性判断主体——一般消费者的能力》，载《知识产权》2011 年第 8 期。

〔3〕 参见刘军华、朱佳平、张莹：《外观设计相同或近似的判断标准及侵权损失计算》，载《人民司法》2021 年第 26 期。

## （一）透明设计特征中的功能性设计特征与装饰性设计特征

产品外观设计首先需要满足特定功能。根据《专利侵权司法解释（一）》第11条第1款的规定，对于主要由技术功能决定的设计特征或产品的材料、内部结构等特征，在就外观设计进行相似性比对时，不予考虑。对于外表使用透明材料的产品，一般消费者需要了解透明设计特征中的功能性特征是否为技术特征唯一方式限定，不需要考虑该设计特征是否具有美感。

在上述“食品成型加工设备”外观设计专利侵权案中，涉案外观设计专利用于食品成型加工设备，被诉产品具有透明面板，透过该面板可见压片辊轮、制丸辊轮、刀辊、切刀等产品内部结构部件。一审、二审法院均认为：虽然这些部件具有功能性，但是这些部件的形状和组合方式并不唯一，组成的外观设计会呈现出多种设计可能性，不属于功能性设计，在侵权判定中应当予以考虑。

产品的外观设计在实现产品功能的前提下，还要在视觉上具有一定的美感，相应的设计特征兼具功能性和装饰性。这种设计特征不属于单纯的功能性设计特征，应当纳入相似性比对的范围。

在阿尔卑斯矿泉水瓶外观设计专利行政诉讼案[1]中，涉案专利与对比外观设计的瓶身整体形状相同，圆锥形上部均包含折线图案，该折线图案与一般消费者所熟知的现有设计不同，不属于惯常设计。在瓶子表面增加摩擦力的方式多种多样，设计折线仅仅是其中的一种方式，且现有设计中存在各种折线设计。涉案专利的折线设计也不属于单纯的功能性设计，而是兼具功能性和装饰性的设计。因此，装饰性的设计特征在外观相似性比对中，对一般消费者的视觉效果会产生影响，是应当考虑的重要因素。

功能性设计特征对于外观设计的整体视觉效果不具有显著影响。功能性与装饰性兼具的设计特征对整体视觉效果的影响需要考虑装饰性的强

---

〔1〕 参见最高人民法院行政判决书，（2019）最高法知行终58号。

弱，装饰性越强，对整体视觉效果的影响越大；反之则越小。[1] 就外表使用透明材料的产品而言，透明设计特征通常会给消费者带来不同的视觉感受，满足了一定的审美需求。准确区分透明设计特征是功能性设计特征还是功能性与装饰性兼具的设计特征，对外观相似性判断至关重要。

### （二）透明设计特征中的惯常设计

现有设计中一般消费者所熟知的、只要提到产品名称就能想到的相应设计，称为惯常设计。例如，提到包装盒就能想到包装盒有长方体、正方体形状的设计。惯常设计属于现有设计的范畴，如果设计特征为惯常设计，在外观设计相似性比对时无须予以考虑，即使考虑比重也极小。

在"圆珠笔"外观设计专利侵权案[2]中，涉案专利为圆珠笔，笔身部和按压棒是透明材料，透过该透明材料能够看到笔芯。涉案产品的笔身部和按压棒为不透明。对一般消费者而言，涉案专利透明设计特征中的圆杆笔芯，属于惯常设计，因此，在侵权比对时无须予以考虑，只需比对涉案专利的笔身部和按压棒的形状即可。

在外观设计专利授权及确权阶段，对惯常设计的证据要求通常较低。在侵权诉讼阶段，惯常设计的认定通常需要足够的证据予以证明，若证据不足，则难以得到法院支持。

例如，在"桶装水桶"外观设计专利行政诉讼案[3]中，涉案专利和对比外观设计均为桶装水桶的外观设计，属于日常生活中较为常见的物品。对一般消费者而言，整体透明，桶颈为细圆柱形，桶体为直径高度比约为1∶2的圆柱形，桶肩呈坡形都属于该类产品的惯常设计。该案中仅提交了无效证据，未提交惯常设计的相关证据，法院结合日常生活经验即认定惯常设计

---

〔1〕 参见吴蓉、石磊：《〈高仪股份公司诉浙江健龙卫浴有限公司侵害外观设计专利权纠纷案〉的理解与参照——外观设计创新性和功能性设计特征的认定及其在侵权判断中的考量》，载《人民司法》2021年第17期。

〔2〕 参见北京市第二中级人民法院民事判决书，(2006)二中民初字第5893号。

〔3〕 参见北京市高级人民法院行政判决书，(2017)京行终5581号。

成立。

又如,在“茶几”外观设计侵权案[1]中,被诉产品与授权外观设计的主要区别之一为:茶几桌面设计不同,被诉侵权设计的茶几桌面采用透明设计,可见十字形桌档,现有设计的茶几桌面不透明,无桌档设计,且桌沿外圈凸起。虽然被告方提交了多份专利文件用于证明透明桌面下方可见十字形桌档的设计为茶几领域的惯常设计,但法院认为被告所提交的证据材料不足以证明这一点,被告的这一主张未能得到支持。

### (三)透明设计特征的设计空间

设计空间,是指设计者在创作特定产品外观设计时的自由度,受到现有设计状况的影响。不同种类的产品,设计空间大小不同。对于设计空间极大的产品领域而言,设计者的创作自由度较高,该产品领域内的外观设计形式多样、风格迥异,相关外观设计产品的一般消费者就更不容易注意到比较细小的设计差别。相反,在设计空间受到很大限制的领域,创作自由度较小,该产品领域内的外观设计存在较多的相同或者相似之处,相关外观设计产品的一般消费者通常会注意到不同设计之间的较小区别。

一般消费者在考虑设计空间时,需要结合具体的产品种类,从功能性设计、惯常设计、产品的共性设计和个性设计等方面进行考虑。其中,产品的功能性设计和惯常设计属于产品的共性设计,在进行外观设计专利对比判定时,应该淡化产品共性设计对于一般消费者视觉效果的影响,而强调产品非共性设计或者说个性设计对于一般消费者视觉效果的影响。[2] 若产品外表使用了透明材料,在对透明设计特征进行观察时,需要更加关注个性设计。

例如,婴幼儿使用的奶嘴通常由透明或半透明的材料制成,产品外形整

---

〔1〕 参见浙江省高级人民法院民事判决书,(2022)浙民终1105号。

〔2〕 参见徐婷妍:《浅析设计空间在外观设计专利对比判定中的运用》,载《中国发明与专利》2013年第11期。

体上的类圆锥形设计是惯常设计，奶嘴类产品的设计空间相对较小。矿泉水瓶通常也采用透明材料，瓶身的整体形状通常属于惯常设计，瓶身上的装饰性设计较为多样，具有较大的设计空间。玻璃花瓶装饰类产品整体具有较大的设计空间，可采用的设计风格和设计元素有诸多可能，花瓶的形状和图案也是千变万化、丰富多样，被一般消费者所关注。因此，设计空间的大小不同，对一般消费者造成的视觉效果影响就不同，设计空间是外观相似性比对中的一个重要因素。

### （四）透明设计特征所占比例

在一般消费者进行整体观察时，整体造型的各部分比例值得关注，尤其是透明设计特征所占比例。通常情况下，透明设计特征属于使用过程中容易看到的部位，容易看到的部位对整体的视觉效果影响较大，透明设计特征所占比例越高，对整体视觉效果的影响越显著。

在上述“食品成型加工设备”外观设计专利侵权案中，涉案专利的面板为不透明材料，被诉产品透明面板约占前后面板 1/2 的面积，透过面板可见主要内部结构，对整体视觉效果显著影响。在五金工具盒外观设计专利侵权案[1]中，涉案专利的盒盖为不透明材料，被诉侵权产品盒盖采用透明设计。从整体来看，被诉侵权产品盒体与盒盖产生了明显的视觉分界，同时透明盒盖凸显了盒体内部放置五金工具处的设计特征，透明盒盖部分所占比例较大，对产品整体视觉效果影响也较大。因此，透明设计特征在整体外观设计中所占的比例越大，对视觉效果产生的影响越显著，在外观相似性比对中也是一个重要因素。

## 四、结论

综上所述，在使用透明材料产品的外观设计相似性比对中，应遵循“整

---

〔1〕 参见浙江省高级人民法院民事判决书，(2022)浙民终 1480 号。

体观察，综合判断”的基本原则。“整体观察”要求将全部设计特征纳入观察范围，将通过透明材料观察到的产品内部形状、图案和色彩作为产品外观设计的一部分，纳入比对范围，悉数各个对应部分的相同及不同之处。“综合判断”要求在考察各设计特征对外观设计整体视觉效果影响程度的基础上，对能够影响整体视觉效果的所有因素进行归纳总结，确定各相同点与不同点对外观设计整体效果的影响程度。

对于视觉效果，不同判断主体会得出不同的结论，在相似性比对中把握判断主体的知识水平和认知能力尤为重要。

在使用透明材料的产品外观设计相似性比对中，主要关注外观设计的视觉效果，无须关注产品功能或者技术效果的变化。同时，要弱化惯常设计特征，排除功能性设计特征和使用时不容易观察到的特征，相对于共性设计更强调个性设计，关注装饰性特征、设计空间以及透明设计特征所占比例，以便得出客观、中立的判断。

# 实用新型专利权的恶意诉讼

李启首*

## 一、专利侵权诉讼中恶意诉讼的起因和实务认定现状

专利权作为一种法定的、具有一定垄断性质的权利，权利人行使和保护该项权利的常见形式之一是提起侵权诉讼，以实现该项权利的价值。专利权是依行政审批而产生的法定民事权利，以他人被告提起专利侵权诉讼的权利人，通常都持有经审批并获得授权的“专利证书”。由于实用新型或外观设计专利授权前仅经过初步审查而未经严格的实质审查，故没有实质性的创新但获得授权的专利权并不鲜见。因此，以专利权作为权利基础发起的侵权诉讼，因权利被滥用，构成恶意诉讼的可能性要比一般的恶意诉讼大很多，正所谓“有权利的行使，就有权利的滥用”。

对于专利侵权诉讼，因为权利人有“专利证书”的加持，权利客体本身又涉及相对专业的技术内容，诉讼参与人之外的局外人很难准确辨识与判断是否涉及恶意诉讼。另外，对专利权恶意诉讼的甄别难度大还体现在现有的专利侵权诉讼中，审判实务活动的核心仍在于判断诉讼请求是否成立，很少涉及查明原告的主观过错，即便原告主观过错较大，法官一般也不轻易裁断是否属于恶意诉讼。因此，实务中，鲜有将原告败诉的专利侵权诉讼认定为恶意诉讼的案例。而在技术类专利领域的侵权之诉中，笔者尚未检索到

* 李启首：深圳市律师协会第十一届专利法律专业委员会委员，广东星辰律师事务所律师。

因原告技术不是真实创新或创新不足而认定构成恶意诉讼的生效判决。其中常见的一种现象是权利人基于并非真实创新的技术所获得的专利权提起侵权诉讼,在被告成功实现抗辩后,诉讼的结果通常仍是以原告败诉而结案。而该种结案方式不可避免会给被告带来困扰。在诉讼中被告付出的精力较多,所受损害明显,若仍一概将原告行为归结为“专利诉讼中的原告合理败诉或盲目诉讼”——但仍属正常的诉讼,则司法活动所追求的终极目的——公平、正义往往难以在一个表面正常的裁判结论中得到充分彰显。

## 二、国内外法律界对技术类专利侵权领域的恶意诉讼现象的关注

2013 年,时任美国奥巴马总统签署《美国发明法案》,决定对“专利蟑螂”发起的恶意诉讼进行规制,主要是通过加重原告对自身商业背景、列明其他被指控方清单、被告侵权行为细节(侵权事实,慎用推定)的举证责任,同时还通过原告败诉后可能承担责任的范围并不局限于被告支付的律师费,以及原告败诉后的赔偿责任主体不止于原告自己,还可能包含原告的利益攸关方等措施,予以规制。

中国将知识产权恶意诉讼作为正式的民事案由是基于 2011 年最高人民法院公布的《民事诉讼案由规定》第 155 条,“因恶意提起知识产权诉讼损害责任纠纷”作为“知识产权权属、侵权民事纠纷”项下的子案由。2020 年最高人民法院再次对该文件修改时,该项案由并未有增删或修改。从案由规定的总体架构来看,该类行为的总体性质应归于侵权行为。

2012 年修改的《民事诉讼法》第 13 条第 1 款增加了民事诉讼应当遵循诚实信用原则的规定,诚实信用原则自此作为民事诉讼的基本原则,也成为评价不当民事诉讼行为的基本原则之一。2017 年施行的《民法总则》第 132 条规定:“民事主体不得滥用民事权利损害国家利益、社会公共利益或者他人合法权益。”后该规定演变为 2021 年施行的《民法典》第 132 条。笔者认为,《民事诉讼法》第 13 条是指在民事诉讼程序中,禁止实施妨碍诉讼进程,阻碍法院查明事实,虚假诉讼等违背诚信原则的诉讼行为,与本文探讨的

《民法典》第132条规定的滥用权利、2020年修正的《专利法》新增的第20条规定的专利权滥用应分属两个不同的范畴。《民事诉讼法》第13条第1款主要规范民事诉讼过程,具体诉讼行为的实施需要遵循诚信原则,针对的行为本质属广义的诉讼妨碍行为。而《民法典》第132条或《专利法》第20条主要规范民事权利的行使和实施过程(含以诉讼方式行使、实现民事权利),应遵循诚信原则,不得损害他人合法权益,针对的行为本质属侵权行为。

也就是说,专利侵权领域中的恶意诉讼现象以及规制方式,在近十几年中,越来越受到国内外立法、司法界的普遍关注。

最高人民法院首次以专题形式关注知识产权领域的恶意诉讼,是在2004年。最高人民法院民三庭《关于恶意诉讼问题的研究报告》曾指出:"恶意诉讼,一般指故意以他人受到损害为目的,无事实根据和正当理由而提起民事诉讼,致使相对人在诉讼中遭受损失的行为。"该观点从构成侵权责任的"不法行为、主观过错、损害结果以及不法行为与损害结果之间的因果关系"传统四要件出发,中规中矩,对恶意诉讼行为的界定过于概略。具体在知识产权领域,尤其是专利侵权之诉中,原告出于竞争需要而提起的诉讼,目的性都很强,具有天然的攻击性或者敌意。对于"被告应予容忍的攻击性或敌意"与"法律不能无视的恶意",从当事人角度观察,界限极为模糊,几乎很难直接分辨。此外,在专利侵权之诉中,原告败诉是常见现象,相应地,被告即使胜诉,因应诉而产生的损失既客观也明显,其中不乏原告提起恶意诉讼的因素。

具体来说,在原告败诉的专利侵权之诉中,诉讼进程是依法进行的,原告具体行为的"不法"性并不明显,原告自带的"攻击性或者敌意",并非当然的恶意。虽然存在损害结果以及结果与行为之间的因果关系,但若依据上述研究报告给出的标准来裁断、甄别个案是否为恶意诉讼,难度并未有丝毫降低。

诉讼是定分止争的重要手段,诉讼救济承载着民众和企业对司法公正、权利保障最大的期待。但恶意诉讼妨害诉讼秩序,浪费司法资源。绝大部分知识产权侵权诉讼是正当地行使诉权,不会被判定为恶意之诉。司法实践中,甄别知识产权恶意诉讼与普通知识产权侵权之诉的难点,仍在于其中的“过错”究竟为何种过错,或“过错”的含义究竟为何。

## 三、专利侵权诉讼领域恶意诉讼的认定标准和法律责任

2021 年,最高人民法院在《关于知识产权侵权诉讼中被告以原告滥用权利为由请求赔偿合理开支问题的批复》中规定,“在知识产权侵权诉讼中,被告提交证据证明原告的起诉构成法律规定的滥用权利损害其合法权益,依法请求原告赔偿其因该诉讼所支付的合理的律师费、交通费、食宿费等开支的,人民法院依法予以支持”。该批复未使用“恶意诉讼”,而是使用“滥用权利”,这主要是因为司法解释需要遵循依法解释的原则,“恶意诉讼”并非法律术语。依据《民法典》第 132 条或 2020 年《专利法》第 20 条的规定,“滥用权利”而非“恶意诉讼”才是上位法的明文规定。法律术语用法的差异暂且不论,若将滥用专利权利提起的专利侵权诉讼,归类于前述《民事诉讼案由规定》所述“恶意提起知识产权诉讼”行为,应该没有争议。

由于对“滥用专利权”或“恶意提起专利权侵权诉讼”未有明确的法律规定,笔者尝试在司法实践中,对“恶意”或“滥用权利”的实体认定标准、构成要件以及应当适用的合理程序,予以探索。

在 2014 年 8 月 14 日最高人民法院提审作出的王某诉歌力思公司侵害商标权纠纷案[1]中,法院认为:“‘歌力思’商标由中文文字‘歌力思’构成,与歌力思公司在先使用的企业字号及在先注册的‘歌力思’商标的文字构成完全相同。‘歌力思’本身为无固有含义的臆造词,具有较强的固有显著性,依常理判断,在完全没有接触或知悉的情况下,因巧合而出现雷同注册的可能性较低。作为地域接近、经营范围关联程度较高的商品经营者,王某对‘歌力思’字号及商标完全不了解的可能性较低。在上述情形之下,王某仍

[1] 参见最高人民法院民事判决书,(2014)民提字第 24 号。

在手提包、钱包等商品上申请注册'歌力思'商标，其行为难谓正当。王某以非善意取得的商标权对歌力思公司的正当使用行为提起的侵权之诉，构成权利滥用。"该案是2017年最高人民法院发布的指导性案例，涉及的虽然是商标权侵权纠纷，但对甄别何为专利权恶意诉讼行为，有很强的借鉴意义。

笔者注意到，在实体认定标准上，前述指导性案例并未将"故意""明知"作为构成权利滥用的要件之一，而是表述成"以非善意取得的商标权对（他人）的正当使用行为提起的侵权之诉，构成权利滥用"，即"权利取得不正当、非善意"或者说违背诚信原则取得权利后，针对"正当使用行为提起侵权之诉"，则构成权利滥用。也就是说，"不正当或非善意"取得的权利与针对"正当"使用人提起的民事诉讼，两者结合在一起后，即构成权利滥用。

上述判决作出时，《民法典》第132条以及2020年《专利法》第20条尚未颁布实施，而即便《民法典》第132条以及2020年《专利法》第20条的规定施行后，"滥用专利权利"仍属高度抽象、概括的法律规定，在具体适用时，仍需要裁判者就具体案情进行探索性的，甚至是大胆的解释后，才可适用。笔者认为，上述最高人民法院的具体判决至少给出了一个特定的、可操作性很强的认定"滥用知识产权权利"行为的认定标准：当权利人滥用权利的主观过错达到非诚信、非善意的程度时，如权利的取得以及权利的行使等客观、外在、可观察到的环节，存在明显有违诚信原则的情形时，认定构成"滥用权利"。

## 四、深圳市中级人民法院有关滥用实用新型专利权构成恶意诉讼的司法实践

在深圳市中级人民法院审理的湖南某新能源公司诉深圳某互联公司、广东某连接器公司侵害实用新型专利侵权诉讼案[1]中，就具体涉及滥用专利权构成恶意诉讼的判断。

---

〔1〕 参见广东省深圳市中级人民法院民事判决书，(2023)粤03民初3430号。

该案中,被告在先的实用新型专利的技术内容完全覆盖了原告在后申请的实用新型专利的全部技术内容,且在先专利的公告日还早于原告在后专利的申请日。而早在原告申请实用新型专利过程中,被告就曾以侵权警告函件的书面形式通知原告自己拥有该在先实用新型专利,原告经营行为存在侵害该专利权的风险。但原告仍以该在后的实用新型专利为基础权利,针对被告提起侵权之诉。在案件审理过程中,国家知识产权局以原告专利不具有新颖性为由,宣告原告专利权全部无效,被告也明确请求由原告承担被告在案件审理过程中支出的合理费用。

深圳市中级人民法院在该案判决书中,对被告的请求予以支持,由原告承担被告"在案件中产生的合理开支"。理由是:原告在申请专利时,明知在先技术已经公开了涉案专利的技术内容,涉案专利权稳定性存疑,不符合专利权授权标准,因而原告取得权利具有恶意;同时原告提起侵权之诉时,已经收到被告发送的律师函件,且在诉讼中未提供涉案实用新型专利的评价报告,实难以认定原告属依法维权,依法行使正当的诉讼权利,因而构成权利滥用。

该案的特殊性在于,法院以先后两个实用新型专利内容的高度重叠等客观、外在证据为依据,判定原告在专利申请和提起侵权诉讼两个环节中的主观过错均属"恶意",并据此认定原告提起实用新型专利侵权诉讼的行为构成权利滥用。此外,该案值得同行借鉴的一般性有两点:一是在专利侵权诉讼中,原告构成滥用权利时,被告如仅要求原告承担因应诉而产生的合理开支等费用,则无须另案起诉或在本诉中以反诉形式提出请求,再经由法院受理等烦琐的诉讼程序实现对自身权益的维护,而是以"恶意诉讼抗辩"为由,直接由法院在本诉中径行裁判,回应被告的请求。二是被告因应诉产生的合理开支,还包括被告就涉案专利的无效宣告请求费等实际开支。对此笔者理解为:为稳妥起见,被告通常会穷尽避免承担专利侵权责任的所有抗辩,包括针对涉案专利权的无效宣告请求抗辩,被告因宣告专利权无效产生的实际支出,完全系原告提起的侵权之诉引致,两者因果关系紧密、直接,在认定专利权利滥用的判决中，支持无效宣告请求费等实际开支，合情合理。这与普通的专利侵权诉讼中，原告为维持专利权而在无效宣告程序中产生的开支，不作为原告在侵权诉讼中的维权合理开支，是“一枚硬币的两面”，不但不相矛盾，甚至还相互呼应。

## 五、关于实用新型专利侵权诉讼中恶意之诉认定的一些思考

在技术类专利权的侵权之诉中，原告的恶意或权利滥用的过错往往特别隐蔽。现实中，天然存在重复研发等实际情况。在技术类专利权的取得过程中，即便专利技术内容的创新度较低，甚至不具有新颖性，专利权的取得不符合专利授权条件等，也与权利人取得权利有恶意，有违诚信原则，是两个完全不同的事实。专利侵权诉讼实务中，极少因涉案专利权不具有新颖性，全部权利要求被宣告无效，现有技术抗辩成立等情况，将侵权之诉认定为原告构成权利滥用。这一点从技术类专利侵权之诉的司法实务中，“现有技术抗辩成立”或“专利被宣告全部无效”等因素导致原告败诉的案例比比皆是，而认定原告构成恶意诉讼的裁判案例罕见，可得以回溯印证。

构成技术类的专利权利滥用的行为人的主观过错仍在于明知或应当知道，如存在涉案专利技术内容“不属真实创新”，针对正当行为提起侵权诉讼，针对同一被告反复提起侵权诉讼等有违诚信原则的具体情形。当权利人行使权利存在前述明显的主观过错时，很可能会构成专利权的权利滥用，但前述具体情形仍只是认定构成权利滥用的考量要素。至于该类情形是否为构成恶意之诉或权利滥用的必要条件或充分条件，还需要另行探讨。此外，行为人有滥用权利的主观过错，并不以涉案专利不符合专利法规定的授权条件为前提，否则，技术类的专利权利将比其他民事权利滥用的适用条件严苛太多，与 2020 年《专利法》增设的第 20 条的立法初衷相悖。

笔者认为，认定原告是否构成专利权的恶意诉讼时，核心审查对象仍是“直接的诉讼行为中，原告的主观过错”。专利权利的取得即便有违诚信原则，也仅是探究原告行使专利权，提起侵权之诉的主观过错的一个考量因

素,反过来说,是否若专利权利的取得正当,就肯定不是“恶意诉讼”?权利人持有“专利证书”,就是持有“尚方宝剑”可以任意起诉他人?也不尽然。例如,最高人民法院发布的《最高人民法院知识产权法庭裁判要旨摘要(2023)》第42条裁判要旨“滥用知识产权的认定和处理”,最高人民法院在(2023)最高法知民终235号裁判文书中指出,权利人“故意一事两诉”,法院可视情判令权利人承担对方当事人的诉讼合理开支。[1] 可见,最高人民法院实际上也认为权利人行使权利未秉持善意而审慎行事的,仍可视情构成权利滥用。因此,“专利权利的取得有违诚信原则”并非构成专利权恶意诉讼的必要条件。另外,正因为专利权恶意诉讼的审查对象仍是“作为标的的诉讼行为中,原告直接的主观过错”,该直接的主观过错并非全部或部分体现为原告取得专利权过程中的过错(两者毕竟不是同一事实),所以,“专利权利取得有违诚信原则”也不当然是构成“专利权恶意诉讼”的充分条件。

又如,最高人民法院发布的《最高人民法院知识产权法庭裁判要旨摘要(2023)》第50条裁判要旨“诱导取证情形下恶意提起知识产权诉讼的认定”,最高人民法院在(2022)最高法知民终2586号裁判文书中指出:“利权利人在没有其他证据证明他人已经侵权或者即将侵权的情况下,通过主动提供技术方案诱导实施侵权行为,并据此提起侵权诉讼,干扰、影响他人的正常经营的,可以认定其构成恶意提起知识产权诉讼。”[2]但笔者认为,该案并非“专利权的滥用”,而是属于《民事诉讼法》第13条第1款有关民事诉讼行为应当遵循诚实信用原则的具体适用,或者更应当适用最高人民法院《关于知识产权民事诉讼证据的若干规定》第7条有关诚信诉讼的原则规定,或第7条第2款有关“被诉侵权人仅基于权利人的取证行为而实施侵害知识产权行为的除外”的具体规定,属“不当的民事诉讼行为”致人损害的侵权

[1] 参见《最高人民法院知识产权法庭裁判要旨摘要(2023)》,载最高人民法院网2024年2月23日,https://www.court.gov.cn/zixun/xiangqing/425892.html。

[2] 参见《最高人民法院知识产权法庭裁判要旨摘要(2023)》,载最高人民法院网2024年2月23日,https://www.court.gov.cn/zixun/xiangqing/425892.html。

行为。

大部分情况下,判断专利权人取得的权利是否合法有效,可以通过现有专利法或专利法细则明文规定的无效宣告请求事由予以处理。但在特定情况下,如专利侵权诉讼中,被告提出恶意诉讼抗辩,此时,对于作为原告的专利权人取得的涉案专利权是否正当,是否违背诚信原则而取得权利,受理法院在具体审理侵权案件过程中,仍有审查的必要。因为当事人一方提出的“权利人取得权利不正当或违背诚信原则取得专利权”等争议事实,显然会直接影响当事人双方的民事责任,法院对这些争议事实应当依据《民法典》第132条或2020年《专利法》第20条的规定进行实体审理。该审理一方面,不违背专利权授权与侵权判定的二元体制;另一方面,2024年1月20日实施的《专利法实施细则》第11条规定:“申请专利应当遵循诚实信用原则。提出各类专利申请应当以真实发明创造活动为基础,不得弄虚作假。”该规定未涵盖2020年《专利法》第20条的所有规制范围,立法目的仅限于在专利授权确权过程中,规范行政机关与专利申请人之间因申请、审查专利而产生的职责、权利和义务关系,与民事侵权行为的认定并非属于同一法律渊源。

## 六、综述

在《专利法》以及相关专利侵权诉讼制度施行数十年之后的当下,专利恶意诉讼或专利权滥用的现象已越来越引起业内人士的关注,但因现有的法律规定过于抽象、概略、粗疏,难以有效遏制此类不法行为,并因此给相关案件的参与人带来困惑。

总体来说,专利权的“恶意诉讼”,是民事诉讼中对专利权人滥用诉权进行专利权救济的一种制度安排,在具体甄别时,不宜简单采用“明知”或“故意”等标准衡量诉讼行为人的过错,从而人为提高甄别恶意诉讼的门槛;而应当依照是否违背诚信原则,结合诉讼行为人应当具有的评估诉讼行为风险的一般能力加以判断,进而将较难掌握、难以分辨的行为人内心主观状态转化为更易操作的,通过案件其他客观事实,引入理性的一般人作为判断主体,对其过错进行裁判,可能更加合适与准确。

若以通常的民事侵权构成四要件的基本思路回溯考察、甄别司法实务中的专利权滥用行为,指导意义或可操作性其实并不大;而以技术类专利权取得过程中的主观过错探究专利权滥用的判断标准,实际上又很难在所有案件中推广适用。笔者在撰写本文过程中也极为迷茫,甚至一度产生放弃撰写此文的念头,然而,提出问题并引申思考,也不乏有益之处,如确能抛砖引玉,也将倍感欣慰。

由于“专利权恶意诉讼或专利权滥用”是权利人正常、正当行使专利权的例外情形,也有可能并不存在判断该类行为的终极法律标准,类似于法律对正常市场竞争行为中的例外情形——“垄断”行为的规制,需在大量、具体案件中不断总结、提炼,方能推动法律的进步。

# 知识产权恶意诉讼探析

易 钊*

知识产权恶意诉讼,案由全称是“因恶意提起知识产权诉讼损害责任纠纷”,业界简称为恶意诉讼。在最高人民法院于2000年发布的《民事案件案由规定(试行)》,以及2008年发布的《民事案件案由规定》中,均未出现这一案由。该案由首次出现于2011年版的《民事案件案由规定》中,具体是在第155条;在现行的2020年版《民事案件案由规定》中,该案由是在第171条。另外,在前述各个版本中,均未出现其他带“恶意”二字的案由。也就是说,严格来说恶意诉讼的唯一指向就是因恶意提起知识产权诉讼损害责任纠纷。

知识产权恶意诉讼问题一直是司法实践中备受争议的难点,尚未形成统一的裁判标准,本文将结合相关案例针对这一问题作一些探讨。

## 一、知识产权恶意诉讼的裁判情况分析

笔者在中国裁判文书网(wenshu. court. gov. cn)以“因恶意提起知识产权诉讼损害责任纠纷”这一案由进行检索,共检索到208份文书;在威科先行法律信息库以这一案由进行检索,共检索到252份文书。检索日期为2024年5月2日,具体情况如表1所示。

---

* 易钊:深圳市律师协会第十一届专利法律专业委员会委员,广东瑞枫达律师事务所律师。

**表1　知识产权恶意诉讼裁判情况**

| 检索平台 | 中国裁判文书网 | 威科先行法律信息库 |
| --- | --- | --- |
| 文书总数 | 242份 | 265份 |
| 文书类型及数量 | 判决书127份、裁定书113份、调解书2份 | 判决书134份、裁定书129份、调解书2份 |
| 代表性年份及数量 | 最早是2014年有9份、最多是2021年有48份 | 最早是2006年1份、最多是2021年51份 |
| 法院层级及数量 | 最高人民法院15份、高级法院53份、中级及专门法院131份、基层法院43份 | 最高人民法院21份、高级法院46份、中级及专门法院138份、基层法院60份 |
| 前几名所属地域及数量 | 广东省53份、浙江省45份、上海市34份、北京市22份 | 广东省65份、浙江省45份、上海市44份、北京市24份 |
| 关键词及数量 | 含有"发明专利"的23份、"实用新型"的45份、"外观设计"的58份、"商标"的40份、"著作权"的25份 | 含有"发明专利"的25份、"实用新型"的49份、"外观设计"的67份、"商标"的56份、"著作权"的26份 |

从表1可以看出,在威科先行法律信息库最早可以检索到的相关案例出现在2006年,而在中国裁判文书网最早可以检索到的相关案例出现在2014年,可见虽然该案由在2011年才首次正式在《民事案件案由规定》中出现,但在此之前实际已有类似的案由及案例。

从表1还可以看出,此类案件的高发地是广东省、浙江省、上海市、北京市。专利权引发的案件最多,其次是商标权、著作权;在专利权引发的案件中,涉及外观设计专利的最多,其次是实用新型专利、发明专利。

## 二、知识产权恶意诉讼的相关法条及文件

我国《民法典》第1165条规定:"行为人因过错侵害他人民事权益造成损害的,应当承担侵权责任。依照法律规定推定行为人有过错,其不能证明自己没有过错的,应当承担侵权责任。"

我国《民事诉讼法》第13条规定:"民事诉讼应当遵循诚信原则。当事

人有权在法律规定的范围内处分自己的民事权利和诉讼权利。”

我国《专利法》第 47 条第 2 款规定：“宣告专利权无效的决定，对在宣告专利权无效前人民法院作出并已执行的专利侵权的判决、调解书，已经履行或者强制执行的专利侵权纠纷处理决定，以及已经履行的专利实施许可合同和专利权转让合同，不具有追溯力。但是因专利权人的恶意给他人造成的损失，应当给予赔偿。”

我国《商标法》第 47 条第 2 款规定：“宣告注册商标无效的决定或者裁定，对宣告无效前人民法院做出并已执行的商标侵权案件的判决、裁定、调解书和工商行政管理部门做出并已执行的商标侵权案件的处理决定以及已经履行的商标转让或者使用许可合同不具有追溯力。但是，因商标注册人的恶意给他人造成的损失，应当给予赔偿。”第 64 条第 4 款规定：“对恶意申请商标注册的，根据情节给予警告、罚款等行政处罚；对恶意提起商标诉讼的，由人民法院依法给予处罚。”

我国《著作权法》中尚未出现“恶意”一词，未作相关规定。《反不正当竞争法》也未作相关规定。

在 2021 年发布的最高人民法院《关于加强新时代知识产权审判工作为知识产权强国建设提供有力司法服务和保障的意见》中，第 13 条要求：“加大对于知识产权虚假诉讼、恶意诉讼等行为的规制力度，完善防止滥用知识产权制度，规制‘专利陷阱’‘专利海盗’等阻碍创新的不法行为，依法支持知识产权侵权诉讼中被告以原告滥用权利为由请求赔偿合理开支，推进知识产权诉讼诚信体系建设。”

## 三、知识产权恶意诉讼的构成要件

在过往的案例及文章中，将因恶意提起知识产权诉讼损害责任纠纷的构成要件总结为 4 个方面：(1)一方当事人提起知识产权诉讼；(2)提起知识产权诉讼的一方当事人具有主观上的恶意；(3)该行为给另一方当事人造成了实际的损害后果；(4)一方当事人提起知识产权诉讼的行为与另一方当事人的损害后果之间具有因果关系。

不过，最高人民法院在自2023年作出的多个判决中，重新归纳了因恶意提起知识产权诉讼损害责任纠纷的构成要件。以桂林某生物科技公司、湖南某生物资源公司等因恶意提起知识产权诉讼损害责任纠纷案为例，湖南省长沙市中级人民法院于2020年12月29日作出的一审判决〔1〕中认为："因恶意提起知识产权诉讼损害责任的构成要件包括：(1)一方当事人以提起知识产权诉讼的方式提出了某项请求；(2)提出请求的一方当事人具有主观上的恶意；(3)对被诉方造成实际的损害后果；(4)提出请求的一方当事人提起知识产权诉讼的行为与损害后果之间具有因果关系。"可见一审法院对构成要件的表述与前一段的表述基本相同。但是，在针对该案的二审判决，即2023年8月10日作出的二审判决〔2〕中，最高人民法院认为："因恶意提起知识产权诉讼应当满足以下构成要件：(1)所提诉讼明显缺乏权利基础或者事实根据；(2)起诉人对此明知；(3)造成他人损害；(4)所提诉讼与损害结果之间存在因果关系。"该二审判决还指出："所谓恶意诉讼，通常是指当事人以获取非法或不正当利益、或致使相对人遭受损失为目的而故意提起的法律上或事实上无根据之诉。恶意诉讼本质为侵权行为，其行为表现为滥用权利而非正当行使权利，其目的在于获取非法或不当利益，或使相对人遭受损害，而非对法律赋予的权利寻求救济。"

最高人民法院在2023年8月10日作出的(2022)最高法知民终2882号民事判决、2023年10月24日作出的(2023)最高法知民终1101号民事判决、2023年10月30日作出的(2022)最高法知民终1861号民事判决、2023年11月28日作出的(2022)最高法知民终2129号、2023年12月11日作出的(2022)最高法知民终2586号民事判决中，对于知识产权恶意诉讼的构成要件均使用了与(2021)最高法知民终1353号民事判决相同的表述。

---

〔1〕 参见湖南省长沙市中级人民法院民事判决书，(2020)湘01知民初37号。

〔2〕 参见最高人民法院民事判决书，(2021)最高法知民终1353号。

### (一)是否包含专利、商标确权行政程序或后续行政诉讼

过往的第 1 个构成要件是“一方当事人提起知识产权诉讼”,最高人民法院最新归纳的第 1 个构成要件是“所提诉讼明显缺乏权利基础或者事实根据”。按照通常理解,这两个表述中的“诉讼”应是指提起知识产权侵权诉讼,那么,恶意知识产权诉讼是否包含专利、商标确权行政程序或后续行政诉讼呢?

笔者认为,《专利法》第 47 条第 2 款、《商标法》第 47 条第 2 款的规定实际是“因恶意提起知识产权诉讼损害责任纠纷”这一案由的法律基础。根据这两个法条的本意,先有知识产权侵权诉讼,然后涉案知识产权才会被宣告无效,而且权利人具有恶意的,才应该赔偿给他人造成的损失。针对侵害专利权纠纷案件,由于被告还可行使现有技术或现有设计抗辩,如果该现有技术或现有设计本身就是专利权人自己在先公开的,则极可能认定侵权诉讼属于恶意诉讼。

也就是说,《专利法》和《商标法》均只规定了权利人提起知识产权侵权诉讼且败诉之后,被诉侵权方认为权利人属于恶意提起侵权诉讼时才可提起诉讼请求损害赔偿。因恶意提起知识产权诉讼损害责任纠纷的基础应是恶意提起侵权诉讼,针对专利、商标确权行政程序或后续行政诉讼等行为,目前没有任何法条规定可作为“因恶意提起知识产权诉讼损害责任纠纷”的基础。

实践中,被诉侵权方在应对知识产权侵权诉讼,发现自己商标被抢注或发现他人商标侵犯自己在先权利等情况时,可通过《专利法》或《商标法》规定的无效宣告等确权行政程序及后续行政诉讼来争取有利于己方的裁定或判决,这是法律赋予的权利,也是合理合法的操作,笔者认为这些行为不能作为因恶意提起知识产权诉讼损害责任纠纷的基础。例如,2021 年发布的国家知识产权局《对十三届全国人大四次会议第 6568 号建议答复的函》就指出:“不宜对提出无效宣告的主体和提出无效宣告的时间进行过多限

制。……实践中以不同理由针对同一专利权提出多次无效宣告的情形并不罕见，也符合客观实践需要和现行法律法规要求。”

假设某一请求人针对特定专利权人进行反复恶意的纠缠，例如，针对同一专利多次提出无效宣告请求且使用的证据明显不能支持所提理由，纯属是为了给专利权人造成负担，此时专利权人能否基于“因恶意提起知识产权诉讼损害责任纠纷案”提起诉讼呢？笔者认为，由于请求人发起的并不是知识产权侵权诉讼，甚至都不是诉讼，此时不能适用“因恶意提起知识产权诉讼损害责任纠纷案”这一案由。至于是否可提出其他损害赔偿请求，需要另行讨论。

### （二）关于“起诉人对此明知”

最高人民法院通过近年的几个判决所总结的第 2 个构成要件是“起诉人对此明知”；而过往的第 2 个构成要件是“提出请求的一方当事人具有主观上的恶意”。实际上，在判断是否具有主观上的恶意时，重点仍是审查提出请求的一方当事人是否明知自身请求缺乏正当理由，仍以有悖于权利设置时的目的的方式不正当地行使诉讼权利，意图使另一方当事人受到财产或信誉上的损害。如此看来，直接审查“起诉人对此明知”更为简洁清晰。

最高人民法院在前述桂林某生物科技公司、湖南某生物资源公司等因恶意提起知识产权诉讼损害责任纠纷案中指出：“任何诉讼均有因证据不足、诉讼策略不当或者法律理解错误等原因而败诉的风险，不能苛求当事人在提起诉讼之初就要确保该诉讼最终的胜诉结果，也不能简单以维权诉讼的不利结果推定诉讼具有恶意。在认定恶意诉讼时要秉持审慎与谦抑的原则，否则不仅可能不利于充分保护民事权利，亦会增添整个社会民商事活动的不确定性。当事人诉讼能力有强有弱，在诉讼活动中随着诉讼程序的推进改变提交的证据、改变诉讼行为亦属常见情形。当事人有权选择提起诉讼的时间、提交何种证据或撤诉，难以仅凭当事人诉讼中有举报行为、证据提交不充分、撤诉等而认定当事人提起诉讼的目的为侵害他人利益。只有在行为人明知其缺乏权利基础、事实根据、正当理由，或者对于被诉侵权人不构成侵权是明知的，但仍提起诉讼，并导致对方当事人损害时，才会构成恶意诉讼。行为人明知其诉讼主张得不到支持，其行为会对他人权益造成侵害，仍提起诉讼的，可以认为其诉讼行为是为了追求诉讼目的之外的不正当利益。”

针对“起诉人对此明知”，以专利侵权案为例，由于对专利权是否有效的判断具有一定的专业性和复杂性，不能简单地以涉案专利在诉讼期间被宣告无效，就认定专利权人在提起知识产权诉讼时对专利权是否有效有确定无疑的判断。笔者认为：

（1）如果涉案专利是因为不具备创造性被宣告无效，或者是因不具备新颖性且对比文件来自他人而被宣告无效，则通常不宜认定专利权人明知；

（2）如果涉案专利是因为不具备新颖性而被宣告无效或者在侵权诉讼中认定被告的现有技术/现有设计抗辩成立，而且对比文件均来自专利权人自己，则可以认定专利权人在提起诉讼时已明知，至于能否认定构成恶意诉讼，还要结合其他构成要件综合判断。

## 四、专利侵权案引发的知识产权恶意诉讼案例

在天下秀公司与御缘酿酒厂因恶意提起知识产权诉讼损害责任纠纷案[1]中，在国家知识产权局认定涉案外观设计专利不符合《专利法》（2008 年）第 23 条第 2 款（相当于不具有创造性）而将该专利宣告无效的情况下，江苏省高级人民法院认定一审被告御缘酿酒厂不具有恶意：（御缘酿酒厂）“在涉案专利合法有效期间内针对天下秀公司涉嫌侵权的行为提起诉讼是其正当行使诉权的行为，具有事实及法律依据。……尽管涉案专利一、专利三在御缘酿酒厂提起前述两案后被专利复审委宣告专利无效，但从两份《无效宣告请求审查决定书》的内容看，涉案两专利被无效的理由均系该两项外观设计专

[1] 参见江苏省高级人民法院民事判决书，（2018）苏民终 573 号。

利与现有设计特征的组合相比，在视觉效果上无明显区别，上述法律判断具有一定的专业性和复杂性。……故御缘酿酒厂提起前述两案难以认定其主观上具有恶意。”

在中兴达公司、金富元厂因恶意提起知识产权诉讼损害责任纠纷案[1]中，在国家知识产权局认定涉案外观设计专利不符合《专利法》（2008 年）第 23 条第 1 款（相当于不具有新颖性）而将该专利宣告无效的情况下，山东省高级人民法院认定一审被告中兴达公司不构成恶意：“金富元厂不能提交证据证明中兴达公司明知其专利为现有设计；中兴达公司并非假借专利权人身份通过青岛中院案件谋取不当利益，亦未获得任何利益。故，中兴达公司不构成恶意诉讼，亦不构成侵权，中兴达公司无需承担侵权赔偿责任。”

在恒力公司、司某宁公司因恶意提起知识产权诉讼损害责任纠纷案[2]中，涉案专利被权利人自身公开进而被宣告无效。第 33974 号无效宣告请求审查决定书认定司某宁公司在博览会上展出的自动开槽机构成了专利法意义上的公开，司某宁公司公开了该专利权利要求请求保护的技术方案，导致该专利权利要求不具备新颖性。在这种情况下，浙江省高级人民法院在二审判决中仍认定司某宁公司不构成恶意：“司某宁公司参加前述门业博览会和申请涉案专利的时间极为接近，由于专利申请具有较高的专业性，需要一定的工作准备时间，当事人在申请专利时也需对专利法意义上的公开作精准地把握。由于司某宁公司参加了前述门业博览会而导致涉案专利，并不足以证明司某宁公司系通过欺骗手段获得涉案专利权，本院更倾向于认为，涉案专利的无效系因司某宁公司在操作上专业性及严谨性不够所造成，并不存在所谓申请专利的恶意。至于司某宁公司在涉案专利被授权后起诉恒力公司的行为，属于正常的专利权人的维权行为，恒力公司主张司某宁公司恶意提起知识产权诉讼缺乏事实依据，一审法院认定本案不构成恶意提起知识产权诉讼并无不当。”可能多数同行会觉得此案例中的认定要求有点过

〔1〕 参见山东省高级人民法院民事判决书，(2017)鲁民终 1192 号。
〔2〕 参见浙江省高级人民法院民事判决书，(2019)浙民终 126 号。

于严格了。例如,在上海市高级人民法院作出的(2019)沪民终139号判决、广东省高级人民法院作出的(2017)粤民终2782号判决中,相关法院均认定当事人将已上市销售的产品公开的技术方案或外观设计申请为专利并据此发起专利侵权诉讼的行为,属于明知专利权无效而进行恶意诉讼的行为。在江苏省高级人民法院作出的(2017)苏民终1792号判决中,一审法院通过对在先公开销售的产品进行现场勘验来认定产品的特征和涉案专利权利要求的特征相同或等同,进而认定当事人依据相关专利提起的诉讼构成恶意诉讼,二审法院亦予以认可。

在捷豹路虎有限公司与江铃控股有限公司系列案中,捷豹路虎有限公司的201130××××××.3号外观设计专利申请日为2011年11月24日,但证据显示捷豹路虎有限公司参加2010年12月的广州车展时已公开了相关设计,导致外观设计专利被宣告无效。在这种情况下,捷豹路虎有限公司仍提起了(2016)0105民初10383号不正当竞争纠纷案、(2016)0105民初10384号侵害著作权纠纷案。北京市朝阳区人民法院一审认定江铃控股有限公司已构成不正当竞争,需停止不正当竞争行为并赔偿捷豹路虎有限公司150万元,但驳回了捷豹路虎有限公司基于著作权的起诉。可见,即使权利人失误在专利申请前公开了相关设计导致专利丧失新颖性,仍可基于著作权、不正当竞争的案由来起诉维权;由此可以推知,不能因为权利人自己的在先公开就简单认定后续专利维权属于恶意。

在谭某某、深圳公司因恶意提起知识产权诉讼损害责任纠纷案[1]中,深圳市中级人民法院在一审判决中认为:“被告谭某某明知原告对涉案QQ企鹅美术作品享有在先著作权,且已经在先使用的情况下,利用我国外观设计专利不进行实质审查的制度,申请与QQ企鹅形象基本一致的外观设计专利并获得授权,其申请行为违背了诚实信用原则,属于恶意申请专利的行为。被告明知专利权的获得不具有实质正当性,仍基于不当取得的专利权,

---

〔1〕 参见广东省深圳市中级人民法院民事判决书,(2017)粤03民初632号;广东省高级人民法院民事判决书,(2019)粤民终407号。

不适当地主张权利，意图获取非法的市场竞争利益，其行使权利具有明显的主观恶意。”广东省高级人民法院在二审判决中对一审裁判观点予以维持，广东省高级人民法院认为：“综合考虑谭某某提起236号案的权利基础、对涉案专利的判断能力、在诉讼相关行为中的表现及抗辩理由，本院认定谭某某明知其诉讼请求缺乏正当权利基础，仍不正当地提起专利诉讼，违反了诚实信用原则，主观上具有恶意，损害了腾讯公司的合法权益，构成恶意提起知识产权诉讼。”

在鹤壁市某有限公司、南京某有限公司因恶意提起知识产权诉讼损害责任纠纷案〔1〕中，争议焦点是涉案专利技术方案是否已于申请日之前通过在先销售而公开。安徽省合肥市中级人民法院在一审判决中认为：“鹤壁市某有限公司在明知1407号案件中其实用新型专利缺乏权利基础的情况下，仍然向法院提起专利侵权诉讼，使南京某有限公司受到经济上的损失，属于滥用诉讼权利，构成恶意提起知识产权诉讼。”最高人民法院在二审判决中认为：“难以据此直接认定鹤壁市某有限公司明知涉案专利技术方案已经公开……鹤壁市某有限公司对涉案专利享有专利权，该专利权利状态至今尚属稳定，无人对该专利提起无效宣告审查请求。在此情形下，鹤壁市某有限公司有权针对涉嫌侵害其涉案专利权的行为提起侵权之诉，以维护其合法权利。”二审判决撤销了一审判决，并驳回一审原告南京某有限公司的全部诉讼请求。

在泉州某公司、福建恒某科技有限公司因恶意提起知识产权诉讼损害责任纠纷案〔2〕中，福建省厦门市中级人民法院在一审判决中认为：“泉州某公司提起第三次、第四次诉讼所主张的侵权行为系发生在‘2006年5月至2010年期间’，时间点均在涉案专利权被终止后，换言之，泉州某公司主张的侵权事实并非发生在专利权存续期间，其就已经放弃的权利先后起诉，不具有权利基础”，据此认定泉州某公司构成恶意诉讼。最高人民法院在二审判

〔1〕 参见最高人民法院民事判决书，(2021)最高法知民终1439号。

〔2〕 参见最高人民法院民事判决书，(2022)最高法知民终1861号。

决中驳回上诉，维持原判。

在江苏某公司、苏州某公司、中国某公司因恶意提起知识产权诉讼损害责任纠纷案[1]中，江苏省南京市中级人民法院在一审判决中认定构成恶意诉讼。但最高人民法院在二审判决中认为："涉案专利1、专利2均为发明专利，经过国家知识产权局实质审查后才获得授权公告。苏州某公司提起民事侵权诉讼时，其专利1、专利2均合法有效，具有正当的权利基础。此后，专利1于2017年10月10日被国家知识产权局以第33536号无效宣告请求审查决定直接宣告全部无效。专利2则在无效程序中通过修改独立权利要求维持了专利有效，通过行政诉讼一审、二审，国家知识产权局重新作出无效宣告请求审查决定后，被宣告全部无效。但前述情况发生在185号案审理过程中，苏州某公司在提起185号案之前并不能预判将丧失权利基础。苏州某公司作为涉案专利1、专利2的权利人，当发现有侵权可能时，有权利提起诉讼，所提起185号案诉讼有一定的事实和法律依据，具有一定的合理性，并非无法律和事实依据的盲目诉讼。"二审判决撤销了一审判决，并驳回一审原告全部诉讼请求。

以上案例均表明，为了保障诉权，鼓励当事人保护自身知识产权，对恶意提起知识产权诉讼应当持有较高的认定标准。具体到恶意提起侵害专利权诉讼，则需分别看是否存在专利申请中的恶意或专利维权中的恶意，下文分别说明。

第一，关于专利申请中的恶意。北京市高级人民法院于《专利侵权判定指南(2017)》第126条规定："被诉侵权人提供证据证明涉案专利为专利权人恶意取得的，可以判决驳回原告的诉讼请求。在侵犯专利权诉讼中，专利权被宣告无效的，不宜轻易认定为滥用专利权。"第127条规定："恶意取得专利权，是指将明知不应当获得专利保护的发明创造申请专利并获得了专利权的行为，包括下述情形：(1)将申请日前专利权人明确知悉的国家标准、

---

〔1〕 参见最高人民法院民事判决书，(2022)最高法知民终2129号。

行业标准等技术标准中的技术方案申请专利并取得专利权的；(2)国家标准、行业标准等技术标准的制定参与人，将在上述标准的起草、制定等过程中明确知悉的他人技术方案申请专利并取得专利权的；(3)将明知为某一地区广为制造或使用的产品申请专利并取得专利权的；(4)采用编造实验数据、虚构技术效果等手段使涉案专利满足专利法的授权条件并取得专利权的；(5)将域外公开的专利申请文件所披露的技术方案在中国申请并获得专利权的。”

在认定专利申请中是否存在恶意时，可参照第127条关于“恶意取得专利权”的相关规定。笔者认为，对于专利申请中的恶意，重点应针对明知无合法来源的专利申请，例如，通过窃取、仿冒或其他方式获得的技术方案或设计。如果专利的技术方案或设计确属权利人原创，有合法来源，即使权利人自己的在先公开而导致专利丧失新颖性，也不宜简单地认定权利人属于恶意取得专利权。在前述恒力公司、司某宁公司因恶意提起知识产权诉讼损害责任纠纷案中，在涉案专利被权利人自身公开而被宣告无效的情况下，浙江省高级人民法院仍认定不构成恶意。从前述捷豹路虎有限公司与江铃控股有限公司系列案中可以看出，就算是捷豹路虎有限公司这样的跨国企业也会出现类似的失误，对普通中小企业则更应放宽要求。而且在专利失效的情况下，捷豹路虎有限公司仍可基于原创设计提起不正当竞争之诉并得到法院支持，也进一步说明不能简单地将专利申请、维权行为认定为恶意。

结合专利申请宽限期的制度，可有助于理解即使权利人自己在先公开也不宜简单地认定为属于恶意取得专利权的原因。我国《专利法》第24条规定了4种可享有宽限期的情况：申请专利的发明创造在申请日以前6个月内，有下列情形之一的，不丧失新颖性：(1)在国家出现紧急状态或者非常情况时，为公共利益目的首次公开的；(2)在中国政府主办或者承认的国际展览会上首次展出的；(3)在规定的学术会议或者技术会议上首次发表的；(4)他人未经申请人同意而泄露其内容的。相比之下，美国的宽限期制度更为宽松，公开的主体可以是发明人或共同发明人，或者因发明人或共同发明人的披露而获知了该发明的其他人，时间为申请日之前12个月内，对披露方式也没有特别严格的限制。

以在申请日之前10个月首次参加了国际展览会为例，如果是在中国，由于已超过6个月宽限期，专利权人自己的在先公开会导致专利丧失新颖性，后续基于该专利发起侵权诉讼则有可能被认定构成恶意诉讼；如果是在美国，因为有更为宽松的12个月宽限期，则专利不会丧失新颖性，后续侵权诉讼也完全合理合法。这种对比也是笔者认为即使权利人自己在先公开也不宜简单地认定为属于恶意取得专利权的原因。

第二，关于专利维权中的恶意。在认定专利维权中是否存在恶意时，笔者认为，如果专利申请中无恶意，则专利维权中的恶意应仅针对权利人明知自身专利权不稳定或明知不构成侵权仍提起诉讼的情况。也就是说，如果权利人并非明知自身专利权不稳定或明知不构成侵权，则不应认定构成恶意。

即使对前述恒力公司、司某宁公司因恶意提起知识产权诉讼损害责任纠纷案、捷豹路虎有限公司与江铃控股有限公司系列案的判决有不同的看法而认为需要将认定构成恶意的标准再降低，至少也应重点针对明知已丧失新颖性的专利申请。如果专利权人对于丧失新颖性的情况并非明知，则不应认定构成恶意，前述天下秀公司与御缘酿酒厂因恶意提起知识产权诉讼损害责任纠纷案就属于这种情况；如果在先公开并未导致专利丧失新颖性，则无论是否明知均不应认定构成恶意，前述中兴达公司、金富元厂因恶意提起知识产权诉讼损害责任纠纷案就属于这种情况。也就是说，在基于创造性或组合对比才将专利宣告无效的情况下，不应认定构成恶意。

如果在专利权人提起诉讼时涉案专利已获得授权并处于有效状态，相关的《专利权评价报告》等也支持了该专利权的稳定性，且专利权人在知晓自身诉请缺乏法律依据或事实根据后主动撤诉，笔者更建议认定不构成恶意诉讼。

## 五、商标或著作权侵权案引发的知识产权恶意诉讼案例

在比特公司与中讯公司因恶意提起知识产权诉讼损害责任纠纷案[1]中，二审法院江苏省高级人民法院认为，比特公司在明知 TELEMATRIX 商标系抢注他人在先使用并有一定影响的商标的情况下，以损害中讯公司合法权益和获取非法利益为目的提起诉讼，符合恶意提起知识产权诉讼的构成要件，已构成恶意诉讼。最高人民法院再审裁定维持了该二审判决。

在魏某某与谢某某因恶意提起知识产权诉讼损害责任纠纷案[2]中，绍兴市柯桥区人民法院认为，确实从肉眼上判断，市场上的已公开销售的服装面料上的花型与谢某某的作品，无论在大象大小、布局、排列组合上，还是在大象鼻子朝向、形态等上基本一致，根据现有证据可以排除各自独立创作作品一致的情形。因此，谢某某并不是美术作品《大象之旅》真正的权利人。谢某某不享有美术作品《大象之旅》的著作权，谢某某对魏某某提起的诉讼属恶意诉讼。

## 六、笔者曾参与的知识产权恶意诉讼案件

笔者曾参与的知识产权恶意诉讼案件中，有两件是专利侵权引发的，有一件主要是商标行政确权纠纷引发的，即江西双飞人公司诉全球药业公司（双飞人药水的我国香港地区的代理商）等因恶意提起知识产权诉讼损害责任纠纷案。

笔者在江西双飞人公司诉全球药业有限公司案中代理一审被告方，主要答辩观点如下：(1)“因恶意提起知识产权诉讼损害责任纠纷”这一案由应当以知识产权侵权诉讼为前提或要件，全球药业公司只发起过商标确权程序及后续行政诉讼，不应作为恶意诉讼的基础。(2)该案被告均是因商标被

---

〔1〕 参见江苏省高级人民法院民事判决书，(2017)苏民终 1874 号；最高人民法院民事裁定书，(2019)最高法民申 366 号。

〔2〕 参见绍兴市柯桥区人民法院民事判决书，(2015)绍柯知初字第 65 号。

江西双飞人公司恶意抢注或双方的其他纠纷才被动发起商标确权程序，且(2020)最高法民再23号民事判决已认定江西双飞人公司存在恶意抢注商标的行为。对不应得到授权的商标提出无效宣告请求，对无效宣告的裁定不服提起行政诉讼，均是商标法赋予公众的合法权利，相关操作合理合法不存在任何恶意。(3)江西双飞人公司的证据不能证明全球药业公司实施过恶意提起侵权诉讼行为，江西双飞人公司提交的13组商标确权行政程序及后续行政诉讼证据中，有4组是由案外人发起的；前述证据涉及的11件商标中有6件已因无效/撤销而处于失效状态，说明相关诉求并非无理取闹，不存在恶意。

该案一审宜春市中级人民法院认定被告构成恶意诉讼且须赔偿500万元；二审江西省高级人民法院裁定撤销一审判决，发回重审；该案发回重审之后再次开庭，最终被告方收到了原告主动撤诉的裁定书。遗憾的是，该案二审裁定仅简单指出应查明原告提出商标无效宣告并引发后续行政诉讼是否具有相应的权利基础及法律依据，重审开庭之后原告主动撤诉结案，所以二审及重审中均未对被告提出的“因恶意提起知识产权诉讼损害责任纠纷的基础应是先有恶意侵权诉讼”这一主张进行评述，希望在后续的案件中能得以释明。

综上所述，本文介绍了知识产权恶意诉讼的裁判文书情况、在部门法及其他文件中的规定、认定恶意诉讼的构成要件、专利侵权案引发的案例、商标或著作权侵权案引发的案例以及笔者曾参与的一个知识产权恶意诉讼案件，期望以上内容有助于准确辨识知识产权恶意诉讼，厘清相关裁判标准，进而有助于实现权利保障与禁止滥用之间的平衡。

# 科技成果转化中的专利许可费定价问题

李　杰[*]　丁建春[**]

科技成果的转化对于社会和经济的发展至关重要。专利作为保护创新成果的一种法律工具，在科技成果转化中扮演着关键角色。然而，专利许可费的定价问题一直是一个备受争议的话题。本文将探讨科技成果转化中的专利许可费定价问题，分析影响因素，以及如何更公平、有效地确定专利许可费。

专利许可是科技成果转化的一种重要方式。专利许可费是指专利权人向他人授权使用自身专利技术或创新的费用，确定专利许可费的方式多种多样，本文将对专利许可价值评估、定价方式、收费模式进行深入研究，以及分析它们在不同情况下的适用性和优劣势。

## 一、专利许可费的本质是专利价值

专利许可费的本质在于体现专利的经济价值，而在标准必要专利（Standards - Essential Patents，SEP）许可中，FRAND 原则（Fair，Reasonable and Non - Discriminatory）为合理定价提供了基础框架。美国法院于 1970 年在“乔治亚—太平洋案”（Georgia - Pacific v. United States Plywood Corp.）

* 李杰：广东君龙律师事务所律师。

** 丁建春：深圳市律师协会第十一届专利法律专业委员会委员，广东君龙律师事务所律师。

中正式确定的 15 个要素（以下简称 GP 要素）[1]则成为全球通行的许可费评估标准。在科技成果转化实践中，需结合专利许可的性质、商业价值、剩余有效期、使用前景及双方协议等关键因素进行具体判断，从而实现专利价值的合理体现与利益平衡。

### （一）FRAND 原则下的 15 项 SEP 许可定价因素[2]

谈及专利许可的定价，不可避免地就要提及 SEP 许可中的定价问题。为了防止行业巨头在 SEP 上形成垄断，故而产生了在 SEP 许可上的 FRAND 原则。但 FRAND 原则是抽象的、模糊的，具体的实现，有赖于 GP 要素在确定专利许可费时，该判断标准由于覆盖面广、易操作，在实践中被世界各国法院认可，具体因素如下：

（1）许可专利曾收取的专利许可费。若专利权人就许可专利与其他被许可人签订许可协议并收取合理许可费，则这一许可费可被主张成既定许可费。既定许可费将作为参考因素。但在参考该因素时，会判断此前许可费是否合理或是否基于平等原则达成。

（2）被许可人使用与许可专利具有可比较性的其他专利所支付的专利许可费。如果存在其他相关或与许可专利具有可比较性的专利，并且被许可人已经对该专利支付过许可费，则这一许可费也应当作为参考因素。

（3）许可性质（独占/非独占许可）和范围。专利许可依性质可被划分为独占许可和非独占许可，专利许可的范围则包括地域或被许可产品的种类等内容。根据专利许可性质和范围的不同，专利许可的费用也不尽相同。例如，独占许可收取的费用相较于非独占许可收取的费用较高。

---

〔1〕参见于海东：《专利许可费的定价策略》，载微信公众号“强国知产”2017 年 3 月 13 日，https://mp.weixin.qq.com/s/ZAcqNaAYfVXM1F1klONIoA。

〔2〕参见王江林：《标准必要专利 FRAND 费率计算问题浅思》，载微信公众号“蓝海大湾区研究院”2024 年 1 月 24 日，https://mp.weixin.qq.com/s?__biz=MzUxOTk5NjM4OQ==&mid=2247508285&idx=1&sn=b8870640a16420b6ac0ef320483dbd86&chksm=f9f3f7b7ce847ea100cb567b79404f05603afbe94deb2b6411e41f02c74e2bc3428fe452aa65&scene=27。

(4)专利权人维持自身专利垄断权的策略和经营计划。专利权人对待自身专利的保护态度也是专利许可费定价需要考虑的因素。该判断标准认为,若专利权人主要出于营利的目的而提供专利许可,则法院不支持较高的许可费;而若专利权人拒绝许可他人使用专利,或者通过设置特殊许可条件的方式,以维持自身专利垄断权,则证明专利权人不仅仅是为了许可,而是专利本身具有更高的价值,因而法院会支持较高的许可费。

(5)专利权人与被许可人之间的商业关系。主要是判断专利权人与被许可人二者之间是竞争还是合作关系,若双方是竞争者关系,则支持较高的许可费;若双方是合作关系,例如,发明人与推广者的关系,则会支持较低的许可费。

(6)许可专利为被许可人带来的商业价值。商业价值主要体现在以下方面:专利产品的销售是否能促进被许可人其他产品的销售;专利产品是否能提升专利权人其他非专利产品的销售价值。这些因素均为确认专利许可费的重要依据,并且通常呈现正相关关系。

(7)专利有效期间与许可期限。通常情况下,专利在投入市场初期时价值更高。随着时间与技术的不断变化,专利的贡献力会逐渐降低。专利许可日越晚,剩余的专利有效期限越短,专利许可费用便会偏低。

(8)专利产品的现有获利能力、现行市场接受度。专利产品的现有获利能力、现行或当时市场接受度、商业成功情况等也是影响专利许可费的因素之一。

(9)相对于被纳入标准前的其他替代专利,专利产品所带来的增值。若在专利申请日前存在与专利技术方案类似的旧有模式,则需考察该专利相较于旧有模式的优势和作用。如果这些优势或作用占有较大比重,则专利许可费用会更高。

(10)专利对技术标准的贡献和对被许可人及其专利产品的贡献。专利对技术标准的贡献和对被许可人及其专利产品的贡献,也是影响专利许可费定价的因素之一。

(11)被许可人对该专利使用的程度,以及可证实的使用价值的证据。被许可人对该专利使用的程度越高,以及可证实的使用价值的证据越充分,则法律有更强的理由相信该涉案专利具有较高的价值,因而专利许可费用也会更高。

(12)商业实践中,涉及类似标准必要专利 FRAND 许可费占利润或售价的比例。在与被许可专利相对应的特定商业领域或者相似的商业领域,为获得专利权人的许可或相似专利的许可而支付的费用在该商业领域所获得的利润或者售价中通常所占的比例也是需考虑的因素。

(13)可实现利润中应归属于专利的部分。被许可人销售专利产品是否促进涉案专利的利润率实现,许可专利对于增加专利权人的非专利产品销售的现有价值如何,均是需考量的因素。

(14)技术专家的论证和结论。技术专家的论证和结论,是美国专利侵权诉讼中关于专利许可费用经常使用的一类证据。

(15)专利许可双方自愿达成的合理协议。专利许可双方通过理性、平等、自愿的许可谈判而确定许可费,并且在专利许可实施中具有合理性,且被许可人基于该许可费能够获得合理利润的,该许可费在诉讼中也会被予以支持。

### (二)具体项目参考因素的考量

在实践中,这 15 个参考因素应当如何使用,即哪些因素作为重要考量因素,哪些因素作为次要考量因素,哪些因素不予考虑,应当结合具体个案进行考量。从科技成果转化的角度出发,更为关键和重要的因素应当是:

(1)许可性质(独占/非独占许可)和范围;(2)实施专利给被许可人带来的商业价值;(3)专利有效期间与许可期限;(4)专利许可后的使用程度、商业前景、市场增值;(5)专利许可双方自愿达成的合理协议。

通过对以上关键因素的考量,在科技成果转化项目中,基本上可以对许可专利与被许可方的契合程度,进行较为准确的价值性和适配性评估,它们对许可专利的定价具有重要参考意义。那么,在参考了以上因素之后,就需要进一步确认许可专利的定价问题。

## 二、科技成果转让中的定价方式问题

### (一)SEP 许可中两种常见的定价方式

1. 自上而下法(Top – down Approach)[1]

自上而下法需要确定许可专利的产品中相关的最小可销售单元的平均利润,并将该利润视为最小可销售单元的可能的总许可费负担。由于每一件许可专利对最小可销售单元的专利贡献率是不同的,因此应当考虑许可专利整体对最小可销售单元的贡献大小来确认具体许可费用。

2. 使用可比较的方案(Use Comparables)

根据 FRAND 原则的要求,在交易条件基本相同的情况下,许可专利权人对被许可人应收取基本相同的许可费或者采用基本相同的许可使用费率。或者,参考在相同或者相近的技术领域中其他许可专利权所收取的许可费,通过比较方法,综合专利数量、专利贡献度、专利价值等因素,来最终确定适当的许可费用。

### (二)我国关于科技成果转化的 3 种定价方式

我国《促进科技成果转化法》第 18 条规定,“国家设立的研究开发机构、高等院校对其持有的科技成果,可以自主决定转让、许可或者作价投资,但应当通过协议定价、在技术交易市场挂牌交易、拍卖等方式确定价格。通过协议定价的,应当在本单位公示科技成果名称和拟交易价格”。目前,我国在科技成果转化市场上主要有以下 3 种定价方式。

---

[1] 参见龙小宁:《标准必要专利定价方法的新进展(一):自上而下法的理论依据与经验修正》,载微信公众号“厦门大学知识产权研究院”2021 年 6 月 9 日,https://mp. weixin. qq. com/s/YBk9VfTg0oJ6GK8sL_CWfQ。

1. 协议定价

协议定价，指交易双方经过反复协商并在达成共识的基础上确定科技成果的成交价格。协议定价应当按照独立交易原则进行协商并成交，但是实践中很多时候存在暗箱操作、双方利益输送的情况。因此《促进科技成果转化法》第 18 条后半部分即规定了“应当在本单位公示科技成果名称和拟交易价格”，能够一定程度上起到规制作用。同时，对于科技成果转化项目的实施主体多为事业单位的情况，《事业单位国有资产管理暂行办法》第 52 条第 4 项亦规定了“通过串通作弊、暗箱操作等低价处置国有资产的”，一定程度上限制了违规操作的可能性。虽然协议定价的方式不可避免地存在难以监管的情况，但是从该方式简便性和可协商性来看，协议定价目前仍然是科技成果转化领域应用范围比较广泛的一种定价形式。

2. 技术市场挂牌定价

技术市场挂牌定价的方式，指的是科技成果权利人在技术市场上对于拟转化的技术成果设定一个挂牌价格，受让方确认接受该挂牌价格的，双方即可成交。目前，挂牌定价的方式在应用上更多是为了确认公开、透明的交易环境，但不可否认挂牌定价的方式存在交易效率低的问题。主要体现在：(1)挂牌价格如何确认？大部分挂牌定价的科技成果是由权利人单方确认的，并未充分考虑技术市场的需求主体情况，容易导致定价过高难以成交的问题。虽然有部分交易平台设定了应当以评估价成交的要求，但是评估价有时较为片面，只从技术的角度考量，缺乏对市场的评估。(2)技术市场的成果转化很大程度上有赖于技术平台作为中介机构，增加了交易成本。因此，目前来看，技术市场挂牌定价的方式，应用场景并不广泛。

3. 拍卖定价

拍卖定价因为拍卖的公开性、交易流程的完备性、引入市场的竞争性，逐渐成为比如高校对科技成果定价的一种重要模式。通过公开的拍卖竞争，能够有效地降低技术交易的风险。但是由于技术成果的特殊性，如果事先没有对科技成果有明确的需求或认知，就容易导致技术成果流拍，相较于协议定价和挂牌定价的方式来说，可操作性会偏低一些。

## 三、专利许可费收费方式及选择适用

### （一）专利许可费主要收费方式

1. 固定费用

固定费用是一种常见的专利许可费定价方式。在这种方式下，专利权人和被许可方达成协议，明确规定了一个固定的费用，无论专利技术的使用情况如何，都需要支付这个费用。

固定费用的特点是提供了稳定的许可费用预算，使被许可方能够在经济计划中更容易考虑这笔支出。这种方式通常比其他方式更透明，因为费用是固定的，不受市场波动或技术使用情况的影响。然而，固定费用也存在一些限制。例如，如果专利技术的使用情况发生变化，被许可方可能会觉得固定费用不公平，因为他们可能支付了不必要的费用。固定费用通常不会根据专利技术的市场价值进行调整，这可能导致专利权人无法最大限度地实现技术的价值。

2. 里程碑费用支付

里程碑费用支付是一种将许可费用与特定的技术或商业目标相关联的方式。在这种方式下，专利权人和被许可方协商确定一系列的里程碑，每达到一个里程碑，被许可方需要支付一定的费用。里程碑费用支付的特点包括：里程碑费用支付激励被许可方积极推进技术的开发和商业化，因为他们只有在达到特定目标时才需要支付费用，这种方式将一部分风险转移到了被许可方身上。然而，里程碑费用支付也存在一些挑战。例如，确定适当的里程碑可能会很复杂，因为它们需要明确反映技术和商业发展的关键点。如果里程碑的达成条件不明确或有争议，可能会导致专利权人和被许可方之间的纠纷。

3. 提成费用支付

提成费用支付是一种将许可费用与实际的销售额或利润额相关联的方

式。这种方式下，被许可方需要根据销售额或利润额支付一定百分比的提成费用。提成费用支付通常包括以下几种形式：

（1）销售额提成费用：被许可方支付的费用基于销售额。这种方式适用于产品销售的情况。

（2）利润额提成费用：被许可方支付的费用基于利润额。这种方式考虑了产品的成本和销售价格，更贴近实际利润。

（3）入门费＋销售额或利润额提成费用：这种方式将一个固定的入门费与销售额或利润额的提成相结合，既提供了固定的回报，又考虑了技术的市场价值。

提成费用支付的优势是能够更好地反映技术的市场价值，因为费用与销售或利润直接相关。此外，提成费用支付可以激励被许可方积极推广和销售专利技术。然而，提成费用支付也可能导致争议，特别是在销售额或利润额的计算方面存在争议时。

除了上述方式外，还存在其他一些定价方式，如混合方式，包括固定费用与提成费用的结合，或根据合同中的其他特殊规定来确定许可费用。这些方式通常根据具体情况而定，以满足双方的需求和合同的条款。

### （二）专利许可费支付方式的选择适用

下文将结合几个实践中的具体案例对专利许可费的不同支付方式进行说明。

#### 1. 固定费用

Atlas（被许可方）于 2022 年 1 月与重力储能技术开发商 EV（许可方）签署了《技术许可使用协议》，约定 EV 授权 Atlas 在中国区（含香港和澳门地区）独家使用许可技术建造和运营重力储能系统（GESS）设施。许可费用由独家许可费和使用费组成，独家许可费为 5000 万美元，Atlas 按协议约定分 3 次在 2022 年 8 月 15 日前完成支付。初始许可期自协议生效日开始并于 2029 年 8 月 9 日终止，同时满足以下条件的，许可期间将自动延长七年半：

(1)Atlas 根据协议约定付清了独家许可费;(2)Atlas和其分许可方已经使用许可技术部署了不少于 3GWh 能量存储的重力储能系统;(3)Atlas 在《技术许可使用协议》及其他相关协议下没有任何未纠正的违约。

2. 里程碑费用

北京阳光诺和药物研究股份有限公司(被许可方)与 KANEKA CORPORATION(许可方)就 SN001(一种用于神经性疾病治疗的透皮贴剂)和 SN002(一种用于精神疾病治疗的透皮贴剂)于 2023 年共同签署了《许可协议》,被许可方根据里程碑事件向许可方支付专利和技术诀窍的许可费。就 SN001 产品,费用支付方式如表 1 所示。

**表 1　SN001 专利许可费支付方式**

| 里程碑 | 应付比例/% |
|---|---|
| 本协议签署时 | 50 |
| 在完成工艺验证并生产出符合双方约定规格的样品产品后 | 10 |
| 生物等效性试验完成后(公司已成功验证生物等效性) | 20 |
| 公司向主管的政府机关提交监管批准申请,且该申请已被政府机关接受(由受理号证明) | 10 |
| 在主管的政府机关发布监管批准后 | 10 |

3. 利润额提成费用

科大国盾量子技术股份有限公司(被许可方)与中国科学技术大学(许可方)就 1 项专有技术(一种低延时同步装置及方法)于 2023 年签订了 1 份专有技术实施许可合同,许可方式是普通实施许可,许可期限为 2 年,其中约定:

(1)被许可方每年向许可方支付以所实施专利技术(专利申请技术)生产的产品销售净利润的 30% 作为许可方专利技术(专利申请技术)销售额提成,销售净利润的计算方式为:销售净利润 = 销售收入 - 制造成本 - 直接销售费用 - 税费。

(2)被许可方按上述期限每年将销售额提成汇入许可方开户行。

4. 入门费 + 销售额提成费用

南华生物医药股份有限公司(被许可方)与浙江金时代生物技术有限公司(许可方)就干细胞及免疫细胞制备、保管、存储、复苏技术于2015年签订了《技术授权许可协议》,并约定被许可方向许可方支付的许可费用包括技术许可入门费及销售提成费用两部分:

(1)支付1000万元作为技术许可入门费用:自合同生效之日起30日内,被许可方应向许可方预付100万元许可费用。许可方自收到该笔预付款项之日起履行技术给付义务;最迟于2016年3月31日前,被许可方应向许可方预付400万元许可费用。

(2)实施合同项下许可技术开展业务,被许可方储存的干细胞或免疫细胞合计数量达到1000份时,被许可方应于达到之日起30日内,向许可方支付500万元许可费用。

(3)自协议规定的首个计提年度开始,连续10年,被许可方按照协议项下许可技术产生的销售收入的3%支付销售提成费用。

5. 入门费 + 年许可费 + 销售额提成费用

森特士兴集团股份有限公司(被许可方)与旭普林环境工程有限公司(许可方)就污染场地项目上开展修复治理的专项技术及服务签订了《技术转让合同及许可协议》(2017年签订)及补充协议(2018年签订),约定:

合同总价包括基本许可费、年许可费、年度绩效报酬3部分,其中基本许可费为50万欧元,年许可费为10万欧元,年度绩效报酬按照每年签订的修复项目合同总额比例支付(>2500万欧元:1.25%;>5000万欧元:1.00%)。

## 四、结语

综合而言,应根据技术、市场、合同条件等多方面因素选择适当的专利许可费定价方式。不同的定价方式具有各自的优劣势,根据具体情况来选择最适合的方式,可以帮助促进科技成果的转化和推动创新。

最后,国家知识产权局在 2022 年 10 月发布了《专利开放许可使用费估算指引(试行)》,附录部分公布了“十三五”国民经济行业专利实施普通许可中的平均费用情况,可以给专利权人或是被许可人以参考。

# 职务发明创造确权诉讼中的问题与对策

## ——以某仿生花卉专利权权属案为例

吴　军*

## 一、案件背景

### （一）原告、被告情况简介

#### 1. 原告介绍

原告成立于2018年6月26日，注册资本100万元，原法定代表人为艾某。2019年3月6日，周某加入该公司，认缴出资额10万元，股权比例为10%，并与艾某等股东签订了《股东合作协议》和《股东保密协议》。《股东保密协议》第2条约定，股东各方达成协议如下：保密定义范围。保密信息指该协议生效后，披露方披露给接收方的任何口头或书面，或其他任何形式的信息或数据，包括但不限于如下方面：工艺、技术、设计、图纸、工程、工艺流程、硬件配置信息、客户名单、合同、价格、成本、备忘录、预测和估计、报表、商业计划、商业模式、公司决议等。有证据证明，原告是国内较早从事该行业的创新型企业，原告原法定代表人艾某自2017年就开始从事动态仿生花卉等相关设计并申请专利。

---

* 吴军：深圳市律师协会第十一届专利法律专业委员会委员，广东深科律师事务所律师。

2. 被告介绍

2019 年 9 月 19 日，周某自原告离职、退股。随后加入了被告公司。被告为有限责任公司（自然人投资或控股），成立于 2019 年 9 月 12 日，成立时法定代表人为丁某，注册资本为 50 万元，经营范围包括研发、销售工艺品、塑料制品、仿真植物等。陈某是被告股东之一。被告公司于其成立同日向国家知识产权局申请涉案专利，陈某是该专利发明人之一。涉案专利的技术特征与原告生产的动态仿真花的技术特征相同。

（二）基本案情

1. 一审阶段

原告向原审法院提起诉讼，原审法院于 2020 年 11 月 24 日立案受理。原告起诉请求：(1) 判令涉案专利权归原告所有；(2) 被告和周某承担该案诉讼费用。事实和理由：(1) 原告成立于 2018 年 6 月 26 日，是国内首家专注于研发、生产、销售具有动态开放功能的高档仿真花卉企业。周某于 2019 年 3 月 6 日与全体合伙人签订《股东合伙协议》与《股东保密协议》，加入原告，且于 2019 年 2 月 23 日转入部分入股资金，成为原告的股东之一；随后全面参与公司动态仿真花卉项目的研发、生产及销售，对外沟通动态仿真花卉的花瓣开模、花轴开模、仿真花卉产品部件采购等事宜，深入接触和了解原告的关键技术，掌握动态仿真花卉的技术研发资料。(2) 2019 年 9 月 19 日，周某离职并退股，随后入职配偶陈某与他人合伙成立的被告。2019 年 9 月 12 日，被告公司成立，经营与原告具有竞争关系的动态仿真花卉产品。同日，被告向国家知识产权局申请涉案专利，涉案专利的技术特征与原告生产的动态仿真花的技术特征相同。原告有理由相信被告申请的涉案专利与周某在原告任职期间掌握的动态仿真花卉技术资料具有密不可分的联系。涉案专利的发明人梁某、陈某和杨某均无从事动态仿真花卉的相关经验，亦不具备该方面的设计开发能力。因此，涉案专利的发明人并非真实的发明人。(3) 陈某与周某是夫妻，陈某作为被告的股东，经济收益为夫妻共同财产，周某实为受益人。(4)2020年8月,周某以被告负责人身份出现在2020年第十二届亚洲园林景观产业博览会并接受广东新闻的采访,说明周某在被告处有举足轻重的地位。综上,涉案专利属于周某利用原告物质技术条件所完成的发明创造,专利权应归属原告。

被告、周某在原审程序中未答辩。

2. 二审阶段

被告、周某上诉请求:(1)撤销原审判决,改判驳回原告的全部诉讼请求;(2)诉讼费用由原告负担。事实和理由:原审法院认定事实和适用法律错误。(1)周某在原告处并没有从事开发研究工作,只是做业务,因此,涉案专利不是周某的职务发明。(2)陈某完全可以通过其他渠道了解到涉案专利的技术并申请专利。涉案专利的申请时间为2019年9月,在2019年9月之前,该产品已在市场流通。

原告辩称:第一,涉案专利属于职务发明创造,专利权应属于原告。首先,原告提供的工资转账记录、开模沟通群微信交流记录等证据足以证明周某在原告工作。其次,周某系原告的员工及股东,负责动态仿真花项目的开模沟通、技术交流、进度跟进、物料采购等事项,全面参与动态仿真花的研发、生产,接触、知悉动态仿真花的修改及各个阶段的设计成果。周某关于自己只做业务的主张与事实不符。最后,原告对被告、周某提起6件与动态仿真花关联的权属诉讼,其中4件民事判决已生效,认定相关专利属于职务发明创造,被告、周某无异议。第二,该案中,没有证据证明陈某等人从事过与动态仿真花相关的工作,在无工作经历和研发积累的情况下,被告公司成立后短时间内即申请包括涉案专利在内的多项专利,违背常理。鉴于被告与周某在原审期间未答辩,未提供相关研发证据。陈某在原审诉讼期间自被告处离职。陈某与周某系夫妻关系,周某在原告工作期间接触并掌握有关技术资料等情况,周某以陈某等人作为发明人申请涉案专利的事实具有高度盖然性。

## 二、争议焦点

### (一)涉案专利的实际发明人之确认

《专利法实施细则》第 14 条规定,专利法所称发明人或设计人,是指对发明创造的实质性特点作出创造性贡献的人。判断专利权的归属,需先判断谁是发明人或设计人,在此基础上才能确定专利权的归属。在专利授权程序中,国家知识产权局对专利申请文件中记载的发明人或设计人并不进行实质性审查,故专利证书关于发明人或设计人的记载仅具有初步证据效力。

原审法院认为,综合全案证据可以认定,涉案专利实际发明人系周某。首先,涉案专利证书所记载的陈某等人并非实际发明人。从相关专利申请情况来看,陈某等在涉案专利申请日之前并未就与动态仿真花卉相关的技术方案申请过专利,无证据证明陈某等具有与涉案专利相关的工作经历和研发积累,亦无证据证明陈某等在研发过程中的相应投入,以证明陈某等发明思路和发明过程。实用新型专利研发需经历一段时间,但被告成立以来短时间内申请多项专利,经原审法院传票传唤,被告未到庭对此作出合理解释。

其次,陈某与周某存在密切关系。一方面,陈某与周某共同居住时间较长。根据原审法院查明的事实,陈某与周某在湖南居住期间的住所地相同,在深圳居住期间二人多次于相同时间段入住及搬离同一住所;另一方面,陈某与周某存在利益关联关系。陈某系被告的创始股东,周某曾以被告负责人身份推广介绍该公司及产品。原审法院据此推断二人具有密切关系。

最后,周某具备对涉案专利技术做出创造性贡献的能力。从原告提交的关于周某参与动态仿真花卉项目的证据可知,2019 年 3 月至 9 月,周某作为原告员工及股东负责动态仿真花项目的开模沟通、技术交流、进度跟进、物料采购等事项,全面参与动态仿真花卉项目的研发、生产过程,接触并知悉动态仿真花卉的修改过程及各阶段设计成果。涉案专利与微信聊天记录中的动态仿真花卉支架属于相同技术领域同种类的产品。综上,前述事实足以证明周某在原告处工作期间接触并掌握原告有关涉案花轴结构的技术资料,涉案专利系周某以陈某等的名义申请的事实具有高度盖然性。

(二)涉案专利是否为周某作出的职务发明创造,相关权益是否应归属于原告

《专利法》第6条规定,执行本单位的任务或者主要是利用本单位的物质技术条件所完成的发明创造为职务发明创造。职务发明创造申请专利的权利属于该单位;申请批准后,该单位为专利权人。《专利法实施细则》第13条规定,《专利法》第6条所称执行本单位的任务所完成的职务发明创造,是指:(1)在本职工作中作出的发明创造;(2)履行本单位交付的本职工作之外的任务所作出的发明创造;(3)退休、调离原单位后或者劳动、人事关系终止后1年内作出的,与其在原单位承担的本职工作或者原单位分配的任务有关的发明创造。《专利法》第6条所称本单位,包括临时单位;《专利法》第6条所称本单位的物质技术条件,是指本单位的资金、设备、零部件、原材料或者不对外公开的技术资料等。由此,判定发明是否为职务发明时,有两个标准:一是任务标准,二是物质技术条件标准。从两项判定标准的内容来看,"任务标准"相对比较明确,而"物质技术条件标准"则需要区分"主要"与"非主要"利用两种情形,相对模糊,不易作出判断。[1] 在司法实践中,通常先基于"任务标准"进行判定,当采用"任务标准"不能确定涉案发明为职务发明时,再基于"物质技术条件标准"加以判定。另外,当采用"任务标准"能够确定涉案发明创造为职务发明时,也会基于"物质技术条件标准"进一步加强说理,即假使当事人对基于"任务标准"作出的判定不服,从"物质技术

---

〔1〕 参见向波:《职务发明的判定及其权利归属问题研究——兼论〈专利法修改草案〉第6条的修改和完善》,载《知识产权》2016年第9期。

条件标准”的角度,也应当认为涉案发明创造为职务发明。[1] 可作印证的是,原审法院综合考虑周某在原告的工作职责、原告物质技术投入等事实,认定涉案专利与周某在原告任职期间承担的本职工作有关,涉案专利属于职务发明创造,专利权应归属原告。

二审法院经审理查明,原审法院查明的事实基本属实,予以确认。最终驳回上诉,维持原判:涉案专利权归属于原告。

## 三、职务发明创造确权诉讼中的预防性对策

本案为专利权权属纠纷案件,原告发现被告周某退股离职后加入配偶与他人成立的被告申请了研发的技术成果,以此规避法律,谋取不正当利益,原告欲通过法律途径取回涉案专利,提起专利权维权诉讼。被告在一审诉讼过程中未提交证据进行答辩,亦未参加庭审,在二审中的诉求也被法院驳回。

### (一)防患于未然,启用专利中止程序

在此诉讼过程中,为防止被告放弃涉案专利权或恶意转让导致原告不能实现胜诉利益,原告方向专利局申请了专利中止程序。中止程序执行过程中,专利局将:(1)停止办理撤回专利申请,放弃专利权,转让申请权或者专利权,变更申请人或者专利权人等直接涉及权利丧失或转移的手续;(2)停止发出视为撤回,专利权终止,授予专利权和视为放弃取得专利权的权利等与执行调处结论或判决直接有关的通知或者决定;(3)停止授予专利权、颁发专利证书和授权公告程序;(4)在必要时停止审查、复审、撤销或无效程序。在此期间,需要特别关注中止期限,在第一次中止期限届满前要及时提出延长中止期限申请,防止中止程序结束。本案由于第一次中止期限届满前尚未审结,于是申请了延长中止期限;并于权利纠纷结束后,向专利

---

〔1〕 参见苏林等:《“主要利用本单位物质技术条件完成的发明创造”之权利归属判定研究》,载《中国军转民》2023 年第 15 期。

局申请撤销中止程序,凭借生效的判决书,完成了权利转移。

## (二)提纲挈领,多角度着力攻克争议焦点

关于本案最大的争议焦点,即职务发明及相关权益归属问题。不得不考量执行任务类职务发明的"相关性"。认定执行任务类职务发明的"相关性"标准,是指在界定员工作出的一项发明创造是否为执行任务类职务发明时,判断员工的该项发明创造是否与在单位或原单位的本职工作或者本职工作以外的任务相关的标准。[1] 原告方提供的周某于原告处工作时的多份微信群聊记录及若干采购订单等证明:第一,周某任职原告的本职工作包括研发设计动态仿真花及花轴;第二,涉案专利领域与周某任职原告期间承担的本职工作具有较强关联性;第三,原告对涉案专利进行了资金等相关物质技术条件的投入。丰富的证据材料形成了明确而有力的证据链条,证明了涉案专利属于周某的职务发明创造,权属应归于原告。此诉求最终获得了法院的支持。

关于本案的另一争议焦点,即谁是实际发明人的问题。为证明专利文件登记的发明人不是实际发明人,原告方提供了3位发明人申请专利的情况表作为证据。从情况表中可以看出3位设计人均未申请过与动态仿真花相关的专利,证明三位设计人未具有相关的工作经历和专业背景,这是其一。其二,经多方查证并获取周某与陈某居住登记查询单等材料,结合二者共同居住时间、年龄差,推断二人具有特定关系。另外,陈某与周某存在利益关联关系。陈某系被告的创始股东,周某曾以被告负责人身份推广介绍该公司及产品,故推定二者具有亲密关系,这是其三。其四,结合焦点一的佐证材料证明周某具备对涉案专利技术做出创造性贡献的能力,主张周某是涉案专利的实际发明人,此主张也获得了法院的支持。

---

〔1〕 参见李晓宁:《执行任务类职务发明中"相关性"的标准探析》,载周海荣主编:《晟典律师评论》总第13辑,法律出版社2022年版,第57～69页。

## 四、结语

在涉及职务发明创造纠纷中，员工的诚信状况令人担忧，经常出现离职员工将在职期间或离职后1年内完成的职务发明创造，通过亲属、朋友、离职同事等身份申请专利，把单位的技术成果占为己有，并设立新的市场主体实施专利，牟取不正当利益的情形。[1] 本案就是离职员工通过配偶与他人成立的公司抢先申请原告的技术成果引起的纠纷。原告提供了大量证据证明本案涉案专利为职务发明创造，也提供证据证明了专利文件记载的设计人不具有研发涉案专利的专业背景和工作经历。结合其他证据，法院确认涉案专利权归属于原告，成功帮助原告维权，涉案专利已经变更到原告名下。原单位在研发过程中应及时申请专利保护，避免出现研发成果被别人抢先申请的情况。

需要注意的是，在提起专利权权属纠纷案件的同时要向专利局提出专利中止申请或者向法院提出对涉案专利的保全申请，防止涉案专利被恶意放弃、转让等，导致涉案专利失效。提起诉讼是为了确认专利权归属，为了确保胜诉利益实现，在诉讼过程中要密切关注保全期限或中止期限，在期限届满前及时申请续封或延长。

在专利确权诉讼中，代理律师除了要从专利的专业视角防范可能存在的风险外，还要坚持法律人的基本办案原则，用证据说话。在办案过程中要不怕繁杂，重视细节，多方取证，才能形成强有力的证据链，最大限度地维护委托人的合法权益。

---

〔1〕 参见曹美娟、左一凡、左霞：《职务发明创造中离职1年内的认定规则》，载《人民司法》2023年第20期。

# 第二章 专利无效审查实务

## 关于专利权人超期提交的无效答复意见之法律地位的探讨

孙大勇*

随着专利侵权诉讼的增多,专利无效案件数量也随之增加,专利无效程序对专利诉讼胜败的影响越来越大。在法院判定侵权诉讼胜诉的案件中,仅因为涉案专利被宣告无效,侵权诉讼案件最终败诉,或者最终得不到有效的执行的情形时有发生。因此,关注专利权的稳定性,尤其是关注专利权无效过程中程序利益的保护显得尤为重要。

在专利无效过程中,请求人提交了无效宣告请求或者补充了无效宣告请求意见时,国家知识产权局通常就会转文给专利权人,并要求专利权人在指定期限内提交答复意见。当专利权人超期提交书面答复意见时,国家知识产权局就会告知专利权人提交的书面答复意见"视为未提交"、"不予接受"或者"仅供参考"。总之,专利权人超期提交的书面答复意见丧失了正式答复意见的法律地位。笔者认为,国家知识产权局的上述做法既没有法律依据,也有违程序正当性,国家知识产权局对专利权人逾期提交的书面答复

* 孙大勇:深圳市律师协会第十一届专利法律专业委员会主任,北京大成(深圳)律师事务所高级律师,北京大成律师事务所合伙人。

意见应当正式接受,并给予正式答复的法律地位。本文将对此问题进行详细分析探讨。

## 一、目前相关规定

经查阅目前的相关规定,仅有国务院发布的《专利法实施细则》以及国家知识产权局发布的《专利审查指南》对超期提交的无效答复意见有所涉及。《专利法实施细则》第72条规定,国务院专利行政部门应当将专利权无效宣告请求书和有关文件的副本送交专利权人,要求其在指定的期限内陈述意见。专利权人和无效宣告请求人应当在指定期限内答复国务院专利行政部门发出的转送文件通知书或者无效宣告请求审查通知书;期满未答复的,不影响国务院专利行政部门审理。《专利审查指南》第四部分第三章第4.4.1节"文件的转送"中规定:"合议组根据案件审查需要将有关文件转送有关当事人。需要指定答复期限的,该指定答复期限一般为一个月。当事人期满未答复的,视为当事人已得知转送文件中所涉及的事实、理由和证据,并且未提出反对意见。"

由以上规定可知,无论是《专利法实施细则》还是《专利审查指南》均没有明确规定专利人超期提交的书面答复意见"视为未提交"、"不予接受"或者"仅供参考"。那么,应当如何来理解《专利审查指南》中规定的"当事人期满未答复的,视为当事人已得知转送文件中所涉及的事实、理由和证据,并且未提出反对意见"呢?笔者认为,该规定并非剥夺或者限制专利权人超期提交书面答复意见的机会,仅是满足专利无效审查程序正当性的一个兜底条款。

专利无效审查本质上是一种行政审查程序,国家知识产权局所作出的无效审查决定作为一种具体的行政行为必须接受司法审查。为此,保障无效宣告请求人和专利权人在无效审查过程中的程序利益极为重要。《行政诉讼法》第70条第3项规定:行政行为违反法定程序的,法院判决撤销或者部分撤销,并可以判决被告重新作出行政行为。因此,若在专利的无效审查过程中，国家知识产权局没有给予或者剥夺专利人答辩的权利，将会被认定为违反法定程序，所作出的无效审查决定将会被撤销。

在无效审查过程中，为保障专利权人答辩的权利，国家知识产权局会将有关文件转送给专利权人。为保障审查效率，国家知识产权局通常会指定一个月的答复期限。但若专利权人既没有进行书面答复，又不参加口头审理进行口头答辩，在专利无效决定作出后，以国家知识产权局剥夺了自身答辩权利，违背法定程序为由向法院提起行政诉讼，国家知识产权局将如何抗辩？笔者认为，《专利审查指南》中关于书面答复和口头审理的规定，实质上给予了国家知识产权局两次抗辩机会。第一次，国家知识产权局转送文件给专利权人，专利权人收到文件后应在 1 个月内进行书面答复，没有进行书面答复，并不意味着专利权人没有进行答辩，而是意味着进行了答辩，只是"未提出反对意见"。第二次，国家知识产权局发送口头审理通知书给专利权人，此时，专利权人将再次获得一次当庭口头答辩的权利。在无效宣告程序或者复审程序中，合议组可以根据案情需要自行决定进行口头审理，合议组根据案件的具体情况，可以采取口头审理、书面审理或者口头审理与书面审理相结合的方式进行审查。[1] 虽然在专利无效审查程序中一般会进行口头审理，但针对个案而言口头审理不是必经程序。因此，为避免无效审查程序中的口头审理程序受到不必要的牵制，赋予专利权人上述的第一次书面答辩机会就显得尤为重要。一方面，国家知识产权局可以根据请求人和专利权人双方的书面意见陈述来了解双方的诉辩观点，并决定是否进行口头审理以及提炼口头审理的重点审查问题，以提高庭审效率；另一方面，对一些非常简单的无效审查案件，例如，比对简单的，涉案专利不具有新颖性或者明显没有创造性的无效审查案件，国家知识产权局可直接进行书面审理，不再组织双方进行口头审理。若第一次的书面答复时机没有赋予专利权人相应的答辩、听证机会，口头审理将变得不可避免，这将导致不必要的程序

〔1〕 参见《专利审查指南》第四部分第三章第 4.4 节"审查方式"。

浪费。

综上，笔者认为，我国的法律没有规定专利权人超期提交的书面答复意见丧失了正式答复的法律地位，国家知识产权局发布的《专利审查指南》关于“未提出反对意见”的规定并非剥夺或者限制专利权人超期提交书面答复意见的机会，仅是为满足专利无效审查程序正当性的一个兜底条款。[1]

## 二、程序利益的重大失衡

要求专利权人仅能在国家知识产权局指定的答复期限内进行书面答复，会造成专利权人与请求人程序利益的重大失衡，具体分析如下：

第一，从时间上看，专利权人的答复期限通常不足1个月，但请求人却可以事先长时间地进行充分的准备。

目前专利无效宣告文件的送达比较少采用纸件送达的方式，之前的“发文日+15日”视为送达的规定已基本不再适用。按照目前国家知识产权局的电子送达程序，通过电子形式送达的通知和决定，以进入当事人认可的电子系统的日期为送达日。进入当事人认可的电子系统的日期与通知书和决定的发文日不一致时，除当事人能提供证据外，该通知书和决定的发文日推定为送达日。国家知识产权局发文后一般还要经过相关代理机构再次转文给专利权人，中间通常也有间隔时间。也就是说，从国家知识产权局发文到相关文件到达专利权人本人，实际上的有效答复时间通常已不足1个月。反观请求人，可以事先精心谋划、充分酝酿，进行长时间的准备，待准备充分后再行提交无效宣告请求文件。即使请求人因诉讼需要而启动专利无效宣告程序，在提交无效宣告请求之日后还有1个月的时间继续补充无效宣告的事实理由和证据。相比之下，专利权人的准备时间短而仓促。

第二，从工作量上看，专利权人的答复工作有可能比较重；从金钱上看，

---

〔1〕 设置该规定可以让国家知识产权局的无效行政审查很好地满足听证原则，避免被法院认定为违反法定程序。参见北京知识产权法院行政判决书，(2020)京73行初6043号、(2020)京73行初7408号。

专利权人的成本支出可能比较高。

从单个案件来讲，请求人为启动专利无效宣告程序可以进行长时间的准备并提交大量的证据和理由；从专利数量上来讲，请求人可以在短时间内同时提交针对同一专利权人不同专利的数个无效宣告请求。请求人不仅可以在单个案件上加重专利权人的答辩工作量，而且可以从数个案件出发叠加专利权人的答辩工作量。而国家知识产权局限定的答复期限一般为一个月，专利权人必须在一个月的期限内进行书面答复，工作紧张程度可想而知。一个是长时间的有备而来，另一个是一个月内的匆忙应对，请求人与专利权人的程序利益显然极为不对等。

当然，专利权人可以请专利代理师分别代为应对，甚至针对同一份无效宣告请求书安排不同的专利代理师分别应对不同的无效宣告理由，但这显然加重了专利权人的金钱负担。此外，在一个月的期限内寻找合适的专利代理师进行应对也并非易事。假定涉案专利当初系由专利代理师代为撰写，该专利代理师代理无效审查的经验如何，处理专利无效与侵权诉讼权利要求解释一致性的经验如何，该代理师与侵权诉讼代理人的配合如何，对该专利代理师的收费标准客户的可接受度如何等，都是专利权人聘请专利代理师进行无效答辩时要考量的复杂因素。

### 三、应当接受的超期答复

对于专利权人超期提交的书面答复意见，国家知识产权局客观上只能接受，而不能视而不见或者仅作为参考，具体分析如下。

第一，专利权人可以在口头审理现场全文读稿，国家知识产权局客观上无法禁止。

当专利权人超期提交书面答复意见时，国家知识产权局“视为未提交”、“不予接受”或者“仅供参考”，将导致专利权人在答复超期时失去及时提交书面答复意见的动力（既然已经超期，还不如来个现场突然袭击，让请求人猝不及防），转而在口头审理现场全文读稿，以进行口头答辩。虽然是否进行口头审理由合议组决定，但相对复杂的专利无效案件基本都需要进行口头审理。当专利权人进行全文读稿时，不论是请求人还是合议组都将陷入被动局面，因为对答复意见的理解与记录需要在未预先研读书面材料的情况下同步完成，既难以确保对法律要点的精准捕捉，短时间亦无法形成体系化的应对思路。

全文读稿作为一种口头答辩的方式并不违规，国家知识产权局没有理由拒绝接受这种口头答复的方式，即国家知识产权局已经变相接受了超期答复意见。既然客观上必须接受专利权人的超期书面答复意见，那倒不如直接认可该意见的正式答复的法律地位。

第二，国家知识产权局没有接受的答复意见若被法院所接受，被诉决定将面临被撤销的风险。

假定专利权人超期提交了详细的书面答复意见，但在口头审理现场全文读稿被禁止，导致专利权人口头审理时并未充分、完整地对答复意见进行陈述，国家知识产权局据此作出了对专利权人不利的审查决定；在司法审查阶段，专利权人依据原始的专利申请文件和无效审查阶段超期提交的书面答复意见详细阐述了涉案专利应当被维持有效的理由以及对无效宣告请求意见的反驳意见。法院能否以该答复意见或者反驳意见在无效审查阶段未曾充分、清晰地阐述为由直接不予认可呢？显然不能。因此，国家知识产权局所谓的参考，本质上仍然必须对专利权人的超期答复意见进行仔细阅读和研究，对专利权人有道理的理由予以接受。显然，这与对待专利权人按期提交的答复意见并无二致。

## 四、指定的答复期限须重视

基于以上的分析可知，专利权人超期提交的书面答复意见具有正式答复的法律地位。尽管如此，笔者认为专利权人仍须重视国家知识产权局指定的答复期限，理由如下：

第一，国家知识产权局指定的答复期限是对权利要求作进一步限定或对明显的错误进行修正的关键时机。

通过《专利审查指南》可知，修改权利要求书的具体方式一般限于权利要求的删除、技术方案的删除、权利要求的进一步限定、明显错误的修正。权利要求的删除是指从权利要求书中去掉某项或者某些项权利要求，例如，独立权利要求或者从属权利要求。技术方案的删除是指从同一权利要求中并列的两种以上技术方案中删除一种或者一种以上技术方案。权利要求的进一步限定是指在权利要求中补入其他权利要求中记载的一个或者多个技术特征，以缩小保护范围。[1]

在审查决定作出之前，专利权人可以删除权利要求或者权利要求所包含的技术方案。但仅在下列3种情形的答复期限内，专利权人可以以删除以外的方式修改权利要求书：(1)针对无效宣告请求书；(2)针对请求人增加的无效宣告理由或者补充的证据；(3)针对合议组引入的请求人未提及的无效宣告理由或者证据。[2] 只有在国家知识产权局指定的答复期限内，专利权人为维持涉案专利有效，可以对权利要求作进一步限定或对明显的错误进行修正，超期答复即丧失这一权利。

第二，国家知识产权局指定的答复期限通常是专利权人对请求人译文提出异议的关键时机。

专利无效过程中，请求人通常会大量查阅国内外的专利文献和期刊，因此无效宣告请求的证据有可能是各种国外的各种专利文献、期刊以及涉外的销售合同、单据等。根据《专利审查指南》的规定，当事人提交外文证据的，应当提交中文译文，未在举证期限内提交中文译文的，该外文证据视为未提交。当事人应当以书面方式提交中文译文，未以书面方式提交中文译文的，该中文译文视为未提交。对方当事人对中文译文内容有异议的，应当在指定的期限内对有异议的部分提交中文译文。没有提交中文译文的，视为无异议。也就是说，当专利权人收到国家知识产权局的无效宣告请求文

---

〔1〕 参见《专利审查指南》第四部分第三章第4.6.2节“修改方式”。

〔2〕 参见《专利审查指南》第四部分第三章第4.6.3节“修改方式的限制”。

件的转文时,必须查看其中是否附有相关外文证据以及对应翻译,并确定对其中的外文翻译是否认可;若不认可则必须在国家知识产权局指定的答复期限内对有异议的部分提交中文译文,否则即丧失提出异议的权利。

第三,在国家知识产权局指定的答复期限内答复有利于提高审查效率。

国家知识产权局之所以给无效案件的双方当事人指定答复期限,目的在于提前让双方当事人交换相关证据和意见,以便国家知识产权局在口头审理当天能够迅速聚焦双方的争议焦点,从而有利于其高效决断。因此,为提高审查效率,笔者建议专利权人在国家知识产权局指定的答复期限内尽早答辩,以免无谓地拖长案件的审理周期。

## 五、设想与建议

基于以上的分析,笔者认为,按照目前《专利法实施细则》《专利审查指南》的规定,对于专利权人提交的超期答复意见,国家知识产权局应当予以接受并认可其正式答复的法律地位。若国家知识产权局因认为此举会导致出现大量的超期答复意见,从而拖长了整个专利无效审查的周期,甚至引发大量专利权人在口头审理当天现场答复从而增加了口头审理难度,而坚持否定超期答复之正式答辩的法律地位,笔者建议国家知识产权局发文时基于无效请求人所提交的材料多寡合理地确定专利权人答复的期限。毕竟《专利审查指南》第四部分第三章第4.4.1节“文件的转送”中规定的是“该指定答复期限一般为一个月”,笔者认为,特殊情况也可以是两个月或三个月,甚至更长时间。

另外,若国家知识产权局给专利权人指定的答复期限不够,应当允许专利权人在答复期限届满前针对答复期限申请延期,当然,是否延期可由国家知识产权局审查决定。《专利审查指南》注意到专利申请人在专利的审查授权过程中可能有难处,因而规定了专利申请人有权提出延长答复期限的申请,即规定“当事人因正当理由不能在期限内进行或者完成某一行为或者程序时,可以请求延长期限。可以请求延长的期限仅限于指定期限”。但该指南又明文规定："但在无效宣告程序中，复审和无效审理部门指定的期限不得延长。"[1]笔者认为，在无效宣告程序中，给予专利权人根据案件的实际情况申请延长答复期限的机会可以更好地平衡请求人与专利权人的程序利益，并有效地保障专利无效的审查效率。建议后期修改《专利审查指南》时针对本文分析和建议给予相应的回应。

---

〔1〕 参见《专利审查指南》第五部分第七章第4.1节"延长期限请求"。

# 创造性判断中技术改进动机分析

周 芮*

《专利审查指南》对于发明专利创造性的判断中，一个重要的判断点是现有技术是否存在某种技术启示，使本领域的技术人员在面对所述技术问题时，有动机改进该最接近的现有技术并获得涉案专利技术方案。因此，本领域技术人员是否有动机对最接近的现有技术进行改进并获得相关专利是创造性判断的核心论题。本文将尝试站在本领域技术人员角度，对"技术改进动机"的产生和判断进行分析和讨论。

## 一、发现技术问题的难易程度

笔者认为，考量技术改进动机，应当首先考虑涉案专利所解决的技术问题是否能被技术人员在应用现有技术时轻易地发现，即应当优先考虑发现技术问题的难易程度。

专利法中，发现一个技术问题本身的难易程度可以作为评估创造性的依据，发现技术问题越难，说明解决这一问题的创造性方案越具有价值。因为这样的方案需要更多的专业知识和经验，以及更复杂的开发过程和解决方案。如果技术问题的提出对于某领域技术人员而言属于非公知常识，则这一技术问题的发现对于该领域技术人员来说本身就是创造性的一种

---

* 周芮：深圳市律师协会第十一届专利法律专业委员会秘书长，北京大成（深圳）律师事务所律师。

体现。

具体而言,法院在判断专利创造性时,如果技术问题是一个本身难以被发现和提出的问题,将直接导致发明构思的提出可能具有非公知性。即使专利的技术方案本身并未有颠覆性的创新,也会因为所解决问题的难度和重要性而被认定具备创造性。

在深圳某科技有限公司诉国家知识产权局、杜某文实用新型专利权无效行政纠纷案[1]中,专利权人提出,问题提出本身具备创造性。最高人民法院认为,提出新的技术问题或者发现现有技术中存在的技术缺陷,是否应该在创造性判断中予以考量,需要根据案件具体情况确定。多数情况下,提出技术问题和发现技术问题是发明创造的动因和起点,发明创造技术方案的形成与问题的提出之间存在直接因果关系。大多数情况下,提出问题和发现问题比较容易,找到解决问题的技术方案相对困难。但是,不排除在特定情况下,提出问题,发现问题可能比解决问题更重要。有时候,技术进步的难点在于寻找问题,一旦确定要解决的问题,则可以通过本领域常规技术手段的组合、相近技术领域之间的技术转用、合乎逻辑的技术推理、有限次试验等获得解决技术问题的技术方案。在这种特定情况下,如果在创造性判断过程中缺乏关于"'问题的提出'对本领域普通技术人员来说是否显而易见"的考量,则可能导致创造性判断陷入后见之明的误区。

由上可以看出,最高人民法院明确认定,在特定情况下,无论解决问题的技术手段是否具有创造性,技术问题提出本身可能具备创造性,但是这种情况也必须站在本领域技术人员的角度,落实到行业本身现有技术的发展状况,判断涉案专利的技术问题提出是否显而易见。

## 二、改进最接近现有技术的动机

除了技术问题发现的难易程度之外,还应当考虑针对最接近现有技术

〔1〕 参见最高人民法院行政判决书,(2020)最高法知行终183号。

的具体改进动机。具体而言,可以从以下几个维度进行考量。

### (一)最接近现有技术的固有缺陷

如果某一个最接近现有技术本身具有固有缺陷,那么本领域技术人员具备对相关现有技术进行改进的动机。

例如,在笔者处理的某案中,涉及一种具体领域中存储放置板体的框架。现有技术中,对于该板体放置,在支架主体的顶部设计了一个悬挂的挂钩,用于悬挂板体;该专利中,在支架主体下方设置一个托杆,用于向下方托起板体。专利权人认为,现有技术并未对涉案专利的技术手段进行公开,该专利领域的技术人员在面对涉案最接近的现有技术时,不具备技术改进动机,因此涉案专利相对于最接近现有技术具有创造性。

对于专利权人此观点,无效请求人认为,最接近现有技术文件中提到在支架顶部设置一个悬挂的挂钩,然而作为一个稳定性要求较高的支架,采用顶部悬挂的方式,会使整个装置悬挂板体后重心较高,因此最接近现有技术存在一定的缺陷。该领域技术人员在此情况下,为了提高整个方案的稳定性,完全有动机将该支架由顶部悬挂固定改进为底部托起固定。该案中,国家知识产权局确认了请求人的观点,认为如果最接近现有技术存在该领域技术人员能够毫无疑问知晓的缺陷,则该领域技术人员天然地具有技术改进动机,向专利方向进行改进。

### (二)不同领域技术结合的动机

在对专利创造性的判断中,可以通过将两篇或者更多现有技术文件结合来评价涉案专利的创造性。不同专利类型对于相关现有技术结合创造性评价的标准有所不同,比较容易出现的争议是,对于专利与最接近现有技术的区别特征,该领域并无相关公开,但是其他领域存在相关类似的技术手段,与该区别特征解决了相类似的技术问题。这种情况下,需要考虑该领域技术人员对于相关领域的技术文件是否具有结合的动机。

《专利审查指南(2023)》中规定,对于发明专利而言,不仅要考虑该发明专利所属的技术领域,还要考虑相近或者相关的技术领域。对于实用新型专利而言,一般着重考虑该实用新型专利所属的技术领域。但实际上,具体如何判断在相关领域中是否具有结合的动机,仍然是一个容易出现争议的问题。

对此,部分司法案例确认了关于不同领域技术结合动机的标准。例如,在王某某与国家知识产权局专利裁决纠纷案[1]中,涉及一个水阀结构中手柄安装座与手柄下方配重块的改进。在该专利的无效过程中,无效请求人认为专利权利要求 1 与证据 1 的区别技术特征为:该专利还包括一处卡设于手柄安装座底部的手柄下盖及设置于手柄安装座与手柄下盖之间的配重块,证据 1 未公开相关结构,证据 4 公开了一驾驶领域人机交互的技术方案,涉及在开关中设置同样的操作配重块结构。关于现有技术是否给出了在开关中安装配重块的技术启示,最高人民法院认为,为了解决增加手柄的重量以提高操作灵敏度这一技术问题,该专利所属领域的技术人员有动机到与开关结构有关的现有技术中寻找启示。虽然证据 4 未明确提及采用配重块是为了解决提高操作灵敏度的技术问题,但是此举能够保证旋钮操作的稳定性,必然会提高操作的灵敏度,与该专利要实现的发明目的没有明显的区别。因此,该领域技术人员有动机将证据 4 所公开的配重块运用于证据 1 中以解决相同的技术问题,故证据 1 和证据 4 存在结合的技术启示。

由此可见,最高人民法院在针对不同领域的技术文件结合时,实际上是落实到区别特征具体解决的技术问题上,看该领域技术人员在解决该特定的技术问题时,是否有动机向特定领域寻求相应的技术启示。如果区别特征具体是解决一个较为常规的技术问题,那么通常认为该领域技术人员有动机向其他领域寻求相应的技术启示。

对此,国家知识产权局无效案例也作出了一些更加具体的认定,在国家

---

〔1〕 参见最高人民法院行政判决书,(2019)最高法知行终 208 号。

知识产权局公开的某专利权无效宣告案[1]中,涉及一种PCB板真空印刷装置的仓盖开启装置,现有技术一般采用气动闸门方式开启,这种气动闸门开关的时间较长。为此,涉案专利改用电动开启方式,具体提供了一种真空腔仓盖开启装置,开启装置配合真空丝网印刷机取放料仓盖,为了安全考虑,还设置了滚轮上的牵拉件和防护装置。

证据1公开了一种真空塞孔印刷装置及印刷方法,涉案专利权利要求1和证据1中仓盖的开启与关闭应用场景相同。相对于证据1而言,涉案专利区别特征1进一步限定了仓盖开启的具体结构,该仓盖开启装置的具体结构是盖子自动开闭的通用功能、作用的一般性应用,真空丝网印刷机并未对上述仓盖开启装置的具体结构提出特殊要求。国家知识产权局认为,尽管证据2公开的是涉及烟道的顶盖开启装置,但是,该顶盖开启装置与烟道这一具体应用场景并无紧密关联,也未对该顶盖开启装置的具体结构提出特殊要求,属于顶盖开启装置的一般性应用,因此证据2具有可获得性。在证据2公开了上述区别特征1的情况下,可以认定其给出了技术启示。

该案中,国家知识产权局对于实用新型创造性认定进行了更加细致的说明,技术领域是否能够通用,需要考虑证据中技术领域的不同是否对于对应区别特征的技术特征提出了特殊要求。

虽然以上两个案例中,国家知识产权局或法院提出了不同领域技术文件结合使用的认定标准,但是笔者认为,如果涉案专利的区别特征与权利要求中其他技术特征联系紧密,使整个权利要求形成一个有机整体,则应当有与上述案例不同的观点。

### (三)最接近现有技术所属技术领域发展情况

本领域技术发展情况也可以是一个考量因素。如果涉案专利申请时,

[1] 参见张宗任、路剑锋、姜岩:《实用新型专利创造性判断之技术领域考量》,载国家知识产权局专利局复审和无效审理网,https://www.cnipa.gov.cn/art/2022/10/21/art_2650_181122.html。

专利所在技术领域仍然处于较早的发展阶段，这时候提出较好的方案，应当更多的是依赖技术人员的灵感一现，可认定为付出了创造性劳动。

但是如果本领域技术发展较为成熟，则应当考虑本领域技术发展趋势的普遍追求的引导。如果本领域技术人员进行专利改进的目的符合本领域技术发展的普遍趋势，则可以认为本领域技术人员不存在改进的动机。

### （四）本领域技术人员的普遍追求

如果一个专利相对于现有技术的改进是本领域技术人员的普遍追求，则本领域技术人员天然具有改进动机。

例如，在前述笔者提及的案件中，涉及一种具体领域中存储放置板体的框架，对比文件1中支架主体的顶部设计了一个悬挂的挂钩用于悬挂板体，该专利改进是将悬挂改为托杆托起。该领域技术人员当然知晓，若顶部悬挂，则整体重心较高，无法实现稳定的支撑，容易倾倒。就一个支撑支架而言，更高的稳定性，是该领域技术人员乃至行业的普遍追求。当该领域技术人员看到对比文件1时，毫无疑问有动机将最接近现有技术文件改进为下部托起板架以提高稳定性。这种情况下该领域技术人员针对最接近现有技术，具有改进的动机。

### （五）专利与现有技术发明构思对于技术改进动机的影响

如果现有技术的发明构思与涉案专利的发明构思完全不同，则本领域技术人员在看到最接近现有技术的对比文件时，通常不具有改进动机。

发明构思是指在发明创造的完成过程中，发明人为了解决所面临的技术问题在谋求解决方案的过程中所提出的技术改进思路，这决定了发明技术改进的途径和最终形成的技术方案的构成。

例如，在郑州某技术服务有限公司、国家知识产权局专利行政管理（专利)行政纠纷案[1]中,涉及一种克氏针折弯装置。对比文件1公开了一种克氏针折弯器,专利方案与对比文件1的区别特征在于;涉案专利包括尖嘴钳;尖嘴钳头部钳口两个夹持片夹持克氏针;钳口两个夹持片之一为成形芯块,尖嘴钳的头部作为旋转轴。权利要求1实际解决的技术问题为:如何对克氏针进行固定和夹持。最高人民法院认为,如果发明与最接近现有技术之间在发明构思上存在较大差异,则该领域技术人员通常不会有改进最接近的现有技术以得到本发明的动机;如果多件现有技术的对比文件之间在发明构思上存在较大差异,则该领域技术人员通常也难以产生将两个发明构思不同的对比文件进行结合以得到本发明的技术启示。

因此可以看出,在对比文件1与涉案专利的发明构思不同的情况下,技术人员往往难以产生相应的技术改进动机。

综上所述,技术改进动机判断在专利创造性评价中具有较为重要的作用。本文从技术问题发现难度以及最接近现有技术出发,提出了几个对于技术改进动机判断的思考角度,供读者参考。

---

〔1〕 参见最高人民法院行政判决书,(2022)最高法知行终316号。

# 相似电路因作用不同,不能带来技术启示而影响专利的创造性

丁建春[*]　金永刚[**]

在集成电路领域,用来构建不同功能电路的元器件通常包括电阻、电容、电感、二极管、三极管、运算放大器等,可以说这些元器件是构成电路的最小单元。因此,由这些最小单元组合而成的电路通常具有相似性,若是对于这种相似性不细加研判分析,往往会影响集成电路专利的最终授权。下文结合两件集成电路案例加以说明。

## 一、案例一:一种电子烟、用于电子烟的烟弹和安全电路

### (一)案例概述

此案例涉及一件名称为“一种电子烟、用于电子烟的烟弹和安全电路”的发明专利,申请号为202011075249.0(以下简称案例一专利)。该案例一专利主要解决现有技术中电子烟的烟弹与烟杆之间缺乏相互安全认证而易出现假冒产品的问题。

在对应的技术方案中,烟弹的控制模块包括依次电连接的信号接收发送单元、安全算法引擎单元和验证状态锁存单元。其中,信号接收发送单元

---

* 丁建春:深圳市律师协会第十一届专利法律专业委员会委员,广东君龙律师事务所律师。
** 金永刚:广东君龙律师事务所专利代理师。

又进一步包括通信控制接口模块、接收放大器、发送 N 型 MOS 管。如图 1 所示，通信控制接口模块 Tj1 用于对双向通信进行控制，以及接收和发送通信信号；接收放大器 Tj2 的输入端与发送 N 型 MOS 管 Tj3 的漏极电连接，并且共同连接到烟杆的正电极，发送 N 型 MOS 管 Tj3 的源极接地；接收放大器 Tj2 的输出端和发送 N 型 MOS 管 Tj3 的栅极则分别接入通信控制接口模块 Tj1。

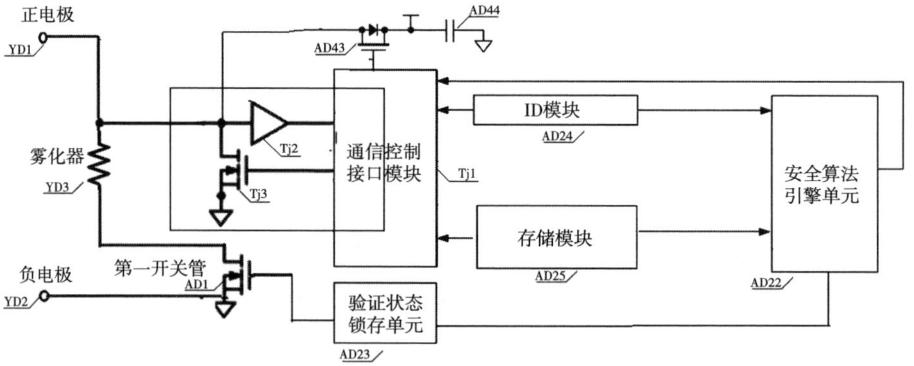


**图 1 案例一专利中的控制模块电路**

（二）审查观点

在该案例一专利的审查过程中，审查员引入了一件欧洲专利“SMOKING SET DEVICE AND TEMPERATURE MEASURING AND CONTROLLING METHOD FOR SAME”，公布号为 WO2019196003A1（以下简称欧洲专利），该欧洲专利也属于电子烟领域。其中，该欧洲专利公开了与案例一专利相似的电路，如图 2 所示。

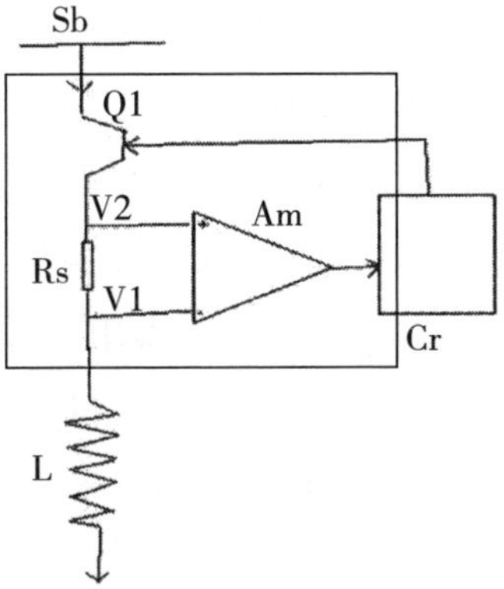


**图 2　欧洲专利中的发热器件测温和控温电路**

据此，审查员认为该欧洲专利公开了放大器 Am 与 MOS 管 Q1 之间与微控制器 Cr 的连接关系，即 Q1 的源极连接电源 Sb，栅极和放大器 Am 输出端同接微控制器 Cr，而 MOS 管 Q1 的漏极接放大器 Am 输入端。因此，可以通过放大器 Am 放大电压差信号而传送给微控制器 Cr，并且微控制器 Cr 也可以将信号反方向传给 MOS 管 Q1，根据 MOS 管 Q1 开关的通断，实现双向信号传输。

因此，审查员认为，在该欧洲专利的基础上，容易想到在案例一专利改换成 N 型 MOS 时，将接收放大器的输入端与发送 N 型 MOS 管的漏极电连接（更换极性连接），并且共同连接到正电极，发送 N 型 MOS 管的源极常规接地，实现 N 型 MOS 开关功能。于是通过放大器 Am 的信号放大精确地将高电平稳定放大，以与 MOS 管导通时的低电平进行区别，从而稳定地进行信号的双向传输控制。

（三）意见陈述

针对审查员的上述审查观点，申请人并没有盲目接受，而是根据该欧洲专利的原文记载进行了全面解读分析。

在该欧洲专利中，MOS 管 Q1 作为开关，接在电池 Sb 和发热器件 L 之间，目的是通过开关 Q1 导通次数的多少来调控发热器件 L 的功率，进而调控发热器件 L 的温度。Rs 是一个测温检测电阻,通过检测 Rs 两端的电压(还可以通过放大器 Am 将该电压进行放大),并将该电压输入微控制器 Cr,以此关联来检测发热器件 L 的温度。

并且,微控制器 Cr 的一个引脚用来接收来自测温检测电阻 Rs 两端的电压(放大器 Am 仅有放大作用),另一个引脚用于控制开关 Q1 的导通或断开。微控制器 Cr 对开关 Q1 的导通控制作用,目的是使开关 Q1 处于导通或断开状态,并没有经开关 Q1 对外进行信息传递,因此不能因为微控制器 Cr 对开关 Q1 有控制信号,而认为该开关 Q1 要把该控制信号进行通信传输。也就是说,微控制器 Cr 作用于开关 Q1 的信号,仅限于对开关 Q1 本身的导通或截止控制,并没有要通过开关 Q1 进行信息传递或通信传输。

进一步地,微控制器 Cr 采集测温检测电阻 Rs 两端的电压值,目的是采集电压参数。而这种采集过程,从技术关联性来看,也只有在开关 Q1 导通的时候才能够采集到有效的电压值,而在开关 Q1 断开时,采集的电压值为零。因此,对开关 Q1 的导通控制作用,也决定了对测温检测电阻 Rs 两端电压采集信号的有效性,二者密不可分,不具有独立性。

不能简单地以微控制器 Cr 输入和输出信号的方向不同,以及存在放大器和 MOS 管,就认为其利用放大器和 MOS 管分别进行了双向通信。根据上述说明,微控制器 Cr 仅对测温检测电阻 Rs 两端的电压进行采集,以及对开关 Q1 进行导通和关断控制,二者还存在密不可分的关联,即只有在开关 Q1 导通的情况下,采集测温检测电阻 Rs 两端的电压值才有意义。因此二者各自并不独立,而是属于同一个内部电路的控制关系,不具有对外进行双向通信传输的功能。

因此,审查员认为该欧洲专利"实现了双向信号传输"缺乏事实基础,这种信号作用关系仅限于该电路内部的控制关系和对电压差的采集,与案例一中的"双向通信传输"具有本质区别。

### (四)启示辨析

对于该案例一专利,进一步明确信号接收发送单元进行双向通信传输的过程是：

（1）接收通信：当烟弹需要接收通信信号时，发送N型MOS管截止，对于接收放大器的接收端而言，发送N型MOS管这个支路相当于断开。因此，烟弹通过正电极接收的信号将会被接收放大器所接收，并传输至通信控制接口模块。可以看出，通过正电极从外部接收信号。

（2）发送通信：当烟弹发送通信信号时，利用通信控制接口模块控制发送N型MOS管截止或导通。在发送N型MOS管截止时，发送N型MOS管发送高电平信号；在发送N型MOS管导通时，发送N型MOS管接地，发送N型MOS管发送低电平信号。因此，只需要控制发送N型MOS管导通或截止，就会在传输线路上（正电极和负电极构成的传输线路）出现高低电压的变化来表示向外发送的数字通信信号。

基于前述说明，可以非常清楚地看出该欧洲专利并不具有双向通信传输的作用，不能因为其中出现了MOS管和放大器，就轻易地联想到案例一专利利用这些电子元器件进行双向通信。

实际上，我们容易仅从技术手段本身出发来进行分析，却忽略了技术动机或技术启示。为什么基于该欧洲专利会产生“共同连接到正极”的技术动机呢？该欧洲专利的电路组成并不是用于实现双向通信，而是基于自身通过MOS管的通断控制，实现在导通条件下对电压值的采集。不能把微控制器具有的输入和输出信号的功能分别与放大器和MOS管结合，进而认为该欧洲专利公开的电路有双向通信的功能。这显然超出了对比文件2公开的范围，进行了扩大解释。

最终，审查员认可了上述观点，该案例一专利得以授权。

## 二、案例二：一种延时调节电路

### （一）案例概述

此案例涉及一件名称为“一种延时调节电路”的发明专利，申请号为201910278054.7（以下简称案例二专利）。该案例二专利主要是解决现有技术中延时控制方案成本高，电路组成多，占有电路板空间大的问题。

在对应的技术方案中，图 3 显示了该延时调节电路一实施例的组成图：包括比较器 U1，在比较器 U1 的同相输入端连接有第一电阻 R1 和第一电容 C1，第一电容 C1 的另一端接地，第一电阻 R1 的另一端则作为延时信号输入端 I1，用于接入需要进行延时控制的输入脉冲信号，比较器 U1 的同相输入端还通过电连接第三电阻 R3 而与比较器 U1 的输出端 O1 电连接，比较器 U1 的反相输入端则作为参考电压输入端 P1，用于接入参考电压。

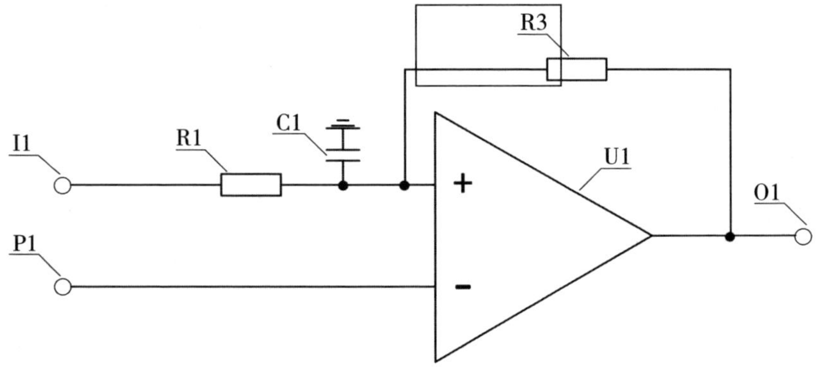


**图 3　案例二专利中的延时调节电路**

（二）审查观点

在该案例二专利的审查过程中，审查员引入了一件中国专利“长时延迟电路”，公开号为 CN101335510A（以下简称中国专利），该中国专利也属于延时电路领域。其中，该中国专利公开了与案例二专利相似的电路，如图 4 所示。

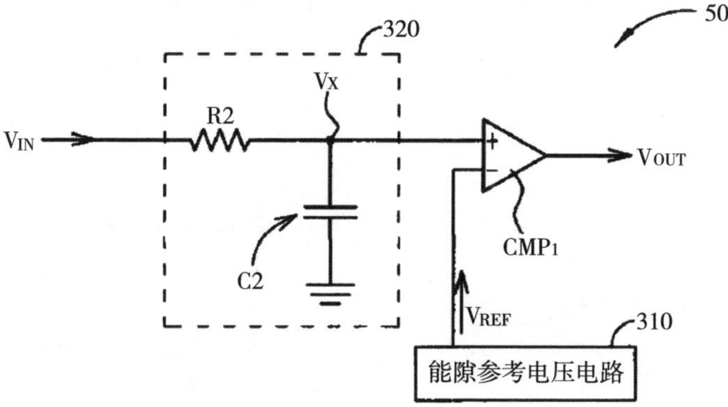


**图4 中国专利中的延时电路**

审查意见认为二者的区别技术特征在于:图3中的比较器U1的同相输入端还通过第三电阻R3与比较器的输出端电连接。由此确定技术问题是如何实现放大器的反馈调节,并认定通过反馈电阻R3实现放大器的反馈调节是该领域的惯用技术手段。

面对由图3和图4呈现的这种电路差异而得出的上述审查结论,如果按照常规的答复应对思路,确实难以找到抗辩的理由。但是,笔者并没有就此停步,而是主动寻求公知常识的抗辩性救济,这种寻求解决问题的途径虽然具有不确定性,但是值得在实践中大胆尝试和突破。

(三)意见陈述

针对审查员的上述审查观点,笔者认为,该中国专利中比较器的输出端是根据两个输入信号的比较结果而产生输出信号,输出端与同相输入端之间并没有任何的电连接关系。

对此,笔者结合比较器的应用原理加以说明:康华光主编的教科书《电子技术基础:模拟部分》[1]记载(如图5所示)“如图9.4.1b的实线所示,它

〔1〕 参见华中工学院电子学教研室编,康华光主编:《电子技术基础:模拟部分》(第3版),高等教育出版社1988年版,第436~437页。

表示 vi 在参考电压 $V_{REF}$ 附近有微小的减小时，输出电压将从正的饱和值 $V_O^+$ 过渡到负的饱和值 $V_O^-$；若有微小的增加，输出电压又将从负的饱和值 $V_O^-$ 过渡到正的饱和值 $V_O^+$”。

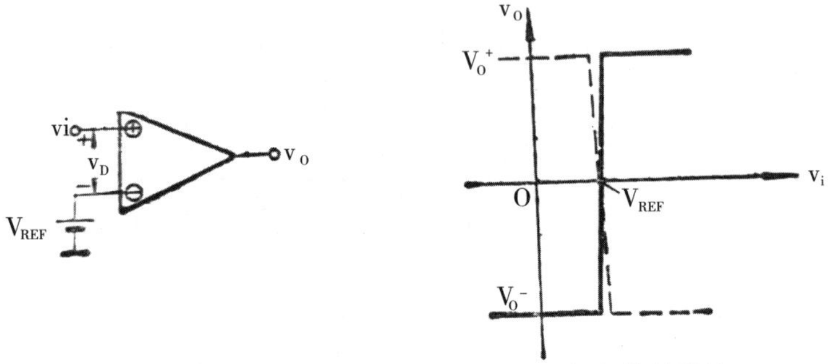


（a）电路图　　（b）传输特性

**图 5 《电子技术基础：模拟部分》关于比较器的工作原理**

基于上述公知常识，在输入信号电压与参考电压接近的微小区域，输出会有一个正的饱和值 $V_O^+$ 与负的饱和值 $V_O^-$ 的转换区域，该区域具有不稳定性，在实际应用中常会出现波动或抖动，导致比较器的输出端信号在正的饱和值 $V_O^+$ 与负的饱和值 $V_O^-$ 之间出现频繁跳变而产生输出毛刺现象。由此可见，根据该公知常识，该中国专利采用了该公知常识的比较器电路时，会导致输出电压在转换区域出现波动或抖动。

这是案例二专利所不希望出现的，特别是在对延时控制的时长精度有较高要求时，这种微小的抖动是不允许的。结合该申请的说明书记载，受控延时精度的量级在纳秒以下级别（可以获得 0.1ns 的延时控制分辨精度），对延时精度有着非常高的控制要求。

但是，该中国专利却没有这种高精度延时的控制要求，而是主要解决“延迟时长不会受到制程飘移的影响”的问题，因此该中国专利解决的是延时稳定的问题，而该申请解决的是延时控制的高精度问题。因此，结合该公知常识，该中国专利的电路组成不能解决该申请的技术问题，或者说对于解决该申请的技术问题存在天然不足。不能仅根据这两个电路之间的“反馈电阻”差异，而判断区别技术特征属于惯用手段，而是要看整体电路和信号作用关系对于高精度延时控制所起到的作用。

关于案例二，利用上述公知常识表明该中国专利中的电路不能适用于案例二专利，存在解决案例二专利技术问题的天然缺陷。但是，关于如何看待案例二专利采用了“反馈电阻”这一常见电路形式，还需要进一步结合公知常识欧姆定律原理（如图 6 所示）进行说理。

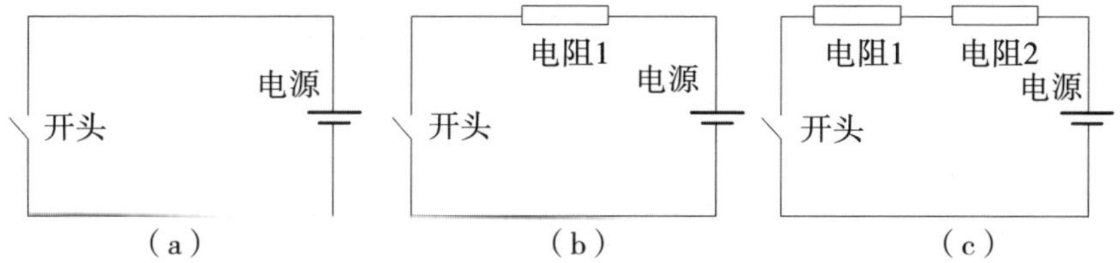


**图 6　欧姆定律原理**

如图 6 之(a)所示，对于电源而言，如果开关闭合，则电源会短路，属于接电事故；当图 6 之(b)接入电阻 1，开关闭合后，电源不会短路而处于正常供电运行。因此，相对于图 6 之(a)接入电阻 1 后，电路发生了本质性的变化，就是由产生短路的故障电路变成了正常工作的电路。当图 6 之(c)再接入另一电阻 2 后，与图 6 之(b)相比仅仅是增加了一个电阻。根据欧姆定律，只是电流会减小，因此与图 6 之(b)电路相比并没有发生实质性的变化。因此，同样是增加一个电阻，图 6 之(b)相对于图 6 之(a)发生了本质性的改变，而图 6 之(c)相对于图 6 之(b)则并没有这种本质性的改变。

结合该公知常识可以看出，同样是“一个电阻”的改变，却对原有电路造成了不同的性质改变。这是因为在电路技术方案中，增加或减少一个电子元器件，都可能会对电路中的电流走向、电压分布以及控制关系产生影响，往往需要理论分析与实际测量相互结合，最终获得所需要的电路技术方案。因此，不能仅从区别技术特征本身来判断是否属于常规技术手段，而是要综合考虑该区别技术特征所应用的整体电路和信号作用关系进行综合判断。

因此，案例二专利在图 3 中第三电阻 R3 的设置方式不应当被孤立地加以看待，而是应当和比较器 U1、第一电阻 R1 和第一电容 C1，以及案例二专利中输入信号的过渡曲线、参考电压值选择（如图 7 所示）等这些区别技术特征的整体结合，就所共同产生的技术效果来整体看待。而这种效果能够克服该中国专利在应用于高精度延时控制时存在的天然缺陷，从而能够实现对输出信号的高精度延时控制。

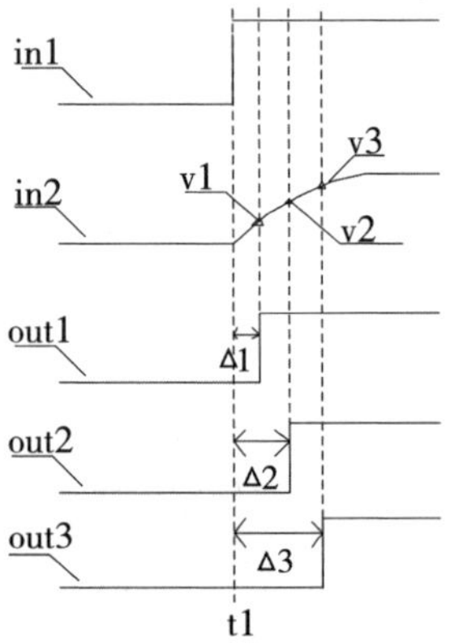


**图 7　案例二专利中输入和输出信号示意**

最终，结合上述公知常识，案例二的专利的创造性得到了认可并获得授权。

### （四）启示辨析

通过案例二的专利说明，可以获得如下启示：

长期以来，我们已经习惯在审查员提供的对比文件所框定的范围内，进行专利创造性的评价。实际上，受多种因素制约，这种框定范围本身并不完全准确和全面。这就需要申请人和代理师能够积极主动地寻求突破，从有利于申请人权利的立场出发，找到有利于申请文件创造性评价的公知常识、现有技术等进行抗辩。当然，这会给代理师带来额外的工作负担和更高的敬业和经验要求，需要申请人、代理机构和代理师共同为之努力。

我国已经进入高质量发展阶段，对专利的高质量需求也是必然趋势。〔1〕代理师不仅要熟悉专利本身的技术领域、技术方案和技术特征，还要深入了解技术改进的根源、现状和趋势，巩固加深与发明人的技术交流，补充学习专利技术之外的技术知识。能够与申请人建立彼此信任的深入合作关系，深刻理解技术内容，深刻理解审查规定，是撰写出高质量有价值专利，并能够得到授权和专利保护的重要保障。

上述引入公知常识的方法，体现出创新思维在专利审查实践中的应用，这种思维也是技术、法律和说理表达的综合应用，对于专利审查实践创新和专利代理师成长进步具有积极意义。并且，这种创新思维还可以被迁移应用到专利复审、无效宣告、专利侵权诉讼等实践中，以期技术创新能够更好地获得法律保护，让技术和法律的实践融合更加生动鲜活，闪现出智慧的光芒。

〔1〕 参见《国家知识产权局关于印发〈推动知识产权高质量发展年度工作指引（2023）〉的通知》，载中华人民共和国国务院新闻办公室网站 2023 年 3 月 23 日，http://www.scio.gov.cn/xwfb/gwyxwbgsxwfbh/wqfbh_2284/49421/50166/xgzc50172/202307/t20230725_741641.html。

# 技术特征的分解对专利创造性认定的影响

## ——以行政司法裁判案例为视角

李龙飞[*]

### 一、问题的提出

《专利法》第22条规定授予专利权的发明的实质性条件:应当具备创造性。创造性,是指与现有技术相比,该发明具有突出的实质性特点和显著的进步。《专利审查指南》指出,判断发明是否具有突出的实质性特点,就是要判断对本领域的技术人员来说,要求保护的发明相对于现有技术是否显而易见。判断要求保护的发明相对于现有技术是否显而易见,通常可按照以下3个步骤进行:(1)确定最接近的现有技术;(2)确定发明的区别特征和发明实际解决的技术问题;(3)判断要求保护的发明对本领域的技术人员来说是否显而易见。上述"三步法"是目前专利审查实务和司法审判实践中对专利创造性认定最普遍的做法,基本上成为绝大部分专利无效及行政诉讼案件中首选的最主流判断方法。区别技术特征的确定,是判断专利是否具备创造性的关键一环。但在区别技术特征确定的范围没有争议的情况下,对该区别技术特征的分解方式一般情况下不会对专利创造性的认定产生影响,故而容易导致当事人及代理人遗漏技术特征分解对创造性认定产生影

* 李龙飞:深圳市律师协会第十一届专利法律专业委员会委员,广东广和律师事务所律师。

响的问题。

## 二、专利创造性认定“三步法”下区别技术特征的分解

在以“三步法”评述专利创造性时，第二步涉及确定发明的区别特征。通常情况下，区别技术特征的确定会成为当事人及代理人核心关注点，并会对专利创造性的认定产生显著影响。由于“技术特征”术语在法律上没有明确定义，在实务判断中也偏向主观，因此技术特征的划分没有明确标准可循。技术特征划分的不确定性在一定程度上加剧了专利确权诉讼和侵权纠纷的频发以及结果的频繁“反转”。[1]

关于技术特征的定义没有明确的法律规定，但是关于技术特征的应用专利审查实务和司法审判实践达成了共识。《专利法》第 2 条第 2 款规定，发明，是指对产品、方法或者其改进所提出的新的技术方案。《专利审查指南》对此的解释为：技术方案是对要解决的技术问题所采取的利用了自然规律的技术手段的集合。技术手段通常是由技术特征来体现的。《专利法实施细则》第 22 条第 1 款规定：权利要求书应当记载发明或者实用新型的技术特征。《专利审查指南》对此的解释为：权利要求书应当记载发明或者实用新型的技术特征，技术特征可以是构成发明或者实用新型技术方案的组成要素，也可以是要素之间的相互关系。对于技术特征的理解，从目前专利审查实务和司法审判实践的主流观点来看，基本上确定为“在权利要求所限定的技术方案中，能够相对独立地执行一定的技术功能，并能产生相对独立的技术效果的最小技术单元或者单元组合”。

对于技术特征的分解，目前的专利审查实务和司法审判实践通常有 2 种方法。[2] 一是“文本分解法”，即依循权利要求书的文本内容，根据权利要求书中的标点符号与段落区分进行分解。二是“客体分解法”，即根据不同

---

〔1〕 参见饶先成：《专利技术特征划分的反思与重构》，载《交大法学》2023 年第 6 期。

〔2〕 参见于波、祖子涵：《知识产权鉴定中技术特征分解方法的选择——以专利为视角分析》，载《中国司法鉴定》2021 年第 6 期。

客体采用不同的技术特征分解方式：对于产品，往往采取结构分解法，直接根据产品的结构和结构间的连接方式进行分解；对于方法，往往采取步骤分解法，直接将每一个步骤分解为一个技术特征。此外，在 2013 年发布的《最高人民法院知识产权案件年度报告（2012）摘要》中收录的张强与大易工贸公司等侵犯专利权纠纷案［（2012）民申字第 137 号］中，在涉案专利“五个靶标”的技术特征与被诉侵权产品“九个靶标”的技术特征是否等同问题上，最高人民法院明确了按功能划分专利技术特征的功能分解法，从而引发了学术界和实务界的大讨论。2021 年发布的《最高人民法院知识产权法庭裁判要旨（2020）摘要》中收录的上诉人欧瑞康纺织有限及两合公司、国家知识产权局与被上诉人浙江越剑智能装备股份有限公司发明专利权无效行政纠纷案［（2020）最高法知行终 183 号，以下简称欧瑞康纺织公司与浙江越剑公司案］提出了“将相互结合的多个技术要素视为一个整体，认定为一个区别技术特征”的观点。

可见，实践中对专利技术特征分解的标准和方法莫衷一是，而使用不同的分解方法最终得出的结果将直接影响案件走向。

## 三、技术特征分解的方式对区别技术特征确定的影响

本文以欧瑞康纺织公司与浙江越剑公司案为例，具体阐述技术特征分解方式对区别技术特征确定以及案件最终结果的影响。

### （一）基本案情

欧瑞康纺织公司拥有一项名为“假捻变形机”的发明专利权，申请日为 2008 年 7 月 25 日，授权公告日为 2013 年 8 月 28 日。授权公告文本权利要求 1 记载为：

“1. 用于使多根复丝丝线变形的假捻变形机，具有多个输送机构（3、9、14）、一个加热装置（4）、一个冷却装置（5）、一个假捻装置（8）和一个卷绕装置（10.1），用于其中至少一根丝线（11）的抽出、拉伸、变形和卷绕，所述卷绕

装置具有一个被驱动的传动辊(26),其中,在一个第一输送机构(3)和一个第二输送机构(9)之间构成一个组合的变形/拉伸区,并且在第二输送机构(9)与一个设置在卷绕装置(10.1)之前的第三输送机构(14)之间构成一个后处理区,其特征是:第一输送机构(3)和第二输送机构(9)分别构成为一个缠绕输送机构(15.1、15.2),而第三输送机构(14)构成为一个夹紧输送机构(20)。”

浙江越剑公司于2017年2月17日向国家知识产权局提出了无效宣告请求:提交公开日为2007年4月5日、公开号为WO2007/036242A1的PCT专利申请公开说明书的复印件及翻译文本作为证据1,以权利要求1相对于证据1、公知常识的结合不具备创造性为理由。

具体说明如下:根据证据1中文译文说明书相关文字记载结合所对应的附图1、附图3可知,第一实施例中供料装置3、9、14均为缠绕输送机构,第二实施例中三个供料装置3、9、14均为夹紧输送机构。该领域技术人员为了解决张力的问题,很容易想到把第三输送机构替换成一个夹紧输送机构,证据1第7页第4段倒数第1~2行已经明确地揭示了可以这样替换。

### (二)争议观点

2017年8月1日国家知识产权局作出无效审查决定,认定该专利与证据1的区别技术特征为:第一输送机构和第二输送机构分别构成为一个缠绕输送机构;而第三输送机构构成为一个夹紧输送机构。其中,将第一、第二、第三输送机构视为一个整体对待,即3个输送机构中既有缠绕输送机构,又有夹紧输送机构。首先,证据1说明书第7页实际公开了所述的3个供料装置均是缠绕供料装置或均是夹持供料装置的技术方案,而没有公开供料装置3和9为缠绕输送机构而供料装置14为夹持输送机构的技术方案,因此证据1没有公开上述区别技术特征。其次,本专利和证据1在解决丝线张力问题时,所采用的技术方案不同。该专利选择将第三输送机构改为夹紧机构,从而解决张力问题;而在证据1中,所采用的手段是额外设置了气动输送装置。因此,证据1并未公开将供料装置3和9设置为缠绕输送机构而将供料装置14作为夹持机构从而解决丝线张力技术问题,也没有给出相应的技术启示,该专利权利要求1具备创造性。

北京知识产权法院一审判决[1]认为:第一、第二输送机构与第三输送机构各自承担不同的功能,且彼此之间为简单的机械连接,在结构、功能以及相互之间的配合关系上相对独立,并不存在不可分割的紧密联系,故在确定区别特征时,不应当将3个输送机构组合成一个整体进行比较。故该专利与证据1的区别技术特征为第三输送机构构成为一个夹紧输送机构。证据1第二实施例系将第一实施例的3个缠绕输送装置替换为夹紧输送装置,故第二实施例中的第三输送机构为夹紧输送装置与气动输送装置的组合。将简化后的第二实施例中的第三输送机构,即夹紧输送装置,应用到第一实施例中来,作为第三输送机构,从而得到了该专利的技术方案。故该专利权利要求1不具备创造性。

最高人民法院二审判决[2]认为:该专利与证据1的区别技术特征为第一输送机构和第二输送机构分别构成为一个缠绕输送机构;而第三输送机构构成为一个夹紧输送机构。其中,将第一、第二、第三输送机构视为一个整体对待。证据1没有公开相应的技术特征和技术启示,故该专利权利要求1具备创造性。

### (三)裁判解读

最高人民法院在该案的裁判要旨[3]中首次提出"技术要素"的术语,即《专利审查指南》所称的"技术方案的组成要素"。该案中,最高人民法院将

---

[1] 参见北京知识产权法院行政判决书,(2018)京73行初787号。

[2] 参见最高人民法院行政判决书,(2020)最高法知行终279号。

[3] 参见最高人民法院知识产权法庭编:《最高人民法院知识产权法庭裁判要旨(2020)》,人民法院出版社2021年版,第119~123页。

第一、第二、第三输送机构视为3个“技术要素”，基于技术要素整体性的考虑，而将第一、第二、第三输送机构的具体选择整体作为一个“技术特征”考量。这一操作推翻了北京知识产权法院将第一、第二、第三输送机构的具体选择视为3个技术特征的结论，从而使“第一输送机构和第二输送机构分别构成为一个缠绕输送机构；而第三输送机构构成为一个夹紧输送机构”这一区别技术特征确定的发明所解决的技术问题发生了明显变化，对应地对结合的技术启示提出不同的要求。

从该案中，可以明显感受到权利要求保护的技术方案在确定区别技术特征时对技术特征进行分解的方式，将会对创造性认定产生显著影响。

## 四、技术要素整体性的认定及其对技术特征分解的影响

在上述“将相互结合的多个技术要素视为一个整体，认定为一个技术特征”裁判要旨的启发下，笔者曾在艾斯格林公司与国家知识产权局、第三人储某发明专利无效纠纷案中，从技术特征的分解对创造性认定影响的角度进行尝试。

### （一）基本案情

艾斯格林公司受让取得专利号为2016××××××81.2号、名称为“单入口容器的清洗方法”的发明专利，授权公告文本权利要求1记载内容为：

1. 一种发动机的清洗方法，所述发动机为缸内直喷式发动机或歧管喷射式发动机，其特征在于，依次包括以下步骤：

步骤1：将火花塞由所述发动机的火花塞接口拆下；

步骤2：将干冰清洗装置的喷射头由火花塞接口插入到发动机的燃烧室内；

步骤3：通过喷射头向燃烧室内喷射干冰，以使得附着于燃烧室内壁上

的积碳脱落，并由所述喷射头与所述火花塞接口之间的间隙吹出，实现对所述燃烧室内壁的清洗。

所述干冰清洗装置喷射头喷射的干冰为柱状颗粒，柱状颗粒直径为3毫米，长度小于6毫米，所述喷射头呈圆管状，且所述喷射头的喷射口的内径5~8毫米，所述火花塞接口的内径为7~21毫米；所述喷射头与所述火花塞接口之间设有用于排出气体的间隙，所述喷射头与所述火花塞接口之间的间隙的面积不小于0.8倍的所述喷射头的喷射口的面积。

储某于2019年6月27日向国家知识产权局提出了无效宣告请求，理由是：本专利权利要求1~5不符合2008年《专利法》第22条第3款的规定，请求宣告本专利权利要求全部无效，同时提交了以下证据：

证据1：申请公布日为2015年4月22日、申请公布号为CN104525526A的中国发明专利申请的复印件。该文献公开了一种发动机的清洗方法，利用干冰作为清洗介质进行清洗，同时在喷管上设置了压力传感器和驱动主机。

证据2：授权公告日为2012年2月29日、授权公告号为CN202151621U的中国实用新型专利的复印件。该文献公开了一种清洗设备及其吹管，特征在于：所述吹管的侧壁外表面包括外凸圆弧形段和非外凸圆弧形段，所述非外凸圆弧形段的各点与所述外凸圆弧形段的圆心的连线小于所述外凸圆弧形段的最大直径，所述外凸圆弧形段的最大直径小于所述盲孔的直径，所述吹管的侧壁的厚度大于或者等于与所述最大直径尺寸相同的圆形吹管的厚度。上述盲孔直径小于10mm。

证据3：申请公布日为2012年1月25日、申请公布号为CN102327884A的中国发明专利申请的复印件，该文献公开了一种干冰清洗装置及其清洗方法，利用干冰作为清洗介质进行相关清洗，实施例2公开了以下技术内容（参见证据3说明书[0020段]、[0063段]、[0077段]，图1~2）：干冰颗粒是直径3毫米，长度2.5毫米至10毫米的圆柱体。

国家知识产权局于2019年6月27日作出无效审查决定宣告本专利全

部无效。被诉决定认为,该专利权利要求1与证据1的区别技术特征在于:

(1)该专利限定了发动机为缸内直喷式发动机或歧管喷射式发动机;

(2)该专利限定了火花塞接口的内径为7毫米至21毫米,喷射的干冰为柱状颗粒,柱状颗粒的直径为3毫米,长度小于6毫米,喷射头的喷射口的内径为5毫米至8毫米;

(3)该专利限定了喷射头与所述火花塞接口之间的间隙的面积不小于0.8倍的所述喷射头的喷射口的面积。

在证据1基础上结合证据2、证据3和所属技术领域的公知常识,得到该专利权利要求1要求保护的技术方案,对所属技术领域的技术人员来说是显而易见的。

艾斯格林公司不服该无效审查决定提起行政诉讼,后北京知识产权法院判决驳回诉讼请求。艾斯格林公司不服该一审判决,提起上诉,并认为:被诉决定认定的区别技术特征2和区别技术特征3中的技术要素,是将"进气""出气"进行同步限定从而实现进出气平衡,应当将"喷射头外径""喷射头内径""干冰形状及尺寸""火花塞内径""间隙面积比例"等技术要素整体考虑对待,并视为一个区别技术特征。

### (二)裁判结果

最高人民法院在二审判决[1]中认为,将各技术要素的组合认定为一个技术特征的前提为所属技术领域的技术人员在阅读专利说明书和附图后,能够确定相应的技术效果是各技术要素结合在一起后共同产生的。当各个技术要素分别相对独立地产生一定的技术效果时,则应当认定为不同的技术特征。

该案中,"喷射头外径""喷射头内径""干冰形状及尺寸""火花塞内径"技术要素的相互配合,相对独立地实现了干冰可以顺利从喷射头喷出进入

[1] 参见最高人民法院行政判决书,(2021)最高法知行终820号。

小口径单入口容器进行清洗的技术效果。而“间隙面积比例”技术要素则相对独立地产生了在清洗过程中维持单入口容器内气体压力平衡的技术效果。虽然区别技术特征2和3彼此关联，均是为了解决使用干冰清洗小口径单入口容器时气压过大妨碍干冰喷射效果的问题，但是两者相互独立地实现了一定的技术功能，产生了一定的技术效果，即分别产生了干冰可以顺利从喷射头喷出进入小口径单入口容器进行清洗和清洗过程中维持单入口容器内气体压力均衡的技术效果，将此认定为两个区别技术特征符合本专利限定的整体技术方案，并据此判决维持原判。

（三）解读反思

将技术特征分解的方式作为争议焦点之后，引入下位的“技术要素”概念正在初步被专利确权行政诉讼的司法实践所接纳。技术特征分解的方式的核心落脚点仍然是“技术要素整体性考量”问题。

上述案例1中，专利说明书将“第一输送机构和第二输送机构分别构成为一个缠绕输送机构；而第三输送机构构成为一个夹紧输送机构”的内容列示在一起，并且强调技术效果“本发明的突出特征是，使丝线的每个单丝上都可以均匀地产生丝线变形和后处理。通过夹紧输送机构的夹紧件，丝线的单丝在进行后处理之前不会产生来自外部的附加机械应力。丝线在变形和拉伸区中进行引导，并且通过干净的缠绕输送机构不损伤地一直引导到后处理区中。只有在丝线的后处理结束并且具有其最终的变形结构后，第三输送机构才构成为夹紧输送机构，用于对丝线进行引导”。该说明书对3个技术要素之间的关系进行了整体性的描述，从而为在后续的技术特征分解中将三者认定为一个技术特征奠定了基础。

而在上述案例2中，专利说明书对“间隙面积比例”技术要素的内容及技术效果单独进行描述：“如果所述插入口与所述喷射头之间的间隙的面积与所述喷射头的喷射口的面积相比过小（也即，所述喷射头与所述插入口之间的间隙的面积小于0.8倍的所述喷射头的喷射口的面积）时，会导致所述单入口容器内的气体(二氧化碳气体与压缩空气的混合气体)压力过大,会影响喷射头喷射干冰的效果。”另外,对“喷射头外径”“喷射头内径”“干冰形状及尺寸”“火花塞内径”技术要素及技术效果单独进行描述:“由于喷射头需要由所述插入口插入,且保证所述喷射头与所述插入口之间的间隙的面积不小于0.8 倍的所述喷射头的喷射口的面积,所以所述喷射头的外径不能过大,进而导致所述喷射头的内径(内径 = 外径 - 2 × 壁厚)也相对较小,比如,对应内径为11 毫米的插入口(比如,发动机的火花塞接口)的所述喷射头的内径一般为8 毫米。然而,由于所述喷射头喷射的干冰为柱状颗粒,其直径一般为3 毫米,经过配冰器细化后圆柱长度小于6 毫米,因此所述喷射头的最小内径不能小于5 毫米,才能保证喷射头能顺利将干冰颗粒顺利喷射出去。基于上述分析,本发明将所述喷射头的喷射口的内径设置为5 ~8 毫米,既能满足不同内径的插入口的插入需求,也能保证干冰颗粒的顺利喷射,且可以有效节约压缩空气,进而有效避免压缩空气的浪费,降低清洗成本。”该说明书中对技术要素的选择过程进行分层推理分析,从而削弱了对整体性的考量。

由此可见,说明书记载的内容,特别是有关技术要素之间整体性的表述方式、技术要素与对应的技术效果间的关联关系的描述内容,将是“技术要素整体性考量”以及技术要素能否整体视为一个技术特征的关键所在,这是当事人和代理人前期在专利撰写期间应当重点关注的工作。

## 五、结语

技术特征作为判定专利创造性的重要衡量要素,在法律和司法解释均未对其概念作出明确解释时,实务界在技术特征的划分上已经产生了不同标准和方法。技术特征项下的各项技术要素若能够独立达到一定技术效果,则很有可能不被给予整体考量;反之,若在专利文献中对各个技术要素之间的关系进行整体性表述,技术要素需要相互结合才能达到某一有益效果,则更容易将各技术要素作为一个技术特征进行整体考量。技术特征划分的不确定性最终带来专利保护范围、创造性认定以及侵权判定的不确定性。因此,在进行专利撰写时,应当谨慎考量对于技术特征的表述,以确保相关专利的创造性。

# 浅论专利无效阶段权利要求的修改

易　钊*

在专利无效宣告程序中，请求人提出无效宣告请求最常见的理由是部分或全部权利要求不具备新颖性、创造性。作为专利权人一方，如果初步分析认为请求人提交的证据确实可能导致部分甚至全部权利要求不具备新颖性、创造性，或者是存在其他缺陷，则应充分利用修改时机，对权利要求进行相应的修改。关于无效宣告程序中对权利要求的修改，除了《专利审查指南》中的规定，在实践中还存在一些未被详细规定的情况，下面将结合假设的例子及实际的案例进行讨论。

## 一、《专利审查指南》中的规定

关于无效宣告程序中专利文件的修改，在《专利审查指南（2010）》中是在第四部分第三章第 4.6 节进行规定的。国家知识产权局于 2017 年针对"修改方式"和"修改方式的限制"这两部分内容作了一些修改，自 2017 年 4 月 1 日起施行；《专利审查指南（2023）》针对"修改原则"部分作了一定修改，自 2024 年 1 月 20 日起施行。其中，针对第 4.6.1 节"修改原则"，2006 年、2010 年、2017 年、2023 年版的内容基本相同，2023 年版修改为："发明或者实用新型专利文件的修改仅限于权利要求书，且应当针对无效宣告理由或者

* 易钊：深圳市律师协会第十一届专利法律专业委员会委员，广东瑞枫达律师事务所律师。

合议组指出的缺陷进行修改，其原则是：(1)不得改变原权利要求的主题名称。(2)与授权的权利要求相比，不得扩大原专利的保护范围。(3)不得超出原说明书和权利要求书记载的范围。(4)一般不得增加未包含在授权的权利要求书中的技术特征。外观设计专利的专利权人不得修改其专利文件。”

针对“修改方式”及“修改方式的限制”，2006 年版、2010 年版的内容相同，2017 年版有修改，2023 年版未作进一步修改，表 1 为修改前后内容对比。

**表 1 《专利审查指南》2006 年版、2010 年版与 2017 年版、2023 年版相关规定对比**

| 2006 年版及 2010 年版 | 2017 年版及 2023 年版 |
| --- | --- |
| 4.6.2 修改方式<br>在满足上述修改原则的前提下，修改权利要求书的具体方式一般限于权利要求的删除、合并和技术方案的删除。<br>权利要求的删除是指从权利要求书中去掉某项或者某些项权利要求，例如独立权利要求或者从属权利要求。<br>权利要求的合并是指两项或者两项以上相互无从属关系但在授权公告文本中从属于同一独立权利要求的权利要求的合并。在此情况下，所合并的从属权利要求的技术特征组合在一起形成新的权利要求。该新的权利要求应当包含被合并的从属权利要求中的全部技术特征。在独立权利要求未作修改的情况下，不允许对其从属权利要求进行合并式修改。<br>技术方案的删除是指从同一权利要求中并列的两种以上技术方案中删除一种或者一种以上技术方案。<br>4.6.3 修改方式的限制<br>在专利复审委员会作出审查决定之前，专利权人可以删除权利要求或者权利要求中包括的技术方案。<br>仅在下列三种情形的答复期限内，专利权人可以以合并的方式修改权利要求书：<br>(1)针对无效宣告请求书。<br>(2)针对请求人增加的无效宣告理由或者补充的证据。<br>(3)针对专利复审委员会引入的请求人未提及的无效宣告理由或者证据 | 4.6.2 修改方式<br>在满足上述修改原则的前提下，修改权利要求书的具体方式一般限于权利要求的删除、技术方案的删除、权利要求的进一步限定、明显错误的修正。<br>权利要求的删除是指从权利要求书中去掉某项或者某些项权利要求，例如独立权利要求或者从属权利要求。<br>技术方案的删除是指从同一权利要求中并列的两种以上技术方案中删除一种或者一种以上技术方案。<br>权利要求的进一步限定是指在权利要求中补入其他权利要求中记载的一个或者多个技术特征，以缩小保护范围。<br>对于“修改方式的限制”的具体规定，这两版存在一些差异，总结而言，规定如下：<br>在作出审查决定之前，专利权人可以删除权利要求或者权利要求中包括的技术方案。仅在下列三种情形的答复期限内，专利权人可以以删除以外的方式修改权利要求书：<br>(1)针对无效宣告请求书。<br>(2)针对请求人增加的无效宣告理由或者补充的证据。<br>(3)针对专利复审委员会引入的请求人未提及的无效宣告理由或者证据 |

## 二、对修改方式的理解

从以上对比可以看出,2006 年、2010 年的旧版规定了 3 种修改方式,即权利要求的删除、技术方案的删除、权利要求的合并。2017 年版及 2023 年版规定了 4 种修改方式,即权利要求的删除、技术方案的删除、权利要求的进一步限定、明显错误的修正。最主要的变化是由“权利要求的合并”改为“权利要求的进一步限定”。下面对这 4 种修改方式进行简单的说明。

### (一)权利要求的删除

假设一件专利的授权公告文本中包含独立权利要求 1 及从属权利要求 2－5、独立权利要求 6 及从属权利要求 7－10,在修改时直接删除了原权利要求 1－5,或者直接删除了原权利要求 6－10,或者删除了某一存在缺陷的从属权利要求,则均属于典型的权利要求删除。

假设一件专利的授权公告文本中权利要求 2 引用了独立权利要求 1,权利要求 3 引用了权利要求 2,在修改时以“原权利要求 1＋原权利要求 2”的内容作为新的独立权利要求 1,则这种修改容易被误解为旧版中的合并或现行版本中的进一步限定,实际上应属于删除了原权利要求 1,并以原权利要求 2 作为新的独立权利要求 1。同一前提下,如果修改时以“原权利要求 1＋原权利要求 2＋原权利要求 3”的内容作为新的独立权利要求 1,则这种修改属于删除了原权利要求 1、原权利要求 2,并以原权利要求 3 作为新的独立权利要求 1。

### (二)技术方案的删除

技术方案的删除比较容易理解,是指从同一权利要求中并列的两种以上技术方案中删除一种或者一种以上技术方案。例如,原来限定“其中的通信模块包括蓝牙模块、Wi－Fi 模块或红外模块”,修改时删除其中一个或两个模块,则视为技术方案的删除。

（三）权利要求的进一步限定

假设一件专利的授权公告文本中权利要求2、权利要求3分别引用独立权利要求1，修改时以“原权利要求1+原权利要求2+原权利要求3”的内容作为新的独立权利要求1，则这种修改在旧版中属于权利要求的合并，在现行版本中则属于权利要求的进一步限定。

同一前提下，如果修改时以“原权利要求1+原权利要求2的部分”，或“原权利要求1+原权利要求3的部分”或“原权利要求1+原权利要求2+原权利要求3的部分”或“原权利要求1+原权利要求2的部分+原权利要求3”的内容作为新的独立权利要求1，则均属于权利要求的进一步限定。这些例子均是旧版中不允许的修改方式，也就是说现行版本给了专利权人更大的修改空间，例如，可以将一项或多项从属权利要求中的一个或多个技术特征补入原独立权利要求1，形成新的独立权利要求1，以满足新颖性、创造性的要求。

根据《专利审查指南》的规定及审查实践中的处理，“权利要求的进一步限定”应当是：(1)通过在所要修改的权利要求中补入原权利要求书中其他权利要求的一个或多个技术特征，形成一个新的保护范围更小的权利要求，以代替原来的权利要求，原来的权利要求不再保留；(2)修改后的权利要求数量相对于原权利要求书不发生超出预期的变化；(3)通常不能增加权利要求或重新撰写权利要求，从而构建出新的权利要求的层次体系。

一般而言，以下3种情况均明显不属于“缩小权利要求的保护范围”的情形：(1)在未对独立权利要求进行修改的情况下，仅增加新的从属权利要求；(2)在同一独立权利要求中分别加入不同的技术特征，形成多个新的独立权利要求；(3)对原权利要求的特征进行重新组合，增加一组或多组新的权利要求。

此外，还需注意“权利要求的进一步限定”与实施例的关系。如果仅仅只是实施例的组合不矛盾、不冲突或者组合显而易见，但基于新颖性判断方法,修改后的权利要求相对于每一个实施例均具备新颖性,则此时相应的修改不被允许。

### (四)明显错误的修正

明显错误的修正比较好理解,例如,(2021)最高法知民终519号民事判决书提道:笔误导致的"和和"修改为"和",合议组认定该修改属于明显错误的修正。当然,在个别案件中仍可能存在争议。例如,在第43787号无效宣告请求审查决定中,国家知识产权局认定专利权人对权利要求11的修改不属于明显错误的修正,对该修改文本不予接受;北京知识产权法院作出的(2020)京73行初15036号行政判决书进一步认定:原告基于权利要求10的记载关于权利要求11中的"或"属于明显笔误的主张不能成立。

在第47607号无效宣告请求审查决定中,专利权人将原权利要求15和权利要求17中的"锚定装置"均修改为"网状结构",并认为上述修改方式属于明显笔误的修改。国家知识产权局当庭告知双方当事人,上述修改方式并不属于《专利审查指南》中关于明显笔误的修改方式。

当专利权人不确定某一修改是否属于明显错误的修正时,为避免出现修改不被接受的情况,笔者建议不对权利要求进行修改,但可在意见陈述书中对相关表述属于明显错误的事实和理由进行详细论述,这样处理更有利于应对后续可能发生的侵权诉讼。

## 三、审查指南中对于修改时机及限制的规定

参见《专利审查指南(2023)》第四部分第三章第4.6.3节的规定,如果修改方式为权利要求的删除或技术方案的删除,则在审查决定被作出之前专利权人均可提交修改。

如果修改方式为权利要求的进一步限定或明显错误的修正,则只能在3种情形的答复期限内提交修改:(1)针对无效宣告请求书;(2)针对请求人增加的无效宣告理由或者补充的证据;(3)针对原专利复审委员会引入的请求

人未提及的无效宣告理由或者证据。

其中的答复期限通常为一个月，按照《专利审查指南（2023）》第五部分第七章第3.2节的规定，答复期限的计算方式并不是简单的发文日加一个月，而是先以发文日为基础加15天作为推定收到日，然后在推定收到日的基础上加一个月，即计至下月的同一日作为到期日。需注意的是，自2024年1月20日起，如果是电子发文，则期限自发文日即起算，不能再以发文日为基础加15天作为推定收到日。

除了前述关于修改时机的规定，《专利审查指南（2023）》第四部分第三章第4.6.1节还规定了修改原则，即对修改的限制，具体包括：修改仅限于权利要求书，不得改变原权利要求的主题名称，不得扩大原专利的保护范围，不得超出原说明书和权利要求书记载的范围，一般不得增加未包含在授权的权利要求书中的技术特征。

## 四、无效宣告案件中的几种修改情况

除了《专利审查指南》中的规定，在实践中还存在一些未被详细规定的情况，下文以几个案例来具体说明。

### （一）案例一：马库什权利要求的特殊情况

在第35212号无效宣告请求审查决定中，国家知识产权局认为，不论马库什权利要求包含多少变量和组合，都应该视为一种概括性的组合方案，即马库什权利要求应当被视为马库什要素的集合，而不是众多化合物的集合。因此，马库什要素的删除不能视为并列技术方案的删除，修改文本1对结构式为I.d的氨基甲酸酯的修改不属于并列技术方案的删除，不符合《专利审查指南》的相关规定，不能被接受。北京知识产权法院判决中认定国家知识产权局未接受修改文本的做法并无不当。[1]

---

〔1〕 参见北京知识产权法院行政判决书，(2018)京73行初9342号。

### （二）案例二：不得扩大原专利的保护范围

在第37005号无效宣告请求审查决定中，专利权人曾将权利要求1、13、14中的特征“收到的段（1a，1b）”修改为“收到的数据单元（1a，1b）”。虽然请求人对此修改无异议，但国家知识产权局认为，专利权人首次修改后的权利要求1、13、14中所加入的内容显然不在原专利的保护范围中，因此修改后的权利要求扩大了原专利的保护范围，与无效宣告程序中的修改原则相悖，不予接受。北京知识产权法院在判决中认定国家知识产权局未接受修改文本的做法并无不当。[1]

### （三）案例三：从属权利要求不能随意增加引用关系

在第45419号无效宣告请求审查决定中，涉案实用新型专利号为2018××××××15.5，授权公告文本包含独立权利要求1、10及从属权利要求2－9，从属权利要求2、3、4分别引用权利要求1、2、2。

专利权人修改了权利要求书，除了以“原权利要求1＋原权利要求5”的内容作为新的独立权利要求1，修改后的从属权利要求4分别引用权利要求1或权利要求2或权利要求3，与授权公告文本相比，从属权利要求4引用了权利要求2或权利要求3，国家知识产权局认为上述修改不符合审查指南的相关规定，不予接受。专利权人当庭修改权利要求书，对权利要求4进行了删除式修改，把权利要求4的前序部分修改为“根据权利要求1所述的操控杆”，请求人对上述修改没有异议。国家知识产权局对专利权人当庭修改的权利要求书予以接受，口头审理以专利权人当庭修改的权利要求书作为审查基础。

### （四）案例四：不得增加未包含在授权的权利要求书中的技术特征

在第39166号无效宣告请求审查决定中，专利权人在无效宣告程序中提

〔1〕　参见北京知识产权法院行政判决书，（2019）京73行初965号。

交了权利要求书的全文替换页,其中在授权文本的基础上,在独立权利要求1中加入限定"其粉末X射线衍射光谱为图1所示图形"。对于该修改文本,请求人认为不符合专利审查指南相关规定,不予认可。国家知识产权局认为,该新增特征并未出现在原权利要求书中,将说明书中的内容补入权利要求书,不符合专利审查指南中对于无效阶段修改方式的规定。因此,对于修改文本均不予接受。北京知识产权法院在判决中认定国家知识产权局未接受修改文本的做法并无不当。[1]

### (五)案例五:不允许修改出过多的新组合

在第59216号无效宣告请求审查决定中,授权公告文本包含1项独立权利要求、9项从属权利要求共10项权利要求。

专利权人首次修改的方式是:(1)将原权利要求10第一段前半部分的内容并入原权利要求1,成为新独立权利要求1;(2)将原权利要求9前半部分的内容并入原权利要求1,成为新独立权利要求2;(3)原权利要求2-8的序号分别加1成为新从属权利要求3-9,并直接或间接引用新独立权利要求1或2;(4)原权利要求9的后半部分,原权利要求10第一段的后半部分,成为新从属权利要求10、11。也就是说修改之后有2项独立权利要求,9项从属权利要求,表面上共11项,实质上相当于有$(1+9)\times 2=20$项权利要求。

请求人在口头审理时对前述修改方式提出异议;合议组也表示此种修改方式不可接受。专利权人当庭表示进行二次修改,在首次修改的基础上,删除新独立权利要求2,并删除与新独立权利要求2具有引用关系的技术方案。该案第二次修改维持有效。

如果严格按字面意思理解,首次修改的时机和方式并未违反《专利审查指南》的相关规定,修改后的独立权利要求1、独立权利要求2任一项单独存

---

〔1〕 参见北京知识产权法院行政判决书,(2019)京73行初11429号。

在时,均属于对权利要求的进一步限定,也不存在扩大保护范围,超出记载范围的问题,那为什么不可接受呢？合议组解释是基于国家知识产权局专利局复审和无效审理部的内部规则来认定不可接受,但审查决定中并未记载相关信息。笔者分析,可能是因为独立权利要求项数增加且独立权利要求被多个从属权利要求直接或间接引用进而产生了过多的新组合,属于前述第2.3节中所述的“同一独立权利要求中分别加入不同的技术特征,形成多个新的独立权利要求”这种情况,而且首次修改后权利要求的总项数从表面上到实质上均有增加,所以不可接受。第二次修改删除独立权利要求2之后,消除了前述问题,就可以接受了。

### (六)案例六:不允许修改出过多的新组合

在第59692号无效宣告请求审查决定中,授权公告文本包含1项独立权利要求、9项从属权利要求共10项权利要求。

专利权人首次修改的方式是:(1)以“原权利要求1+原权利要求3+原权利要求2的部分”的内容作为新的独立权利要求1;(2)以“原权利要求1+原权利要求4+原权利要求5+原权利要求2的部分”的内容作为新的独立权利要求2;(3)以“原权利要求1+原权利要求4+原权利要求6”的内容作为新的独立权利要求6;(4)其他权利要求的序号及引用关系相应调整,修改后共有11项权利要求。

在口头审理时,合议组明确表示前述修改方式不可接受;专利权人只得当庭表示放弃修改,请求以涉案专利授权公告的权利要求书作为审查基础。该案的审查决定为宣告专利权部分无效。笔者分析,该案的修改方式未被接受,可能也是因为存在案例五中的产生了过多的新组合,权利要求的总项数增加等问题,而且修改方式比前一案例更为复杂。

### (七)案例七:不允许修改出过多的新组合

在第562375号无效宣告请求审查决定中,授权公告文本包含1项独立权利要求、9项从属权利要求共10项权利要求。

专利权人首次修改的方式是:(1)以“原权利要求1+原权利要求6”的内容作为新独立权利要求1;(2)以“原权利要求1+原权利要求2”的内容作为新独立权利要求2;(3)原权利要求3-5、7-10成为新的权利要求3-9,将新的权利要求3、5和6-8修改为引用独立权利要求1或2,其余权利要求的引用关系做适应性修改。

合议组表示这种修改不可接受,专利权人只得当庭表示在首次修改的基础上,删除从属权利要求3、5-8引用独立权利要求1的技术方案,从属权利要求3、5-8只引用独立权利要求2。

该案的首次修改实际比前述案例五、案例六都更为简单,但仍不被接受。笔者分析,主要是因为增加了独立权利要求并且产生了更多的组合方式,授权公告文本是10项权利要求,首次修改之后虽然只有9项权利要求,但由于是2项独立权利要求且7项从属权利要求都引用了这两个独立权利要求,因此实质上相当于有(1+7)×2=16项权利要求,产生了过多的新组合,所以不被接受。

### (八)案例八:可接受的多项独立权利要求

在第560072号无效宣告请求审查决定中,授权公告文本包含1项独立权利要求、9项从属权利要求共10项权利要求,除了权利要求6引用权利要求5,权利要求10引用权利要求9之外,其他从属权利要求均引用权利要求1。

专利权人首次修改的方式是:(1)以“原权利要求1+原权利要求2+原权利要求3”的内容作为新独立权利要求1;(2)以“原权利要求1+原权利要求4”的内容作为新独立权利要求2;(3)以“原权利要求1+原权利要求5”的内容作为新独立权利要求3,原权利要求6则相应地成为新权利要求4,从属于新独立权利要求3;(4)以“原权利要求1+原权利要求7”的内容作为新独立权利要求5;(5)以“原权利要求1+原权利要求8”的内容作为新独立权利要求6;(6)以“原权利要求1+原权利要求10”的内容作为新独立权利要求7。也就是说,修改之后共有6项独立权利要求,1项从属权利要求。

在口头审理时,请求人及合议组均未对前述修改方式提出异议,该修改被接受并成为审查基础。笔者分析,此种修改看似增加了多项独立权利要求,但其中的独立权利要求1是常规的进一步限定,独立权利要求2、3、5、6、7均是简单地以原来的从属权利要求作为独立权利要求,且引用关系未作特别调整,所以修改可被接受。

### (九)案例九:不同审级对修改是否符合《专利审查指南》的规定有不同的理解

在最高人民法院于2024年4月发布的“2023年中国法院10大知识产权案件”中,第三个案例北京中某科技有限公司与国家知识产权局、苹某电脑贸易(上海)公司发明专利权无效行政纠纷案也涉及无效阶段权利要求的修改。国家知识产权局在作出的第40531号无效宣告请求审查决定中认为:修改后的权利要求4、7、11、12及引用权利要求4、7的权利要求8-10不符合规定,并宣告涉案专利权全部无效。专利权人不服提起行政诉讼,北京知识产权法院认为:被诉决定认定事实清楚,适用法律、法规正确,审理程序合法。[1]

专利权人不服一审判决,提起上诉。最高人民法院二审认为:权利要求4、7实质为原权利要求,系当然的审查基础;修改后的权利要求8-10引用权利要求4、7的技术方案亦应予接受;修改后的权利要求11、12并非回应无效宣告理由的修改,国家知识产权局未予接受并无不当。[2]

由该案可以看出,不同审级对于修改是否符合《专利审查指南》的规定仍有不同的理解,主要原因在于《专利审查指南》第4.6.2节中对“权利要求的进一步限定”的规定过于简略,业界对该问题还存在争议。为避免该争议

---

〔1〕 参见北京知识产权法院行政判决书,(2018)京73行初10897号。

〔2〕 参见最高人民法院行政判决书,(2021)最高法知行终556号。

对于审查实践的影响,应当对《专利审查指南》中有关“权利要求的进一步限定”的定义进行明晰,使字面上即能反映该规定的本意。

## 五、未充分利用修改时机的负面案例

在笔者此前代理的一个专利无效宣告案件中,申请人同日对同样的发明创造既申请实用新型又申请发明。实用新型授权之后,申请人缴纳了第1、2年的年费,第3年未缴纳年费导致专利权终止。发明专利经历了4次审查意见于第5年得到授权,而且4次答复均是据理力争未对权利要求进行任何修改,可以说是非常成功。恰恰正是这种情况导致了实用新型和发明两个专利的授权公告的权利要求书是完全相同的。发明专利获得授权之后,专利权人基于该专利起诉了多家被告,笔者代理被告作为无效宣告请求人,以发明专利(专利号为2011××××××88.9)的各项权利要求不满足《专利法》第9条的规定为理由之一提起无效宣告请求。

《专利法》(2008年修正)第9条第1款规定:“同样的发明创造只能授予一项专利权。但是,同一申请人同日对同样的发明创造既申请实用新型专利又申请发明专利,先获得的实用新型专利权尚未终止,且申请人声明放弃该实用新型专利权的,可以授予发明专利权。”

《专利审查指南(2017)》第二部分第三章第6.2.2节同时规定:“……对于同一申请人同日(仅指申请日)对同样的发明创造既申请实用新型又申请发明专利的,在先获得的实用新型专利权尚未终止,并且申请人在申请时分别作出说明的,除通过修改发明专利申请外,还可以通过放弃实用新型专利权避免重复授权。……申请人选择放弃已经授予的实用新型专利权的,应当在答复审查意见通知书时附交放弃实用新型专利权的书面声明。……”

在2018年2月发文的第34931号无效宣告请求审查决定中,原专利复审委员会认为:“根据专利法和审查指南的上述规定可见,重复授权存在如下的例外情形,即对于同一申请人同日对同样的发明创造既申请实用新型专利又申请发明专利的,可通过修改权利要求或放弃实用新型专利权以避免重复授权,其中通过放弃实用新型专利权以避免重复授权时应当满足以下条件,即在先获得的实用新型专利权尚未终止,申请人在申请时分别做出说明的,且申请人声明放弃该实用新型专利权,否则不能授予发明专利权。然而,专利权人并未通过修改权利要求的方式避免重复授权。并且专利权人未曾在本专利授权日之前提交过放弃实用新型专利权的书面声明……专利法和审查指南中已经明确规定了,在先获得的实用新型专利权尚未终止是放弃已经授予的实用新型专利权的前提条件之一……综上,本专利权利要求 1 – 10 不符合专利法第九条的规定。”

北京知识产权法院一审〔1〕维持了该决定,最高人民法院二审〔2〕进一步维持了该决定。关于该案是否符合《专利法》第 9 条规定的例外情形,最高人民法院认为,《专利法》第 9 条所规定的例外情形中,同一申请人同日对同样的发明创造既申请实用新型专利又申请发明专利的,要获得发明专利的授权,需同时满足两项条件:一是实用新型专利权尚未终止;二是申请人声明放弃该实用新型专利权。该案中,由于专利权人未按规定缴纳实用新型专利年费,且已经超过了“权利恢复期限”,该实用新型专利权已经终止,不可再恢复,因此不符合《专利法》第 9 条例外规定中“实用新型专利权尚未终止”的条件。专利权人不缴纳实用新型专利年费的行为,亦不能等同于专利权人为获得发明专利权而选择“声明放弃实用新型专利权”。因此,该案并不符合《专利法》第 9 条例外规定的前述两个条件。

从该案的前述信息可以看出,虽然实用新型专利因未缴纳年费而终止,但专利权人针对发明专利仍可通过修改权利要求的方式避免重复授权。尤其是在《专利审查指南(2023)》允许“在权利要求中补入其他权利要求中记载的一个或者多个技术特征”的情况下,专利权人完全可以充分利用无效宣告程序中的修改时机,从一项或多项从属权利要求中选取一些技术特征补入独立权利要求 1,达到避免重复授权的效果。该发明专利的权利要求 1 – 5

〔1〕 参见北京知识产权法院行政判决书,(2018)京 73 行初 3561 号。

〔2〕 参见最高人民法院行政判决书,(2019)最高法知行终 118 号。

的内容如下(此处未展示权利要求 6－10),初步分析被诉侵权产品可能已落入权利要求 1－5 的保护范围:

"1. 一种单纤双向光纤收发器,包括三通壳体、分别设置在所述三通壳体的左右两端口的光发射器和光纤接头组件、设置在所述三通壳体顶部端口的光接收器、以及设置在所述光发射器和光接收器之间的光学滤片组件;其特征在于,所述光纤接头组件由固定套筒、以及设置在所述固定套筒内的陶瓷套管组成;所述固定套筒包括中空筒状主体、以及在所述筒状主体的一端设置的底板;所述陶瓷套管中间设有供光纤的纤芯直接插入、到达所述底板内壁面的接入空间;所述底板设有与所述纤芯相对的透光孔,并且所述透光孔为所述光发射器发出的光导入所述光纤的纤芯与所述光接收器接收从所述光纤的纤芯导出光的经过点。

"2. 根据权利要求 1 所述的单纤双向光纤收发器,其特征在于,所述固定套筒为金属固定套筒。

"3. 根据权利要求 2 所述的单纤双向光纤收发器,其特征在于,所述固定套筒靠近所述三通壳体端口的位置向外延伸出与所述三通壳体固定接合的第一侧缘。

"4. 根据权利要求 3 所述的单纤双向光纤收发器,其特征在于,所述固定套筒的底板伸入所述三通壳体内。

"5. 根据权利要求 3 所述的单纤双向光纤收发器,其特征在于,所述固定套筒的筒状主体的侧壁向外延伸出第二侧缘;所述第一侧缘和第二侧缘之间形成安装槽。"

在无效宣告程序中,专利权人可考虑的修改可以包括:

(1)以"原权利要求 1＋原权利要求 3"的内容作为新独立权利要求 1,是一种新的组合,实用新型专利中没有与之完全相同的权利要求,已解决了重复授权的问题;

(2)以"原权利要求 1＋原权利要求 4"的内容作为新独立权利要求 1,同样是一种新的组合,已解决了重复授权的问题;

（3）以“原权利要求 1 + 原权利要求 3 + 原权利要求 5”的内容作为新独立权利要求 1，更是一种新的组合，已解决了重复授权的问题，而且还更有利于解决可能不具备创造性的问题。

以上仅列举了 3 种可选的修改方式，实际还可考虑其他组合方式。很可惜，专利权人并未充分利用修改时机，导致涉案专利因重复授权而直接被宣告全部无效，甚至都不用讨论是否具备创造性的问题。

## 六、充分利用修改时机的正面案例

在笔者曾代理的一件侵害实用新型专利权纠纷案中，《实用新型专利权评价报告》显示权利要求 1 - 9 不具备创造性，仅权利要求 10 具备创造性。庭审时被告基于该专利仅一项权利要求具备创造性的事实主张该专利的创造性有限，请求在确定赔偿金额时应充分考虑这一情况。一审判决认定被告构成侵权但仅需赔偿 3 万元。

被告在该案诉讼阶段针对该专利提出了无效宣告请求，专利权人顺势对权利要求进行了修改，将权利要求 10 的技术特征并入权利要求 1，形成了新的独立权利要求 1，原权利要求 2 - 9 保留并直接或间接引用新的独立权利要求 1。该无效宣告案中请求人提交的证据仍是原《实用新型专利权评价报告》中使用的对比文件，最终基于修改后的权利要求 1 - 9 维持有效。

对比可以看出，修改前仅权利要求 10 具备创造性，修改后权利要求 1 - 9 均具备创造性。通过对权利要求的修改，可请求保护更多具备创造性的权利要求，也可避免后续侵权诉讼中被告再提出“该专利仅一项权利要求具备创造性”这一理由。

可见，在专利无效宣告程序中充分利用修改时机对权利要求进行适当的修改，是非常重要的。在进行修改时，一方面，要注意采用恰当且正确的修改方式；另一方面，要注意不得违反相关的原则及限制。此外，还可参照前面列举的案例以修改出最优的且可被接受的新权利要求。

# 从依维莫司案看仿制药上市许可申请中涉及的专利无效宣告策略

郑　佳[*]　张巍巍[**]

## 一、独占期介绍

《药品专利纠纷早期解决机制实施办法(试行)》(以下简称《药品专利实施办法》)第11条规定:"对首个挑战专利成功并首个获批上市的化学仿制药,给予市场独占期。国务院药品监督管理部门在该药品获批之日起12个月内不再批准同品种仿制药上市,共同挑战专利成功的除外。市场独占期限不超过被挑战药品的原专利权期限。市场独占期内国家药品审评机构不停止技术审评。对技术审评通过的化学仿制药注册申请,待市场独占期到期前将相关化学仿制药注册申请转入行政审批环节。挑战专利成功是指化学仿制药申请人提交四类声明,且根据其提出的宣告专利权无效请求,相关专利权被宣告无效,因而使仿制药可获批上市。"

笔者根据上述规定,将独占期概括为:

获得市场独占期 = 首个挑战专利成功 + 首个获批上市

其中,"挑战专利成功"是指化学仿制药申请人提交4类声明 + 对相关专利提出无效宣告请求 + 相关专利被宣告无效。

* 郑佳:广东君龙律师事务所律师。

** 张巍巍:广东君龙(坪山)律师事务所律师。

## 二、依维莫司案简介

### （一）案件背景

2024 年 1 月 2 日，国家药监局官网显示，中国生物制药旗下核心企业正大天晴药业集团股份有限公司（以下简称正大天晴）研发的依维莫司片（晴维时）正式获批上市。依维莫司是由瑞士诺华（以下简称诺华公司）制药原研的 mTOR 抑制剂，用于治疗多种癌症，全球年销售额一度超过 20 亿美元。正大天晴的依维莫司片不仅为国内首仿，注册证书显示，其还将成为我国药品专利链接制度实施以来，以“首仿获批 + 首个挑战专利成功”获得 12 个月市场独占期的产品。[1]

笔者制作了时间轴（见图 1），从时间轴来看，与诺华公司原研的依维莫司片相关的 3 个专利均被正大天晴提起无效宣告，且分别于 2022 年 2 月 25 日、2022 年 3 月 8 日和 2022 年 3 月 25 日被国家知识产权局宣告全部无效；此外，正大天晴还于 2022 年 1 月 29 日针对 3 个专利作出了 4.1 类声明；且正大天晴研制的依维莫司片于 2023 年 12 月 28 日被国家药监局作为首个依维莫司片仿制药批准上市。

〔1〕 参见傅苏颖：《正大天晴依维莫司首仿获批　拿下中国专利链接制度首个“独占期”》，载中国证券报中证网，https://www.cs.com.cn/ssgs/gsxw/202401/t20240102_6383122.html。

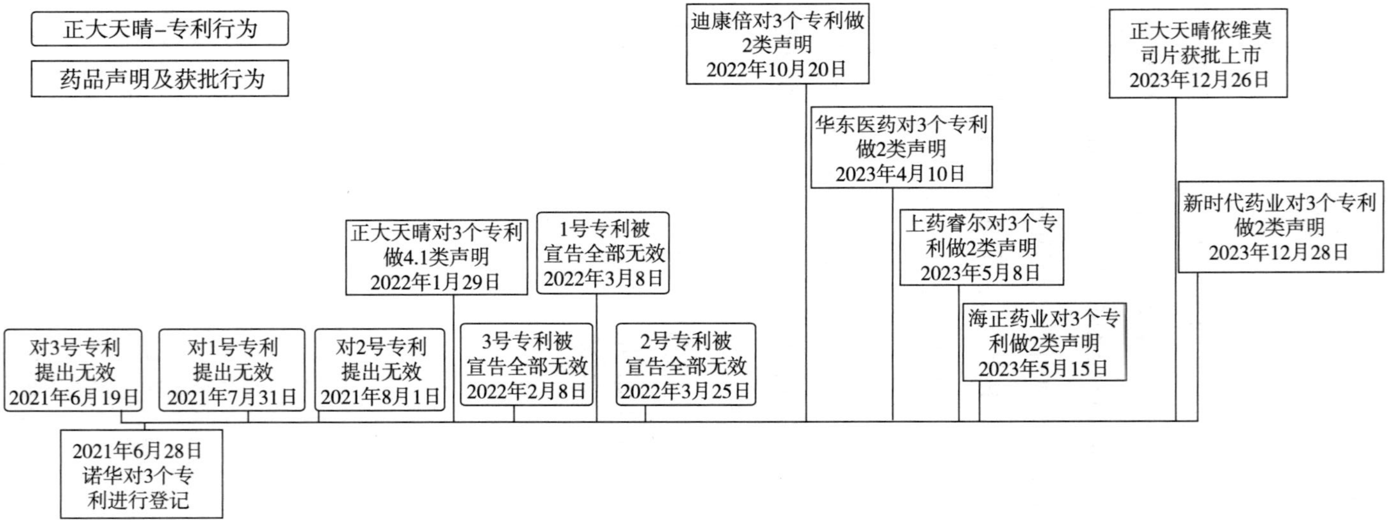


**图1　依维莫司片涉及的专利登记、专利声明、专利无效以及仿制药上市时间轴**

可见,正大天晴的依维莫司片满足了《药品专利实施办法》关于独占期的要求,这也意味着国家药监局在该药品获批之日起 12 个月内(至 2024 年 12 月 28 日)将不再批准其他的依维莫司片仿制药上市。

## (二)药品基本信息

依维莫司片,英文名称:Everolimus Tablets,商品名:飞尼妥©、Afinitor©,活性成分:依维莫司,分子式:$C_{53}H_{83}NO_{14}$,分子量:958.2,结构式:

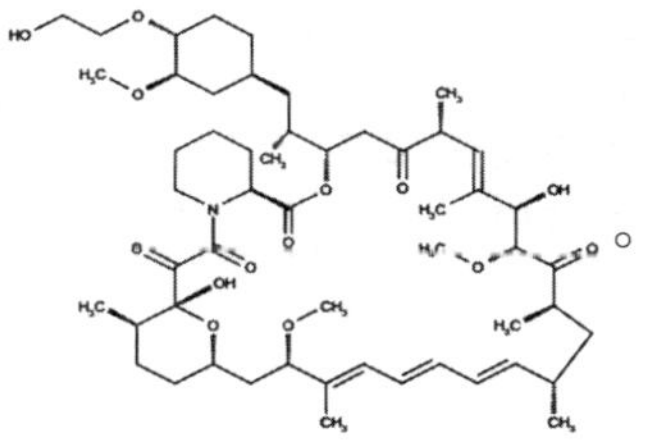

。该药品适应证为:(1)既往接受舒尼替尼或索拉非尼治疗失败的晚期肾细胞癌成人患者;(2)不可切除的、局部晚期或转移性的、分化良好的(中度分化或高度分化)进展期胰腺神经内分泌瘤成人患者;(3)需要治疗干预但不适于手术切除的结节性硬化症(TSC)相关的室管膜下巨细胞星形细胞瘤(SEGA)成人和儿童患者。该药品的有效性主要通过可持续的客观缓解(SEGA 肿瘤体积的缩小)来证明,尚未证明结节性硬化症相关的室管膜下巨细胞星形细胞瘤的患者能否获得疾病相关症状改善和总生存期延长,包括 3 个规格:2.5mg、5mg 和 10mg。[1] 经国家药监局查询,已获注册证的情况如表 1 所示。

〔1〕 参见《mTOR 抑制剂依维莫司中文版说明书》,载搜狐网 2019 年 3 月 19 日,https://www.sohu.com/a/302311764_100169898。

**表1　依维莫司在中国获批汇总**

| 注册证号 | 上市许可人名称 | 规格/mg | 包装规格/(片/盒) | 生产厂商 | 发证日期 |
|---|---|---|---|---|---|
| 国药准字 HJ20171146 | Novartis Pharma Schweiz AG | 10 | 30 | Novartis Pharma Stein AG | 2022年3月30日 |
| 国药准字 HJ20171145 | | 5 | 30 | | |
| 国药准字 HJ20150093 | | 2.5 | 30 | | 2023年8月1日 |
| 国药准字 H20234681 | 正大天晴药业集团股份有限公司 | | — | 正大天晴药业集团股份有限公司 | 2023年12月26日 |

(三)药品基本信息

诺华公司的依维莫司片2009年在欧盟和美国上市,2013年1月在中国境内上市。

(四)仿制药上市申报情况

自中国药品专利链接制度实施以来,各仿制药企提出依维莫司片仿制药上市许可申请的情况如表2所示。

**表2　依维莫司仿制药上市许可申请汇总**

| 申请日期 | 仿制药上市许可申请人 | 受理号 |
|---|---|---|
| 2022年1月28日 | 正大天晴药业集团股份有限公司 | CYHS2200216 |
| 2022年10月21日 | 迪康倍(苏州)生物医药科技有限公司 | CYHS2201796 |
| 2023年4月10日 | 浙江康润制药有限公司、浙江华义制药有限公司 | CYHS2301018<br>CYHS2301019 |
| 2023年5月9日 | 上海上药睿尔药品有限公司 | CYHS2301246 |
| 2023年5月16日 | 浙江海正药业股份有限公司 | CYHS2301316 |
| 2023年12月29日 | 山东新时代药业有限公司 | CYHS2303678 |

## （五）原研药企专利登记情况

原研药企所作的专利登记情况如表 3 所示。

**表 3　依维莫司原研药企所作专利登记汇总**

<table>
<tr><th>批准文号</th><th>公开时间</th><th>剂型/规格</th><th>登记专利</th></tr>
<tr><td rowspan="2">H20150093</td><td>2021 年 6 月 28 日</td><td rowspan="2">片剂/2.5mg</td><td rowspan="4">专利 1:ZL200780004302.4(权利要求 1-2:化学药品医药用途专利),专利保护期届满日:2027 年 1 月 31 日。<br>专利 2:ZL201310425110.8(权利要求 1,3-6:化学药品医药用途专利),专利保护期届满日:2027 年 1 月 31 日。<br>专利 3:ZL200680051365.0(权利要求 1:化学药品医药用途专利),专利保护期届满日:2026 年 11 月 20 日</td></tr>
<tr><td>2021 年 6 月 29 日</td></tr>
<tr><td rowspan="2">H20171145</td><td>2021 年 6 月 28 日</td><td rowspan="2">片剂/5mg</td></tr>
<tr><td>2021 年 6 月 29 日</td></tr>
<tr><td rowspan="2">H20171146</td><td>2021 年 6 月 28 日</td><td rowspan="2">片剂/10mg</td><td rowspan="2">专利 1:ZL2007××××××02.4(权利要求 1-2:化学药品医药用途专利),专利保护期届满日:2027 年 1 月 31 日。<br>专利 2:ZL2013××××××10.8(权利要求 1,3-6:化学药品医药用途专利),专利保护期届满日:2027 年 1 月 31 日。<br>专利 3:ZL2006××××××65.0(权利要求 1-3:化学药品医药用途专利),专利保护期届满日:2026 年 11 月 20 日</td></tr>
<tr><td>2021 年 6 月 29 日</td></tr>
<tr><td>国药准字<br>HJ20150093</td><td>2023 年 9 月 4 日</td><td>片剂/2.5mg</td><td>专利 1:ZL2007××××××02.4(权利要求 1-2:化学药品医药用途专利),专利保护期届满日:2027 年 1 月 3 日。被专利局宣告无效,正在行政诉讼中。根据国家知识产权局针对专利 ZL2007××××××02.4 作出的第 4W112788 号无效宣告请求审查决定书,本专利在修改后的权利要求第 1、2 项的基础上全部无效,其中修改后的权利要求 1 和 2 为化学药品医药用途专利。</td></tr>
</table>

续表

| 批准文号 | 公开时间 | 剂型/规格 | 登记专利 |
|---|---|---|---|
| | | | 专利2:ZL2013××××××10.8(权利要求1-5:化学药品医药用途专利),专利保护期届满日:2027年1月31日。被专利局宣告无效,正在行政诉讼中。根据国家知识产权局针对专利ZL2013××××××10.8作出的第4W112789号无效宣告请求审查决定书,本专利在修改后的权利要求第1-5项的基础上全部无效,其中修改后的权利要求1-5为化学药品医药用途专利。<br>专利3:ZL2006××××××65.0(权利要求1:化学药品医药用途专利),专利保护期届满日:2026年11月20日。被专利局宣告无效,正在行政诉讼中 |

(六)仿制药企专利声明情况

仿制药企所作的专利声明情况如表4所示。

(七)涉案专利情况

1. 1号专利

专利号:2007××××××02.4;专利名称:40-O-(2-羟乙基)-雷帕霉素用于制备药物的用途;专利申请日:2007年1月31日;专利授权公告日:2016年6月1日。该专利有1个无效记录,无效案号:4W112788;决定号:第54747号;无效请求人:正大天晴;无效请求日:2021年7月31日;无效决定日:2022年3月8日;无效结果:宣告全部无效。该专利无效决定要点:就医药用途发明而言,判断发明相对于现有技术是否显而易见时,需要考虑本领域技术人员是否会尝试采用某物质治疗某疾病以及该尝试是否有合理的成功预期。如果本领域技术人员会考虑尝试采用某物质治疗某疾病,

**表 4　依维莫司仿制药企所作专利声明汇总**

| 受理号 | 申请人名称 | 受理日期 | 公开时间 | 药品规格/mg | 声明 |
|---|---|---|---|---|---|
| CYHS2200216 国 | 正大天晴药业集团股份有限公司 | 2022 年 1 月 27 日 | 2022 年 1 月 29 日 | 2.5 | 专利 1:ZL2007××××××02.4,权 1－2,4.1 类;<br>专利 2:ZL2013××××××10.8,权 1,3－6,4.1 类;<br>专利 3:ZL2006××××××65.0,权 1－3,4.1 类 |
| CYHS2201796 国 | 迪康倍(苏州)生物医药科技有限公司 | 2022 年 10 月 20 日 | | 5 | 专利 1:ZL2007××××××02.4,权 1－2,2 类;<br>专利 2:ZL2013××××××10.8,权 1,3－6,2 类;<br>专利 3:ZL2006××××××65.0,权 1,2 类 |
| CYHS2301019 | 杭州华东医药集团康润制药有限公司 | 2023 年 4 月 10 日 | | 2.5 | |
| CYHS2301018 | | | | | |
| CYHS2301246 | 上海上药睿尔药品有限公司 | 2023 年 5 月 8 日 | | 5 | |
| CYHS2301316 | 浙江海正药业股份有限公司 | 2023 年 5 月 15 日 | | | |
| CYHS2303678 | 山东新时代药业有限公司 | 2023 年 12 月 28 日 | | | |

注:声明类型:

1 类:中国上市药品专利信息登记平台中没有被仿制药品相关专利信息(专利信息登记平台登记号、登记的专利号均填写“无”);

2 类:中国上市药品专利信息登记平台收录的被仿制药品相关专利权已终止或者被宣告无效,或者仿制药申请人已获得专利权人相关专利实施许可(在备注中注明相应的具体情形);

3 类:中国上市药品专利信息登记平台收录有被仿制药品相关专利,仿制药申请人承诺在相应专利权有效期届满之前所申请的仿制药暂不上市;

4.1 类:中国上市药品专利信息登记平台收录的被仿制药品相关专利权应当被宣告无效;

4.2 类:仿制药未落入中国上市药品专利信息登记平台收录的被仿制药品相关专利权保护范围。

且具有合理的成功预期,则该医药用途发明不具备创造性。药物的作用机制的复杂性是否构成两个具有该作用机制的药物相互替代的阻碍,可以从作用机制复杂性是否足以排除两者使用上的可替代性以及两者应用上的关联程度两个方面进行考察。

2. 2号专利

专利号:2013××××××10.8;专利名称:结节性硬化症治疗;专利申请日:2007年1月31日;专利授权公告日:2017年11月21日。该专利有1个无效记录,无效案号:4W112789;决定号:第54976号;无效请求人:正大天晴;无效请求日:2021年8月1日;无效决定日:2022年3月25日;无效结果:宣告全部无效。该专利无效决定要点:根据规定,就医药用途发明而言,判断发明相对于现有技术是否显而易见时,需要考虑本领域技术人员是否会尝试采用某物质治疗某疾病以及该尝试是否有合理的成功预期。如果本领域技术人员会考虑尝试采用某物质治疗某疾病,且具有合理的成功预期,则该医药用途发明不具备创造性。药物的作用机制的复杂性是否构成两个具有该作用机制的药物相互替代的阻碍,需要从作用机制复杂性是否足以排除两者使用上的可替代性以及两者应用上的关联程度两个方面进行考察。

3. 3号专利

专利号:2006××××××65.0;专利名称:利用mTOR抑制剂治疗神经内分泌肿瘤;专利申请日:2006年11月20日;专利授权公告日:2015年2月25日。该专利有1个无效记录,无效案号:4W112558;决定号:第54172号;无效请求人:正大天晴;无效请求日:2021年6月19日;无效决定日:2022年2月8日;无效结果:宣告全部无效。该专利无效决定要点:正确理解权利要求,恰当界定保护范围是准确判断发明是否符合可授权条件的关键基础。授权确权程序中对权利要求的理解应当遵循以权利要求内容为准的基本原则,基于该领域技术人员在综合阅读权利要求、说明书及其附图后对权利要求文字记载内容的通常理解,避免在权利要求没有相关记载的情况下,利用说明书内容或当事人的意见陈述对权利要求进行不当限缩。对于已知化合物的新用途发明,如果该领域技术人员无法根据现有技术预测该用途,则应当在说明书中记载足以证明该化合物可用于所述用途并能解决技术问题及达到预期效果的实验数据,否则将无法达到能够实现的要求。对于制药用途发明而言,如果说明书只记载了药物针对生化指标的试验结论,那么需要判断该生化指标与请求保护的发明所针对的疾病之间的对应性。只有当该指标与所述疾病的发展状态和(或)治疗进程具有明确的关联性时,该领域技术人员才能够基于所述指标检测结果确认药物对于该疾病的治疗效果。对当事人提交的补充实验数据予以接受的前提是,补充实验数据所要证明的技术效果应当是从专利申请文件公开的内容中能够得到的。对于已在说明书中公开或隐含公开的待证事实,补充实验数据可用于进一步补强证明该事实真实性,但不能单独用于证明在申请日前尚未完成的事实,即无法通过补充实验数据克服原申请文件固有的公开不充分的缺陷,不能因为对补充数据的接纳而事实上突破了先申请制原则。

## 三、从依维莫司案看仿制药上市许可申请涉及的专利无效策略

在依维莫司案中,如图 1 所示,正大天晴于 2022 年 1 月 29 日针对相关的 3 个专利作出 4.1 类声明,在上述动作前,正大天晴针对相关的 3 个专利分别提起了无效宣告请求。正大天晴于 2022 年 1 月 28 日提交了仿制药上市许可申请,随后提起仿制药上市许可申请的企业为迪康倍,申请时间为 2022 年 10 月 21 日。可见,正大天晴在依维莫司片上,不仅药品注册申报的速度领跑同行,在专利无效方面更具有先发制人之势,基于上述双快,正大天晴成为首个叩响“12 个月市场独占期”大门的幸运儿。

但是,回看正大天晴的另一款药品艾地骨化醇,则没有那么幸运。如图 2 所示,正大天晴于 2021 年 6 月 10 日即对相关专利提起了无效宣告请求,且该专利于 2021 年 12 月 30 日被宣告无效。笔者进一步查询正大天晴关于艾地骨化醇仿制药上市许可申请的时间,发现为 2023 年 8 月 17 日。虽然正

大天晴首个挑战专利成功，但正大天晴仿制药品并非首个获批上市，故正大天晴在艾地骨化醇案中无缘“12 个月市场独占期”。

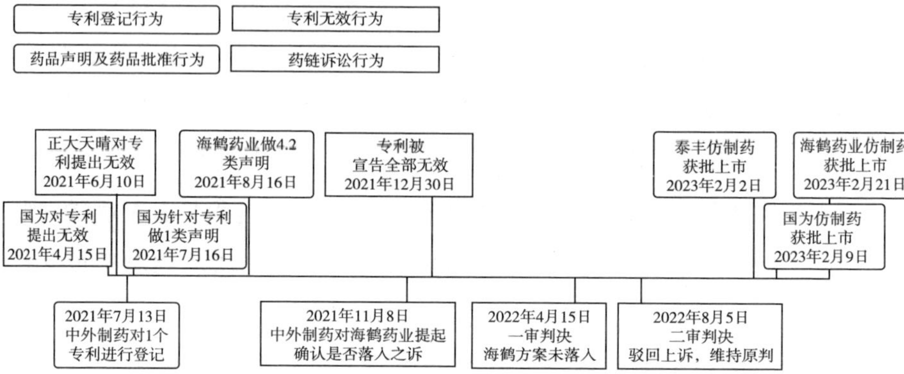


**图 2　中国药品专利链接第一案时间轴**

在艾地骨化醇案中，与正大天晴共同挑战专利成功的还有四川国为制药有限公司（以下简称国为制药），相关无效宣告详情参见《中国药品专利链接诉讼第一案所涉专利无效对专利申请的启示》。笔者分析认为，国为制药无缘“12 个月市场独占期”的原因主要有两个：（1）国为制药在提交仿制药上市许可申请时，所做声明为 1 类，并非 4 类；（2）并非首个获批上市。

关于第 1 项，由于国为制药 2021 年 4 月 15 日已经对相关专利提起了无效宣告，实质上属于 4.1 类声明，之所以作出 1 类声明，推测可能是因为对声明理解有误或者信息不同步。

关于第 2 项，国为制药的艾地骨化醇的获批时间比首先获批上市的河南泰丰生物科技有限公司（以下简称泰丰生物）晚了 7 天。笔者进一步查询两者提交仿制药上市许可申请的时间发现：国为制药的申请时间为 2021 年 7 月 21 日，而泰丰生物的申请为 2021 年 2 月 6 日，相差近 4 个月。

试想，如果国为制药早一些提交仿制药上市许可申请，早于泰丰生物上市，首先获批上市，且所作声明实质上、形式上均为 4 类，那么首个“12 个月市场独占期”极有可能在更早的时间花落国为制药。

由于艾地骨化醇没有产生“12 个月市场独占期”，笔者查询，截至 2024

年 1 月 4 日,已经获批的艾地骨化醇软胶囊仿制药公司已经达到 6 家,如表 5 所示。

**表 5 艾地骨化醇软胶囊仿制药获批上市汇总**

| 注册证号 | 上市许可人名称 | 规格/μg | 生产厂商 | 发证日期 |
|---|---|---|---|---|
| 国药准字 H20223700 | 河南泰丰生物科技有限公司 | 0.75 | 河南泰丰生物科技有限公司 | 2023 年 2 月 2 日 |
| 国药准字 H20233063 | 四川国为制药有限公司 | 0.75 | 四川国为制药有限公司 | 2023 年 2 月 9 日 |
| 国药准字 H20233213 | 温州海鹤药业有限公司 | 0.75 | 温州海鹤药业有限公司 | 2023 年 2 月 21 日 |
| 国药准字 H20234465 | 南京海融制药有限公司 | 0.5 | 南京海融制药有限公司 | 2023 年 11 月 7 日 |
| 国药准字 H20234466 | | 0.75 | | |
| 国药准字 H20234468 | 大连美创药业有限公司 | 0.75 | 大连美创药业有限公司 | |

## 四、思考与建议

通过对比依维莫司和艾地骨化醇 2 个案件,关于仿制药上市许可申请涉及的专利无效宣告策略,笔者有如下思考:

第一,如果针对目标品种的仿制药开发进度在行业内具有领先优势,此时,仿制药上市许可申请人应高度重视对原研药相关专利的调研并尽早展开无效宣告请求,争取拿下市场独占期,具体可参考依维莫司案中的正大天晴。

第二,针对目标品种的仿制药开发进度在行业内不具有领先优势的,此时,仿制药上市许可申请人针对原研药相关专利提起无效宣告请求需相对慎重,避免出现自己无缘市场独占期,却为同行提供审批便利"为他人作嫁衣裳"的情形,具体可参考艾地骨化醇中的正大天晴和国为制药。

第三,关于“仿制药上市许可申请人是否一定需要先提出第 4 类声明,再提出专利无效宣告请求”的问题,根据《专利审查指南(2023)》的指引,既可以先提出第 4 类声明再提出无效宣告请求,也可以先提出无效宣告请求再提出第 4 类声明。不过,针对先提出无效宣告请求再提出第 4 类声明的情形,如依维莫司案中的正大天晴,应当注意及时提交表明该无效宣告请求案件涉及中国药品专利链接制度的相关证据:进行口头审理的案件最迟在口头审理辩论终结前提交;不进行口头审理的案件最迟在无效宣告决定作出前提交。

# 中国药品专利链接诉讼第一案所涉专利无效对专利申请的启示

郑　佳[*]　张巍巍[**]

## 一、诉讼案情

日本中外制药株式会社（以下简称中外制药）研发的用于治疗骨质疏松的药物“艾地骨化醇软胶囊”（以下简称涉案原研药）于2020年12月在中国取得上市许可，该药品在中国的发明专利（以下简称涉案专利）名称为“ED－71制剂”，专利号为2005××××××77.6。根据相关规定，中外制药在中国上市药品专利信息登记平台登记了涉案原研药和涉案专利。

2021年8月16日，浙江温州海鹤药业有限公司（以下简称海鹤药业）针对涉案原研药向国家药监局申请了仿制药上市申请，并作出4.2类声明，即仿制药未落入涉案专利权保护范围。

随后，中外制药依据《药品专利纠纷早期解决机制实施办法（试行）》第7条向北京知识产权法院提起诉讼，请求确认海鹤药业申请注册的仿制药技术方案落入涉案专利权利要求1－6的保护范围，北京知识产权法院于2021年11月8日受理。2021年12月30日，涉案专利被国家知识产权局宣告全部无效，但中外制药和海鹤药业均有在涉案仿制药上市前通过该案诉讼解

* 郑佳：广东君龙律师事务所律师。
** 张巍巍：广东君龙（坪山）律师事务所律师。

决专利纠纷的意愿，因此，北京知识产权法院继续审理该案。本案经过两审，最高人民法院于2022年8月5日作出二审判决[（2022）最高法知民终905号]：驳回中外制药的上诉，维持原判，即判定海鹤药业的技术方案不落入涉案专利的保护范围。[1]

值得注意的是，上述无效宣告的请求人并不是海鹤药业，而是正大天晴药业集团股份有限公司（以下简称正大天晴）和四川国为制药有限公司（以下简称国为制药）。之所以中外制药未起诉正大天晴和国为制药，是因为此前正大天晴未提交仿制药上市申请，亦未作出声明，而国为制药此前未作出第4类声明。

## 二、无效案情

### （一）药品信息

骨质疏松症（osteoporosis）是多种原因导致的骨密度和骨质量下降，骨微结构破坏，使得骨脆性增加，从而容易发生骨折的全身性骨病。艾地骨化醇（eldecalcitol），研发代号为ED－71，系用于治疗骨质疏松症的活性维生素D3衍生物，由罗氏（Roche）旗下的中外制药开发，最早于2011年在日本上市，2020年12月11日正式在中国获批上市。[2]

### （二）涉案专利基本信息

涉案专利的基本信息如下：

专利号：2005××××××77.6；专利名称：ED－71制剂；专利权人：日本中外制药株式会社；申请日：2005年2月7日；申请公布日：2007年3月28日；授权公告日：2010年12月8日；无效请求Ⅰ：四川国为制药有限公司于

〔1〕 参见黄晓云、冯晓青：《全国首例药品专利链接诉讼案入选〈中国审判〉2022年度十大典型案例》，载北京知识产权法院网，https://bjzcfy.bjcourt.gov.cn/article/detail/2023/02/id/7127775.shtml。

〔2〕 参见药明康德内容团队：《骨质疏松症新药「艾地骨化醇软胶囊」在中国获批上市》，载微信公众号"医药观澜"2020年12月17日，https://mp.weixin.qq.com/s/61qBN_t2eQo7FYcVescxBw。

2021 年 4 月 15 日提出无效宣告请求，案号为 4W112228。无效请求Ⅱ：正大天晴药业集团股份有限公司于 2021 年 6 月 10 日提出无效宣告请求，案号为 4W112534。权利要求修改方式：删除原权利要求 2，并根据原权利要求 2 中涉及 dl－α－生育酚的技术方案的记载，将权利要求 1 的抗氧化剂进一步限定为“dl－α－生育酚”，并对权利要求的序号和引用关系作出适应性修改。无效理由（主要）：权利要求 1－7 不符合《专利法》第 22 条第 3 款和第 26 条第 4 款。无效结果：国家知识产权局将上述两案合并审理，于 2021 年 12 月 30 日作出第 53498 号无效决定，宣告涉案专利全部无效（笔者认为上述无效可能进入了行政诉讼程序）。

原权利要求和修改后的权利要求书如表 1 所示。

**表 1　涉案专利修改前后权利要求对比**

<table>
<tr><th>序号</th><th>原权利要求</th><th>修改后的权利要求</th></tr>
<tr><td>权利要求 1</td><td>1. 一种制剂，包含：<br>(1) ED－71；<br>(2) 油脂；<br>(3) 抗氧化剂。<br>其中，加入所述抗氧化剂用于抑制 ED－71 降解为杂质 1 和(或)杂质 2，经遮蔽、室温保存 12 个月后产生的杂质 1 和(或)杂质 2 的量为 1% 或更少</td><td rowspan="2">1. 一种制剂，其包含：<br>(1) ED－71；<br>(2) 油脂；<br>(3) 抗氧化剂。<br>所述抗氧化剂是 dl－α－生育酚；其中，加入所述抗氧化剂用于抑制 ED－71 降解为杂质 1 和(或)杂质 2，经遮蔽、室温保存 12 个月后产生的杂质 1 和(或)杂质 2 的量为 1% 或更少</td></tr>
<tr><td>权利要求 2</td><td>根据权利要求 1 的制剂，其中，抗氧化剂选自 dl－α－生育酚、二丁基羟基甲苯、丁基羟基茴香醚和没食子酸丙酯中的一种</td></tr>
</table>

注：表 1 以及下文中 ED－71 系：(5Z,7E)－(1R,2R,3R)－2－(3－羟基丙氧基)－9,10－断胆甾－5,7,10(19)－三烯－1,3,25－三醇；杂质 1 或速甾醇型杂质系：6E－(1R,2R,3R)－2－(3－羟基丙氧基)－9,10－断胆甾－5(10),6,8(9)－三烯－1,3,25－三醇；杂质 2 或反式型杂质系：(5E,7E)－(1R,2R,3R)－2－(3－羟基丙氧基)－9,10－断胆甾－5,7,10(19)－三烯－1,3,25－三醇。

### (三)第53498号无效决定的要点[1]

对于以储存过程中特定杂质及含量限定的药物制剂产品权利要求,如果发明的实际贡献在于发现了制剂中活性成分在储存过程中降解产生的特定杂质的结构和含量以及提出了抑制所述特定杂质的技术手段,但一方面,在未对杂质自身效果进行研究的前提下,特定杂质及含量所表征的本质仍然是制剂活性成分的纯度和稳定性;另一方面,所述抑制特定杂质的技术手段是该领域为了提高制剂活性成分的纯度和稳定性所使用的常规技术手段,该领域技术人员为了使该制剂中活性物质在储存过程中维持较高纯度和足够稳定性,容易想到引入相应技术手段来制备制剂,则该制剂的技术方案是显而易见的。

### (四)无效争议

涉案专利的技术效果主要通过涉案专利说明书中的5个具体实施例(仅列举5个相关的实施例)来体现,如表2所示。

**表2　涉案专利的各实施例的主要内容**

| 序号 | 实施例的主要内容 |
|---|---|
| 实施例1 | 记载了反式型ED－71(杂质2)的具体合成路线 |
| 实施例2 | 制备了ED－71软胶囊,并在40℃/75%室温的条件下避光保存33天后速甾醇型(杂质1)和反式型(杂质2)的检测结果 |
| 实施例3 | 制备了对照制剂(不添加抗氧化剂)和添加相对于MCT含量为0.02%的抗氧化剂(二丁基羟基甲苯和/或dl－α－生育酚)的药芯,装入含有氧化钛的明胶胶囊壳,30℃/60%室温的条件下避光保存12个月的结果 |
| 实施例4 | 研究加入不同含量dl－α－生育酚后,在40℃避光保存3个月,对ED－71制剂中主要降解产物产生的影响 |

[1] 参见国家知识产权局第53498号无效宣告请求审查决定书。

续表

| 序号 | 实施例的主要内容 |
|---|---|
| 实施例5 | 向ED－71的MCT溶液中加入不同抗氧化剂(包括dl－α－生育酚、二丁基羟基甲苯、丁基羟基茴香醚和没食子酸丙酯),50℃避光储存1个月,测定不同抗氧化剂抑制两种杂质产生的效果 |

1. 请求人认为

(1)涉案专利的实施例1和实施例3的实验过程存在瑕疵;涉案专利的实施例4、5不足以支持权利要求1的技术效果。由于中外制药在口头审理前对权利要求进行了修改,在口头审理过程中,请求人明确放弃抗氧化剂种类不支持的无效理由。

(2)权利要求1－7不具备创造性。

2. 合议组认为

(1)虽然涉案专利说明书实施例的实验数据存在瑕疵或者不一致之处,且实施例4和实施例5的储存条件与权利要求1的储存条件不完全相同,但说明书记载的内容整体合理,能够确认涉案专利的制剂中,生育酚对制剂存储过程中速甾醇型杂质和反式型杂质的产生具有抑制作用。

(2)关于创造性。证据Ⅱ－3(US6448421B1)公开了维生素D衍生物的结晶及制备方法,指出ED－71是维生素D衍生物的一种活性形式,具有骨形成作用并因此可用作骨质疏松治疗剂,即公开了可作为骨质疏松治疗剂的ED－71。权利要求1与证据Ⅱ－3公开的内容相比,区别在于:权利要求1将ED－71制成药物制剂,制剂中含有油脂和一定量的抗氧化剂dl－α－生育酚。

在确定权利要求的保护范围时,权利要求中的所有技术特征均应当予以考虑,而每一个技术特征的实际限定作用应当最终体现在该权利要求所要求保护的主题上。涉案专利的权利要求1中,除了ED－71、油脂和抗氧化剂dl－α－生育酚外,还限定了“加入所述抗氧化剂用于抑制……[速甾醇型和(或)反式型杂质]的量为1%或更少”的技术效果特征。该技术效果特征不是产品权利要求中常见的对组分和含量的直接限定,但是表明了加入抗氧化剂 dl－α－生育酚的量应达到足以抑制两种物质在所述储存条件下含量小于1%的程度，从而隐含了对制剂产品中 dl－α－生育酚含量的限定。那么，应该如何评价上述两种杂质对权利要求1的限定作用呢？

首次发现药物储存过程中存在的特定杂质仅属于一种科学发现，除非杂质的存在或含量导致制剂活性成分在药理或毒理学上发生了较大变化，并因此需要从制剂中特意排除所述杂质，此时杂质种类和（或）含量对制剂产品才具有直接和实际的限定作用。该案中，专利权人并未证实 ED－71 的速甾醇型杂质和（或）反式型杂质的特定效果，因此，就权利要求1的制剂产品权利要求而言，前述两种储存过程中所产生的特定杂质及含量的确认仅是一种发现，反映的仍然是制剂中活性成分 ED－71 的含量，权利要求1所限定的制剂产品的技术效果最终体现在储存稳定性上。

根据上述区别特征及产生的技术效果可以确定，权利要求1相对于证据Ⅱ－3 实际解决的技术问题是提供一种储存稳定性较高的 ED－71 制剂。通过证据Ⅱ－3，该领域技术人员能够合理预期 ED－71 在长期储存时也应具有维生素 D3 类药物的储存不稳定性。因此，如果其他证据能够公开或提供技术启示“利用抗氧化剂抑制杂质来保证制剂的稳定性”，则涉案专利的权利要求1不具备创造性。该案中，权利要求1相对于证据Ⅱ－3 结合其他证据不具备创造性。

## 三、涉案专利无效决定对专利申请的启示

### （一）在药物制剂稳定性研究过程中涉及杂质研究的专利申请启示

在药物制剂稳定性研究过程中，根据《中华人民共和国药典（2020年版）》的相关规定，研发人员通常会对杂质进行研究，并对杂质的含量进行控制，以实现对药品质量的控制。当研发人员在杂质研究中发现一种之前未曾发现过的杂质时，该杂质的种类以及对该杂质含量的限定是否具有申请专利的价值？

具体到该案，涉案专利中的杂质2即为上述情形，即发现了新的杂质。

根据涉案专利的无效决定公开的内容，合议组并未否定这种情形的可专利性，但合议组指出，“对于药物制剂中杂质及其含量而言，通常情况下，首次发现药物储存过程中存在的特定杂质仅属于一种科学发现，除非杂质的存在或其含量导致了制剂活性成分在药理或毒理学发生了较大变化，并由此需要从制剂中特意排除所述杂质，此时用杂质种类和/或含量限定对制剂产品才具有直接和实际的限定作用”。由于该案中的杂质对权利要求较小的限定作用，通过其他证据证明“利用抗氧化剂抑制杂质”并不困难，一定程度也影响了涉案专利的稳定性。

因此，研发人员发现新杂质时，可以对该杂质进行进一步的药理或毒理学研究。经过进一步的研究，若发现该杂质使得制剂活性成分在药理或毒理学上发生了较大变化，达到了需要从制剂中特意排除或者进行含量控制的地步，则可考虑针对杂质进行相应的专利保护。由于围绕新杂质申请了专利，也可实现药品专利的立体式保护。

### （二）关于权利要求是否得到说明书支持的启示

中外制药与海鹤药业专利链接诉讼案二审判决认定海鹤药业的技术方案不落入涉案专利的保护范围，原因在于，中外制药为了在无效程序中规避《专利法》第 26 条第 4 款的规定，将权利要求 1 中的抗氧化剂限缩为 dl－α－生育酚。二审法院认为，根据禁止反悔原则不能将侵权技术方案中的其他抗氧化剂等同于 dl－α－生育酚，因此判定不侵权。

笔者对比权利要求 1 和各个实施例发现，涉案专利中的多数实施例确实是围绕 dl－α－生育酚展开的，涉及 dl－α－生育酚的实施例充分体现了权利要求 1 所描述的技术效果，但涉及其他抗氧化剂的实施例并未充分体现权利要求 1 所描述的技术效果。为了避免《专利法》第 26 条第 4 款权利要求书得不到说明书支持的问题，中外制药放弃了原权利要求 2 中的另外 3 种抗氧化剂的技术方案。

从时间上看，中外制药在无效宣告程序中修改权利要求时，尚未起诉海鹤药业,没有预判到诉讼中的权利要求的保护范围。笔者认为,上述权利要求的修改方案稍显极端。虽然涉案专利说明书中的实施例有一定的瑕疵,但仍存在一定的解释空间;且万一修改前的权利要求被宣告无效,中外制药仍有专利无效行政诉讼的救济途径,而一旦限缩了权利要求,根据禁止反悔原则,中外制药在诉讼中就回天乏术。

相关权利人在进行专利权利要求布局时,应当充分评估说明书实施例中的方案是否能够支持权利要求的上位概括,如果不能,则需要进行相应技术方案的补充。具体到本案,专利权人应在提交专利申请前进一步补充其他三种抗氧化剂在相应条件下的实验数据,并尽可能多地对说明书中列出的其他抗氧化剂提供相应的实验数据。

### (三)关于专利申请的其他注意事项

首先,关于实验条件,权利要求与说明书应尽可能保持一致,或者至少应当达到使用不同条件时,对技术效果可以进行合乎逻辑的说理的程度。

涉案专利的权利要求 1 限定了实验条件,即“经遮蔽,室温保存 12 个月”,而涉案专利的实施例 2 ~ 实例 5,4 个实施例的实验条件均不相同,分别为:40℃/75% 室温的条件下避光保存 33 天,30℃/60% 室温的条件下避光保存 12 个月,40℃避光保存 3 个月,50℃避光储存 1 个月。

笔者认为,最佳的处理方式是将 4 个实施例的实验条件与权利要求 1 的实验条件设置为一致;次优的处理方式则是,参考相关规定,例如,《中华人民共和国药典(2020 年版)》通则 9001“原料药物与制剂稳定性试验指导原则”中的“长期试验”实验条件:“供试品在温度 25℃ ±2℃,相对湿度 60% ±5% 的条件下放置 12 个月,或在温度 30℃ ±2℃、相对湿度 65% ±5% 的条件下放置 12 个月”,以及“加速实验”实验条件:“供试品在温度 40℃ ±2℃、相对湿度 75% ±5% 的条件下放置 6 个月”,以实现合乎逻辑的说理。

其次,在专利申请递交前,应注意充分核对和检查申请文件,尤其是涉及实验数据的部分。

涉案专利无效宣告过程中，请求人主张“实施例3中，说明书［0127段］记载的对照制剂中速甾醇型按峰面积比为1.741%与表2记载的2.06%不能对应”，经双方当事人确认，“表2、表3分别是速甾醇型和反式型在保存中的含量变化，但二表中的数据完全一致，表2数据属于明显错误”。如果在专利申请时对涉案专利进行了充分的核对和检查，该类错误是可以避免的。

## 四、总结

本文完稿距离中国药品专利链接诉讼第一案的二审判决作出已一年有余，对于该诉讼案件涉及的专利无效对诉讼案件的影响，医药行业和专利行业应深度思考。

第一，从专利无效的角度，在专利无效程序中，涉及权利要求修改时，专利权人应充分考虑正在进行或者即将进行的侵权诉讼。

第二，从专利申请的角度，专利申请人应充分评估说明书实施例中的方案是否能够支持权利要求的上位概括，如果不能，则需要进行相应技术方案的补充。

第三，从对研发中特殊主题进行专利保护的角度，在药物研发过程中，研发人员若发现了新的杂质，可考虑对杂质进行进一步的药理或毒理学研究。若发现该杂质使得药物活性成分在药理或毒理学上发生较大变化，达到需要从制剂中特意排除或者进行含量控制的地步，则可考虑针对该杂质进行相应的专利保护。

# 第二篇

# 案例评述

# 第一章 2021年度深圳律师专利类获奖典型案例评述

## 我国首例“先行判决与行为保全”专利司法保护模式

——深圳市A创新公司诉北京B科技公司等侵害外观设计专利权纠纷案

郭小燕*

### 一、案情简介[1]

A公司系专利号为ZL2018××××××94.5，名称为“云台相机”的外观设计专利（以下简称涉案专利）权利人，涉案专利在2020年获得了国家知识产权局第二十一届“中国外观设计金奖”，具有较高的市场价值。

A公司发现B公司制造销售的“FIMI PALM Gimbal Camera”云台相机涉嫌侵犯涉案专利权，C公司为销售商。A公司在深圳市中级人民法院起诉了B公司和C公司，并同步申请行为保全。A公司另申请法院调查取证被诉产品的销售数据，并要求B公司和C公司提交销售数据财务账册。

---

* 郭小燕：北京市君泽君（深圳）律师事务所律师。

[1] 参见广东省深圳市中级人民法院民事判决书，（2020）粤03民初1668号。

法院在查明本案侵权事实和情况紧急性后，认定二被告侵犯了涉案专利权，对二被告应立即停止侵权的部分作出先行判决，并随后作出了行为保全裁定。最后法院在查明赔偿损失的事实之后，判决B公司向A公司赔偿相应经济损失和合理支出。

## 二、案例分析

### （一）诉讼策略

本案中，A公司的涉案专利权利稳定且专利价值极高，B公司制造、销售、许诺销售被诉侵权产品的事实证据确凿，本案的诉讼争议焦点为B公司和C公司是否构成专利侵权。但作为原告的A公司最为关注的是及时制止侵权行为，以维持涉案专利相关新产品的时效性极强的市场竞争优势。

笔者作为A公司的代理人，制定了“先行判决+行为保全”的诉讼策略。一方面，申请通过先行判决缩短诉讼周期；另一方面，与立案同步提交了行为保全申请书，通过行为保全达到立即强制执行的震慑效果。

### （二）收证和固证

首先，我方向国家知识产权局申请了《外观设计专利权评价报告》，收集了涉案专利的相关获奖证据和无效宣告相关的材料，夯实了涉案专利的权利稳定性基础。

其次，我方通过大量的公证取证对B公司生产、销售、许诺销售被诉产品的行为，C公司销售、许诺销售被诉产品的行为进行了证据固定。进一步地，代理人与原告技术人员对涉案专利和被诉产品进行了深入的分析比对，形成了侵权比对表，按照整体观察、综合判断的原则对被诉产品与涉案外观设计构成近似进行了深入细致的分析。通过高效率高质量的证据收集和法律分析，我方凿实了B公司和C公司侵害涉案专利权的侵权事实。

### （三）行为保全与先行判决

通过证据固定和侵权比对分析，在打好了认定B公司和C公司构成专利侵权的基础上，代理人多次以行为保全申请书及建议书等形式向法院说明了制止侵权行为的急迫性。行为保全申请书强调了涉案专利产品属于时效性极强的更新迭代产品，被诉产品在涉案专利最火热的销售期实施侵权行为，极大影响了申请人市场销售份额，将会给申请人造成难以弥补的巨大经济损失。行为保全申请书中也指出了被告利用管辖权异议程序拖延诉讼以使自身侵权行为得以延续从而抢占市场，同时A公司使用涉案专利的科技产品生命周期短暂。经过我方持续不断的努力，法院最终支持了A公司的行为保全申请，裁定B公司和C公司立即停止侵权，切实维护了A公司的专利权利。

本案中，在就行为保全问题与法院进行文件沟通的同时，我方结合案件情况向法院申请适用《民事诉讼法》所规定的“先行判决”。A公司的举证使得法院对本案的认定已达到了“其中一部分事实已经清楚”的程度，法院对本案的侵权认定部分作出了先行判决，以最快速度对B公司和C公司的侵权行为进行了打击。

该先行判决作出后，B公司、C公司均未提起上诉，该先行判决已经生效。

### （四）赔偿损失

在先行判决作出后，法院需进一步审理并查明本案赔偿数额计算的事实。由于A公司的损失难以确定，故A公司申请法院向阿里巴巴、京东、拼多多、小米有品、全球速卖通、banggood、Gearbest、亚马逊等网站，以及深圳海关等就被诉产品的销售数据调查取证，并要求B公司和C公司提交销售数据财务账册。但由于调查取证所能收集到的销售数据，以及两被告的经营规模、侵权时间和范围有限，以及两被告未能提交销售数据财务账册，因此侵权人获得的利益难以确定。最终法院依据《专利法》(2008 年)第 65 条第 2 款[1]规定的"一万元以上一百万元以下的赔偿",考虑到如下因素,酌定 B 公司赔偿 A 公司经济损失 100 万元:

(1)涉案专利是高质量外观设计专利,具有较高的市场价值;

(2)B 公司制造、销售、许诺销售侵权,对 A 公司专利产品造成一定的市场损害;

(3)根据通过调查令收集的被诉产品的销售数据情况,可以认定被诉产品具有一定价值,被诉产品销售利润较高,但经营规模、侵权时间和范围有限。

### 三、典型意义

涉案专利产品在 2020 年获得国家知识产权局"第二十一届中国外观设计金奖"。二被告在该产品刚刚研发、量产专利产品上市的热销期间大肆宣传、售卖侵权产品。

A 公司基于充分理由以及向法院提交了大量证据,从而实现了《民事诉讼法》第 156 条所要求的"其中一部分事实已经清楚",并得到了法院的认可,为先行判决做好准备。但鉴于命令被告停止侵权的先行判决的生效时间问题,原告无法通过先行判决的执行而立即遏制侵权行为。我方又在没有先例的情况下,创造性地提出了与"先行判决"并行申请"行为保全"(临时禁令),并最终被法院采纳,从而产生了我国首例"先行判决 + 行为保全"的专利保护模式。

### 四、结语和建议

针对时效性较强的更新迭代产品,在涉案专利产品开放销售初期通过侵权产品实施侵权行为,将直接影响权利人专利产品的市场销售份额,导致

---

〔1〕 相关规定参见 2020 年《专利法》第 71 条第 2 款。

专利产品相关市场份额减少，将给权利人造成难以弥补的损失。本案开辟了专利领域“先行判决+行为保全”的先河，为不采取保全措施将会受到难以弥补的损害的紧急的知识产权侵权案件提供了新的思路。

# 动画演示助力技术事实查明，一审判决终推翻

## ——和力泰公司诉益豪公司等实用新型专利侵权纠纷案

孙大勇* 周　蓉**

### 一、案情简介〔1〕

和力泰公司向广州知识产权法院起诉益豪公司、品尚生物公司侵害其所拥有的一项申请日为2014年8月7日，名称为“包装机”，专利号为ZL2014××××××47.5的实用新型专利（以下简称涉案专利）。

一审法院广州知识产权法院作出（2019）粤73知民初1211号判决：益豪公司停止制造、销售被诉产品，并高额赔偿和力泰公司的经济损失及为制止侵权行为所支付的合理开支。益豪公司不服，遂向最高人民法院提出上诉。最高人民法院作出（2020）最高法知民终1774号二审判决：撤销广州知识产权法院（2019）粤73知民初1211号民事判决；驳回和力泰公司的诉讼请求。

---

* 孙大勇：深圳市律师协会第十一届专利法律专业委员会主任，北京大成（深圳）律师事务所高级律师，北京大成律师事务所合伙人。

** 周蓉：深圳市律师协会第十一届专利法律专业委员会委员，北京大成（深圳）律师事务所律师。

〔1〕参见广州知识产权法院民事判决书，（2019）粤73知民初1211号；最高人民法院民事判决书，（2020）最高法知民终1774号。

## 二、案例分析

本案的争议焦点主要在于:被诉产品中的“推动板”是不是属于“支架”或者“定位组件”的组成部分,被诉产品是否具有涉案专利所述支架与所述定位组件“固定连接”的技术特征。

笔者团队作为益豪公司的代理律师在本案一审中主张被诉产品并不落入涉案专利权利要求1的保护范围,主要理由为涉案专利所述“支架”与所述“定位组件”固定连接(见图1的涉案专利结构示意),但是被诉产品的“支架”与“定位组件”并非固定连接的,被诉产品的“定位组件”设置在“推动板”上,“推动板”通过固定在“支架”上的“伸缩气缸”上下运动,“定位组件”随着“推动板”相对“支架”进行上下运动,因此,“定位组件”与“支架”不是固定连接的,而是活动连接的(见图2的被诉产品结构示意)。原告认为,被诉产品的“伸缩气缸”和“推动板”属于“支架”或者“定位组件”的一部分,主要起辅助作用,辅助支撑或者辅助定位,并不是独立的结构部分,因此,被诉产品中涵盖了“伸缩气缸”和“推动板”的“定位组件”和“支架”间仍是固定连接的。对此,我方反驳道,被诉产品的“伸缩气缸”和“推动板”并未发挥辅助支撑和辅助定位的作用,两者一起实现“定位组件”和“支架”的上下相对运动,可以缓冲包装袋落在“定位组件”而产生的冲击力,从而防止该冲击力造成包装袋产生弯折,两者构成一个独立的起缓冲作用的技术单元,不应涵盖于起支撑作用的“支架”,不应涵盖于起定位作用的“定位组件”,因此,被诉产品的“定位组件”和“支架”通过“伸缩气缸”和“推动板”进行活动连接,这不同于涉案专利所述“支架”与所述“定位组件”固定连接的结构特征。

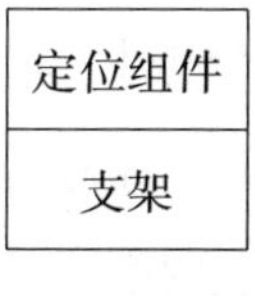


**图1　涉案专利结构示意**

**图2　被诉产品结构示意**

一审法院认为,涉案专利权利要求 1 的技术方案的本质是要使“定位组件”能够借助与“支架”的相对位置关系达到定位包装袋位置的目的,涉案专利权利要求 1 并未限定“支架”的内涵,按照机械领域对“支架”的常规认识来理解,具有支撑整机核心部件运转的梁柱部件组合整体均可以视为“支架”,其中可以指内部个别梁柱存在活动环节。被诉产品的整机的核心运转部件包括“定位组件”等,“推动板”通过“伸缩气缸”连接在“支架”上,相对固定了“定位组件”,该“推动板”虽然是活动的,支撑着作为整机核心部件之一的“定位组件”,但属于“支架”的组成部分,“定位组件”固定设置在该“推动板”上,那么被诉产品“支架”与“定位组件”和涉案专利一样是固定连接的。虽然“定位组件”通过“推动板”和“伸缩气缸”改善了装袋效果,但是这并未脱离涉案专利中关于“支架”与“定位组件”固定连接产生相应技术效果这一关系本质,即“定位组件”依靠与“支架”的相对位置关系达到定位包装袋位置的目的,被诉产品落入涉案专利权利要求 1 的保护范围。因此,一审法院判决益豪公司停止制造、销售被诉产品,并高额赔偿和力泰公司经济损失及为制止侵权行为所支付的合理开支。

益豪公司不服,笔者团队代理益豪公司遂向最高人民法院提出上诉。笔者团队认为,对于本领域技术人员而言,“支架”是用于支撑、固定各工作部件,尤其是运动部件的主体性结构,在工作状态下,“支架”相对于地面静止。如果某一组件本身相对于“支架”运动,则一般不应再将该组件认定为“支架”的一部分。被诉产品中的“推动板”通过一“伸缩气缸”与被诉产品中在工作状态下相对地面静止的框架性结构相连接,即被诉产品中的“推动板”与被诉产品中相对应于涉案专利权利要求 1 中的“支架”相连接,被诉产品的“推动板”与“支架”在工作状态下存在相对运动的关系,故不应该将“推动板”认定为“支架”的一部分。被诉产品的“定位组件”固定安装于“推动板”,而“推动板”与“支架”在工作时借由“伸缩气缸”而存在伸缩相对运动,因而,被诉产品的“定位组件”与“支架”并非固定连接的,而是活动连接的。此外,被诉产品的“定位组件”与“支架”活动连接的技术特征与涉案专利相比，可以缓冲包装袋落在定位杆上所产生的冲击力，防止包装袋由于该冲击力而产生弯折，即被诉产品中“定位组件”与“支架”活动连接的技术特征与涉案专利所述支架与所述定位组件“固定连接”的技术特征相比，技术手段不同，实现的功能不同，达到的技术效果不同，并且不属于普通技术人员无须经过创造性劳动就能够联想到的特征。因此，被诉产品不具有涉案专利所述支架与所述定位组件“固定连接”的技术特征，被诉产品并不落入涉案专利权利要求 1 的保护范围。

为达到充分说理的效果，笔者团队在二审中除通过引入专家鉴定组形成司法鉴定意见书外，还采用了动画演示方式用以解说技术事实和技术效果。该演示视频是二审补充证据之一。

最终，二审最高人民法院认同了益豪公司的上诉主张，判决撤销一审判决；驳回和力泰公司的诉讼请求。

专利侵权民事诉讼牵涉很多技术问题，很多事实本质上属于技术事实，而对技术事实的理解和认识却可以随着双方不断举证解释和演示而不断深化和发展。之所以同一案件的不同程序在裁判结论上存在差异，往往是因为控辩双方所展现或者有效阐释的技术事实产生了差异，本案一审与二审裁判出现不同的结论即属此情形。本案二审中，笔者团队通过引入专家鉴定组对被诉产品进行现场勘验，客观分析并形成司法鉴定意见书，以及将专利技术与被控侵权技术进行动画模拟，以非常直观的视角凸显被控侵权技术与涉案专利之间在技术方案与有益效果上的巨大差别。该两种方式明显加强了上诉人益豪公司对涉案专利权利要求以及被诉产品技术方案解释的效果，并获得了法院的认可。

### 三、典型意义

就案件难度以及专业性而言，本案涉及的技术事实复杂，委托人在展会中遭到会务中心的专家判定构成侵权，产品被迫下展，委托人在一审中败诉，形势对委托人极为不利。本案代理团队充分发挥“团队技术 + 法律的专业组合”优势，将枯燥的技术演绎成生动的庭审阐述，最终取得了良好的效果。

就行业影响而言，诉讼双方都是中国面膜包装的龙头企业，市场争夺激烈，本案对面膜包装机行业具有深远影响，打破了对方拟通过本案实现“一家独大”的计划。

就创新角度而言，代理律师采用了创新的代理方式，在复杂的机器和技术特征的比对中采用了动画演示方式，取得了很好的庭审效果，对律师代理技术类案件时有效阐释技术事实具有极高的借鉴意义。

## 四、结语和建议

专利诉讼案件技术事实的判断主体是法律拟制的人，即本领域普通技术人员或者一般消费者。原告、被告双方以及双方的代理人，法官因知识结构与认知能力的限制，客观上很难完全达到本领域普通技术人员或者一般消费者的水平。因此，法官最终无论是采纳原告的主张，还是采纳被告的主张，抑或采用了自己的主张，所提主张未被采纳的一方理论上都存在通过查明客观事实真相而颠覆相对方主张的博弈空间。此外，某项专利很可能是某个企业甚至是某个行业的命脉所在，侵权诉讼的裁判结果对该企业甚至该行业的竞争优势、经济效益以及生存都将产生深远的影响，专利诉讼的上述特点决定了当事人委托知识产权专业律师代理此类案件有客观上的必要性。

# 戳破行业大鳄专利壁垒牢不可破的假象

## ——易飞扬与菲尼萨侵害发明专利权纠纷案

李晓宁*

### 一、案情简介[1]

2017 年 5 月，菲尼萨以易飞扬制造、销售、许诺销售的 GP－3124－L2CD 等型号收发信机模块侵害其 0280××51.9 号发明专利权（以下简称涉案专利）为由向长沙市中级人民法院起诉，诉请法院判令易飞扬停止侵犯涉案专利的制造、销售、许诺销售并赔偿菲尼萨经济损失 10 万元（虽然本案诉讼标的额仅为 10 万元，但是被告一旦败诉，其因为停产所遭受的经济损失或者所需支付的专利许可使用费可能高达上千万元或者更多）。

本案于 2019 年 12 月 10 日开庭，确定委托工业和信息化部软件与集成电路促进中心知识产权司法鉴定所（以下简称司法鉴定所）就涉案被诉产品的其中一项技术特征与涉案专利权利要求 1 的技术特征是否相同或等同进行鉴定。

2020 年 6 月 1 日，司法鉴定所召开了听证会，并于 2020 年 7 月 28 日出具了工信促司鉴中心〔2020〕知鉴字第 420 号鉴定意见，鉴定意见为：涉案被诉侵权的 3 个型号的收发信机模块的与涉案专利权利要求 1 相对应的 6 个

---

* 李晓宁：北京市隆安（深圳）律师事务所律师。

〔1〕 参见湖南省长沙市中级人民法院民事裁定书，(2017)湘 01 民初 1471 号。

技术特征中,1 个技术特征既不相同也不等同,3 个技术特征相同,2 个技术特征在目前技术条件下无法判断是否相同或等同。

2021 年 2 月 3 日,国家知识产权局作出第 47982 号无效宣告请求审查决定书,宣告涉案专利权全部无效。2021 年 2 月 10 日,菲尼萨向长沙市中级人民法院申请撤回本案起诉。2021 年 2 月 26 日,长沙市中级人民法院裁定准许菲尼萨撤诉。

另外,涉案专利与2006××××××58.1 号专利存在分案申请关系,2006××××××58.1 号专利系母案(以下简称母案专利)。易飞扬曾于 2017 年就母案专利提出专利权无效宣告请求,国家知识产权局于 2018 年 3 月 28 日作出第 35674 号无效宣告请求审查决定书,宣告母案专利权全部无效。

## 二、案例分析

笔者团队接受被告易飞扬的委托后,发现本案技术事实查明非常困难。一方面,涉案专利名称为"光纤收发信机的集成存储器控制器电路",技术特征涉及电路、硬件结构、软件程序等多个领域。另一方面,侵权比对分析不仅需要对芯片进行解剖,还涉及对目标代码反汇编,或者对源代码进行比对。在这种情况下,法院只能委托鉴定机构协助查明技术事实,而鉴定机构的结论无疑是非常重要的。因此,如何在法院委托鉴定阶段,将复杂的技术问题转化为法律问题,将有利于委托人的事实呈现给鉴定机构,促使其作出有利于委托人的鉴定意见,将是解决本案纠纷的关键。笔者团队经过查阅涉案专利的大量审查档案后发现,涉案专利独立权利要求中的两个技术特征的解释存在争议,可以作为不侵权抗辩的突破口。

### (一)案件焦点一

涉案专利权利要求 1 的技术特征 2 中的"模数转换电路"该如何解释?模数转换电路是否必须与微控制器相连?菲尼萨认为:涉案专利说明书未作此限定,故模数转换电器无论是否与微控制器相连都落入涉案专利权的保护范围。而易飞扬则认为:菲尼萨在涉案专利以及母案专利的无效过程中都限定了模数转换电路无须与一个微控制器相连,因此模数转换电路与微控制器相连的技术方案不落入涉案专利权的保护范围。

针对此问题,笔者团队的代理思路如下:最高人民法院《关于审理侵犯专利权纠纷案件应用法律若干问题的解释》(以下简称《专利侵权司法解释(一)》)第3条第1款规定:人民法院对于权利要求,可以运用说明书及附图、权利要求书中的相关权利要求、专利审查档案进行解释。说明书对权利要求用语有特别界定的,从其特别界定。因此,首先根据涉案专利的专利审查档案。详言之,根据菲尼萨在涉案专利的无效宣告程序中的意见陈述来解释"模数转换电路"。菲尼萨在涉案专利无效宣告程序中多次解释了涉案专利与采用微控制器作为中心控制器与外部设备通信的现有技术方式有着显著的不同,包括但不限于:(1)"针对区别技术特征1(3),1(4)和1(5),在证据1中,微控制器作为中心控制器,外部设备通过微控制器从存储器获取目标数据,效率低、通用性差及成本高。而在本专利,外部主机可以直接地经由接口读取数据,更加便捷、通用及灵活,且成本低"。(2)"d.低成本",由于该发明的光电收发信机不需要使用一个功能虽然强大但昂贵的微控制器,这可以大大降低光电收发信机的制造成本,有助于光电收发信机的大规模普及使用。由此可见,菲尼萨对"模数转换电路"作了限缩性解释,限定模数转换电路与存储器直接相连,无须经过微控制器。

此外,最高人民法院《关于审理侵犯专利权纠纷案件应用法律若干问题的解释(二)》(以下简称《专利侵权司法解释(二)》)第6条规定:"人民法院可以运用与涉案专利存在分案申请关系的其他专利及其专利审查档案、生效的专利授权确权裁判文书解释涉案专利的权利要求。专利审查档案,包括专利审查、复审、无效程序中专利申请人或者专利权人提交的书面材料,国务院专利行政部门及其专利复审委员会制作的审查意见通知书、会晤记录、口头审理记录、生效的专利复审请求审查决定书和专利权无效宣告请求审查决定书等。”[1]因此,根据母案专利的审查档案。详言之,根据菲尼萨在母案专利的无效宣告程序中的意见陈述来解释“模数转换电路”。针对“模数转换电路”这一技术特征,菲尼萨在母案专利的无效宣告程序中的意见陈述如下:模数转换电路是直接将由模拟信号转换成的数字值存储在存储器中,并不需要调用程序进行复杂的运算;模数转换电路直接与存储器相连,无须经过微控制器。而且,对于上述意见陈述,第35674号无效宣告请求审查决定没有给予明确否定。由此可见,菲尼萨对“模数转换电路”进行了限缩性解释,限定“模数转换电路与存储器直接相连,无须经过微控制器,模数转换电路直接将模数转换后的数字值存储在存储器内的预定存储映像位置”。

综上所述,无论是在涉案专利还是在母案专利的无效宣告过程中,菲尼萨都将“模数转换电路”限缩解释为“模数转换电路与存储器直接相连,无须经过微控制器”。《专利侵权司法解释(一)》第6条规定:专利申请人、专利权人在专利授权或者无效宣告程序中,通过对权利要求、说明书的修改或者意见陈述而放弃的技术方案,权利人在侵犯专利权纠纷案件中又将其纳入专利权保护范围的,法院不予支持。根据上述规定,模数转换电路与一个微控制器相连的技术方案不在涉案专利权的保护范围之内。而被诉产品采用的正是这种技术方案。

上述代理意见被司法鉴定所采纳,只是由于鉴定时涉案专利的无效宣告请求审查决定尚未作出,而母案专利的无效宣告请求审查决定已作出,因此,为稳妥起见,司法鉴定所的鉴定意见书中只采用了母案专利的无效宣告程序中的意见陈述来解释“模数转换电路”。

### (二)案件焦点二

涉案专利权1的技术特征5“接口,它配置成按照从所述光电子器件外

---

[1] 2020年修正的《专利侵权司法解释(二)》对第6条进行了修改。

部的主机接收的指令使所述主机能够从所述存储器中主机的规定存储映像位置,包括所述预定的存储映像标记存储位置读出”,无论是限于主机直接从存储器中读取数据,还是包括主机通过微控制器间接从存储器中读取数据?菲尼萨认为包括主机通过微控制器间接从存储器中读取数据,而易飞扬则认为应该限于主机直接从存储器中读取数据。

作为被告代理人,笔者团队的策略是尽可能缩小解释涉案专利的权利要求。因此,笔者团队在已知母案专利的无效宣告请求审查决定的情况下,策略性地运用菲尼萨在涉案专利的无效宣告程序中的意见陈述来解释涉案专利权1的技术特征5,指出:菲尼萨在意见陈述书中认为“(易飞扬的无效)证据1中采用控制器作为具体控制器硬件,通过软件编程来实现其具体控制功能;非易失存储器166接受控制器的控制,实现数据的存储。采用这种架构,存在以下问题:读取存储器中的数据时,先要向微控制器发出读请求指令,等待微控制器响应该指令,并读出指定数据”,而涉案专利中,“当外部设备(如主机)想要从存储器中读出某一目标数据时,可以直接通过一个通用接口来寻址存储器的相应位置,从中读出目标数据,数据读取更加便捷,而不需要等待微控制器的调度”。由此可见,菲尼萨将涉案专利权1中的技术特征5限缩性解释为主机直接从存储器中读取数据。鉴于此,根据《专利侵权司法解释(一)》第6条的规定,应当适用禁止反悔原则,认定主机通过微控制器间接从存储器中读取数据的技术方案不落入涉案专利权的保护范围。

然而,司法鉴定所敏锐地发现并指出:针对“接口”这一技术特征,专利权人(菲尼萨)在母案专利的无效宣告程序中的意见陈述如下:本专利中的接口直接面对存储器进行数据的存储和写入。对于上述意见陈述,无效宣告请求审查决定给予了明确否定。《专利侵权司法解释(二)》第13条规定:权利人证明专利申请人、专利权人在专利授权确权程序中对权利要求书、说明书及附图的限缩性修改或者陈述被明确否定的,人民法院应当认定该修改或者陈述未导致技术方案的放弃。由于涉案专利分案申请中的完成类似功能的“接口”技术特征的限缩性解释被合议组明确否定,因此专利权人关于“接口”的限缩性解释不适用禁止反悔原则。

司法鉴定所的上述鉴定意见非常准确且专业,与笔者团队对该问题的观点完全相同。

## 三、典型意义

首先,本案系涉外侵害发明专利权纠纷案件,原告菲尼萨系全球知名的光通讯器件供应商,曾参与过多个国际通信技术标准的制定;被告易飞扬是深圳的一家具有较大规模且处于高速成长期的光通讯器件研发制造企业。涉案专利系菲尼萨的核心专利之一,此前菲尼萨曾以涉案专利为武器对多家中国光通讯器件制造企业发起过专利狙击,绝大部分企业都以支付专利许可使用费的方式向菲尼萨妥协或者与菲尼萨达成合作。本案不仅戳破了全球行业大鳄用专利筑造的技术壁垒牢不可破的假象,激发或者增强了中国光通讯器件制造企业以法律为武器坚决抵御国外行业大鳄专利狙击的信心,而且宣示了中国收发信机(属于光通讯器件)制造企业目前普遍采用的某技术方案并不落入菲尼萨涉案专利权的保护范围,为绝大多数中国收发信机制造企业节省了一大笔专利许可使用费开支,故受到中国光通信行业的高度关注。

其次,本案涉案专利系通信技术专利,涉及电路、通信方法、结构等,技术门槛很高。若按照常规的应对思路,本案需要进行芯片剖片、目标代码反汇编或者源代码比对等鉴定,不仅成本高昂,耗时良久,而且鉴定结果存在不确定性。笔者充分利用与涉案专利存在分案申请关系的其他专利及专利审查档案,熟练运用专利法及其相关司法解释中所规定的专利权利要求的解释与限定、禁止反悔原则的适用与例外等规则,巧妙地将复杂的技术问题转化成浅显的法律问题,从而使鉴定机构能够在不进行剖片、反汇编或源代码比对等的情况下,出具涉案被诉产品的其中一项技术特征与涉案专利所对应的技术特征既不相同也不等同的鉴定意见,并最终迫使菲尼萨撤诉。

这种代理思路为律师同行代理同类案件提供了可资借鉴的经验。

## 四、结语和建议

专利权利要求解释是专利侵权诉讼的重中之重。被告律师因职责所系，必须尽最大努力，穷尽内外部证据，合理合法地将涉案专利权的保护范围解释到最小，以便为不侵权抗辩争取尽可能大的空间。

在解释权利要求时，不能将视野仅局限于涉案专利本身，还应该将视野扩展至与涉案专利存在分案申请关系的其他专利、同族专利、基础专利、改进专利等，甚至还应该将视野扩展至涉案专利的发明人就涉案专利相关技术所公开发表的论文、演讲等，以便对涉案专利的权利要求作出最准确的理解和解释。

# 促使二审忽略鉴定意见和无效决定的解释并改判

## ——A 公司与 B 公司实用新型专利侵权纠纷案

郑　雄*

### 一、案情简介[1]

B 公司经专利权人 VOLFONI 研发公司授权许可，对 A 公司提起实用新型专利侵权诉讼，涉案专利号为 2013××××××20.0，名称为“立体图像投影仪的光学偏振装置和显示立体图像的系统”，B 公司要求保护权利要求 1 和权利要求 10。一审中鉴定机构出具了司法鉴定意见书，除特征 E 认定与被诉产品中相应技术特征等同外，其余各特征均认定相同，一审法院据此认定被诉产品落入专利权的保护范围，判决被告 A 公司停止侵权行为，并赔偿 50 万元。A 公司不服一审判决并提起上诉，二审法院认定被诉侵权产品并不具备涉案专利权利要求 1 中所述的技术特征 F，不构成对专利权的侵犯，撤销了一审判决，驳回 B 公司全部诉讼请求。B 公司不服二审判决并申请再审，再审法院对二审法院的判决结果予以了维持。

### 二、案例分析

本案中司法鉴定意见书将权利要求 1、权利要求 10 的内容划分为 A 到

---

* 郑雄：深圳市律师协会第十一届专利法律专业委员会委员，广东卓建律师事务所合伙人、律师。

〔1〕 参见广东省高级人民法院民事判决书，(2019)粤知民终 114 号；最高人民法院民事裁定书，(2020)最高法民申 5849 号。

F 等技术特征，除认定特征 E 与被诉产品中相应技术特征构成等同外，其余各技术特征均认定相同。一审法院根据鉴定意见判定被告侵权。

诉讼中代理人发表代理意见，认为技术特征 C、E、F 与被诉产品相关技术特征均不相同且不等同，二审、再审法院最终认定被诉侵权产品不具备涉案专利权利要求 1 中所述的技术特征 F，不构成对专利权的侵犯。鉴于篇幅关系，就特征 C 与被诉产品相关技术特征相同与否本文不再赘述，仅围绕二审法院归纳的争议技术特征 2（特征 E、F）展开分析。

司法鉴定意见书认定特征 E 与被鉴定物技术方案权利相关技术特征 1E 等同，认定特征 F 与被鉴定物技术方案权利相关技术特征 1F 相同是错误的。在二审庭审中，代理人分别从等同原则的"手段、功能、效果和是否易联想"四个要素就特征 E、F 与被鉴定物相关技术特征 1E、1F 进行了分析，庭后又连续补交了代理词，代理人指出：（1）由于特征 E 是受特征 F 控制并驱动的，两者配合紧密，将两者放在一起讨论更有助于厘清案件事实。（2）特征 F 中明确限定"所述控制信号控制所述第一反射光束和第二反射光束中每一个或者所述透射光束的偏振切换，使所述反射光束和透射光束均呈现完全相同的光学偏振状态"，意即控制信号控制反射光束和透射光束的偏振切换是交替进行而不是同时进行。而被鉴定物的电路对三束光的调制是同时进行的，所以被鉴定物的每路光束中的液晶光阀需要同步工作，被鉴定物必然不能达到 E（调制器）特征所要达到的"降低了由光学偏振的应用和调制所引起的图像亮度损失【参考涉案专利说明书［0087 段］】"的技术效果，两者想要解决的技术问题是背道而驰的，现有技术无法将两者替换来解决"降低由光学偏振的应用和调制所引起的图像亮度损失"的技术问题，因而两者的替换不具有显而易见性。特征 F 中的控制电路结构与被鉴定物中的相应电路结构并不相同，其驱动液晶光阀调整光的偏振状态达到的效果完全不同，现有技术未给出将其替代权利要求 1 中特征 F 用以解决相同技术问题的启示，因此不是很容易想到的，因此，特征 F 与被鉴定物技术特征 1F 的相关特征既不相同，也不等同。因此权利要求 1 不侵权，权利要求 10 引用权利要求 1，权利要求 10 也不侵权。

关于权利要求 10,代理人还指出,因为权利要求 10 在两反射光路中加入了偏振旋转器 G,在反射光路进入偏振调制器(318、320)之前,已将反射光路偏振态调整成为与透射光路相同的偏振态,当电路如权利要求 1 工作方式一样选择性驱动反射光路中偏振调制器或透射光路中偏振调制器时,则反而会出现经过光调制器之后,在任何时刻都不能将三路光束调制成相同的线偏振态。原告指出涉案专利说明书[0099 段]公开了调制器 316、318 和 320 在步骤 64 中应用完全相同的偏振调制的情况,与权利要求 10 是对应的。被告代理人指出涉案专利说明书[0099 段]的描述,与权利要求 10 的技术方案并不一致,未写入权利要求书的技术方案并不能得到专利保护,因此不应再纳入专利的保护范围(此观点在另一同样的专利案件中被采信)。

原告强调司法鉴定意见书是具有法律效力的文件,其结论是正确的,应当被采信。二审法院采纳了被告代理人关于"两者产生的效果相反,不能等同"的意见,认定被告不侵权。

再审程序中,原告又以在先生效的专利无效决定为证据,认为二审判决与在先生效的专利无效决定认定观点矛盾,且按照在先生效的专利无效决定认定观点认为特征 F 控制电路包含同时切换透射光束和反射光束的方式。被告代理人答辩时指出,上述无效决定被告没有参与,且决定中的认定观点不符合客观事实,明显是错误的,原告意图将特征 F 中"或者"一词解释成"或与和",既不符合语言逻辑,也不符合客观事实。再审法院采纳了被告代理人的意见,维持了二审判决。

### 三、典型意义

本案涉案专利技术比较复杂,鉴定机构出具了司法鉴定意见书,一审法院根据鉴定意见认定专利侵权,代理人认为鉴定意见错误,通过可视化示意图就争议技术特征向法院清晰展示了两者在技术特征上的区别以及技术效果的不同,使复杂的技术问题尽量简单化,虽专利权人方又以在先生效的专利无效决定观点进行反驳，但最终本案二审、再审法院尊重客观事实，支持了被告代理人的意见，认定被告不侵权。本案给同类案件带来了如下启示：

（1）当司法鉴定意见书结论错误，在先生效的专利无效决定相关结论错误时，法院可避开鉴定意见和在先生效的专利无效决定，仅依据客观事实依法得出不同于鉴定意见和在先生效的专利无效决定的结论并径行判决。

（2）确立裁判规则：如果涉案专利发明目的是克服背景技术存在的某种缺陷，则应视该存在缺陷的技术方案为涉案专利所摒弃的技术方案，不能又将涉案专利摒弃的技术方案纳入涉案专利的权利保护范围。

## 四、结语和建议

专利侵权诉讼中，无论是司法鉴定意见书的结论，还是在先生效的专利无效决定认定的观点，一般来说，对案件的判决结果影响巨大。在鉴定意见或者在先生效的专利无效决定观点不利于委托当事人一方时，想要说服法官改变上述文书中观点，绝非易事。此种情况下，代理人仍应保持独立的思考能力，通过自己对技术方案的理解发现鉴定意见或者在先生效的专利无效决定观点不符合客观事实，存在错误的，应据理力争，最终可能会使案件出现转败为胜的效果。当然，在此种不利情况下，特别是专利技术又比较复杂的情况下，代理人尤其要注意思考如何采用可视化的方式将复杂的专利技术简单化，确保易于法官正确理解技术方案，这一点特别重要，毕竟机会往往只有一次。

# 厘清技术偏见与相反技术启示以避免干扰创造性评价

## ——旺福电子与国家知识产权局、森邦公司实用新型专利权无效行政纠纷案

李星星*　高景贺**

### 一、案情简介[1]

专利权人旺福电子拥有专利名称为“高像素影像传感器封装结构”的实用新型涉案专利，涉案专利在基板上设置用于控制驱动马达实现自动变焦功能的驱动马达 IC，并在空间有限的基板上设置隔离墙底座将 CMOS 传感器与其他元件隔离开，防止锡焊等污染 CMOS 传感器。森邦公司以涉案专利权利要求 1 不具备创造性为主要理由提出无效宣告请求，国家知识产权局认定对比文件 1 是定焦镜头座，对比文件 2 虽然公开了驱动马达 IC，但变焦镜头的驱动马达 IC 与定焦镜头座的结合存在障碍，最终作出维持专利权有效的审查决定。森邦公司向北京知识产权法院提起行政诉讼，北京知识产权法院引入“相反技术启示”及“技术偏见”概念，并在此基础上否定了被诉决定中“对比文件 1 存在将对比文件 2 的可以变焦的镜头应用到对比文件 1

* 李星星：北京中银（深圳）律师事务所律师。

** 高景贺：北京中银律师事务所律师。

〔1〕 参见最高人民法院行政判决书，（2020）最高法知行终 641 号。

中的相反教导”的认定,撤销了被诉决定。旺福电子不服,委托笔者团队提起上诉。最高人民法院作出(2020)最高法知行终641号终审判决,采纳了笔者团队提出的上诉意见,撤销了一审判决。

## 二、案例分析

本案中,涉案专利的发明要点在于在基板上既设置了驱动马达IC又设置了隔离墙底座,同时在隔离墙底座上还设置了驱动马达IC空位、电容电阻空位。对比文件1公开的是镜头通过螺纹结构安装在镜头座上的定焦镜头结构,其公开的分隔壁能够将中间的CMOS传感器与其他元件隔离开,但由于是定焦镜头,因此,其未公开只有变焦镜头才会使用到的驱动马达IC,自然未公开驱动马达IC空位。对比文件2公开了一种自动变焦镜头模组,虽然公开了驱动马达IC,但是未公开隔离墙结构。请求人认为可以直接将对比文件2中的驱动马达IC结合至对比文件1的基板上并变换镜头模式以得到涉案专利技术方案。无效决定以“虽然对比文件2是可以变焦的镜头,但是对比文件1存在将对比文件2的可以变焦的镜头应用到对比文件1中的相反教导,此时对比文件1的摄像模块不可能包括对比文件2中公开的自动变焦组件,也不会存在驱动马达IC。也就是说,对比文件2无法跟对比文件1相结合,将对比文件2中公开的驱动芯片3应用到对比文件1中”,否定了上述对比文件的结合启示,并维持了专利权有效。

无效宣告请求人不服无效决定,向北京知识产权法院提起行政诉讼。北京知识产权法院引入“相反技术启示”和“技术偏见”的概念,做了如下论述:“‘相反技术启示’在内涵上与‘技术偏见’具有较大的相似性,因此,可以参照‘技术偏见’的概念对‘相反技术启示’的内涵予以理解。”北京知识产权法院进一步认为“定焦或变焦镜头在本领域均是现有技术,并非长期存在镜头不能进行变焦的技术偏见,而且定焦镜头与变焦镜头的很多技术是相通的,本领域广泛存在运用二者之间的互通技术以解决技术问题的经验,特别是针对本案涉及的基板层布置,其实质上除了增加相应驱动芯片外,在变焦和定焦系统中并无差异。因此，对比文件 1 不存在将对比文件 2 的变焦镜头应用到对比文件 1 中的相反技术启示”。据此，北京知识产权法院判决撤销无效决定。

笔者团队在二审期间介入，通过对一审判决的仔细分析研究，在上诉理由中提出本案一审引入“技术偏见”及“相反技术启示”存在错误，具体意见如下：

“技术偏见”在《专利审查指南》中有明确记载，其出现在《专利审查指南(2019)》第二部分第四章“创造性”部分。“技术偏见”在该章第 5 点“判断发明创造性时需考虑的其他因素”引入，是指发明创造本身的某个特征要素做出改变是否克服了技术偏见，与技术方案之间是否能够结合没有联系。技术偏见用于评价本技术方案自身的某个特征是否存在从未有过的要素变化。

《专利审查指南》并无“相反技术启示”的概念记载，但“技术启示”是《专利审查指南(2019)》在评价创造性采用“三步法”时引入的概念，用于判断本技术方案是否显而易见，即现有技术中是否给出将上述区别特征应用到该最接近的现有技术以解决该最接近的现有技术存在的技术问题的启示，这种启示会使本领域的技术人员在面对所述技术问题时，有动机改进该最接近的现有技术并获得要求保护的发明。技术启示用于评价两个以上技术方案能否通过结合方式获得权利要求的技术方案，亦可称为结合启示。因此，“相反技术启示”的内涵应是“不存在结合启示”。

从适用场景和适用要件看，“技术偏见”在《专利审查指南(2019)》第二部分第二章“说明书和权利要求书”部分的第 2.1.2 节明确：“对于克服了技术偏见的发明或者实用新型，说明书中还应当解释为什么说该发明或者实用新型克服了技术偏见，新的技术方案与技术偏见之间的差别以及为克服技术偏见所采用的技术手段”，且“凡是所属技术领域的技术人员不能从现有技术中直接、唯一地得出的有关内容，均应当在说明书中描述”，即“技术偏见”要求达到证明“普遍存在”的程度要求，以及“偏离客观事实”的实质要求，主要针对专利权人而言，用以证明其要求保护技术方案克服了技术偏见。从最高人民法院有关“相反技术教导”的在先判例看，“相反技术启示”能够与“相反的技术教导”对应起来，例如，(2019)最高法行再268号行政判决书指明，“关于相反的技术教导，通常是相对于技术启示而言的。在考虑一项现有技术是否存在相反的技术教导时，应当立足于本领域技术人员的知识水平和认知能力，从该现有技术的整体上进行分析和判断”。(2020)最高法知行终160号行政判决书指明，“相反的技术教导主要指针对实际解决的技术问题，本领域技术人员在阅读对比文件记载的技术内容后，确定现有技术整体上给出了不能将区别特征应用到最接近的现有技术以解决其存在的技术问题的动机”，足见“相反技术启示”应为对比文件中明确记载的予以排除的技术方案，或者本领域的技术人员在现有技术的基础上可以直接、毫无疑义地确定的对比文件所明确排除的技术方案。

上述意见最终获得了二审法院的支持，最高人民法院最终确认本案并不涉及从“定焦”向“变焦”转变是否存在“相反的技术启示”和“技术偏见”的具体适用问题。

## 三、典型意义

创造性的判断是专利授权、确权程序中经常出现的问题。《专利审查指南》中规定了常规的创造性评价“三步法”，还提出了一些创造性评价的其他特别方法，其中克服“技术偏见”便是其一，然而实践中“技术偏见”在创造性评价过程中极少出现。本案中一审法院引入“技术偏见”与“相反技术启示”的概念，让这两个冷门概念在审判实践中得以深入讨论。笔者团队引经据典地将《专利审查指南》中的词汇定义进行深入剖析，又旁征博引地导入在先案例对“相反技术教导”作出的正面阐述，最终帮助二审法院厘清“技术偏见”与“相反技术启示”的概念，终获胜诉改判。

本案诉讼双方均是科技创新企业，技术成果对企业的生存和发展至关重要。经过代理律师的不懈努力和翔实论述，旺福电子最终获得了最高人民法院的支持,维持了专利权有效,有力地保护了企业的自主创新成果,本案对半导体行业的专利权益保护起到了良好的引导作用。

## 四、结语和建议

虽然本案中的争议焦点是权利要求 1 是否具备创造性,但是在创造性判断的过程中,出现了实践中并不常用的冷门法律概念。如果对于上述法律概念并不熟悉,则无法在案件办理过程中准确找出问题的关键点或对方的错误点。因此,专利律师在平常的工作与学习过程中,对于《专利审查指南》及其他法律法规的相关概念应当熟记于心,如此方能在实践中真正做到学以致用。

# 善意合法来源并支付合理对价可继续使用

## ——金冠威公司诉明森公司、澄天伟业公司实用新型专利侵权纠纷案

廖爱敏*

### 一、案情简介[1]

金冠威公司(一审原告,二审被上诉人)认为,由明森公司(一审被告一,二审上诉人)生产、许诺销售、销售的 HDM13000 型"铣槽封装一体机"(以下简称被诉侵权产品),已落入其实用新型专利的保护范围,且明森公司将被诉侵权产品销售给澄天伟业公司(一审被告二,二审被上诉人)作为其制作卡基的机器设备。遂金冠威公司以明森公司和澄天伟业公司为被告,向深圳市中级人民法院提起诉讼,认为明森公司和澄天伟业公司未经原告授权,以生产经营为目的,生产、制造、许诺销售、销售、使用涉案专利,明森公司和澄天伟业公司的行为构成专利侵权,请求法院判令:(1)被告明森公司立即停止侵犯实用新型专利权(ZL20××××××××96.6)的行为,停止生产、销售被诉侵权产品;(2)被告澄天伟业公司立即停止侵犯实用新型专利权的行为,停止以生产经营为目的地使用被诉侵权产品;(3)被告明森公司赔偿原告经济损失 100 万元;(4)被告明森公司承担原告为制止侵权行为

* 廖爱敏:北京市炜衡(深圳)律师事务所律师。

〔1〕 参见最高人民法院民事判决书,(2020)最高法知民终 1832 号。

所支付的合理费用,共计10万元;(5)两被告承担本案全部诉讼费用。

一审法院深圳市中级人民法院作出(2018)粤03民初3039号民事判决:(1)被告明森公司立即停止以制造、销售方式侵害原告明森公司实用新型专利权的行为;(2)被告澄天伟业公司立即停止以使用方式侵害原告实用新型专利权的行为;(3)被告明森公司应在本判决生效之日起10日内赔偿原告金冠威公司经济损失及合理维权费用合计100万元;(4)驳回原告金冠威公司的其他诉讼请求。

最高人民法院作出二审判决:(1)维持深圳市中级人民法院(2018)粤03民初3039号民事判决第1项、第3项;(2)撤销深圳市中级人民法院(2018)粤03民初3039号民事判决第2项、第4项;(3)驳回金冠威公司的其他诉讼请求。

## 二、案例分析

### (一)案件焦点

笔者代理被告二澄天伟业公司应诉。

一审争议焦点归纳如下:(1)被诉侵权产品是否落入原告专利权的保护范围;(2)被告明森公司有关其在案涉专利许可使用合同生效之前即已完成制造、销售被诉侵权产品因而不构成侵权的主张能否成立;(3)被告明森公司有关其使用自有专利技术制造被诉侵权产品因而不构成侵权的抗辩主张能否成立;(4)被告如果构成侵权,应当如何承担侵权责任。

二审争议焦点归纳如下:(1)金冠威公司是否为本案适格原告;(2)原审法院是否未对本案相关证据进行质证;(3)被诉侵权产品是否落入涉案专利权的保护范围;(4)若被诉侵权产品落入涉案专利权的保护范围,澄天伟业公司是否应当承担停止使用的民事责任;(5)原审法院判赔金额是否不当。

（二）代理/答辩意见

1. 澄天伟业公司一审答辩意见

（1）就被诉侵权产品，澄天伟业公司有合法来源。（2）无论涉案机器设备是否构成侵权，均不影响澄天伟业公司对该机器设备的合法、合理使用。（3）若被诉侵权产品构成侵权，明森公司已经承诺承担侵权责任，澄天伟业公司不承担侵权责任。（4）澄天伟业公司所购买的 MM5000 电信卡生产智慧工厂中只有很少一部分硬件涉及被诉侵权产品，如果该部分硬件不能使用，则会造成整个 MM5000 电信卡生产智慧工厂无法工作，故澄天伟业公司可以继续使用。

2. 澄天伟业公司提交的证据

（1）澄天伟业公司与明森公司于 2016 年 10 月 13 日在深圳市签订的编号为 GZMS××××233 的买卖合同，合同标的是单价为 700 万元、名称为“MM5000 电信卡生产智慧工厂”的产品 1 套，其中包括单价为 350 万元、名称为“MM5000 电信卡生产智慧工厂”的硬件 1 套，以及合计 350 万元的 7 套软件。（2）2017 年 6 月 29 日，明森公司向澄天伟业公司出具上述合同标的产品合计 700 万元的广东增值税专用发票 8 张。（3）明森公司在签订合同时出具的承诺书表明，明森公司向澄天伟业公司承诺，如果明森公司销售的设备等包含不属于其自己的知识产权，或澄天伟业公司在对设备的占有、使用、享有收益或处分的过程中造成对任何第三方知识产权的侵犯，由此产生的任何纠纷，明森公司将承担所有责任并赔偿由此给澄天伟业公司造成的一切损失。

3. 澄天伟业公司的上诉请求

依法撤销原审判决第 2 项，改判驳回原告金冠威公司对被告二澄天伟业公司的全部诉讼请求；涉案全部诉讼费用由金冠威公司承担。

4. 澄天伟业公司二审提交证据

买卖合同、记账凭证、银行电子回单、增值税专用发票、开具红字增值税专用发票信息表、付款申请书、补充协议、收付款业务回单,用于证明被诉侵权产品有合法来源且澄天伟业公司已经支付了合理对价。

5. 澄天伟业公司的主要上诉理由

(1)上诉人澄天伟业公司与原审被告一明森公司签订的买卖合同所涉及的是一整套由多个硬件设备和软件共同组成的一体化的“MM5000 电信卡生产智慧工厂”,这是一整套智慧生产系统,包含十几项专利和软件著作权,从买卖合同第 1 条“采购明细”,以及 6 个附件的内容中,可得到明确清晰的证明;而非涉案原审被告一涉嫌侵犯被上诉人实用新型专利权的单一硬件产品。而原审判决却有意忽略该核心法律事实。(2)原审被告一出具给上诉人的承诺书中,不仅承诺了对其提供设备和软件等知识产权方面的责任承担,还列举了“归属于澄天伟业公司的 6 项发明及实用新型专利”,即在“MM5000 电信卡生产智慧工厂”一体化智能生产系统中,不仅有原审被告一的专利、软件著作权等知识产权,还有上诉人自有的发明、实用新型专利等知识产权。更进一步证明,涉案的被诉侵权产品不是一个独立的单一产品,而是智慧生产系统十几项知识产权中的一项。(3)上诉人向原审法院提交了上述买卖合同项下的财务支付凭证及对应发票,证明上诉人支付了合理价款。而原审判决却只字未提,完全忽略。(4)最高人民法院《关于审理侵犯专利权纠纷案件应用法律若干问题的解释(二)》(以下简称《专利侵权司法解释(二)》)第 25 条第 1 款规定,“为生产经营目的使用、许诺销售或者销售不知道是未经专利权人许可而制造并售出的专利侵权产品,且举证证明该产品合法来源的,对于权利人请求停止上述使用、许诺销售、销售行为的主张,人民法院应予支持,但被诉侵权产品的使用者举证证明其已支付该产品的合理对价的除外”。

原审判决虽已确认上诉人澄天伟业公司的合法来源抗辩主张,但遗漏了上述核心法律事实,且违反利益平衡原则,导致判决不当。

其一,上诉人是善意第三人,对被诉侵权产品合理合法使用,且已经举证证明支付了涉案硬件“产品”的合理对价。

其二,涉案的被诉侵权产品,并非一个独立的“产品”,而是“MM5000 电信卡生产智慧工厂”一整套智慧生产系统中的众多组成硬件之一;而该“MM5000 电信卡生产智慧工厂”涉及十几项发明、实用新型及软件著作权等知识产权,是再创新的智能系统。若停止使用被诉侵权产品,势必严重影响整个智能生产系统,给上诉人造成严重的经济损失,从而导致损害善意第三方合法权益、社会公共利益。

其三,依据利益平衡原则,使用者在主观上是善意的,在客观上提供了合法来源,且在获得被诉侵权产品时向销售者支付了合理对价,因此,理应阻却专利权禁止力的延伸。专利权排他性强,但强不等于可以无限扩张。专利法不仅仅是专利权人的法,若一味地强调专利权人单方的利益,置善意使用者的正当利益于不顾,则将侵占善意使用者的合理空间,妨碍交易安全,即既要保护权利人的正当权益,鼓励发明创造,又要避免专利权不适当地扩张,这才是《专利法》和《专利侵权司法解释(二)》的本意。

同时,原审判决在对原审被告一明森公司的判赔数额上巨大,已经考虑了被诉侵权产品“在智能生产系统中的价值比重”(尽管该价值比重参考不符合客观实际,原审判决书第 25 页),可以视为对原审被告一的合理补偿,故原审判决不应再判决上诉人“停止使用”,而损害善意第三人(上诉人)的合法权益、社会公共利益。

故原审判决第 2 项严重侵害了善意第三人(上诉人)的合法权益,损害了社会公共利益,是对科技创新企业的打击及损害,应当予以依法撤销并改判驳回。

### (三)诉讼策略分析

由于澄天伟业公司不是被诉侵权产品的生产者和销售者,而只是被诉侵权产品的使用者,所以,经过笔者研究,主要的诉讼策略为以下三个方面:

其一,澄天伟业公司通过合法的手段购买被诉侵权产品,并支付了合理对价,符合《专利侵权司法解释(二)》第 25 条规定的“合法来源”情形。

其二,澄天伟业公司不是被诉侵权产品的生产者和销售者,从明森公司购买被诉侵权产品时,对被诉侵权产品的侵权行为不知道也不应当知道,属于“善意第三人”,不构成专利侵权。

其三,澄天伟业公司应当继续使用包含被诉侵权产品的机器设备。澄天伟业公司所购买的MM5000电信卡生产智慧工厂中只有很少一部分硬件涉及被诉侵权产品,如果该部分硬件不能使用,则会造成整个智慧工厂无法工作,将会给澄天伟业公司造成巨大经济损失,不符合民法上的公平合理原则。

(四)预判难点分析

本案最主要的争议焦点为被诉侵权产品是否落入涉案专利的保护范围,一审法官的关注重点是金冠威公司与明森公司对涉案专利与被诉侵权产品之间的技术比对。而只要证明了涉案专利与被诉侵权产品既不相同也不等同,即能证明被诉侵权产品未侵犯涉案专利权,则澄天伟业公司当然不侵权。

诉讼策略主要有两个方案:

方案一:与明森公司一起致力于证明被诉侵权产品并未侵犯涉案专利。此方案的优点是澄天伟业公司与明森公司就自身所掌握的技术信息合力举证,证据的充足性可能较高,一旦证明被诉侵权产品并未侵犯涉案专利,则可以釜底抽薪,稳妥地达到澄天伟业公司主张的既不侵权,也可以继续使用的目的。此方案的缺点是要证明被诉侵权产品与涉案专利既不相同也不等同十分困难,澄天伟业公司一旦被判定为侵权,则可能被认为知道或应当知道被诉侵权产品侵犯了涉案专利,不属于“善意第三人”,不符合《专利侵权司法解释(二)》第25条规定的“合法来源”情形。

方案二:不参与明森公司对被诉侵权产品不侵权的抗辩证明,澄天伟业公司仅致力于运用“合法来源”抗辩。该方案的优点是澄天伟业公司不参与证明被诉侵权产品与涉案专利的技术特征比对,主张澄天伟业公司仅是购买方，对涉案专利技术不了解，不知道也不应当知道被诉侵权产品侵权，且支付了合理对价，属于“合法来源”。但缺点是若明森公司举证不足，被诉侵权产品侵权被法院认定成立，则法院是否认定澄天伟业公司使用被诉侵权产品有“合理来源”有一定风险，澄天伟业公司能够继续使用被诉侵权产品的目的难以达到。

### （五）应对方案确定和实施

综合考量了上述两种方案，笔者团队方最终选择方案二：一方面，澄天伟业公司确实对被诉侵权产品的专利技术问题不清楚，本案涉及的专利技术方面的问题应当是明森公司和金冠威公司之间的争议焦点。另一方面，澄天伟业公司的焦点问题应当是证明其对被诉侵权产品的使用有“合法来源”，并且澄天伟业公司有买卖合同、记账凭证、银行电子回单、增值税专用发票等证据证明已经支付了“合理对价”。

果然，一审法院认定明森公司侵权，并当然驳回了澄天伟业公司“合法来源”的抗辩，判令澄天伟业公司立即停止使用涉案侵权产品，这与上述方案二的缺点预判相符。

笔者代表澄天伟业公司上诉至最高人民法院，并且依然以证明“合法来源”为主要诉讼策略。最终，最高人民法院认可了我方的主张，认为“澄天伟业公司提交的上述证据所反映的交易主体、商品名称、数量及交易金额等交易信息能够相互印证，已形成清晰、完整的证据链，能够证明澄天伟业公司使用的被诉侵权产品源于明森公司，且澄天伟业公司已支付合理对价，加之本案无证据证明澄天伟业公司取得被诉侵权产品时知道其为未经专利权人许可而制造并售出的侵权产品，故可以认定澄天伟业公司的合法来源抗辩成立，且无须承担停止使用的民事责任”。最高人民法院遂判决撤销广东省深圳市中级人民法院（2018）粤 03 民初 3039 号民事判决第 2 项、第 4 项。

## 三、典型意义

本案中，一审法院对被诉侵权产品和涉案专利进行了多方技术特征比对,认定了被诉侵权产品落入涉案专利权利保护范围,对于被告二澄天伟业公司主张的“合法来源并支付合理对价应当继续使用”抗辩不予认可,判令其立即停止使用被诉侵权产品。

一审的判决结果混淆了被诉侵权产品的生产者、销售者的不法侵权行为与合法购买被诉侵权产品并支付合理对价的消费者的合理使用行为,将二者等同看待,割裂了法理与情理的密切关系,严重违背了民法公平公正原则与利益均衡原则。

二审法院维持了一审法院对于被诉侵权产品侵犯涉案专利权的认定,但纠正了一审法院禁止原审被告二继续使用被诉侵权产品的错误认定,认为原审被告二提供的证据形成了清晰、完整的证据链,足以证明原审被告二使用的被诉侵权产品源于原审被告一,且原审被告二支付了合理对价,这符合《专利侵权司法解释(二)》第 25 条规定的“合法来源”情形,二审法院对错误认定的纠正维护了法律倡导的公平与正义,有利于实现行业的经济繁荣和市场公平竞争。

本案的典型性在于:仅证明“合法来源”尚不足以达到继续使用被诉侵权产品的目的,须有“支付合理对价”的证据;同时,虽然有上述司法解释,但在司法实践中大多数法院均认为,即使有“合法来源”,只是不承担赔偿责任,仍应承担“停止侵权”的责任。本案判决具有影响力,能够引导并纠正部分法院的错误认识;维护社会公平交易安全与社会公共利益。

## 四、结语和建议

应对案情复杂的专利权纠纷诉讼时,不能因为主体自身不是案件最主要争议的专利技术主体而消极应对,否则法院作出不利判决将会当然地直接影响该主体的切身利益。应当聘请专业的律师团队仔细梳理所有的案件细节,并考虑所有的应对策略的可行性,最终选取能达到利益最大化的应诉方案。

律师的应诉策略要严格以事实为依据,以法律为准绳,在事实的基础上，找准支撑诉请的法律规定是关键，本案的决胜之处在于引用了《专利侵权司法解释（二）》第25条，并依照法律的规定提交了反映案件事实的证据，形成坚实的证据链，兼具法理和情理，最终得到最高人民法院的认可，获得最高人民法院的改判，维护了委托人澄天伟业公司的合法利益。

# 法院审理案件中的产品实物可以证明使用公开

## ——汕头某公司与余某某专利无效宣告请求案

李龙飞*

### 一、案情简介〔1〕

余某某是专利号为 ZL20××××××××29.7、专利名称为车载手机支架(以下简称涉案专利)的专利权人,其认为汕头某公司在阿里巴巴店铺销售手机支架产品侵犯其专利权并向广州知识产权法院起诉。汕头某公司调取在先销售并经公证封存且处于法院另案审理中的证物作为在先销售公开证据,以涉案专利不具备新颖性为由提起专利无效宣告请求。国家知识产权局经审查后,认定上述公证封存证物及其在各法院流转过程的真实性、合法性、关联性以及公开性,认定其为现有技术,并公开了上述专利权利要求 1-10 的全部技术特征,因此宣告上述专利全部无效。

### 二、案例分析

无效宣告请求人对于手机支架产品技术的发展脉络十分清晰,坚信涉案专利为一项采用现有产品细化技术特征而申请获批的实用新型专利。涉

---

* 李龙飞:深圳市律师协会第十一届专利法律专业委员会委员,广东广和律师事务所合伙人、律师。

〔1〕 参见国家知识产权局第 49291 号无效宣告请求审查决定书。

案专利权利要求的细化技术特征较多且保护范围较小，涉案专利的评价报告显示专利权稳定，所以传统的专利文献检索及组合难以将涉案专利无效掉。故而无效宣告请求人转向在先公开实物证据，实物证据本身蕴含的技术特征的全面性足以覆盖涉案专利权利要求的全部技术特征。

但在专利无效实务中，实物证据在先公开的无效路径往往难以走通，主要原因在于：现时获得的实物证据可以确定技术特征，但实物证据的公开时间难以确定，以及实物证据存在篡改的可能性，从而致使实物证据的公开时间以及公开时的技术特征难以同步确定。所以，本案中无效宣告请求人选择通过公证封存，并仍还在法院另案审理中的实物产品作为无效请求证据。

本案焦点在于如何认定从最高人民法院退回的（2017）深南证字第26475、26479号公证书对应封存证物的真实性、合法性、关联性和公开性。

汕头某公司的代理人确认实物证据的取得日期为2017年11月10日，取得方式为从拼多多店铺购买，从而确定该实物证据在先公开的时间和公开性。然后梳理该证物流转过程，即上海知识产权法院审理（2018）沪73民初251号案时对该实物证据进行勘验并作出判决。此后，广州知识产权法院在审理（2019）粤73知民初1094号案件时向上海知识产权法院调取上述实物证据。最后，最高人民法院在审理（2020）最高法知民终247号案件时向广州知识产权法院调取上述实物证据。无效宣告请求人从最高人民法院申请退回后封存移交给国家知识产权局进行现场勘验和技术比对。

鉴于上述实物证据的每一环流转过程均有对应法院的封条、签章，国家知识产权局通过拆解最高人民法院退回的封存实物证据过程可以查验上述流转过程的痕迹并还原上述流转过程，从而认定该实物证据的真实性和不可篡改性。国家知识产权局通过技术特征比对，确认该实物证据可以还原涉案专利权利要求的全部技术特征，故而宣告涉案专利全部无效。

## 三、典型意义

本案是国家知识产权局首例以法院审理案件中的实物产品作为在先公

开证据并以不具备新颖性为由宣告涉案专利全部无效的实用新型专利无效宣告审查决定。国家知识产权局在翔实核查实物证据的原始取得方式及其在各级法院流转过程的完整性和不可篡改性后，认定该实物证据的真实性、合法性、关联性和公开性，并经技术特征比对后，宣告涉案专利全部无效。本案认可了经公证机关、人民法院参与或审理案件中实物证据的公信力，拓宽了专利无效证据的使用和采信的范围，为在先实物公开认定这一专利无效实务难点问题提供了新的思路，为高质量专利的筛选提供了参考样本，进一步强化了专利对创新的要求。

## 四、结语和建议

国家知识产权局通过检查实物证据原始取得的方式，并翔实核查实物证据在人民法院间的流转过程，从而认定流转过程的完整性及不可篡改性，并信赖公证机关、法院的公信力，最终认定实物证据在先公开涉案专利的全部技术特征，涉案专利因不具备新颖性而宣告全部无效。代理律师建议无效宣告请求人在专利无效宣告的证据搜寻方面，不应局限于文献资料，还可以将范围拓宽至具有公信力和不可篡改性的实物证据，特别是公证机关、法院参与或审理案卷中的相关实物证据，在完善证据原始取得及其保存流转过程的前提下，仍有被全面采信的机会。

# 从一则发回重审案看专利侵权鉴定意见的证明效力

## ——中茂电子(深圳)有限公司与艾德克斯(南京)有限公司、深圳乙天公司侵害发明专利权纠纷案

欧阳启明*

### 一、案情简介[1]

2013年,原告中茂电子(深圳)有限公司以被告艾德克斯(南京)有限公司、深圳乙天公司侵害其发明专利为由起诉至深圳市中级人民法院,笔者为原告的代理人。因涉案专利涉及较为复杂的电子电路技术,无法直观比对以判断是否侵权,深圳市中级人民法院委托北京国威知识产权司法鉴定中心(以下简称鉴定机构)进行侵权鉴定。鉴定意见书认为,委托人提供的实物样品"直流可编程电子负载"与原告第ZL2006××××××35.6中国发明专利权利要求1记载的全部技术特征相同。

深圳市中级人民法院根据鉴定意见书的结论,认为被控侵权产品落入

* 欧阳启明:深圳市律师协会第十一届专利法律专业委员会委员,广东卓建律师事务所律师。

[1] 参见广东省深圳市中级人民法院民事判决书,(2013)深中法知民初字第789号;广东省高级人民法院民事裁定书,(2015)粤高法民三终字第560号;广东省深圳市中级人民法院民事判决书,(2018)粤03民初4432号;广东省高级人民法院民事调解书,(2021)最高法知民终83号。

涉案专利权利要求 1 的保护范围并判决被告赔偿原告 50 万元。艾德克斯（南京）有限公司（以下简称被告一）不服一审判决，提起上诉，认为鉴定意见书错误，主张被控侵权产品的技术特征之一（技术特征 c）使用的是被告一自有专利的技术特征 x，而不是原告专利权利要求 1 中的技术特征 C。

二审法院以一审事实不清为由发回重审。二审法院认为：鉴定意见书中没有认定被控侵权产品的技术特征 c 采用的不是被告一自有专利的技术特征 x，那么被控侵权产品中的技术特征 c"有可能"采用了被告一自有专利的技术特征 x，被控侵权产品如果采用了被告一自有专利的技术特征 x，则有可能不构成侵权。

深圳市中级人民法院在重审时向鉴定机构发函，请鉴定机构确认：（1）被控侵权产品技术特征 c 与涉案专利权利要求 1 的技术特征 C 是否相同？（2）被控侵权产品是否采用了被告一自有专利的技术特征 x？

鉴定机构在鉴定意见书之外，以回函的形式确认被控侵权产品采用的是涉案专利权利要求 1 的技术特征 c，没有采用被告一自有专利的技术特征 x。鉴定机构的回函确认了被控侵权产品采用的是涉案专利权利要求 1 中的技术特征 C，并明确被控侵权产品并没有采用被告一自有专利的技术特征 x，因此被告一对鉴定意见质疑的理由并不成立，深圳市中级人民法院据此再次判决被控侵权产品落入涉案专利权利要求 1 的保护范围，构成侵权。被告一对重审判决再次提起上诉，二审经广东省高级人民法院调解结案。

## 二、案例分析

涉案专利保护的是一种电子负载，权利要求 1 的技术方案涉及比较复杂的电路和电子信号的传输、处理等，仅凭肉眼无法直观判断是否侵权，因此法院委托专业的鉴定机构出具鉴定意见来帮助查明技术事实。

鉴定意见虽然认为被诉产品落入了原告专利的保护范围，但鉴定意见并非司法结论，在被告方不予认可的情况下，其是否能被采信就成了本案的关键。

### （一）本案争议焦点

本案争议的焦点可以概括为：法院委托司法鉴定机构对被控侵权产品是否侵犯涉案专利权进行鉴定并且得到肯定的结论后，鉴定意见是否具备当然的证明效力？

鉴定意见属于民事诉讼法规定的证据之一，尤其是法院委托的鉴定机构出具的鉴定意见，其证明效力较高，法院一般都会采信。但鉴定意见作为证据，也需要经过质证，当事双方都有权就鉴定意见发表质证意见。本案中，被告一对鉴定意见提出疑问并暂时得到了二审法院的认同，代理人在这种情况下应当如何反驳被告意见，说服法官采信鉴定意见的结论？从本案的实际操作来看，有以下两点经验值得总结：

1. 从举证责任分配的角度来看，在鉴定意见已经得出被控侵权产品侵犯涉案专利权利要求保护的技术方案后，应当视为原告已经完成基本的举证责任。本案中被告一提出“被控侵权产品采用了其自有专利的技术特征 x，没有采用涉案专利的技术特征 c”的主张，举证责任应当由被告一承担，不应当是由原告承担被控侵权产品“没有使用技术特征 x”的举证证明责任，如果被告一不能就此举证证明，应当认定被告一的主张不能成立。

2. 如果对鉴定意见的争议涉及技术问题，可以请求鉴定机构进一步解答确认，对鉴定的事实和结论进行细化，避免对鉴定意见的解读出现分歧。

### （二）笔者代理思路

本案在发回重审之后，笔者团队研究分析二审发回重审的理由，发现其中存在一个逻辑上很难闭环的问题：因为被告一自有专利的技术特征 x 既没有出现在涉案专利的权利要求和说明书中，也没有出现在被控侵权产品中，要求鉴定机构明确表示“被控侵权产品不可能采用技术特征 x”超出了鉴定范围，即使鉴定机构出庭作证也可能不会给出肯定的回答。但如果鉴定机构能够明确“被控侵权产品没有采用技术特征 x”，也就解决了本案争议的焦点问题。因此,笔者团队整理的代理思路包括如下两个方面:一方面,申请鉴定专家出庭接受质询,确认被控侵权产品采用的是涉案专利权利要求1的技术特征C,而不是被告自有专利的技术特性x;另一方面,因为鉴定意见书并没有明确记载被控侵权产品没有采用技术特征x、y、z……鉴定机构在证明被控侵权产品没有采用技术特征x之后,被告还可能提出类似的主张,如"被控侵权产品的某个技术特征采用的是技术特征y、z……"鉴定机构或者原告无法一一证伪,因此笔者团队必须要向法庭强调举证责任的转移。

本案重审过程中,笔者团队主张合议庭应当采信鉴定意见书中的结论,认定被控侵权产品构成侵权,并提出了以下三点具体意见:

1. 鉴定意见书已明确记载被控侵权产品的技术特征c与涉案专利权利要求1的技术特征C相同,无论有无明确的表述,均已事实上排除了被控侵权产品采用技术特征x的可能性,除非技术特征x与技术特征C相同。但如果技术特征x与技术特征C相同,被控侵权产品还是落入了涉案专利权利要求的保护范围,构成侵权。

2. 鉴定机构进行侵权鉴定时,比对的基础是被控侵权产品与涉案专利权利要求1的技术特征,因为技术特征x在被控侵权产品中并不存在,鉴定意见书无法载明"技术特征x",更不可能载明被控侵权产品"没有采用技术特征x"。

3. 从举证责任分配的角度来说,鉴定意见书的结论明确,确认了涉案专利权利要求1记载的技术特征与被控侵权产品的技术特征一一对应且全部相同,已足以证明被控侵权产品侵犯涉案专利的专利权,原告的举证责任已经完成。被控侵权产品是否采用了技术特征x,根据举证的基本逻辑,不应当是由原告证明被控侵权产品"没有采用技术特征x",而应当是由被告举证证明被控侵权产品"采用了技术特征x"。

笔者团队除向法庭陈述以上意见外,还向法院申请鉴定人员出庭作证。法院向鉴定机构发函,鉴定机构通过回函再次确认:(1)被控侵权产品的技术特征c与涉案专利权利要求1的技术特征C相同;(2)被控侵权产品没有采用被告自有专利的技术特征 x。

## 三、典型意义

专利侵权案件经司法鉴定后的鉴定意见，即使鉴定程序合法且没有其他形式问题，鉴定意见的结论仍然可能被质疑而不被采信。本案在鉴定意见结论明确、形式上也并无任何瑕疵的情形下，虽然一审认定侵权成立，但因为被告对鉴定意见的质疑导致案件发回重审，过程曲折。因此，在办理专利侵权案件时，即使经过了侵权鉴定并得到了鉴定意见的支持，判决侵权也并非没有争议，代理人仍需谨慎应对。

代理人在鉴定意见的结论对己方有利的情形下，可以从法律和事实两个方面发表意见，为法官采信鉴定意见提供合理依据。法律方面包括举证责任分配问题等，事实方面可以申请鉴定机构进一步解释鉴定内容。

## 四、结语和建议

专利侵权案件作为民事案件的一种，应当遵循"谁主张，谁举证"的原则，本案鉴定意见书的结论是被控侵权产品与涉案专利权利要求技术特征完全相同，原告对于被控侵权产品落入原告专利权保护范围构成侵权的事实，已经完成了相应的举证责任。但鉴定意见作为证据的一种，法官有权决定是否采信，在被告反对鉴定意见的情况下，一方面，代理人可以向法官主张举证责任的转移，应当由被告举证证明其主张成立；另一方面，如果被告的反对意见涉及技术问题，代理人还可以借助鉴定机构对技术问题进行解答，以消除争议点，为法官采信鉴定意见提供支持。

# 技术领域对功能性特征认定的影响

## ——时代华影公司诉未来立体公司实用新型专利侵权纠纷案

左殿勇*

### 一、案情简介[1]

原告时代华影公司于2013年9月5日以“一种低投射比高光效立体投影装置及立体投影系统”为主题，向国家知识产权局提出实用新型专利申请，并于2014年1月22日获得实用新型专利权，其专利号为：ZL20×××××××48.2。原告经调查发现，被告未来立体公司大量制造、销售落入原告专利保护范围的产品，被告的行为已经侵犯了原告的专利权，给原告造成了巨大的经济损失。

一审判决被告停止侵权，并赔偿原告经济损失及合理维权开支，共计80万元。被告未来立体公司不服，向最高人民法院上诉，认为涉案专利权利要求技术特征B、C、F属于功能性特征，被诉产品没有落入其保护范围。最高人民法院经审理后认为，未来立体公司的上诉理由均不成立，判决驳回上诉，维持原判。未来立体公司仍然不服，向最高人民法院申请再审，最高人

* 左殿勇：深圳市律师协会第十一届专利法律专业委员会委员，北京德和衡（深圳）律师事务所律师。

〔1〕 参见最高人民法院民事裁定书，（2020）最高法民申6740号。

民法院经审理后认为，相关技术特征不属于功能性特征，被诉产品落入了专利的保护范围，裁定驳回未来立体公司的再审申请。

## 二、案例分析

### （一）总体思路

笔者作为代理律师，为专利权人构筑了两道防线：第一道防线是特征B、C、F不属于功能性特征；第二道防线是即使相关技术特征被界定为功能性特征，被诉产品依然落入其保护范围。

对于第一道防线，笔者着重强调光学领域的特殊性，结合光学领域的特点，着重说明界定"光路及其变化状态"是最佳、最直接、最常用的技术手段表达方式，这种表达方式并不属于功能性限定。在此基础上，进一步论述相关技术特征包含位置关系并隐含结构特征。

对于第二道防线，笔者认为，即使特征B属于功能性特征，在确定其内容时，也应当排除与实现功能或者效果无直接、必然联系的技术细节，再与被诉侵权技术方案进行比对，并结合涉案专利无效决定说明如何确定"实现功能不可缺少"的技术特征。

### （二）诉讼策略的具体展开

首先，在光学领域，界定"光路及其变化状态"是最佳的技术手段表达方式，这种表达方式并不属于功能性限定。

笔者认为，光学领域的各种物理现象（反射、折射、汇聚、发散、偏振等）以及实现方式（反射镜、凸凹透镜、偏振器件等），属于本领域技术人员的公知常识。技术方案的改进往往并不体现在这些方面。光学技术方案的改进主要体现在如何运用前述现有的器件，根据光的物理性质，规划光路及其变化状态，进而解决技术问题。

因此，光学技术手段最本质的体现就在于对"光路及其变化状态"的规划，而不是光学器件的具体结构或者它们之间的机械连接关系。对"光路及其变化状态”的限定就是对光学领域技术方案最直接、最清楚的表达，这是光学领域常见的技术方案表达方式。

光学领域技术方案的特点决定了权利要求撰写的最佳方案，是围绕光线传播路径以及变化状态进行的，在描述光线路径的同时限定光学器件的位置关系，即采用“位置＋光路及其变化”的限定方式。一旦位置以及光的传播路径及变化状态界定清楚了，整个技术方案就清楚了。界定光路传播路径其实就是限定光路中各个器件的位置关系，而位置关系就是一种结构关系。另外，光路中光线路径及其变化，实际上对应着不同的透镜（器件）类型以及设置方式，与位置关系结合起来，才能实现技术方案的清楚表达。

否则，如果采用机械领域专利的写法，将具体透镜的类型、规格、布置方式等特征都写入权利要求，而又不限定光的传播路径及变化状态的话，那么不仅导致保护范围极其狭窄以致专利在事实上得不到保护，而且也不能清楚表达技术方案，影响本领域技术员对技术方案的理解，不能满足《专利法》第 26 条对权利要求清楚、简要的要求。

其次，特征 B 具备结构特征，不属于功能性特征。

特征 B 的内容：偏振分光组件将来自投影机的投射光束分束为透射光束、第一反射光束、第二反射光束；所述透射光束的偏振方向与所述第一反射光束、第二反射光束的偏振方向正交。

其一，特征 B 包含位置关系，而位置关系属于结构特征。前半句限定的是投影机与偏振分光组件之间的位置关系，该位置关系本质上是一种结构特征。

其二，特征 B 还包括隐含“偏振分光组件”的结构特征。因为，对于本领域的技术人员而言，“光的偏振”现象属于公知常识，而实现自然光的偏振分离（将 P 态和 S 态的光进行分离）的分偏振面（板）是本领域技术人员所熟知的常规器件。该分偏振面具备一个“反射面”和一个“透射面”，能将自然光分成 P 态的透射光和 S 态的反射光，这在各种教科书中均有记载，涉案专利的背景技术能够证明。

对于本领域的技术人员而言,该特征实际上限定了“偏振分光组件”是一种具有两个“反射面”和一个“透射面”的偏振分光器件。因此,当本领域技术人员看到技术特征 B 的内容时,结合自己所掌握的本领域的技术常识,可以轻而易举地确定实现特征 B 的具体技术手段。

最后,即使特征 B 被界定为功能性特征,被诉产品依然落入其保护范围。

退一步而言,即使特征 B 属于功能性特征,在确定其内容时,也应当排除与实现功能或者效果无直接、必然联系的技术细节,从说明书和附图的描述中提炼出实现功能不可缺少的技术特征之后,再将该技术特征与被诉侵权技术方案进行比对。

实现权利要求 1 中特征 B 所限定的光路变化(将来自投影机的投射光束分束为透射光束、第一反射光束、第二反射光束;所述透射光束的偏振方向与所述第一反射光束、第二反射光束的偏振方向正交),只需要涉案专利说明书[0028 段]倒数第三行所记载的“内部具有两个分偏振面”即可。因此,被诉产品包含了特征 B。

## 三、典型意义

功能性特征的认定及功能性特征的保护范围的确定一直是司法实践的难点、热点。最高人民法院近年来推出多个涉及功能性特征的指导案例,这些案例发挥了较好的指导作用。但功能性特征的认定还在很大程度上受到技术领域的影响。本案的典型意义在于明确了光学领域功能性特征的认定标准问题,即光学的技术特点决定了权利要求的撰写围绕光线传播路径以及变化状态进行,并通过在发明创造中所起的功能或者效果,使技术方案的相关技术特征在描述光线路径的同时也限定了光学器件之间的位置关系。以这种方式表达的技术特征,即采用“光路 + 功能”的限定方式,是本领域技术人员仅通过阅读权利要求书即可直接、明确地确定实现相关功能或者效果的具体实施方式,因而不能认定为功能性特征。

## 四、结语和建议

在诉讼实践中,功能性特征的认定及功能性特征保护范围的确定经常变成一个焦点问题,相关技术特征是否属于功能性特征对专利保护范围有着极大的影响。目前司法实践中对功能性特征的认定,出现了向专利权人倾斜的趋势,这与加强知识产权保护、创新驱动发展的政策导向是一致的。因此,原告代理律师在代理这类案件时,要充分理解技术方案的本质,挖掘出技术特征中所蕴含的结构信息,并详细说明相关领域技术特点,阐明相关技术特征并不属于功能性特征的理由。当然,即使被认定为功能性特征,也要向法庭说明,排除说明书具体实施方式中与实现功能或者效果无直接、必然联系的技术细节,从而争取更大的保护范围。

# 第二章 2022年度深圳律师专利类获奖典型案例评述

## 恶意放弃PCT专利申请的赔偿责任

——A公司诉深圳B科技公司、莫某某PCT专利申请权权属纠纷系列案

崔　军*　丁敬伟**

### 一、案情简介[1]

原告A公司是上市公司C电子股份有限公司下属子公司，是全球最早从事电容屏多指触控技术研发的公司之一，是全球出货量最大的电容屏触控芯片提供商，是深圳市高新技术企业。被告莫某某于2006年9月4日入职原告处，负责包括指纹识别的技术研发工作，并担任高级副总经理。2016年1月12日，被告以第三人刘某某为发明人、以B公司名义申请了三件涉案PCT专利。被告在原告提出涉"三案"权属纠纷后，通过B公司将上述PCT专利以撤回的形式进行放弃。

---

* 崔军：北京德恒（深圳）律师事务所律师。

** 丁敬伟：深圳市律师协会第十一届专利法律专业委员会副主任，北京德恒（深圳）律师事务所律师。

〔1〕 参见最高人民法院民事裁定书，(2023)最高法民申62、63、64号。

原告于2016年12月6日向一审法院提出起诉请求:(1)判令涉案PCT申请权归A公司所有;(2)判令B公司、莫某某共同负担本案诉讼费用。在一审审理中,因B公司将上述PCT专利通过撤回的形式进行放弃,原告将第一项诉讼请求变更为:在认定涉案PCT申请权属于A公司的前提下,请求B公司、莫某某连带赔偿经济损失50万元。一审法院判决:驳回原告的全部诉讼请求。

二审法院经审理后,判决撤销"三案"一审判决;B公司赔偿A公司经济损失50万元。

## 二、案例分析

### (一)二审中最高人民法院确定的案件焦点

(1)A公司是否享有涉案PCT申请的申请权;

(2)B公司撤回涉案PCT申请的行为是否损害A公司的合法权益及是否应在本案中审理A公司的合法权益损害纠纷;

(3)B公司、莫某某是否应当赔偿A公司的经济损失及损害赔偿的数额应当如何确定。

### (二)代理思路

笔者在本案中代理原告提起专利权权属纠纷诉讼,代理思路如下。

**1. 证明PCT国际申请权利属于独立存在的权利,不以是否存在PCT国际专利权为前提**

举证思路如下:

(1)PCT国际申请属于权利。在PCT国际申请提交之前,权利人享有决定"是否申请、何时申请"的权利。在PCT国际申请提交时,权利人享有提出"优先权申请"的权利。在PCT申请提交之后,权利人享有"决定继续申请、专利申请权转让、撤回申请"的权利。

(2)PCT 申请权属于专利申请权。《专利法》(2008 年)第 20 条[1]明确将专利申请权区分为向国内和非国内申请权两种形式,并且对于向国外申请的情况作出了特别规定,要求直接向外国提出专利申请、通过国际条约提出专利国际申请(如 PCT 专利申请)的应当经过保密前置的审查程序。

(3)专利申请权是独立于专利权而存在的一种权利,同理 PCT 国际申请权属于独立存在的权利,不以存在 PCT 国际专利权为成立的前提。

2. 证明 A 公司在 PCT 申请被 B 公司撤回前，已穷尽救济手段

举证思路如下:

本系列“三案”涉及的 PCT 专利申请是在与其对应的优先权专利在原一审判决判给上诉人 A 公司后,B 公司通过向 PCT 国际受理局提出撤回申请的方式放弃的。

上诉人 A 公司已经通过各种途径了解避免使诉争 PCT 专利被撤回的救济措施,包括但不限于:(1)咨询专利局;(2)咨询 PCT 中国受理处。上诉人 A 公司得到的回复是无法对 PCT 申请进行保全,上诉人 A 公司已经穷尽了救济手段,所以,不应对于诉争专利的损失承担责任。

3. 证明 B 公司应当为侵权行为承担赔偿责任

举证思路如下:

(1)未经 A 公司同意的申请行为和撤回行为侵害了 A 公司享有的 PCT 国际申请权利或权益。B 公司在未经真正权利人 A 公司同意的前提下即私自处分,通过向 PCT 国际受理局提交撤回申请的方式撤回了本应属于 A 公司的 PCT 申请,而且,B 公司的该撤回行为不可撤销,侵害了 A 公司享有的 PCT 申请权。

(2)B 公司撤回诉争专利的行为给 A 公司造成了财产损害的事实。一般而言,申请人之所以会增加申请及维权费用提出 PCT 申请,是因为其作为 PCT 专利申请权人,在该 PCT 申请国/国外市场存在重大的商业利益。诉争

[1] 相关规定参见 2020 年《专利法》第 19 条。

三专利的技术方案在被 B 公司主动撤回前,已经因 B 公司的申请行为而被公开,B 公司撤回诉争专利的行为使 A 公司不能再重新递交 PCT 申请,进而通过 PCT 申请进入国家阶段获得专利授权,从而获得竞争优势和专利保护,B 公司撤回诉争专利的行为给 A 公司享有的 PCT 国际申请权利或权益造成了无法挽回的损失。

(3)B 公司撤回诉争专利的行为与 A 公司损害后果之间具有因果关系。正是 B 公司未经真实权利人 A 公司的同意,向 PCT 国际受理局申请并公开诉争专利技术方案的行为,导致 A 公司无法就与诉争专利相同的技术方案再递交专利申请,特别是 B 公司又将诉争专利撤回的行为,导致 A 公司无法就诉争专利技术方案获得竞争优势和专利保护,给 A 公司造成了损害后果,所以,B 公司撤回诉争专利的行为与 A 公司损害后果之间具有因果关系。

(4)B 公司撤回诉争专利的行为在主观上有故意或过失的过错。B 公司撤回诉争专利的时间节点正是深圳市中级人民法院一审判决诉争专利的优先权专利属于 A 公司职务发明之后,这足以说明 B 公司撤回诉争专利的行为在主观上有故意或过失的过错。

(5)B 公司应当为其侵权行为向 A 公司承担赔偿责任。B 公司实施了侵权行为,给 A 公司造成了损失,B 公司应向 A 公司承担赔偿责任。

## 三、典型意义

该系列案件涉及 PCT 申请权利性质、PCT 申请国际公布后的无权撤回处分所引起的 PCT 申请权属之诉和侵权之诉的关系、故意撤回 PCT 申请损害赔偿责任的确定等诸多难点问题。

在案件的审理中,最高人民法院释明了以下问题:(1)虽然 PCT 国际专利不同于职务发明中规定的国内专利权/申请权,但通过巴黎公约或通过 PCT 途径提出专利国际申请,属于专利申请人享有的权利。(2)因侵权人提起 PCT 申请后又撤回申请的行为,权利人在 PCT 申请权权属纠纷中增加损害赔偿诉请具有合理性和正当性,法院应当予以一并审理,进而纠正了一审法院以 PCT 申请权被撤回后争议权利已不存在,无审理基础为由驳回原告诉讼请求的错误判决。(3)一方当事人应基于诚信原则,履行通知、协助、保护等义务,被告在本案中主观过错明显,社会影响恶劣,全额支持原告诉请对于相关市场主体具有警示作用。

## 四、结语和建议

“三案”所涉专利技术均与近年来十分热门的指纹识别技术相关,该系列案涉及的专利技术及相关案情复杂,而且此类关于 PCT 专利申请纠纷的案件没有明确的在先判例可以参考。在这种情况下,笔者积极寻找证据和法律依据,在二审中通过进一步向法院阐明了 PCT 属于专利申请权,是独立于专利权而存在的一种权利,证明 A 公司已经采取各种措施避免诉争 PCT 专利被撤回,穷尽了救济手段,被告 B 公司对 PCT 申请权的故意放弃给原告 A 公司造成了相应的损失,被告 B 公司具有侵权的恶意,应当为其侵权行为承担赔偿责任。本案对后续相关类似 PCT 申请权属纠纷案件,从法律依据、证据收集等方面具有参考意义。

# 组件产品专利与套件产品专利的区分

## ——深圳某设施公司与广东某体育器材公司侵害外观设计纠纷案

李龙飞*　张胜男**

### 一、案情简介[1]

原告广东某体育器材公司拥有专利号为ZL20××××××××12.8的外观设计专利权，该专利授权公告文本显示该专利为组件产品。被告深圳某设施公司制造、销售网球场组合式围网连接件涉嫌侵权，故而原告提起本案诉讼。早在2018年，原告采用相同专利权起诉广州恒冠体育设施有限公司，已取得将涉案专利权变更认定为套件产品的生效判决。被告提交专利产品介绍册以解释专利产品为组件产品，并于庭后提交涉案专利无效审查决定，提出涉案专利为组件产品而不落入保护范围的抗辩。广州知识产权法院判决更正认定涉案专利为组件产品，被控产品不落入保护范围而驳回原告的诉讼请求。原告不服该判决并提起上诉，广东省高级人民法院判决驳回上诉，维持原判。

---

* 李龙飞：深圳市律师协会第十一届专利法律专业委员会委员，广东广和律师事务所合伙人、律师。

** 张胜男：广东良马律师事务所律师。

〔1〕 参见广州知识产权法院民事判决书，(2021)粤73民初2584号；广东省高级人民法院民事判决书，(2022)粤民终2893号。

## 二、案例分析

本案中，涉案专利包括1/4圆弧加侧管接口的组件1、1/2圆弧加侧管接口的组件2、1/4圆弧无侧管接口的组件3，而被诉产品仅为1/2圆弧加侧管接口的连接件。所以，本案是否落入保护范围的认定焦点在于：涉案专利视为组件产品专利，还是套件产品专利进行保护。

涉案专利的简要说明记载涉案专利为由组件1、组件2和组件3组成的组件产品。但是，在先生效判决认定涉案专利为套件产品，具体理由为：涉案专利组件1、组件2、组件3并非必须组合才具有使用价值，而是都具有独立使用价值，组合后还具有组合使用价值，故涉案专利是套件产品；虽然涉案专利简要说明称涉案专利是组件产品，但外观设计专利权的保护范围应以授权公告图片中的产品外观设计为准，故涉案专利简要说明的解释不能推翻上述套件产品的认定。

在上述在先判决认定的情况下，为将涉案专利更正认定为组件产品，笔者作为被告方代理律师，主要从两个方面着手策划组织证据。

第一，围绕"专利公示原则"解释涉案专利为组件产品专利。笔者提交的原告专利产品介绍册的展示内容显示专利产品应用于网球场的围网连接，该用途与涉案专利简要说明中"用于组合式围网的连接"相一致；笔者介绍涉案专利存在"两头连接法""转角连接法""三边连接法"的组合使用状态图，这既与涉案专利使用状态参考图相对应，又进一步扩充展示了多种使用状态，从而高度盖然地确定涉案专利产品的用途是"围网"的连接，而并非原告所主张仅需要围合成圆周的连接，围网的连接必然需要组件1、组件2、组件3全部使用方能完成。

第二，围绕"禁止反悔原则"限缩涉案专利保护范围，以阻止涉案专利被解释为套件产品而扩大保护范围。笔者针对组件2组织提起不符合《专利法》第23条规定的无效宣告请求，国家知识产权局作出仅针对组件2无法无效掉涉案组件产品专利的审查决定。这相当于无效审查过程中，将涉案专利进一步认定为组件产品。

在上述“专利公示原则”“禁止反悔原则”对涉案专利权进行限缩解释的情况下，合议庭经报广州知识产权法院审判委员会讨论后，在本案中否决了在先生效判决将涉案专利视为套件产品进行保护的认定，将涉案专利更正认定为组件产品。广东省高级人民法院进一步维持了上述认定，从而驳回上诉，维持原判。

## 三、典型意义

涉案专利权授权公告文本记载涉案专利为组件产品，但生效判决将其解释为套件产品进行保护。本案后续专利侵权系列案件的应诉过程中，笔者通过寻找专利权人解释专利产品的证据，以及提起专利无效宣告请求创造新证据，巧妙适用“专利公示原则”“禁止反悔原则”以更正认定涉案专利产品为组件产品，做到“同案不同判”。本案对于厘清“组件产品”“套件产品”及两者之间变更的限制具有典型的指导意义。笔者娴熟运用举证策划能力以突破在先同案判决的约束，体现诉讼案件中律师代理价值。

## 四、结语和建议

对于组装关系不唯一的组件产品的外观设计专利，被诉侵权设计与其全部单个构件的外观设计均相同或者近似的，方才认定侵权成立。对于成套产品的外观设计专利，被诉侵权设计与其一项外观设计相同或者近似的，即可认定侵权成立。若将组件产品的专利变更认定为套件产品的专利，将大大扩张外观设计专利权的保护范围。专利侵权诉讼案件中的代理律师应溯本清源地理解专利产品的本身特点、使用场景及用途，以准确界定专利产品类型及专利产品的保护范围。即使在先判决存在相反认定，仍可通过寻找专利产品的解释证据，策划提起专利无效请求以获取新证据，利用“专利公示原则”“禁止反悔原则”来准确界定专利产品类型，从而体现专利诉讼案件律师代理价值。

# 百万粉丝网红微商专利维权获高额赔偿的代理实践

## ——诉网红微商实用新型专利侵权获赔超450万元

马　戎*　丘舒逸**

## 一、案情简介[1]

被告三作为在“唱吧”拥有285.7万名粉丝的网红歌手，利用自带流量的属性，通过架构的庞大微商销售网络来变现自己的流量，被告三通过与被诉侵权产品专业生产工厂的合作，生产、销售和许诺销售侵犯专利权人实用新型专利权的被诉侵权产品“全能麦”、对应型号H1S和“声卡麦”、对应型号H2。

被告三架构了股东、官方合伙人、董事、副总和经销商一共五个层级的微商销售管理体系，通过不同的微信群来管理所有层级的微商团队成员，进行销售和许诺销售被诉侵权产品。通过前期的调查核实，根据初步可以确定的被诉侵权产品的销售数量和被诉侵权产品的合理利润率，原告确定了5000万元的诉讼索赔金额。面对如此高额的索赔，各被告倍感压力，在一

* 马戎：深圳市律师协会第十一届专利法律专业委员会副主任，广东良马律师事务所合伙人、律师。

** 丘舒逸：广东安韬律师事务所律师。

〔1〕 参见广东省深圳市中级人民法院民事判决书，(2019)粤03民初558号；广东省高级人民法院民事判决书，(2021)最高法知民终1030号。

审、二审期间针对涉案专利连续提起了七次无效宣告请求。

原告起诉至深圳市中级人民法院，一审法院判令五被告停止侵权行为并销毁库存产品，判令被告一、被告二和被告三共同赔偿原告经济损失和合理维权费用320万元，判令被告三、被告四和被告五共同赔偿原告经济损失和合理维权费用140万元，判令被告一、被告二和被告三负担一审案件受理费14万元，判令被告三、被告四和被告五负担一审案件受理费6万元。原告、被告同时针对一审判决提起上诉，二审法院最终判决维持一审判决。

## 二、案例分析

### （一）诉讼策略概述

笔者团队系原告方代理律师，如前所述，本案的侵权行为模式具有非典型性，不是传统的电商线上销售或线下零售批发的销售侵权模式，而是利用被告三身为拥有“唱吧”百万名粉丝的网红自带流量的属性，通过架构层级分明的微商销售网络来变现流量。被告三作为拥有绝对话语权的一方，不仅可以直接指挥生产工厂，还对自己微商团队里的成员有着“生杀予夺”的权力，从证据所展示的内容来看，被告三的行为构成制造被诉侵权产品的行为。本案的一个关键点在于：只有使被告三同时坐实生产者和销售者的侵权角色，才能保障即使本案的财产保全未达到预期目标，本案的执行也能有保障。

五被告的法定代表人或股东身份存在交叉和关联，从这一点入手可以将五被告各自的侵权责任进行较为具体和细致的划分。同时五被告各自都有注册成功或者未注册成功的商标，而五被告在被诉侵权产品以及被诉侵权产品包装上对各种标识的规范或者不规范使用都可以被用来佐证前述各自侵权责任的划分。

本案主张5000万元索赔金额的证据基础为被告三在朋友圈宣传被诉侵权产品达到了25万台的销量。被告三一定会在诉讼中主张该朋友圈内容为虚假宣传或随意提出的。

所以如何筑牢产品销量的证据堤坝将是本案的另一个关键点。因此笔者确定了对能够联系上的微商团队成员进行穷尽式取证的取证方式，如果能够从被告三的微商团队成员手里购买到被诉侵权产品，那么就能够证明被告三的微商销售网络的实际运行方式以及销售能力。

通过被告三在其朋友圈里宣传的其自己的收款记录来反推其每天销售被诉侵权产品的数量，结合被告三实施侵权行为的时间，就能够得出可以支持其宣称的25万台销量的计算数量。

通过对被告三在“唱吧”里的宣传内容来证明其开始实施侵权行为的时间和持续实施侵权行为的时间，被告三在“唱吧”里的粉丝数量以及被告三安排特定粉丝在留言评论里提问并宣传被诉产品的购买途径，都可以用来证明被告三朋友圈里宣传的被诉侵权产品达到的25万台销量为真实的销售数据，而非虚假宣传或随意提出。

### （二）搜证和固证

本案的侵权行为的具体实施方式与之前处理的所有案件均不同。本案的侵权行为不是普通的线上或者线下销售被诉侵权产品的侵权行为，而是通过组织严密的微商体系结合流量网红歌手的巨大影响力来实施的专利侵权行为。针对这种侵权行为，如何进行有效的搜证和固证，是本案诉讼目标能否达成的决定性因素。

最终，笔者从以下7个方面进行搜证和取证，形成了64份侵权证据。

（1）针对被告三的微信朋友圈宣传信息和微商微信沟通群进行搜证和固证。

（2）直接与被告三进行交流沟通，然后从被告三处公证购买被诉侵权产品。

（3）对可以在被告三微信朋友圈、微商微信沟通群以及“唱吧”评论区留言的微信号进行汇总，核实这些微信号是不是被告三的微商管理认证系统认证的微商团队成员，最终通过20次公证购买从前述确认的微商团队成员处购得了被诉侵权产品。

(4)对被告三用来进行微商管理认证的公众号以及公众号内发布的内容进行公证,公证微商成员微信号认证的过程,两者结合可以证明被告三的微商销售网络的管理运营模式。

(5)对所有被诉侵权产品防伪查询的过程进行公证,这个证据证明了被告有能力轻易证明自己生产被诉侵权产品的数量。

(6)对被诉侵权产品的生产工厂进行工商查处,封存被诉侵权产品的样品,并且对工厂的生产线和库存拍照。

(7)对被告三的“唱吧”账号下所有与被诉侵权产品相关的信息进行收集,以时间戳的方式进行固证。

### (三)一审阶段

#### 1. 原告主张

原告在一审中提出诉讼请求:判令被告一、被告二和被告三共同承担制造侵权赔偿责任 3500 万元(包括合理维权费用 121,973 元);判令被告三、被告四和被告五共同承担销售、许诺销售被诉侵权产品的赔偿责任 1500 万元(包括合理维权费用 60,987 元)。

#### 2. 被告答辩

被告请求法院驳回原告的所有诉讼请求,并针对原告的诉讼主张提出以下答辩意见:

(1)被告提出原告指控被告侵权时主张的权利要求基础不存在,不符合专利法规定的授权条件。

(2)被告提出原告诉请 5000 万元的经济损失过高。具体理由如下:

首先,被告主张:涉案专利实用价值低,涉案专利维持有效的权利要求 6、权利要求 8 和权利要求 9 与涉案专利要解决的技术问题无关,涉案专利的价值和创新高度进一步降低。

其次,被告认为:被诉侵权产品销售、许诺销售范围小,仅限于微信。原告提交证据证明被诉侵权产品大部分通过微信销售、许诺销售，微信好友大多是相互认识的亲戚、朋友，微信朋友圈具有人员特定、人数固定的特点。被告三是一名歌手，其微信好友大部分为音乐爱好者，均不是从事商事经营的主体，找其购买被诉侵权产品的目的是唱歌自用，并非再次销售，被告实际销售范围小，获利少。且原告所提交相关证据显示，被告三的微信朋友圈以及相关微信群虽有被诉侵权产品许诺销售的宣传信息，但这类宣传信息明显夸大、虚构产品销量，不具有真实性。

最后，被告认为：原告为获取不合理赔偿，人为制造被告侵权规模的假象。原告提交的公证购买证据显示，原告代理人先是主动添加部分微信群成员为好友，提出购买被诉侵权产品的要求，并以成为代理商等为诱饵，诱导原本没有销售被诉侵权产品的群成员参与了被诉侵权产品的销售。原告第一次公证购买足以证明被告三出售了被诉侵权产品，被告一制造了被诉侵权产品，微信群成员通过公证方式加以固定，原告无须主动联络每个微信群成员再次购买被诉侵权产品。原告上述的帮助销售、重复公证行为，是在人为故意制造被告侵权规模大的假象，原告有获取不合理赔偿的动机。原告诉请的5000万元经济损失显然过高。

(3)被告认为五被告不构成共同侵权，不承担连带赔偿责任。

(4)被告认为被诉侵权产品其实没有落入原告专利权的保护范围。

3. 被告应诉策略要点提炼

(1)将制造侵权责任推到被告一身上。

(2)将销售和许诺销售侵权责任推到被告三身上。

(3)通过主张被告三销售和许诺销售的被诉侵权产品来自被告一的合法来源抗辩消除被告三的侵权赔偿责任。

(4)通过管辖权异议的拖延，被告一已经做好了所有准备，即使案件胜诉，后期也无法从被告一处成功执行到判赔款项。

可以确定如果被告实现了将侵权责任全部推给被告一的诉讼目标，那么最终的结果肯定是即使判决获得胜诉也无法执行。被告的意图非常明显,将主要责任推给没有实际经营的被告一,被告三即使承担责任,也承担的是较轻的销售侵权责任。

4. 反击被告应诉策略

基于以上分析,笔者认为,我方在本案中的应对策略如下:首先,通过对证据的梳理和论述来向法官展现被告三宣传的销售数量并非为夸大宣传的虚构数据,而是可以通过证据来印证的真实数据。

其次,需要通过梳理分析被告三所经营管理的微商销售团队的销售模式,来证明被告三可以通过微商销售团队达成巨额销售数量的目标。

再次,要求被告提供有关被诉侵权产品成本的证据,同时提供专利权人销售价格与被诉侵权产品销售价格相当的同类产品的成本证据作为计算被告侵权获利的成本证据。

最后,通过被诉侵权产品以及被诉侵权产品包装上的信息来坐实被告一、被告二和被告三共同实施制造被诉侵权产品行为的事实。通过被告四和被告五的宣传信息,以及被告三与被告四和被告五的关联关系来坐实被告三、被告四和被告五实施销售和许诺销售被诉侵权产品行为的事实。

5. 一审法院认为

(1)关于被告三在朋友圈宣传的销量达25万台的认定

结合被告三在"唱吧"上有近285.7万名粉丝并且在2017年8月10日开始在"唱吧"里宣传全能麦,截至2018年9月19日,间隔时间一年余,这与被告三在2019年9月19日发朋友圈声称"全能联盟成立一周年"能够在时间上对应。被告三所宣称的"全能联盟成立一周年",累计销量达到25万台与被告的营销模式、实际所构建的五级代理商营销体系能够相互印证。本案诸多证据证明,被告的微商销售网络按照营销模式、营销体系运行,销量巨大。因此,被告三在朋友圈发布的"全能联盟成立一周年,累计销量达25万台"不应视为虚假宣传或随意提出。

(2)关于被告被诉侵权产品总销量的认定

被告的五级销售代理商营销模式系一种特殊营销模式,该模式是否具有可持续性，取决于被告能否确保股东、官方、董事、副总、经销商等五级销售代理商的人数持续增加，而一旦被告五级销售代理商的人数未能持续增加，其被控产品销售就不可能持续增加，而本案原告没有提交证据证明被告五级销售代理商人数持续增加，其营销模式得以正常延续甚至扩大；同时，声卡麦与全能麦性能基本一致，声卡麦和全能麦并非必须配套销售，相反，全能麦与声卡麦存在相互替代关系，即一般来说，购买了全能麦就无须购买声卡麦，购买了声卡麦无须再购买全能麦。因此，原告所提出被告从 2018 年 9 月 20 日至 2020 年 8 月 4 日的 684 天内销售全能麦数量及获利以及从 2019 年 1 月 12 日始至 2020 年 8 月 4 日止销售声卡麦数量及获利均应再分别参照此前 25 万台销售数量及获利计算并无实据。基于原告未提交证据证明 2018 年 9 月 20 日至 2020 年 8 月 4 日被告销售被诉侵权产品（包括全能麦及声卡麦）数量及获利，而被告拒绝提交 2018 年 9 月 20 日至 2020 年 8 月 4 日销售被诉侵权产品（包括全能麦及声卡麦）数量及获利的账册，法院难以查清，故法院参照被告截至 2018 年 9 月 19 日一年（以 365 天计算）销售数量累计 25 万台，平均每日销售约 685 台，以约三成计算（被告在 2018 年 9 月 20 日至 2020 年 8 月 4 日销售减缓、萎缩），推定 2018 年 9 月 20 日至 2020 年 8 月 4 日的 684 天内被告销售被诉侵权产品（包括全能麦及声卡麦）140，562 台。综上，一审法院认定被告截至 2020 年 8 月 4 日总共销售被诉侵权产品（包括全能麦及声卡麦）390，562 台。

（3）关于被告获利的计算

被告未提交证据证明被诉侵权产品的成本及获利情况，原告所提出的类似产品 42.4% 的利润率具有一定的合理性，可以参照适用。因此，截至 2020 年 8 月 4 日，被告总共销售被诉侵权产品（包括全能麦及声卡麦）390，562 台，以被告最低销售单价每台 279 元，利润率 42.4% 计算，被告获利 46，201，922.35 元。原告主张涉案专利权利要求 6、权利要求 8、权利要求 9 对被诉侵权产品利润的贡献度为 75%，对此，法院认为，尽管被诉侵权产品落入原告涉案实用新型专利权利要求 6、权利要求 8、权利要求 9 的保护范围,但被告所获利润系受技术支持、资金投入以及营销策略等多种因素影响,而且技术支持包括涉案专利技术、其他专利技术以及非专利技术等,原告关于涉案专利权利要求 6、权利要求 8、权利要求 9 对被诉侵权产品利润的贡献度为 75% 的陈述没有事实依据。法院根据涉案专利创新程度、市场价值以及被诉侵权产品落入涉案专利保护范围的具体情况、涉案专利对被诉侵权产品的技术贡献等因素,酌定涉案专利技术对被诉侵权产品利润贡献率约为 10% ,即五被告因为实施涉案专利的获利约为 460 万元。

(四)二审阶段

1. 各方诉求及理由

(1)原告方提出如下上诉请求:①撤销原审判决第 2 项,改判被告一、被告二和被告三共同赔偿上诉人经济损失 1500 万元(含维权合理费用);②撤销原审判决第 3 项,改判被告三、被告四和被告五共同赔偿上诉人经济损失 500 万元(含维权合理费用)。事实和理由:

①一审法院在认定被诉侵权产品的总销量时,应当至少采用 2017 年 9 月 3 日至 2018 年 9 月 19 日的日均销售量 685 台,作为 2019 年 1 月 12 日至 2020 年 8 月 4 日的日均销售数量进行计算,从而得出在 2019 年 1 月 12 日至 2020 年 8 月 4 日的实际销售数量至少为 468,540 台。在此基础上,本案被诉侵权产品的销售获利至少为 85,003,282 元。

②一审法院认定涉案专利技术对被诉侵权产品的利润贡献率应当不低于 10% 。

③原审被告一、被告二、被告三、被告四和被告五持续故意侵权,应当加重处罚。

(2)被告一和被告二共同提出如下上诉请求:①撤销原审判决第 1、2、3 项,改判驳回一审原告原审全部诉讼请求。②本案一审、二审诉讼费由一审原告承担。事实和理由:

①被诉侵权产品没有落入涉案专利保护范围。

②原审判决“赔偿数额的计算方法”适用法律错误。本案权利人的实际损失或者侵权人获得的利益难以确定，故只能参照该专利许可使用费的倍数合理确定赔偿数额，而不是去参照朋友圈发表的带虚假宣传内容的图片。

③原审判决认定一审原告所提类似产品42.4%的利润率与事实不符。

④原审法院仅以存在共同股东为由认定一审被告二共同实施制造被诉侵权产品行为没有事实和法律依据。

(3)被告三、被告四和被告五共同上诉请求撤销原审判决，依法改判或发回重审。事实和理由：

①原审认定一审被告三制造被诉侵权产品错误。被告三是被告一公司产品的形象代言人，且于2017年6月22日作为销售代理人与被代理人被告二签订产品销售代理合同书，代理销售被告二公司产品，非被诉侵权产品的制造者。

②被告三不应承担赔偿责任。被告三、被告四和被告五互相配合，按照产品销售代理合同书中的约定，在“大中华区”区域内代理销售被诉侵权产品，并不知道代理销售的被诉侵权产品是侵权产品，被诉侵权产品来源合法，销售者不承担赔偿责任。

③原审判决侵权赔偿金额过高，不符合法律规定。原审以被告三在互联网上宣称的“全能联盟成立一周年，累计销量达到25万台”为基础来计算侵权获利，有失公允，本案酌定赔偿的金额不应超过100万元。

2. 二审法院判决及理由

二审法院认为原审判决认定事实清楚，适用法律无误，判决驳回各方上诉，维持原判。事实和理由概括如下：

(1)经过比对，被诉侵权产品具有一审原告主张的涉案专利权利要求6、8和9所分解的技术特征，落入涉案专利保护范围。

(2)被诉侵权产品上使用了被告二的“HPP”商标，这表明被告二是制造商，同时被告二的法定代表人是被告一的股东之一，公司经营范围包含“话筒、音箱”的生产，所以认定被告二为被诉侵权产品的制造者并承担相应的责任并无不当。

(3)虽无证据证明作为个人的被告三有在物理上实施了制造行为,但是通过被告一的股东兼法定代表人黄某同时为被告四和被告五公司的股东,被告三为被告四的法定代表人和股东,被告三向被告一定制有自己签名的规格型号为 H1S 的被诉侵权产品,并利用自身的微信朋友圈进行产品营销,基于被告三对被告一制造行为的影响或控制,可以认定被告三不仅是本案被诉侵权产品的销售者,同时也是专利法意义上制造者,同时考虑被告三在本案中未提交进货来源的相关证据,故原审法院认定无不当。

(4)原审推算被诉侵权产品数量共计 390,562 台并无明显不当之处,由于原审原告对被诉侵权产品的利润率为 42.4% 进行了部分举证,被告一、被告二、被告三、被告四和被告五虽然予以否认,但并未在原审中提交证据证明被诉侵权产品的成本和获利情况,在二审中提交的供货合同及成本明细不足以证明被诉侵权产品的销售价格扣除成本后,利润率明显低于 42.4%,故原审参照一审原告主张的 42.4% 的利润率计算被诉侵权产品的获利并无不当。

(5)关于产品贡献率,鉴于双方均未举证,原审综合考虑被诉侵权产品对涉案专利技术方案的侵犯、涉案专利创新程度、涉案专利市场价值以及被诉侵权产品落入涉案专利保护范围的具体情况、涉案专利对被诉侵权产品的技术贡献等因素,酌定涉案专利技术对被诉侵权产品利润贡献率约为 10%,并无明显不当。

## 三、典型意义

根据公开的裁判文书数据,在适用 2008 年修正前的《专利法》第 65 条的前提下,法院酌定赔偿数额为 1 万元以上 100 万元以下,判决赔偿超过 100 万元的案件并不多见。起诉索赔金额超过 2000 万元的案件只有两个。其一,(2020)闽 02 民初 274 号案,该案为侵犯发明专利权案件,原告索赔经济损失 3000 万元并要求被告承担合理维权费用 30 万元,法院最终判决被告赔偿原告经济损失100万元并承担合理维权费用221,096元。其二,(2017)鲁02民初543号案,该案为侵犯实用新型专利案件,原告索赔经济损失和合理维权费用共计2000万元,法院最终判决被告赔偿原告经济损失和合理维权费用共计70万元。

通过以上案例检索数据和本案中一审法院对于原告方保全请求的处理,可以看出专利侵权案件要想突破法定赔偿额的上限100万元是件十分困难的事情,更不用说本案所涉专利还并非发明专利,仅是实用新型专利。

就本案来说,在适用修改前的《专利法》时如何达成较高的赔偿金额将会是重中之重,是专利权人最为关注的诉讼焦点问题。用专利权人自己的话来说,如果针对本案这种网红微商销售网络大规模销售专利侵权行为不能够获得相应的高判决金额的话,专利有效保护的威慑力将不在,将会导致业内的其他从业者毫无忌惮地加入专利侵权获利的行列中来。那么专利权人的维权不仅不会起到制止侵权,并有效威慑潜在侵权方的效果,反而会起到让同行业者认为专利没有保护力的反向示范性效应。如果发生这种结果,对专利权人来说将是灾难性的后果。

## 四、结语和建议

专利侵权案件中高判赔金额是所有专利维权方追求的诉讼目标,因为只有较高的判赔金额才会有效遏制侵权行为。只有架构有效的诉讼策略并化解被告方的应诉策略才能够获得预期的诉讼目标。只有有效举证并聚焦焦点,才能让维权方的诉讼主张得到支持。

# “买单报关”行为的查明与认定

## ——深圳某酒店与佛山某公司侵害外观设计专利权纠纷案

张振海[*]　吴婷婷[**]

### 一、案情简介[1]

原告深圳某酒店于2019年在市场上发现侵犯其外观专利权的产品，随后委托笔者进行知识产权专项调查及维权诉讼。因被告佛山某公司高度警惕，侵权行为极其隐蔽，涉案产品为酒店大件定制用品的特殊性（被告接受定制、生产、发货时间以及运输方式等难以确定），加之疫情影响，案件调查取证难度极高。但笔者通过多方式、多渠道、多方联动调查取证，解决了原告案件取证难的问题。

本案在深圳市中级人民法院起诉并采取证据保全措施后，移送至广州知识产权法院审理。诉讼中，被告否认实施侵权行为的事实，虚假陈述，广州知识产权法院认可原告提交的侵权证据并采纳笔者的意见，判决被告停止侵权、赔偿损失，全额支持了原告维权合理费用，维护了原告的合法权益。

---

* 张振海：广东华商律师事务所合伙人、律师。
** 吴婷婷：广东华商律师事务所律师。

〔1〕 参见广州知识产权法院民事判决书，(2021)粤73民初1066号。

## 二、案例分析

### （一）案件争议焦点

被告是否实施了制造、销售被诉侵权产品的行为。

### （二）案件事实与分析

#### 1. 被告实施了制造、销售侵权产品的行为

2020 年 8 月，原告通过了知识产权海关备案保护申请，深圳海关扣押了被诉侵权产品。原告通过深圳海关获知了被诉侵权产品的出口申报单位，及时与该单位沟通并获取其出口申报资料。根据资料，A 物流公司接受被告客户关于被诉侵权产品的委托，A 物流公司通过买单报关方式在深圳海关申报出口。原告找到 A 物流公司并与其谈判，而后 A 物流公司的经办员工对接受被告客户委托将侵权产品运输至新西兰的相关聊天记录进行了公证，并做了证人证言的公证。根据 A 物流公司、被告及被告客户的三方聊天记录以及 A 物流公司员工与被告客户的聊天记录，侵权产品由被告生产、销售给被告客户，被告客户向 A 物流公司支付运费，委托 A 物流公司运往新西兰。

根据（2018）最高法民申 4912 号民事裁定书以及最高人民法院《关于产品侵权案件的受害人能否以产品的商标所有人为被告提起民事诉讼的批复》，本案中，被告在宣传册、用户手册、包装单、约定委托书、产品配件等多处标注其中英文企业名称、地址、电话、商标的行为，足以表明其以生产者、制造者身份对外公示，足以让购买者相信其为侵权产品的生产者、制造者，即被告实施了生产侵权产品的行为。

根据最高人民法院《关于审理侵犯专利权纠纷案件应用法律若干问题的解释（二）》第 19 条以及（2015）民申字第 1070 号民事裁定书中指出的“销售行为的认定应当以销售合同成立为标准，而不应以合同生效、合同价款支付完成、标的物交付或者所有权转移为标准”，本案中，被告向其客户销售了

侵权产品，公证书中被告员工的微信聊天“我们这边和客户完成了结算了”，以及被告客户安排A物流公司到被告工厂取货的行为，足以证明被告实施了销售行为。

2. 佛山某公司及其代理人虚假陈述，情形恶劣

（1）在另案行政处理程序中，佛山某公司的法定代表人在现场勘验时根据深圳某酒店提交的宣传册证据指认被诉侵权产品的相关事实并承认其印制了该宣传册，但在其委托了代理人后，其代理人在行政投诉口头审理时，矢口否认该宣传册为其所有。

（2）本案中，原告提供的证据足以证明被告实施了被诉侵权行为。但被告及其代理人主张是他人假冒其实施相关行为，且未提供任何证据；试问他人如何能取得其彩色营业执照扫描件，如何获取其相关细节信息以提供给A物流公司填报相关报关信息？A物流公司如何去被告注册地提取被诉侵权产品？

（3）本案庭审时，被告代理人坚称相关英文企业名称非属被告，法庭向其阐明虚假陈述的严重性后，其称英文名称应该是被告的，须庭后核实，可见被告虚假陈述的情形极其恶劣。

3. 案件分析

本案经过长达一年多的不懈调查，笔者发现被告生产了被诉侵权产品并通过买单报关的方式在深圳海关出口被诉侵权产品。为截留侵权产品、固定侵权证据，笔者第一时间向深圳海关请求查扣被诉侵权产品，并在深圳海关扣留被诉侵权产品后的20个工作日内向法院提起了诉讼并保全侵权证据。

又因被告通过买单报关方式出口被诉侵权产品，相关报关单据记载的发货人（货主）非被告，办案难度增加。为证明被诉侵权产品系被告所生产、销售，笔者通过多方联动，顺利与物流、报关等相关方进行了谈判，获得相关方的支持与配合，相关方配合完成公证取证，代理律师成功获取被告生产、销售被诉侵权产品的关键证据。

但是，即便证据如此充分，被告仍拒不承认其生产、销售行为。笔者向法官详细阐明证据细节，证据细节足以证明被告为侵权产品的生产者、销售者。根据双方另案行政诉讼及本案庭审被告涉嫌虚假陈述的情形，请求法院对被告予以严惩。

最终法院采纳笔者意见并认定：被诉侵权设计与涉案外观设计专利相同，落入原告专利权保护范围；被告在多项证据均指向其为生产者及销售者的情况下，仍矢口否认，其行为显然有违诚信诉讼，对原告维权支出予以全额支持。法院作出判决：被告停止制造、销售侵犯原告外观专利权的产品的行为，并赔偿经济损失10万元以及合理费用106,380.5元。

### 三、典型意义

本案特别之处之一在于案件的调查取证。在艰难的调查环境下，笔者坚持不懈，紧盯排查，通过海关查扣被诉侵权产品，并在海关扣留被诉侵权产品后的20个工作日期限内向法院提起了诉讼并保全侵权证据。同时，笔者对被告向行政机关提出了专利侵权纠纷处理请求，但未能在被告经营场所查获被诉侵权产品。因海关申报材料未能明确指向被告，笔者积极并有效地与物流、报关等相关方谈判，获得支持与配合，相关方配合完成公证取证，最终成功获取被告生产、销售被诉侵权产品的关键证据。

本案特别之处之二在于被告拒不承认生产、销售行为，笔者向法官阐述案件证据细节，指出被告虚假陈述，要求严惩。最终，法院因被告违反诚信诉讼，对原告维权合理费用予以全额支持。

### 四、结语和建议

（1）知识产权权利人针对调查取证难的案件，需坚持不懈，并有耐心、恒心。知识产权权利人可以通过多种方式、途径调查，并寻求相关单位的支持与帮助，找到案件突破口，维护自身合法权益。

（2）当事人参加民事诉讼时应当严格遵守《民事诉讼法》第13条第1款

规定的诚实信用原则，向法院提交真实的证据，并如实陈述案件事实。本案被告向法院虚假陈述，矢口否认案件事实，扰乱了正常司法秩序，社会影响极为恶劣，因此应当依法从重处罚被告。

# “禁止反悔原则”在侵权诉讼中的运用

## ——南某与深圳某光学公司发明专利侵权纠纷案

郑　雄*

## 一、案情简介〔1〕

涉案专利为发明专利,专利号为ZL2008××××××33.2,名称为“具有断开结构的螺钉和使用该螺钉的方法”,原告南某认为被告深圳某光学公司未经许可制造、销售了涉案被控侵权产品,且侵权时间较久,诉请判赔100万元。该案经历一审、二审两审程序,双方的主要争议焦点为:权利要求1中的“手动操作”应理解为徒手操作,还是理解为可以借助普通工具用手操作。深圳某光学公司认为“手动操作”应理解为不借助工具的徒手操作,被诉侵权的螺钉产品不能徒手掰断,因而不构成侵权;南某认为“手动操作”应理解为可以借助简单工具进行操作,被诉侵权的螺钉产品能够借助简单工具掰断因而构成对专利权的侵犯。

一审法院认定,“手动操作”仅从字面含义并不排除借助夹钳等普通工具手工操作,但是,从涉案专利权利要求2、权利要求3对涉案专利权利要求1的进一步限定,以及原告在涉案专利审查授权过程中的意见陈述,尤其是

---

* 郑雄:深圳市律师协会第十一届专利法律专业委员会委员,广东卓建律师事务所合伙人、律师。

〔1〕 参见广东省深圳市中级人民法院民事判决书,(2020)粤03民初3667号;最高人民法院民事判决书,(2022)最高法知民终106号。

针对第三次审查意见通知书的意见陈述来看，“手动操作”应理解为徒手操作，且不借助其他工具，被诉产品不能徒手掰断，不构成对原告专利权的侵犯。原告不服一审判决并提起上诉，二审法院判决“驳回上诉，维持原判”。

## 二、案例分析

笔者全程代理被告深圳某光学公司参与了本案一审、二审庭审程序，一审、二审程序中案件争议焦点以及笔者围绕争议焦点进行抗辩的代理思路如下。

### （一）一审争议焦点及代理思路

一审程序中，笔者以不侵权抗辩作为主要策略，同时还主张了现有技术抗辩和先用权抗辩，其中现有技术抗辩证据与不侵权抗辩证据相呼应。原告南某则主张“手动操作”实际上包含借助辅助工具操作，另外，南某还提交了其关于涉案专利维权的前案生效胜诉判决，并主张该案经二审改判确认被诉产品构成侵权，本案亦应当作相同判决。因此，一审的争议焦点为：(1)被诉侵权技术方案是否落入涉案专利权利要求 1 的保护范围；(2)被告现有技术抗辩和先用权抗辩是否成立。

#### 1. 关于不侵权抗辩

经当庭演示，被诉侵权产品需借助夹钳等工具才能掰断断开结构，不能徒手掰断，而涉案专利权利要求 1 中相关技术特征为“其中所述螺钉适于通过所述不带有螺纹的第二部分由使用者进行手动操作，由此所述不带有螺纹的第二部分在所述第一断开结构处断开并被丢弃”，所以本案一审的第一个争议焦点实际上是：权利要求 1 中的“手动操作”应理解为徒手操作，还是理解为可以借助普通工具用手操作。

考虑到“手动操作”的含义理解关系案件的成败，原告可能对此作出不同的解释，法官如何理解该含义亦存在不确定因素，代理人查阅复制了涉案专利审查过程中的中间文件并作为证据提交，同时提交了涉案专利产品的实物证据，当庭就涉案专利产品可以徒手掰断进行了实物演示（因产品并不是从原告处购买，该证据法庭仅作参考），并陈述如下观点：

（1）前案判决中就“手动操作”含义理解并未产生争议，该案不应当影响本案判决。

（2）通过阅读专利全文，结合权利要求2、权利要求3的内容和说明书相关内容并比较被诉产品可知，专利产品中断开结构直径更小，不带有螺纹的第二部分长度较长，适于从断开结构处徒手掰断，“手动操作”断开不带有螺纹的第二部分的含义应当理解为徒手操作而无须借助工具。

（3）在涉案专利审查授权过程中，原告在答复审查意见时，为使专利申请获得授权，多次明确专利产品的特点在于可以在办公室内维修，“手动操作”指的是使用者具有能够操纵螺钉的“力气”，用手断开并将其丢弃，而不需要使用工具，因而“手动操作”的含义应当理解为徒手操作而不需借助工具。故依据《专利侵权司法解释（一）》第3条和第6条的规定，专利审查文档可以用来解释权利要求，原告在诉讼程序中不应作出相反陈述，原告的主张违反了禁止反悔原则。

以上主张得到了一审法院支持。

2. 关于现有技术抗辩

被告分别采用了一份在先美国专利文献和一份美国法院的判决书作为证据进行现有技术抗辩。采用在先美国专利进行现有技术抗辩的真实用意是呼应不侵权抗辩，使原告难以首尾兼顾。在先美国专利正是审查员在涉案专利申请的审查过程中用以否定其创造性的证据，在该证据中，螺钉结构与涉案专利类似，但该螺钉的断开恰好需要使用工具，专利权人为获得授权在答复审查意见时指出该文件不能否定其专利创造性，因为断开螺钉使用了工具，而其专利断开螺钉无须借助工具。如果专利权人非要主张其专利中表述的“手动操作”包括借助工具，且法官亦认可，则现有技术抗辩观点可能成立；如相反，则不侵权抗辩将成立，此策略将使原告处于两难境地。美国法院是就涉案专利的同族专利无效与否所作的判决，同族专利具有与涉案专利同样的权利要求内容以及相同的附图，判决显示该美国专利被无效，且其中采用的证据图片恰好与本案被诉产品结构相同，但因为是国外判决，法院认为该证据未经过公证认证程序，未予采信。

3. 关于先用权抗辩

被告以在先拥有的画册作为证据进行了证明，原告否认该画册的真实性，该证据法院未采信。

### （二）二审程序争议焦点及代理思路

南某不服一审判决提起上诉，委托人并未上诉，双方的争议焦点仅为被诉技术方案是否落入涉案专利权利要求 1 的保护范围。

二审中，上诉人南某又以牛津词典中对“by hand”（本专利的优先权文件美国专利“手动操作”的原文）的释义作为补充证据 1，以一份专利文件作为补充证据 2，来证明“手动操作”实际上包含借助辅助工具操作。笔者则指出，证据 1 中指的是“手工”，而不是“手动操作”；证据 2 则与本专利技术方案无关，不能用来解释本专利权利要求的含义。另外，专利权利要求的解释应当优先考虑专利说明书、附图以及专利审查文档的内容，只有在以上文件解释不清时才需要借助工具书、技术词典来解释，专利权人在专利申请审查程序中已对“手动操作”的含义有明确表述，无须再借助词典等其他外部证据来解释该权利要求。

## 三、典型意义

对于权利要求含义的解释，原告、被告双方常会有争议，仅阅读说明书和附图未必能让法官相信己方解释的合理性，本案中，笔者通过查阅复制专利审查档案，从中找到了原告曾就相关争议特征含义进行特别界定的证据，本案是利用禁止反悔原则成功阻击原告在诉讼中进行相反陈述的典型案例。

## 四、结语和建议

本案之前原告曾就涉案专利维权并通过二审改判获得胜诉，但笔者在对被诉产品与涉案专利权利要求就特征一一认真比对并进行实物验证后，最终发现两者存在完全不同的技术特征。因此，无论是当事人对案件事实的陈述，还是关联案件的不利影响，代理律师都应当保持专业的判断，任何情况下，对被诉产品与权利要求就技术特征的一一比对都是代理案件必不可少的步骤。

另外，权利要求的含义解释容易产生不同理解，对于技术特征是否相同，原告、被告由于立场不同，均易作出有利于自己的解释，办案律师不能盲目自信可以仅凭说明书和附图就能说服法官认同自己的解释，而应查阅复制中间文件以及无效程序中的文件，寻找更多的证据支持，特别是如果能从中找到可以运用“禁止反悔原则”的证据，以子之矛，攻子之盾，将大大增加案件获胜的可能性。

# 权利要求解释的整体技术方案原则

## ——A 公司与司某某实用新型专利无效宣告纠纷案

左殿勇* 刘 波**

## 一、案情简介〔1〕

专利权人司某某在 2018 年 08 月 14 日以"弧面吸盘及极片贴胶装置"为主题,向国家知识产权局提出实用新型专利申请,并于 2019 年 01 月 29 日获得实用新型专利权,其专利号为:ZL20 × × × × × × × ×24.3。随后 B 公司取得了该专利自授权公告日起的独占许可实施权。B 公司先后起诉 A 公司、C 公司侵害其专利权。A 公司和 C 公司则针对涉案专利提起了五次无效宣告请求,案件编号分别为 5W124508、5W127243、5W129046、5W129505 以及 5W130305。其中,5W124508、5W127243 两案均维持涉案专利权有效,5W129046、5W129505 以及 5W130305 三案仍在审理之中。针对 5W124508 案件,A 公司还提起了行政诉讼,北京知识产权法院于 2023 年 2 月 24 日作出一审行政判决书,驳回了 A 公司的诉讼请求。本文针对国家知识产权局就第 5W127243 号案件作出的并已经生效的第 57909 号无效宣告请求审查

* 左殿勇:深圳市律师协会第十一届专利法律专业委员会委员,北京德和衡(深圳)律师事务所律师。

** 刘波:广东普罗米修律师事务所律师。

〔1〕 参见国家知识产权局第 57909 号无效宣告请求决定书。

决定展开分析。

## 二、案例分析

### (一)案件争议焦点

(1)如何理解权利要求 1 中吸附件与转轴之间的位置关系。

(2)权利要求 1 中的用途特征是否对技术方案产生实质性影响。

### (二)总体思路

对于争议焦点 1,务必确保权利要求 1 的有效性,避免创造性判断的惯性思维(独权被认为缺乏创造性后,基于惯性思维,从权便更容易被认为没有创造性)对专利权人不利。因此,字斟句酌独立权利要求的技术特征,通过整体技术方案的解释原则,找出技术特征之间的关联关系,得出权利要求 1 的技术方案中吸附件位于转轴上方的结论,而从属权利要求 2 - 5 则是这一位置关系的各种具体化方案。

对于争议焦点 2,用途特征直接导致技术手段的差异,并且直接决定技术启示的有无。

### (三)诉讼策略的具体展开

首先,整体解读权利要求 1 的技术方案,将吸附件与转轴之间的位置关系解释成吸附件位于转轴上方更加合理。

虽然按照通常的表达习惯,“吸附件位于转轴上”似乎包括吸附件嵌入在转轴内的情形(现有技术的方案),如果将权利要求 1 的技术特征割裂开来看单独对比的话,似乎证据 1 公开了权利要求 1 的全部技术特征,但按照权利要求 1 有其具体语境,各个技术特征之间存在关联关系,整体解读权利要求 1,可以得出涉案专利的技术方案中吸附件是需要突出于转轴的。具体而言:

权利要求 1 这样限定:设置于所述“转轴上”的吸附件,且“背离”所述转轴的“一侧”设置成将极片与胶带之间空气挤出的“弧面”。

在权利要求1的技术方案中，“吸附件”位于“转轴上”（权利要求1中同时存在刻意区分的“转轴上”及“转轴中”，表达不同位置关系），表示吸附件在径向上相对于转轴突出。另外，权利要求1还限定了吸附件背离转轴的一侧是“弧面”，吸附件只有突出于转轴时，才存在背离转轴一侧的特征。

权利要求1的技术方案中，“弧面”“背离”所述“转轴”是一个特别的安排，即意味着“弧面”高出“转轴”，弧面只有贴胶时才与极片接触。这一设计让制片机的连续贴胶成为可能，可以不平移转轴和吸附件，在制片机备胶装置安放胶带时，实现避空，避免极片与吸附件之间的干涉。这样，极片可以连续不停地匀速运动，而弧面吸盘只有在备胶时略做停顿（此时，弧面吸盘与极片脱离接触），当吸附有胶带的弧面吸盘进一步旋转时，会再次与极片接触，完成贴胶动作，这大大提高了制片效率。而证据1中，需要通过摆动机构12带动贴胶滚筒11不停在备胶位、原点位、贴胶位切换位置，才能完成一次贴胶动作。因此，上述区别存在实质性特点和技术进步，并且不属于公知常识，权利要求1具备创造性。

其次，加工对象不同导致相应技术手段差异，且证据2不具备将其与证据1结合的启示。

证据2用于一卷电芯（包括隔膜和极片）卷绕完毕之后收口固定。证据2的名称为“一种卷绕机电芯贴胶辊”，证据2背景技术记载：“锂电池卷绕机是一种使锂电池片状材料形成卷状形式的专用机械。当前锂离子电池全自动卷绕机在卷绕电芯时需要对尾部贴胶。”证据2用于实现将胶带一部分贴在卷绕电芯最外层极片上，胶带另一部分贴在电芯的次外层极片上，使得成卷电芯末端固定。

而涉案专利的“弧面吸盘及极片贴胶装置”是用于制作“极片”的制片机，“极片”是“电芯”的一部分。极片上交替分布着正极材料和负极材料，涉案专利的胶带用于隔离正极材料和负极材料。由于正极材料和负极材料通常有很多组，因此，涉案专利的胶带需要连续地在正极材料和负极材料之间的位置多次贴附，这与证据2的终止胶带只在一卷电芯完成之后，通过设备控制将贴胶轮与电芯位置靠近，并在电芯的末端贴附一次的方式完全不同。根据证据2的技术方案，由于贴胶完成后，在设备控制下辊体和完成贴胶的成卷电芯分离，对比文件2意识不到连续贴胶所引起的吸附件与极片发生刮碰、拉伤，从而需要避空的问题。

从技术启示角度看，现有技术中没有给出将吸附件设置在转轴外表面从而高出转轴的启示。因为这种设置方式会给电芯带来压力，根据现有技术的记载，现有技术极力避免这种压力。也就是说，本领域技术人员没有对电芯贴胶装置进行改进的动机，以使吸附件脱离转轴。

## 三、典型意义

### （一）权利要求解释的整体技术方案原则

构成权利要求的全部技术特征是一个整体，进行创造性判断时，对技术特征的解释不能脱离权利要求的整体，更不能将各技术特征割裂开来从而各个击破。如果各个技术特征之间存在相互关联、共同作用，则应充分考虑这些特征共同作用的结果，确定权利要求与现有技术的区别。

本案中，一方面，权利要求1中有“转轴上”及“转轴中”这样的刻意区分，两者表达的是上方及内部的方位关系。另一方面，还需要将权利要求1中的“且吸附件背离所述转轴的一侧设置成将极片与胶带之间的空气挤出的弧面”这一特征考虑进来并作为一个整体来进行解读。此时，可以确定，权利要求1的技术方案中，吸附件是位于转轴上方的，而这种位置关系与现有技术中的位置关系相区别，并能提高贴胶效率和质量。

### （二）用途特征对权利要求的限定作用

用途特征是否发生限定作用，要视具体情况而定。权利要求中的用途特征限定了技术方案的应用对象，该应用对象的差异直接导致技术手段的差异，因而对技术方案有实质性影响。在进行创造性判断时，这种用途特征属于权利要求不可或缺的组成部分，对权利要求的保护范围具有限定作用，不能被忽略。

本案中，权利要求明确限定“用于锂电池制片机的贴胶装置”，极片呈现扁平结构。而对比文件的加工对象，即电芯呈圆柱状。两者作用对象不同，技术手段相应有所区别。

## 四、结语和建议

权利要求书的撰写讲究清楚、简要，因此，在评价权利要求的创造性时，构成权利要求的每个技术特征都需要认真检视。甚至用以限定技术特征的每一个字都需要反复斟酌。除此之外，还需要有宏观的视角，考察整体技术方案，并透视构成权利要求的各个技术特征之间的关联。考察它们之间的协同、配合关系，而不是将各个技术特征孤立开来进行评价。这样才能准确界定权利要求与现有技术的区别，从而得出客观的创造性评价结论。

另外，用途特征的加入通常会带来技术手段的变化，用途特征对权利要求的保护范围具有限定作用，不能被忽略。从技术启示角度看，应用场景的不同，往往意味着现有技术给出的技术启示大相径庭。因此，对于用途特征，不仅要考察其给技术手段带来的影响，还需要关注技术启示方面的差异。

# 禁止反悔原则中“明确否定”的认定规则

## ——天津某公司与深圳某公司等发明专利侵权纠纷案

马守涛*　丁建春**

## 一、案情简介[1]

天津某公司以深圳某公司侵害其“一种智能插座和控制系统”发明专利提起诉讼,要求深圳某公司停止侵权并赔偿损失60万元等。一审法院认定被诉侵权产品为“一个开关控制器”,涉案专利保护范围为“多个开关控制器”,被诉侵权产品未落入涉案专利权的保护范围,因此驳回天津某公司的全部诉请。

天津某公司不服一审判决,向最高人民法院提出上诉,指出涉案专利在确权程序中进行的修改:“开关控制器”修改为“多个开关控制器”,该修改未被国家知识产权局认可,不造成对“一个开关控制器”技术方案的放弃。

最高人民法院认为,权利人的修改文本已作为权利基础最终被授予,不

---

* 马守涛:深圳市律师协会第十一届专利法律专业委员会委员,广东君龙律师事务所合伙人、律师。

** 丁建春:深圳市律师协会第十一届专利法律专业委员会委员,广东君龙律师事务所合伙人、律师。

〔1〕 参见天津市第三中级人民法院民事判决书,(2019)津03知民初966号;最高人民法院民事判决书,(2021)最高法知民终1842号。

属于“限缩性修改被明确否定”的情形，被诉侵权产品未落入涉案专利权的保护范围，因此裁定驳回天津某公司的上诉请求。

## 二、案例分析

本案涉及智能家居产业，如同传统家电产业，智能家居产业是个竞争激烈的市场，在知识产权方面的纠纷逐渐增多。本案中，天津某公司以深圳某公司侵害其“一种智能插座和控制系统”发明专利提起诉讼，要求深圳某公司停止侵权并赔偿损失 60 万元等。

在一审中，笔者作为深圳某公司的代理人，提出了产品为“一个开关控制器”，专利为“多个开关控制器”的区别，因此深圳某公司不构成侵权。天津某公司认为构成等同侵权。法院判决依据禁止反悔原则，认为权利人在授权程序中将权利要求的内容修改为“多个开关控制器”，并强调对比文件与“多个开关控制器”的数量不同，因此可以认定专利中“多个”不应等同于“一个”，最终认定不侵权。

对此，天津某公司提出上诉，认为一审判决的法律适用错误，本案应当根据最高人民法院《关于审理侵权专利权纠纷案件应用法律若干问题的解释(二)》第 13 条的规定，即权利人在授权程序中对权利要求书的限缩性修改被明确否定的，人民法院应当认定该修改未导致技术方案的放弃。而涉案专利在授权程序中将“开关控制器”修改为“多个开关控制器”的请求未被审查员采纳，未因此特征获得专利权，因此不应导致技术方案的放弃，不适用禁止反悔原则。

作为深圳某公司的代理人，笔者分别从法律和技术的角度对该问题进行了答辩。

首先，在法律方面，笔者研究了上述司法解释第 13 条的来源及相关判例，该条款是对禁止反悔原则的限缩，但限缩程度仅限于“明确否定”，适用该条款时不能任意扩张。该条款中的要件“明确否定”应该是以明示的方式作出否定性意思表示，而不能是推定具有否定性意思表示。因而，在确定限缩性修改是否被明确否定时，应当对专利授权的审查进行客观全面的判断，着重考察权利人对技术方案作出的限缩性陈述是否最终被裁判者认可，是否由此导致专利申请得以授权。

其次，在技术方面，笔者仔细研读了授权过程中权利人和国家知识产权局对技术方案的讨论，从多个角度分析上述限缩性修改是否属于明确否定的情形。具体来说，一方面，授权过程中权利人的技术修改点和技术答辩点均被认为是本领域技术人员容易想到的，由此可推导出权利人最终获得授权的是基于所有技术特征构成的整体技术方案，即每个技术特征对授权都有贡献；另一方面，从技术方案本身来说，若包括“一个开关控制器”的方案，则不清楚如何调取控制信号的地址信息，技术方案不清楚、不完整。

综上所述，可推断出权利人的限缩性修改未被明确否定，应当适用禁止反悔原则，即专利权利范围不应包括“一个开关控制器”的方案，产品与专利存在区别，深圳某公司不构成侵权。

最高人民法院综合天津某公司的上诉意见以及深圳某公司的答辩意见，对本案争议焦点进行了回应：在涉案专利实质审查阶段，专利权人的上述修改文本已经被接受，且法院以此为权利基础进行了审查，天津某公司主张上述修改不属于“限缩性修改被明确否定”的情形，与事实不符。

### 三、典型意义

专利侵权案件中规定了“授权确权程序中限缩性修改被明确否定的，法院应当认定该修改未导致技术方案的放弃”。但国家知识产权局在专利授权确权程序中，对于权利人通过限缩性修改而放弃的技术方案往往不作评述，因而很难确定限缩性修改是否被明确否定。本案从法律和技术的双重角度，分析确权程序中的相关文件，推导出国家知识产权局是基于所有技术特征构成一个整体方案来审查授权的，因此所有的限缩性修改对授权都是有贡献的，不属于“明确否定”的情形。本案的代理思路及裁判观点给出了在国家知识产权局未对限缩性修改进行评述时，如何判断限缩性修改是否被明确否定的分析思路，以更准确地分析权利要求的保护范围，更好地平衡专利权人和社会公共的利益。本案对专利侵权案中权利要求范围的确定具有典型的指导意义。

## 四、结语和建议

本案讨论了如何判断专利授权确权程序中的限缩性修改是否被明确否定，如何对专利授权和确权阶段中对技术特征的讨论进行客观全面的分析，以判断权利人对技术方案作出的限缩性修改是否最终被裁判者认可。在专利侵权案件中，当国家知识产权局对于权利人通过限缩性修改而放弃的技术方案未作出直接评述，很难确定限缩性修改是否被“明确否定”时，建议对整个授权过程中的所有审查意见通知书和权利人的答复进行详细分析，以整体全面地判断限缩性修改是否被明确否定。

# 同族专利无效最接近对比文件的选择

## ——海峡两岸律师合力成功无效日本拉链巨头YKK株式会社发明专利

马　戎* 　廖　鹭**

## 一、案情简介〔1〕

YKK株式会社是世界知名的拉链制造企业，其制造的拉链产品在世界众多国家和地区都享有很高的知名度，YKK株式会社在我国先后投资设立了十数家生产经营企业。YKK株式会社认为，A公司包括但不限于品名为"#5(0.74)尼龙防水雾面开尾右插上下止注塑/#5(0.74)尼龙防水反穿自动头W&T底避检针下拉投片"的拉链产品(以下简称被诉产品)侵犯了其专利号为ZL20××××××××40.X，名为"液密拉链和液密拉链的制造方法"的发明专利(以下称为涉案专利)权利要求1至权利要求3所限定的技术方案。

YKK株式会社于2020年11月30日向A公司发送了侵权警告函，意图督促A公司通过非诉讼的协商方式和平地解决本案纠纷。YKK株式会社

* 马戎：深圳市律师协会第十一届专利法律专业委员会副主任，广东良马律师事务所合伙人、律师。

** 廖鹭：广东良马律师事务所律师。

〔1〕 参见广州知识产权法院民事裁定书，(2020)粤73知民初2545号。

于2020年12月16日起诉至广州知识产权法院，要求判令A公司停止生产、销售侵犯涉案专利的被诉产品；销毁尚未售出的被诉产品以及制造被诉产品的专用模具；承担本案的诉讼费用。之后YKK株式会社又增加了索赔130万元的诉讼请求。

根据A公司的反馈，目前大多数拉链因为有防水需要，所以都会做防水处理。而涉案专利保护的就是对拉链做防水处理的技术方案，该诉讼案件如果败诉的话将会造成非常大的影响，意味着目前除YKK株式会社之外的其他拉链厂商都将不能对拉链做防水处理。

根据YKK株式会社的诉请可以判断，YKK株式会社的主要诉讼目的是要求停止侵权，从而维护其销售市场。YKK株式会社先起诉了A公司，随后还起诉了东莞市某拉链配件有限公司。

YKK株式会社在中国大陆及台湾地区，用涉案专利及其台湾地区同族专利，针对A公司及A公司在台湾地区的关联公司分别发起诉讼，A公司不得不在海峡两岸同时开展应诉。作为大陆专利侵权案件应诉的关键策略之一，A公司以涉案专利的全部权利要求1至权利要求8不具有创造性为由向国家知识产权局提起无效宣告请求，YKK株式会社在本案中修改了权利要求，将授权公告文本的涉案专利权利要求4、权利要求6中的部分技术特征并入涉案专利权利要求1中，从而形成修改后的涉案专利权利要求1至权利要求7，以通过主动缩小保护范围来维持涉案专利的有效性。

国家知识产权局经审理，认定涉案专利权利要求1至权利要求7相对于A公司提出的证据组合方式、事实和理由均不具备《专利法》第22条第3款规定的创造性。

2022年11月3日，国家知识产权局作出第59053号无效宣告请求审查决定书宣告涉案专利全部无效。此后，YKK株式会社于2022年11月10日向广州知识产权法院提出撤诉申请，2022年11月15日，广州知识产权法院作出裁定，准许YKK株式会社撤诉。

YKK株式会社在台湾地区一审程序中修改了权利要求1，一审法院认定 YKK 株式会社主张的涉案专利修改后的权利要求 1 相对于被告提交的证 1、乙证 2 及乙证 3 的结合不具有进步性，YKK 株式会社不得于本起民事诉讼中以涉案专利修改后及修改中的权利要求 1 对被告主张权利。YKK 株式会社不服一审判决提起上诉，二审法院于 2022 年 7 月 15 日作出判决，判决驳回上诉，维持原判。

## 二、案例分析

### （一）代理思路

笔者将专利权无效宣告请求作为应诉的关键策略之一。

在接受 A 公司委托后，笔者分析了案件材料并进行了侵权比对，确定了在专利侵权诉讼中主张不侵权抗辩并同时针对涉案专利提起无效宣告请求的应诉策略。两种措施相比较，不侵权抗辩成立的难度更大，所以无效宣告请求案件对专利侵权诉讼有非常关键的影响。如果能成功认定为无效涉案专利，专利侵权诉讼将不攻自破。

与专利诉讼案件中证据非常重要一样，专利无效案件中最重要的也是证据，而专利无效中证据的获取一方面可以通过检索，检索到有效的对比文件是能够成功认定无效的先决条件，在检索时对涉案专利的专利权人、发明人、关联主体以及关联个人的在先专利进行检索是基本步骤；另外，可以通过委托人获得线索，委托人作为涉案专利所涉技术领域的从业者，对与涉案专利相关的技术和发展情况会有比较深入的了解，所以委托人的技术人员或者管理人员可能会提供出有效的信息或关键的线索。本案的涉案专利是 YKK 株式会社在大陆获授权的防水拉链技术领域的发明专利权，本案代理人根据委托人提供的信息，在检索、比对、筛选后，确定了以 YKK 株式会社自身一份在先申请并公开的授权公告号为 CN11 × × ×41C、专利名称为“防水拉链及其制造方法”的发明专利（证据 1）为最接近的现有技术证据，结合公知常识以及专利号为 US41 × ×466、专利名称为“MethodForMakingFlameRetardant – WaterRepellentCoilZipper”的美国发明授权文件（证据 2），专利号为

US41××980、专利名称为“Self - LubricatingSlideFastener”的美国发明专利授权文件两份证据（证据3），充分论证了涉案专利的全部权利要求1至权利要求8不具有创造性，以此为由向国家知识产权局提起无效宣告请求。此后YKK株式会社在本案中修改了涉案专利权利要求，从而形成了修改后的涉案专利权利要求1至权利要求7。

在最接近的对比文件的选取上，我方在大陆的专利无效阶段与在台湾地区的代理人的选择并不相同。虽然都是用于评价两同族专利权利要求1的创造性，但是我方在大陆选用了证据1作为最接近的现有技术证据，而非台湾地区所用的乙证1：US3815181。最接近的对比文件的选取非常重要，只有正确选择了最接近的对比文件，无效进程才能够有正确的方向，否则就是南辕北辙。

### （二）争议焦点

本案的争议焦点在于涉案专利的权利要求1至权利要求7是否具备《专利法》第22条第3款规定的创造性。

在本案的口头审理中，我方认为，涉案专利的权利要求1与最接近的对比文件证据1相比，区别技术特征仅在于“芯线涂有防水剂或防油剂”。基于该区别技术特征，涉案专利的权利要求1实际解决的技术问题为在不额外提供止水片的情况下改进拉链的防水和防油性能。我方主张该区别技术特征为本领域公知常识，且该区别技术特征被证据2所公开，因此涉案专利的权利要求1不具备《专利法》第22条第3款规定的创造性。同时我方主张涉案专利的权利要求1相对于对比文件证据1和对比文件证据2的结合不具有创造性，相对于对比文件证据1、对比文件证据2以及公知常识的结合不具有创造性，此后我方结合证据及公知常识，充分论证了涉案专利的权利要求2至权利要求7不具备《专利法》第22条第3款规定的创造性。

专利权人认为，涉案专利采用的是“疏堵结合”的方式来解决上述技术问题，芯线上由于涂有防水剂或防油剂，因此能够阻挡从液密层的连接部分的空隙侵入的水分(或油分),这与证据 1 的发明构思不同,专利权人同时也不认可上述区别技术特征是本领域的公知常识。同时针对我方两份对比文件组合的比对方式,专利权人主张两份对比文件不存在结合的技术启示,不能够进行结合。

在口头审理后,台湾地区的专利诉讼二审作出了判决。我方在收到该二审判决后结合该二审判决向合议组补充了庭后代理词,重点强调了以下情况:

第一,我国台湾地区二审法院认定,乙证 1、2、3 之组合已揭露 2019 年 11 月 7 日更正后之请求项 1“其特征为:将拨水剂或拨油剂(62)附着在前述芯带(14)上而形成”之技术特征,有合理动机将乙证 3 之浸渍阻燃剂和防水剂的方法运用于乙证 2 之具有合成树脂复合薄膜防水层的拉链,乙证 1、2、3 之结合可以证明系争专利 2019 年 11 月 7 日更正后之请求项 1 不具进步性。

第二,上诉人称,“若以乙证 3 实施例所教示之固化步骤的加热处理会导致乙证 2 液密层中之低熔点树脂层熔化剥落,所属技术领域中具有通常知识者纵使知悉乙证 3 之存在,也不会思及将乙证 3 所教示的技术方法适用于乙证 2 之具备液密层的拉链云云”,本案专利权人在无效口头审理中表达了类似观点,但该观点未被台湾地区二审法院采纳。

第三,上诉人称,“乙证 2 之合成树脂复合薄膜 4 的切割端相互牢固配合而使间隙闭合,从而防止从切割端漏水,已给予与系争专利反向之技术思想,参酌乙证 2 无法产生使薄膜间形成间隙的动机及再做其他防水处理的动机云云”,本案专利权人在无效口头审理中表达了类似观点,但该观点未被台湾二审法院采纳。

第四,上诉人还称,“系争专利系以液密层之对向侧缘间形成足够的间隙使拉链可容易开关”,本案专利权人在无效口头审理中表达了类似观点,然而台湾地区二审法院认定,“惟遍查系争专利说明书中并无相应之记载,况且系争专利说明书第 11 页倒数第 2 行至第 12 页第 2 行已记载‘在左右一对的液密层 18 彼此之间对向侧缘间形成有极细微的间隙(W1)。由于该间隙(W1)极狭窄,故因液密层18的拨水效果而不会沾水滴,致使可以获得一定程度的拨水性能';系争专利说明书第17页第1至3行已记载'左右一对液密层18间的间隙(W1)缩窄,变成几乎密接的状态',均足见系争专利并无使液密层间刻意保留间隙以使拉链可容易开关的技术思想,故上诉人所持主张并无根据,为不可采"。

由此可知,台湾地区二审法院认定的事实与请求人在本案中的意见是一致的,即在对比文件证据1的基础上,本领域的技术人员有动机对其进行改进,进而得到涉案专利权利要求1的技术方案;并且,对比文件证据1公开了涉案专利权利要求1中"芯线(14)涂有防水剂或防油剂(62)"的技术特征并给出了相关的技术启示。而专利权人所称的本领域的技术人员没有动机对对比文件证据1的防水性能进行改进,用对比文件证据2披露的方法处理对比文件证据1会使液密层熔化,以及涉案专利是刻意在液密层的切割端之间形成较大的缝隙以方便拉链开关,均无依据。

合议组最终认为,为了实现更好的防水性能,通常的做法是在拉链带的表面涂覆相应的防水材料,即涉案专利中的液密层以及证据1中的合成树脂复合薄膜,但是实际使用中由于拉链是缝制在拉链带上并左右链合在一起的,即使在拉链带涂覆了相应的防水层仍会有水通过左右拉链带的缝隙以及链齿的结合部等部位穿过拉链进入服装或包的内部,所以除了在拉链带的表面涂覆防水材料,本领域技术人员容易想到在拉链的所有部件上都涂覆相应的防水材料,这比仅在拉链带的表面涂覆防水材料所取得的防水效果肯定会更佳,这取得的防水效果是本领域技术人员可以预期的技术效果,同时,这也是本领域技术人员容易想到的技术手段,并不需要付出任何创造性劳动。因此,涉案专利的权利要求1不具备《专利法》第22条第3款规定的创造性。

### (三)案件结果

经审理,我方的证据和理由被国家知识产权局采纳,国家知识产权局于

2022 年 11 月 3 日作出第 59053 号无效宣告请求审查决定书,认定涉案专利权利要求 1 至权利要求 7 均不具备《专利法》第 22 条第 3 款规定的创造性,宣告涉案专利全部无效。

此后,YKK 株式会社于 2022 年 11 月 10 日向广州知识产权法院提出撤诉申请,2022 年 11 月 15 日,广州知识产权法院裁定准许 YKK 株式会社撤诉。至此,YKK 株式会社在大陆用涉案专利起诉我方委托人的诉讼案件以 YKK 株式会社败诉告终,YKK 株式会社在大陆用涉案专利起诉其他当事人的案件得益于我方对涉案专利的成功无效而以失败告终。

YKK 株式会社在台湾地区提起了三审,我方在收到该无效审查决定书后马上将扫描档发送给了台湾地区二审的代理人,其表示这份无效审查决定书应该会对三审起到一定的帮助作用。最终,台湾地区的三审维持了原一审、二审的判决。

## 三、典型意义

专利权人 YKK 株式会社是全世界拉链行业的巨头,代表着行业标准,是拉链和纽扣行业最大的市场份额拥有者,在全球范围内拥有大量获授权的发明专利,其通过持续不断的技术研发和专利申请构筑了较高的技术壁垒,给其他的市场参与者造成了巨大的障碍。

涉案专利是 YKK 株式会社在大陆地区获授权的防水拉链技术领域的发明专利权,本案代理人在检索、比对、筛选后,确定了将证据 1 作为最接近的现有技术证据,并结合公知常识及其他证据,充分论证了涉案专利不具备创造性,该论证被国家知识产权局采纳,并使涉案专利被宣告全部无效。并且,在海峡两岸专利律师/专利代理人的通力协作、紧密配合下,委托人在海峡两岸的应诉都取得了全面胜利。

## 四、结语和建议

专利权无效宣告请求是应对专利侵权诉讼的有效方法之一,尤其是在不侵权抗辩、合法来源抗辩、现有技术(设计)抗辩等难以成立的案件中,无效宣告请求基本上就成为被诉侵权方最后的救命稻草,案件的结果尤为重要。

有效的对比文件是专利无效案件的决定要件之一,选择合适的证据尤其是最接近的对比文件非常重要。当面对的对手是行业巨头时,不应想当然地认为其专利权是坚不可摧的,其在该行业的技术领域可能确实有最先进成熟的技术,有最多的专利数量,但其在先申请或公开的专利文献中就可能隐藏着会破坏其在后申请的专利的创造性甚至是新颖性的关键证据。找到这样的证据,以子之矛,攻子之盾,极有可能在专利无效案件中取得成功的结果。

当委托人面对的是多地区同时发起的诉讼时,各地区的专利律师/专利代理人应紧密配合,在专业方面通力协作,在司法进程方面及时沟通,互通案件进展,更好地维护委托人的合法权益。

# 解决确权程序结果不确定的专利纠纷尝试

## ——A公司诉B公司、C公司侵害实用新型专利权纠纷案

赵 鹏[*] 张燕凤[**]

## 一、案情简介[1]

A公司系“一种动态密码USB线材”的实用新型专利(以下简称涉案专利)的权利人,在涉案专利权申请日同日,A公司还申请了“一种动态密码墙壁充电器”的实用新型专利(以下简称关联专利)。A公司认为B公司等实施了侵权行为,向深圳市中级人民法院提起诉讼。B公司等抗辩称A公司同日申请了技术方案实质相同的涉案专利和关联专利,该关联专利权已被宣告无效,基于同样的理由,涉案专利权应属无效,故深圳市中级人民法院应驳回A公司的诉讼请求。深圳市中级人民法院认定上述两专利的技术方案实质相同,涉案专利权明显或者有极大可能归于无效,故判决驳回A公司的诉讼请求。A公司不服,提起上诉。本案二审程序期间,B公司等对涉案专利提出无效宣告请求。最高人民法院二审认为,在涉案专利权稳定性存

---

* 赵鹏:广东君孺律师事务所合伙人、律师。

** 张燕凤:广东长桑律师事务所律师。

〔1〕 参见广东省深圳市中级人民法院民事判决书,(2021)粤03民初372号;最高人民法院民事裁定书,(2022)最高法知民终124号。

疑或有争议的情况下，后续审理程序存在多种可选择的处理方式，人民法院可以酌情作出妥善处理。本案经释明，双方当事人针对专利权稳定性问题分别自愿作出相应的未来利益补偿承诺，最高人民法院基于基本案情、在案证据和双方承诺，采用了“先行裁驳、另行起诉”的处理方式，裁定撤销一审判决，驳回起诉。

## 二、案件分析

笔者系B公司、C公司的代理律师，下文就本案中的案件焦点、事实问题、代理思路及辩护意见做如下分析说明。

### （一）案件争议焦点

本案最主要的争议焦点为：对B公司、C公司主张的所谓专利权无效抗辩是否应予支持以及案件的后续处理方式是什么。

### （二）案件事实

涉案专利和关联专利的发明目的均系为手机或数码产品充电，涉案专利和关联专利除外接电源的方式前者为USB插头，后者为AC插头外，权利要求内容完全相同，A公司对上述事实认可。关联专利因权利要求全部不具备创造性，已被宣告全部无效。

### （三）办案思路及代理意见

笔者认为，实用新型申请只进行形式审查，并不进行实质审查，所以有些技术并不一定具有授予专利权的资格，只是没有人提出无效申请，所以该专利仍然有效。本案一审中，笔者提交了能够证明涉案专利不具备创造性的8份关键证据：关联专利、针对关联专利的无效宣告请求审查决定书、北京知识产权法院的行政判决书、5份中国专利文献。上述证据均可以证明关联专利与涉案专利于同日申请专利，关联专利因权利要求不具有实质性特点和进步,不具备创造性而被宣告无效。同样,涉案专利也不具备创造性,涉案专利技术早已属于公知的现有技术,为此,笔者提出了涉案专利权无效抗辩。一审、二审法院均支持被告提出的涉案专利权无效抗辩。二审审理过程中,鉴于涉案专利权状态不稳定,B 公司向国家知识产权局提起针对涉案专利权的无效宣告请求。

(四)法院观点

最高人民法院认为,实用新型专利申请可以不经过实质性审查就被授予专利权,而在充电领域,使用 USB 插接头还是 AC 插头来连接外电源,属于公知常识,故涉案专利和关联专利属于实质上的同一技术方案,关联专利的无效审查结论可以作为判断涉案专利是否符合授权条件的依据,可能对涉案专利权是否应获得民事保护产生实质性影响,A 公司据以指控侵权的涉案专利明显属于不应获得专利授权的技术方案,不属于专利法保护的合法权益,B 公司、C 公司的专利权无效抗辩成立。法院可以酌情对后续审理程序作出妥善处理。在 B 公司、C 公司已就涉案专利向国家知识产权局提出无效宣告请求的情况下,涉案专利被宣告无效的可能性极大。经释明,双方当事人均自愿作出了有关涉案专利权稳定性问题的利益补偿承诺,最高人民法院裁定驳回 A 公司起诉。

## 三、典型意义

在本案涉案专利行政确权程序已经启动的情况下,法院首次尝试引导双方当事人针对确权程序结果的不确定性自愿作出未来利益补偿承诺。裁判明确专利侵权案件时,在涉案专利权稳定性存疑或有争议的情况下,基于公平和诚信之考虑,法院可鼓励和引导当事人自愿作出相关未来利益的补偿承诺或声明,这既有效推进案件审理程序,又妥善平衡当事人实体利益。

最高人民法院知识产权法庭将本案列为 2022 年度知识产权典型案例并写入工作报告,这对后续法院审理同类专利侵权案件起到了很好的指导作用。

## 四、结语和建议

本案审理过程中,最高人民法院充分地释法和分析双方当事人各自的权益和风险,在双方当事人自愿作出未来利益的补偿承诺的基础上,作出一个“动态”裁定,裁定驳回专利权人起诉。若未来国家知识产权局就涉案专利权作出维持有效的审查决定,专利权人可以另行提起诉讼,还可根据被诉侵权人在本案中所作的利益补偿承诺主张权利;若专利权被宣告无效,专利权利人将返还全部有关侵权案件实际收益并给付利息。此做法有效地保护了双方当事人的合法权益,双方当事人对最高人民法院的处理结果均十分满意。

本案两级法院在维护专利权原则上均作出开创性的判决,对律师代理同类专利纠纷案件具有借鉴和指导意义。

# 片式陶瓷电容领域专利权权属的判定

## ——深圳市某科技公司诉广东某电子公司专利权权属纠纷案

何美华* 高记源**

### 一、案情简介[1]

深圳市某科技公司(以下简称原告)自2001年成立以来一直致力于电子元器件产品的研发、生产与销售,先后在广东东莞凤岗及安徽滁州投入重资建成国际标准化产业园,搭建完成全套MLCC(片式多层陶瓷电容器)生产线,目前已成为国内产量最大的MLCC厂商。广东某电子公司(以下简称被告)的法定代表人曾任原告法定代表人,在职期间设立了被告,被告及其关联公司申请了20件专利,其专利覆盖了MLCC流程的多个工序,原告经核对人事部门提供的离职员工清单发现,被告发明人都曾为原告公司员工,离职时间与专利申请时间基本间隔一年以内。专利的技术内容与发明人在原告负责的工作基本一致。故原告向广州知识产权法院提起诉讼,2022年3月14日,广州知识产权法院作出判决,认定涉案专利权归原告所有。

---

* 何美华:广东卓建律师事务所合伙人、律师。

** 高记源:广东卓建律师事务所律师。

〔1〕 参见广州知识产权法院民事判决书,(2020)粤73知民初2252号等。

## 二、案例分析

### （一）案件争议焦点

本案主要争议焦点为涉案专利是否属于原告的职务发明创造。

### （二）代理思路

笔者作为原告代理人，先通过证明被告与原告之间存在劳动关系，以及被告在原告任职期间从事与涉案专利相关的技术研发工作，论证涉案专利符合《专利法》第6条关于职务发明创造的定义；接着，通过对涉案专利的申请时间与被告的离职时间进行比对，进一步证明该专利是在被告履行本职工作期间或者离职一年内作出的，从而证明其符合职务发明的时间条件。具体说明如下。

第一，涉案专利属于发明人执行原告的任务或者利用原告的物质条件所完成的职务发明创造，原告应为涉案专利的专利权人。

《专利法》第6条第1款第2句中规定，职务发明创造申请专利的权利属于该单位；《专利法实施细则》第13条第1款第3项规定，退休、调离原单位后或者劳动、人事关系终止后1年内作出的，与其在原单位承担的本职工作或者原单位分配的任务有关的发明创造，属于《专利法》第6条所称执行本单位的任务所完成的职务发明创造。依照前述法律规定和本案事实，涉案专利符合构成职务发明创造的法定要件，具体理由如下。

首先，涉案专利发明人为原告员工。原告所提交的劳动合同、社保缴纳记录，可以证明上述发明人均在原告及原告的关联公司处任职。

其次，涉案专利与发明人在原告承担的本职工作有关。涉案专利发明人在原告、原告的分公司、原告的关联公司任职期间，担任生产、制造、研发等相关岗位，直接从事了涉案专利相关领域的研发管理等工作。涉案专利发明人在原告工作期间作为原告专利的发明人，参与了原告的生产流程，熟悉原告的技术要点以及技术演进脉络，了解原告在MLCC领域的技术发展方向，且参与发明了多项该领域的专利发明创造。

原告的核心业务为MLCC的制造业务。涉案专利发明人均是原告的核心技术人员，在原告担任核心研发或技术岗位。涉案专利发明人的本职工作是解决生产过程中遇到的各种技术问题，包括如何提高良品率、生产效率和如何降低成本等。

综上所述，涉案专利发明人在原告承担的本职工作或分配的任务与涉案专利技术密切相关。

第二，涉案专利是发明人在原告处本职工作中创造或人事关系终止1年内作出的。

涉案专利的申请时间均为2018年12月。根据原告提供的发明人签署的合同和社保缴纳证明，发明人离职时间距专利申请时间均不足1年，且大部分不超过6个月。根据惯常经验，一个发明创造从构思到技术方案的完善再到专利申请文件的撰写、提交，一般不可能在短时间内完成。本案中，对于离职的涉案专利发明人离职后在被告工作期间形成的涉案专利研发证据或者向专利代理机构提交的专利申请材料，被告并未提交。因此，综合本案事实，应认定涉案专利系部分发明人在离职后1年内作出的。

综上所述，涉案专利是发明人在原告本职工作中创造或人事关系终止1年内作出的发明创造，涉案专利的权属应当归原告所有。

## 三、典型意义

研发资料是涉职务发明的专利权权属纠纷的重要证据，但本案中，在原告没有涉案专利研发资料的情况下，笔者通过发明人的劳动关系时间，发明人岗位职责，涉案专利情况，被告的存续时间及业务内容、商业背景等证据予以证明涉案专利实际为职务发明创造。本案在复杂多样的商业环境中充分地维护权利人的合法利益，有利于帮助企业更加从容地应对恶意竞争风险，对同类案件的审理具有借鉴意义。

## 四、结语和建议

本案原告和被告之间股权转让等商业结构的变动，导致原告重要资产——核心专利被恶意转移，进而导致商业经营活动受到严重影响，原告商誉遭到严重损失。本案作为该类纠纷的典型案例，既明确了司法对于不当转移无形财产行为的否定态度，更通过对证据的采纳对类案中专利权权属的认定发挥了很好的指引作用。

# 第三章

# 2023 年度深圳律师专利类获奖典型案例评述

## 善用鉴定程序检验原告主张与其权利载体一致性高效解决复杂技术类案件

——A 公司诉 B 公司等侵害集成电路布图设计专有权纠纷案

崔　军*　丁敬伟**　覃　仪***　王　宁****

### 一、案情简介〔1〕

原告 A 公司为上市公司,主营业务为电源管理芯片、快充协议芯片的研发和销售,被告 B 公司为电源管理芯片领域的芯片设计企业,原告、被告属于同行业竞争者。在被告处于科创板 IPO(首次公开募股)审核阶段,原告向深圳市中级人民法院提起本案的侵害集成电路布图设计专有权纠纷诉讼。

* 崔军:北京德恒(深圳)律师事务所律师。
** 丁敬伟:深圳市律师协会第十一届专利法律专业委员会副主任,北京德恒(深圳)律师事务所律师。
*** 覃仪:北京德恒(深圳)律师事务所律师。
**** 王宁:北京德恒(深圳)律师事务所律师。

〔1〕 参见广东省深圳市中级人民法院民事判决书,(2022)粤 03 民初 5206 号。

原告的诉讼请求为:(1)判令B公司立即停止制作、销售侵害原告登记号为BS.17××××811,名称为"IP5328"的集成电路布图设计专有权的芯片产品(以下简称被控侵权芯片);(2)判令郑某某立即停止销售侵害被控侵权芯片;(3)判令两被告赔偿原告经济损失3300万元;(4)判令两被告赔偿原告维权合理开支费用1749.5元;(5)判令两被告承担本案全部诉讼费用。

深圳市中级人民法院开庭审理后,经原告及被告双方的申请,委托鉴定机构进行了鉴定,经原告、被告双方与鉴定机构的多轮听证、沟通,在鉴定机构给出原告主张的独创性布图设计与原告登记的布图设计不同或不清楚而无法比对具体设计细节的鉴定意见后,原告主动撤回了本案的起诉,深圳市中级人民法院出具了准予撤诉的裁定。

## 二、案例分析

### (一)案件争议焦点

(1)原告是否享有涉案集成电路布图设计专有权,其据以提起本案诉讼的权利基础是否有瑕疵;

(2)原告主张的独创性布图设计内容是否具有独创性;

(3)被诉产品布图设计对应部分是否与原告主张的独创性布图设计相同或实质性相同。

### (二)代理思路

笔者在本案中代理被告进行不侵权抗辩,代理思路概括如下。

第一,涉案布图设计的专有权存在瑕疵,原告没有主张被告侵权的权利基础。

(1)在原告的"IP5328"芯片的布图设计已投入商业利用的情况下,原告在进行布图设计登记时,没有按照法律规定提交含有该布图设计的集成电路样品,不享有对涉案布图设计的专有权,没有主张侵权的权利基础;

(2)原告在进行涉案布图设计登记时,没有按照法律规定提交完整、齐备的布图设计复制件或图样，不享有对涉案布图设计的专有权，没有主张侵权的权利基础。

第二，原告起诉时提交的布图设计图样不清楚，无法呈现原告主张的独创点，如原告申请布图设计登记时提交的图样不清楚，无法呈现原告主张的独创点，应由原告自行承担不利后果。

《集成电路布图设计保护条例》以及《集成电路布图设计保护条例实施细则》对于布图设计登记所需提交的复制件、图样等资料的有关要求作了非常细致的规定，原告应按照《集成电路布图设计保护条例实施细则》的要求，提供完整且清晰的布图设计图样，并将图样作为侵权比对对象，而不应该在登记时未予提交，仅在诉讼过程中补交布图设计细节图。如果忽略复制件或图样的法律地位，将引发轻视复制件或图样法律地位的错误倾向，使现行法律关于申请资料的相关要求无法落实，引发登记行为失范，产生不良导向作用。

第三，原告主张保护的涉案布图设计的“设计要点”属于现有设计或公认的常规设计，不具有独创性。

（1）布图设计专有权的受保护部分仅为具有独创性的部分，属于现有设计或者公认的常规设计的部分不在保护范围内，如果布图设计被现有布图设计、常规设计或者二者的组合所披露，则需要进一步从布图设计的整体确定其是否具有独创性；

（2）从原告描述的区别点以及区别点所实现的功能来说，区别点均是集成电路布图设计者从相应的功能出发所可能采取的常规设计手段；

（3）从整体进行考量，原告所主张的独创性部分连接关系简单，区别点之间无任何整体效果，均为布图设计者可任意选择或组合使用的常规设计，无叠加效果；

（4）在满足芯片加工企业提供的设计规则的前提下，根据电路设计工程师提供的电路结构、性能参数，在满足基本的设计原理的基础上进行的非显而易见的设计，属于国家知识产权局发布的《集成电路布图设计审查与执法指南(试行)》所称的公认的常规设计范畴。特别需要说明的是,以台积电为代表的市场占有率较高的头部集成电路制造企业发布的设计规则,因在全球晶圆代工市场占据主导地位且其技术标准具备行业普适性,往往成为衡量设计成果是否落入常规设计或现有设计范畴的重要参考依据,对独创性的评估判断具有重要价值。

第四,被控侵权芯片由被告 B 公司独立研发,主要沿用了被告 B 公司原有的芯片的布图设计。

被控侵权芯片的布图设计主要沿用的 B 公司此前研发的同类芯片产品的布图设计,与 A 公司主张其具有专有权的独创性部分相对应的布图设计部分,均由 B 公司在涉案布图设计申请登记前设计完成,系由 B 公司独立研发,B 公司未侵害涉案集成电路布图设计专有权。

第五,被控侵权芯片的布图设计与涉案布图设计不同,不构成对涉案布图设计专有权的侵害。

通过将被控侵权芯片的布图设计与原告主张的涉案布图设计独创性部分进行比对,指出被控侵权芯片的布图设计与涉案布图设计独创性部分的不同点,二者不构成相同或实质性相同。

第六,原告基于涉案布图设计向被告主张损害赔偿数额没有事实和法律依据。

被控侵权芯片的布图设计不属于对涉案布图设计的全部或其中任何具有独创性部分的复制,不构成对涉案布图设计专有权的侵害,被告不应承担原告基于侵犯布图设计专有权而主张的任何赔偿责任。此外,即使侵权成立,赔偿金额的确定应考虑到原告主张的独创性部分在涉案布图设计中所实现的功能、所占据的面积,原告就同一被控侵权芯片通过不同权利基础重复请求损害赔偿的部分,以及被告自有权利和技术对被控侵权芯片利润的贡献度等。

第七,原告主张的独创点与其登记的布图设计不一致。

在前述主张的基础上,在深圳市中级人民法院委托鉴定阶段,笔者又提出应先就原告主张的独创点与原告登记的布图设计是否一致进行鉴定，只有在一致的情况下，才应继续后续的实质性比对和独创性鉴定工作。后深圳市中级人民法院采纳了我方意见，鉴定机构经过鉴定，给出了原告主张的独创点与其登记的布图设计不一致或细节无法比对的鉴定意见。原告就此撤诉。

## 三、典型意义

本案原告 A 公司与被告 B 公司为同行业主要竞争对手，本案发起于 B 公司科创板 IPO 阶段，A 公司的诉讼请求包括要求 B 公司停止侵权并与郑某某共同赔偿损失 3300 万元，被诉布图设计涉及 B 公司的主要产品，该诉讼对正处于 IPO 进程中的 B 公司影响重大。此外，本案为集成电路布图设计侵权纠纷，涉及该案由的司法解释稀缺，可参考案件少，对集成电路布图设计的技术理解难度高，同时涉及独创性的判断，如何区分现有设计和常规设计等众多关键和难点问题。

在本案审理过程中，双方均申请了鉴定。针对集成电路布图设计侵权案件的特殊性，我方提出鉴定原告主张保护的独创性布图设计部分与国家知识产权局登记备案部分是否相同。若鉴定意见为相同，则再判断被控侵权布图设计相应部分和原告要求保护的部分是否相同或实质性相同；若鉴定意见为相同或实质性相同的情况下，再对相应部分的独创性进行鉴定。最终，深圳市中级人民法院采纳了我方的意见，鉴定机构给出的鉴定意见为：在原告主张的独创性布图设计中，部分与其在国家知识产权局备案的布图设计不同，部分文字虽然描述相符，但是由于原告登记备案时的布图设计图样不清楚，具体设计细节无法比对。在该鉴定意见出具后，原告撤回了本案的起诉。

## 四、结语和建议

侵害集成电路布图设计专有权纠纷案件的处理具有特殊性。由于集成电路布图设计专有权仅保护具有独创性的部分,所以首先要确定独创点,并就原告所主张的独创点是否具有独创性进行判断。而集成电路布图设计独创性部分的判断又涉及现有设计和公认的常规设计的判断、辨识与剥离。此外,还应注意到的是,实践中往往存在集成电路布图设计在登记时提交的图样不清楚,或图样与权利人实际应用到产品上的布图设计存在区别的情况。独创点的主张以及同侵权产品布图设计比对的基础应当是权利人登记时提交的图样,这往往是案件的关键突破口。目前涉及侵害集成电路布图设计专有权纠纷的法律规定尚有欠缺,可参考案例较少,本案对后续类似案件的处理,以及集成电路布图设计的登记备案要求、是否具有独创性的判断具有参考意义。

# 专利权被宣告无效后仍应对发明创造的权益归属进行审理

## ——优能特公司诉盛仕达公司等专利权权属纠纷案

车小燕*

## 一、案情简介〔1〕

2009年至2018年,原告优能特公司与案外人A公司进行长期的管道风机合作,并由原告向A公司提供了设计方案,由A公司绘制了技术图纸。2012年,A公司深度参与上述合作项目的员工凡某离职后入职被告盛仕达公司。2014年因A公司的产能有限,原告开始与被告合作。2015年被告擅自将属于原告的图纸申请专利并获得授权,并登记发明人为被告法定代表人郑某。之后,原告向深圳市中级人民法院提起专利权权属纠纷诉讼,主张被告的行为侵害了原告的技术成果及实际发明人郭某的署名权。2021年8月24日,一审法院深圳市中级人民法院作出(2020)粤03民初913号民事判决,确认涉案专利权归原告所有,并认定发明人为第三人郭某。涉案专利权至一审判决作出时仍处于有效的法律状态,但案外人刘某在二审期间对涉案专利权提起无效请求,涉案专利权被宣告全部无效。二审中被告据此主

* 车小燕:上海市通力(深圳)律师事务所律师。

〔1〕 参见最高人民法院民事判决书,(2021)最高法知民终2395号。

张既然涉案专利权已经被宣告无效,则原告的诉讼请求不能成立。原告随后重新明确诉讼请求为判令涉案发明创造的权益归其所有。最高人民法院二审判决认为发明创造权益的保护并不以专利权有效为前提,最终确认名称为“一种高风量风压管道风机”、专利号为2015××××××31.1的实用新型发明创造权益归原告所有;第三人郭某系名称为“一种高风量风压管道风机”、专利号为2015×××××31.1的实用新型发明创造的发明人。

## 二、案例分析

### (一)争议焦点

(1)涉案专利权被宣告无效后,专利权权属纠纷案件是否应当继续审理。

(2)郭某是否为涉案发明创造的实际发明人。

(3)涉案发明创造是否应当归原告优能特公司所有。

### (二)代理思路

根据上述争议焦点,笔者作为原告方代理律师,代理思路如下。

第一,涉案专利权被宣告无效后,专利权权属纠纷案件仍应当继续审理。

首先,发明创造的权益归属与专利权是否有效属于不同的法律关系,发明创造权利人的其他合法权益仍应受到法律保护。《专利法》第1条、第2条第1款、第6条和《反不正当竞争法》第9条第1款第3项的规定充分说明了发明创造权利人受法律保护的权益并不局限于有效的专利权,包括专利申请权、商业秘密等其他合法权益。《专利法》第22条第1款规定了发明和实用新型专利获得授权的基本要求。这说明发明创造的权益归属和专利的授权确权依据的是不同的法律条文,两者属于完全不同的法律关系,具有不同的法律判断标准,即专利授权确权纠纷中所要判断的是一项发明创造是否具备授予专利权的条件;而专利申请权及专利权权属纠纷中所要判断的则是一项发明创造的权益归属,应当以原告对所主张的发明创造是否具有受法律保护的利益为判断标准，而不应以专利是否授权以及专利权是否有效为前提。因此，涉案专利权在专利权权属纠纷过程中被宣告无效不代表实际权利人就没有了任何权益，其依然是专利权以外的其他合法权益的归属人，并有权进一步据此向侵权方主张相应的侵权责任。

其次，原告基于法律关系性质变化而变更诉讼请求的行为符合法律规定。最高人民法院《关于民事诉讼证据的若干规定》第 53 条第 1 款第 1 句要求在当事人主张的法律关系性质或者民事行为效力与人民法院认定不一致时，法院不能简单驳回当事人的诉讼请求，而应将法律关系性质和民事行为效力的问题通过列为争议焦点进行审理。本案中的涉案专利权至一审判决作出时仍处于有效的法律状态，但在二审过程中被案外人无效，致使本案作为专利权权属纠纷的基础事实发生了根本变化。正是因为这样的变化，法院才在二审中重新总结了争议焦点，尤其强调了二审争议焦点一为“涉案专利权被宣告无效后专利权权属纠纷案件是否应当继续审理”，原告基于同样的考虑变更了诉讼请求。因此，法院在案件事实发生变化的基础上归纳新的争议焦点的行为以及申请人相应变更诉讼请求的行为具有法律意义上的统一性，且符合《关于民事诉讼证据的若干规定》第 53 条的规定。

最后，如果不允许实际权利人在涉案专利无效后变更诉讼请求，将会对以后的专利权权属纠纷司法实践形成严重的负面影响。本案涉案专利权在二审过程中被案外人无效的情况正是如今专利权权属纠纷诉讼实践的一个缩影，作为被告的冒名专利权人为了阻止实际权利人在胜诉后获得专利权，往往会采取各种手段令涉案专利权在专利权权属纠纷诉讼过程中被宣告无效（如冒名专利权人通过案外人发起专利无效请求，之后再消极应对无效程序等），以达到鱼死网破的目的。虽然本案中暂无证据证明无效程序的请求人是否与作为冒名专利权人的盛仕达公司存在前述默契行为，但如果本案仅因为涉案专利权在二审中被无效，法院就直接简单驳回起诉而不再对专利权之外的其他合法权益进行审理并作出判决，这势必会助长更多后续诉讼实践中冒名专利权人的气焰，会让他们觉得只要在预感可能要输掉专利权权属官司前,通过运作使涉案专利权被宣告无效,就能随意拿捏实际权利人,而这恰与专利法的立法精神相违背。因此,法院更加需要通过本案为今后的专利权权属纠纷指引新的裁判方向,树立新的审理规则,方能纠正这样的乱象。

第二,关于争议焦点(2)和争议焦点(3):郭某为涉案发明创造的实际发明人,且涉案发明创造应当归优能特公司所有。这一部分主要针对法院在二审庭审中着重关注的几个问题进行了回应。

首先,郭某对研发过程有实质性贡献。(1)郭某本身具有研发能力;(2)郭某从美国购买了样机作为研发的基础;(3)郭某对样机进行了多项改进,包括对风机外筒结构和外观的重新设计,并自行生产。相比之下,A 公司或被告都仅是机芯生产方,是因为生产涉及装配才会掌握管道风机整体的图纸,对涉案技术方案的研发并不具有实质贡献。因此,一审法院认定郭某为发明人事实正确,证据充分。

其次,邮件交流中的其他人员并非专利法意义上的发明人。(1)A 公司与优能特公司之前的合作不涉及斜流的管道风机的研发或生产,因此 A 公司员工不存在研发案涉管道风机的动机;(2)A 公司工程师主要根据郭某的讲解和要求绘制图纸并制作模具,从事辅助工作;(3)A 公司出具情况说明声明其对案涉图纸不享有相关知识产权后,邮件交流中的其他人员均未对发明人这一身份提出过任何主张。

再次,凡某在 A 公司接触全套的图纸,且其入职盛仕达公司后没有对技术方案作出过改进。(1)管道风机全套图纸在凡某作为 A 公司员工期间已完成;(2)凡某作为 A 公司员工时参与了涉案管道风机产品生产项目,掌握了涉案全套图纸;(3)凡某入职被告后与原告就涉案图纸进行交流时,被告的图纸尚未完成;(4)涉案专利技术方案、原告在先图纸及被告在后图纸三者构成实质相同,进一步说明凡某入职被告后未对图纸进行过修改。

最后,按照优势证据规则,法院应当支持原告的主张。原告已经完成了"原告的图纸完成在先,被告有接触原告图纸的机会,被告在后形成、用于申请专利的图纸与原告的图纸构成实质性相同"的举证义务,而反观被告并没有任何的有效证据证明其进行过研发，且其对在后图纸与原告图纸一致未能作出合理解释。

## 三、典型意义

本案为专利权属纠纷案中专利权被宣告无效后法院确认该发明创造仍然存在其他民事权益的首案。在他案之前，对于涉案专利权在专利权属纠纷诉讼过程中被宣告全部无效的情况，法院往往套用专利侵权纠纷的处理规则，即参照适用最高人民法院《关于审理侵犯专利权纠纷案件应用法律若干问题的解释（二）》第 2 条第 1 款“权利人在专利侵权诉讼中主张的权利要求被国务院专利行政部门宣告无效的，审理侵犯专利权纠纷案件的人民法院可以裁定驳回权利人基于该无效权利要求的起诉”的规定直接驳回起诉。但最高人民法院通过该案对专利权属的法律内涵及相关的立法目的进行了重新审视，并最终作出突破性认定，为专利权属纠纷树立了新的审理规则，明确了专利权属除通常理解的专利申请权或专利权的归属外，还应包括基于发明创造所产生的其他权益的归属，这无疑为实际权利人赋予了更广的维权可能性。

## 四、结语和建议

本案的突破性判决既确认了原告和第三人为该发明创造所做出的贡献，也为创新主体后续的维权奠定了基础。归根结底，尊重创造、保护创新，并对违反诚实信用的行为给予否定性评价，无疑属于以法治护航知识产权保护的最好体现。在本案的基础上，原告及第三人如果还要进一步向被告主张权利，则至少可以从追索被告基于原专利权获取的财产性利益，追索发明人应得的财产性利益，主张商业秘密侵权损害赔偿，基于原登记专利权人未履行善良管理义务主张侵权损害赔偿等四个方面进行尝试。不过，从系统性的角度，专利权被宣告全部无效后原发明创造究竟还能对应哪些具体权益？原权利人在专利无效后还可以向冒名专利权人主张哪些权利？这些问题依然有待后续法律法规、司法解释和司法实践进一步作出指引。

# 权属纠纷中恶意放弃专利权导致的债权时效的认定

## ——敦泰科技公司诉信炜公司等专利权权属、侵权纠纷案

丁敬伟*

### 一、案情简介[1]

原告敦泰科技公司是上市公司敦泰电子股份有限公司的下属子公司，是全球最早从事电容屏多指触控技术研发的公司之一，是全球出货量最大的电容屏触控芯片提供商，是深圳市高新技术企业。被告莫某某于2006年9月4日入职原告处，于2015年3月6日提出离职，在职期间负责包括指纹识别的技术研发工作，并担任高级副总经理。2015年2月至2016年8月，被告以信炜公司或磨石公司的名义申请了大量与其在原告处任职期间本职工作相关的专利。原告先就其中的18件专利提起了专利权属纠纷，在面临败诉的风险后，信炜公司或磨石公司自2017年3月16日起陆续撤回/放弃了本次系列案件的涉案108件专利。

先行提起的18案于2021年陆续经最高人民法院二审胜诉结案，原告于

---

* 丁敬伟：深圳市律师协会第十一届专利法律专业委员会副主任，北京德恒（深圳）律师事务所律师。

〔1〕 参见广东省深圳市中级人民法院民事判决书，(2022)粤03民初6593号、6596号、6600号等。

2022年向深圳市中级人民法院提起本系列108案，并提出起诉请求：(1)确认信炜公司或磨石公司和莫某某共同侵犯了原告享有的专利权/专利申请权；(2)判令信炜公司或磨石公司和莫某某连带承担其侵权行为给原告造成的经济损失；(3)判令信炜公司或磨石公司和莫某某连带承担本案中原告维权的合理支出费用；(4)判令信炜公司或磨石公司和莫某某共同承担本案诉讼费用。

## 二、案例分析

### (一)争议焦点

(1)本案是否已超过诉讼时效。

(2)如果本案未超过诉讼时效，涉案专利是否属于被告莫某某在原告处任职时的职务发明。

(3)如果涉案专利属于原告所有，原告要求二被告赔偿侵权损失和本案合理维权支出的主张能否成立，相应数额如何确认。

### (二)代理思路

笔者在本案中代理原告提起专利侵权之诉，代理思路如下。

首先，本系列案件未超过诉讼时效。

(1)本系列案件是属于以认定专利权权属为前提的侵权赔偿案件，而专利权权属纠纷案件不适用诉讼时效。

(2)本系列案件赔偿损失请求权的产生应基于本系列案件涉案专利权属的确定，即赔偿损失请求权的产生时间为专利权权属被法院认定属于原告所有时，在赔偿损失请求权没有产生前，诉讼时效不能开始计算。

(3)诉讼时效应当自原告知道或应当知道权利被侵害时起算，原告最早能获知自己的专利权被侵害应该是在其与被告的其他关联专利权属案件二审判决权属属于原告时，在此之前，原告无法确认自己的权利受到侵害。

(4)本系列案件赔偿损失请求权的产生必须基于恶意侵权行为，须首先确认被告的行为具备恶意。直至最高人民法院就其他关联案件作出二审判决，才根据原告提供的证据判断出两被告的行为系为规避法律的恶意行为，在此之前，关联案件的任何判决书或裁定书中均未对被告的恶意进行提及，即直至原告收到关联案件的最高人民法院二审判决书后，才发现和确认被告占有原告专利权的行为具有恶意，被告放弃相关专利权的行为不仅是无权处分而且是恶意行为，原告应享有要求被告赔偿损失的请求权。

其次，涉案专利属于莫某某的职务发明。

（1）本系列案件中的第三人并非真实发明人，不具备研发时间、技术能力和物质条件，其为真实发明人有违技术研发规律。

（2）涉案专利的真实发明人是莫某某，莫某某曾为原告的高级副总经理，主要负责研发工作，接触并参与了与涉案专利相关技术的研发，掌握相关的技术文件，具备研发能力和物质基础。

（3）莫某某在其离职后 1 年内，将其职务发明通过层层流转最终转移至其控制的信炜公司或磨石公司名下，是实际受益人，有转移涉案专利的动机。

（4）相关事实在关联案件的最高人民法院二审中进行了认定。

最后，二被告应就其共同侵权行为向原告连带赔偿侵权损失和本案合理维权支出。

（1）信炜公司或磨石公司同莫某某构成共同侵权。莫某某与信炜公司或磨石公司之间存在多重股权关系，为信炜公司或磨石公司的实际控制人，莫某某与信炜公司或磨石公司共同将涉案专利技术以信炜公司或磨石公司的名义申请专利权，并将第三人列为挂名的发明人，意图逃避法律的审查，在关联案件的审理中，面临败诉的风险时，又立即放弃了涉案专利权，具有主观恶意，信炜公司或磨石公司同莫某某的一系列行为系有计划、有目的的共同恶意侵权行为，信炜公司或磨石公司与莫某某应承担连带责任。

（2）涉案专利权已无法恢复，信炜公司或磨石公司放弃涉案专利权的行为给原告造成了损失。自被告于 2017 年撤回/放弃涉案专利申请权/专利权至今已逾3年,早已超过了《专利法实施细则》(2010年)第6条[1]规定的最长的2年宽限期,该2年的宽限期应解释为可向专利局请求恢复权利的最长时间。此外,即使不适用《专利法实施细则》第6条2年宽限期的规定,从《专利法实施细则》(2010年)第118条[2]的相关规定来看,在撤回专利申请满2年、放弃专利权满3年后,对于相应的专利案卷、材料专利局已不再保存,因此更无法谈及恢复。此外,从公共利益的角度来说,在专利申请权被撤回、专利权被放弃后,相应的技术方案即进入公共领域,如果在相应的技术方案已进入公共领域较长时间后,再进行恢复,则不利于保护公共利益,因此不会再进行恢复。

(3)信炜公司或磨石公司和莫某某放弃涉案专利的共同侵权行为与原告损害后果之间具有因果关系,信炜公司或磨石公司和莫某某应当连带赔偿原告的损失和维权合理开支。信炜公司或磨石公司和莫某某放弃涉案专利导致原告无法就涉案专利技术方案获得竞争优势和专利保护,给原告造成了损害后果。

## 三、典型意义

本系列案件涉及针对恶意放弃专利权行为要求赔偿损失的诉讼时效问题、被放弃的专利权是否可以恢复的问题,以及恶意放弃专利权求偿案件中合理开支是否支持等诸多难点问题,同时还涉及双方争议由来已久、时间跨度大、所涉专利众多的系列案件的妥善处理和快速解决方式。

本系列案件共有108案,在本系列案件的审理中,深圳市中级人民法院采取以判促调的方式,通过对部分案件先行判决以形成调解的基础和标准,在法院、代理律师的共同努力下,双方当事人经过充分协商,最终达成和解协议,促进了108案的一次性解决,深圳市中级人民法院就各方达成的和解协议出具了调解书。

---

〔1〕 相关规定参见2023年《专利法实施细则》第6条。
〔2〕 相关规定参见2023年《专利法实施细则》第145条。

在深圳市中级人民法院先行作出的判决中，深圳市中级人民法院确认了：(1)在法院确定涉案专利真正的专利权人之前，因侵害该专利申请权而产生的债权请求权的诉讼时效无法开始计算；(2)根据优势证据规则，运用逻辑推理和日常生活经验法则，认定两被告的行为意图逃避法律审查，出于主观故意，系侵权行为；(3)从客观情形出发，涉案专利权已实际无法恢复，结合二被告侵权行为的性质、主观故意等，认定二被告共同承担侵权责任，赔偿原告的经济损失以及合理开支费用。

## 四、结语和建议

本系列案件涉及专利权被恶意放弃后的恢复问题，以及在专利权难以恢复的情况下通过诉讼途径要求赔偿损失的诉讼时效问题。具体审理过程中涉及《专利审查指南》《专利法实施细则》的相关规定，以及专利(申请)权的性质、赔偿损失请求权的产生时间、诉讼时效的起算时间等方面的问题。此外，本系列案件还通过以判促调的模式一次性解决双方之间的众多争议，实现了非常好的定分止争的效果，对类似案件的处理具有重要参考意义。

# 明知权利基础与现有技术高度一致仍起诉维权属于滥用专利权

——湖南某公司诉深圳某公司实用新型专利侵权及权利滥用案

李启首*

## 一、案情简介〔1〕

2023年,原告湖南某公司在深圳市中级人民法院以实用新型专利侵权为由,对深圳某公司提起诉讼。原告湖南某公司的专利权是名称为“一种新型弹片结构及电源连接器”、专利号为2021××××××90.0的实用新型专利,申请日为2021年3月9日,该项专利涉及的技术内容恰恰已被被告深圳某公司早在2020年6月30日公开的、专利号为2019××××××74.9的实用新型专利的附图内容完全公开,且结构基本一致。湖南某公司在起诉时未提供实用新型专利权评价报告。

被告深圳某公司在原告申请涉案专利的过程中,就曾以书面形式通知过原告:原告的行为涉嫌侵害深圳某公司前述在先公告的专利,但此后,深圳某公司并未以该在先专利权而是以其他专利权为基础,针对湖南某公司

---

* 李启首:广东星辰律师事务所合伙人、律师。

〔1〕 参见广东省深圳市中级人民法院民事判决书,(2023)粤03民初3430号。

提起了数起专利侵权诉讼。

湖南某公司曾以短信告知深圳某公司，拟以本案诉讼对冲深圳某公司此前针对湖南某公司提起的专利侵权诉讼可能承担的民事责任。

在本案证据交换后，原告即申请撤诉，但深圳市中级人民法院未予准许，在国家知识产权局作出宣告涉案专利权全部无效的决定书之后，深圳市中级人民法院作出判决，并认定：(1)原告取得涉案专利权具有恶意；(2)原告提起本案诉讼具有恶意；(3)结合案涉双方此前存在多起专利侵权诉讼，原告行为难以认定为正常维权，因此，原告的诉讼行为构成权利滥用。深圳市中级人民法院依法判决：由原告赔偿被告因本案应诉的合理开支3万余元。

原告、被告双方在该一审判决后，均未上诉。

## 二、案例分析

笔者作为本案被告的代理律师，认为本案的难点在于：对于原告需反过来向被告承担民事责任的法律适用，由于既无明文规定，也几乎无先例可循，只能以其他知识产权类案的权利滥用案例中给出的判定原则为参考，推敲、领悟。

具体来说，本案争议焦点不在于被告是否构成专利侵权，而是原告是否滥用专利权，其诉讼行为是否属于恶意诉讼。因为被告通过现有技术抗辩和专利无效抗辩，可以轻松实现对原告诉求的对抗，本案的真正难点在于：原告构成滥用专利权、恶意提起诉讼的要件或裁判规则究竟是什么？诉讼程序上如何处理？被告支出的合理开支中，哪些属于原告应予赔偿的范围？

通常，对于技术类专利权，如实用新型专利权的专利权人滥用权利行为性质的认定，由于既涉及技术特征等客观因素，也涉及与此相关的专利权人的主观过错等因素，受理法院对于该类案件的审理向来极为谨慎，因此在本案诉讼中，几乎检索不到在先成功认定有关技术类专利权恶意诉讼的案例，而现有法律对该类行为的性质认定，也从未有明文规定；另外，因为原告有实用新型专利证书的加持，其行为从表面看来与普通技术类专利权的侵权诉讼案件并无明显差异。

对此，被告深圳某公司提出：(1)原告湖南某公司的实用新型专利权，不是真实的技术创新，而不仅是不具有新颖性；(2)原告在本案专利的审查、授权过程中，早已经明知被告在先专利的存在，原告获得本案专利的授权违背诚信原则；(3)原告提起本案诉讼时，明知本案专利存在的固有、实质缺陷，仍以"交叉专利"为由，以"对等诉讼"为手段，以明显不具有权利正当性的"专利证书"为掩护，威胁干扰被告在其他案件中的正常维权行为，当属《专利法》第20条规定的滥用专利权行为，因此原告构成权利滥用，应承担民事责任；(4)被告针对本案专利提起的无效宣告请求涉及的费用是被告为应诉本案、进行抗辩的必要手段之一，理应包含在原告为应诉本案而支出的合理开支的范围之内，被告应予赔偿。

结合本案的裁判结果，被告深圳某公司的主张基本被法院判决采信。

## 三、典型意义

本案是笔者能检索到的、国内第一起涉及技术类专利侵权案件，是依据专利技术内容与现有技术的高度重叠，结合案情，认定原告的恶意或滥用权利的过错较为明显，进而判决确认原告行为属"滥用专利权"的案件。

本案就实用新型专利的权利滥用的民事责任作出了尝试：在正常的专利侵权诉讼中，专利权人作为胜诉方，其无效阶段的律师费支出等一般不作为权利人的合理维权支出；而与之相对的是，在专利权权利滥用的诉讼中，被告为宣告专利权无效而支出的费用，属被告在侵权之诉中实现抗辩的通常手段，应作为原告向被告承担的合理开支的赔偿范围。

此外，深圳市中级人民法院在本案审理程序上进行了有益的探索：被告深圳某公司在本案中以反诉形式提出赔偿合理开支的请求，但深圳市中级人民法院并没有以反诉形式受理该请求，而是将被告的反诉请求作为"恶意诉讼抗辩"，并在判决书中直接予以响应，省略了较为烦琐、冗长的受理、缴费、答辩等环节，特别简洁、高效。该项关于专利权利滥用认定的程序处理方式,值得律师同仁借鉴和援用。

## 四、结语与建议

对实用新型等技术类专利的权利滥用,其构成要件还有很多理论和实务空间可供探索,如实体权利和诉讼权利的滥用可否分开,本案原告的专利权以违背诚信的方式而取得,但专利权人若不是起诉持有原创技术的深圳某公司,而是起诉其他第三人,是否能构成权利滥用,滥用专利权的构成要件是否需要如此严格,在专利侵权诉讼中,有关被告律师费等合理开支的支付条件,是否必须如本案一样严苛,都值得进一步思考。

此外,本案专利权的稳定性不值一驳,即便被告不通过专利无效抗辩,仅以现有技术抗辩,即可完成对原告诉求的对抗、反驳,但法院还是在涉案专利权被全部宣告无效的审查决定出来后才作出裁判,那么,专利全部无效的审查决定是不是该类专利权滥用的构成要件之一,值得思考。

# 侵权案件中对技术特征的解释反向影响无效程序中对该技术特征的解释

## ——委托人与国家知识产权局、王某实用新型专利权无效行政纠纷案

李星星*

### 一、案情简介〔1〕

本案系由专利侵权诉讼案件衍生而出的专利行政诉讼，涉案专利权利要求中的“活络连接”在说明书中有两处记载，两处记载却分别有不同的解释，一处[0008段]解释为现有技术中的连接结构，另一处[0012段]解释为具体的复杂连接结构。在专利侵权诉讼中各方对“活络连接”无争议，被诉产品被认定侵权，但在专利无效程序中，“活络连接”被认定为具体的复杂连接结构，涉案专利相关权利要求维持有效。本案一审维持被诉决定，驳回了委托人的诉讼请求。本案二审中代理人将涉案无效程序、关联的民事侵权诉讼程序列出时间表格，拟证明无效决定于民事侵权诉讼二审庭审后作出且在民事侵权诉讼中“活络连接”实际上被解释为现有技术中的活动连接，若本案中支持“活络连接”被解释为具体的复杂连接结构，则会出现专利权人在

---

* 李星星：北京中银（深圳）律师事务所律师。

〔1〕 参见最高人民法院行政判决书，（2022）最高法知行终646号。

民事诉讼与行政诉讼中两头得利的情形。最终本案二审判决虽未引入民事侵权诉讼中的事实认定，但仍受此影响，直接确定“活络连接”应以说明书[0008段]的现有技术中的活动连接进行解释，最终撤销了一审判决及被诉决定。

## 二、案例分析

本案中争议的技术特征“活络连接”到底能否解释为现有技术中的“活动连接”，一字之差，影响巨大。本案具体的争议焦点就是涉案专利权利要求3中的“活络连接”是以说明书[0008段]“所说活络连接是现有技术中可实现摇杆经悬臂拨动尾骨摆杆摆动的、两侧之间有相对位移但又相互连接在一起的连接机构”进行解释，还是应以说明书[0012段]“摇杆后端为一细杆连接的球状体，球状体插入尾骨摆杆之弹簧安装座上悬臂的孔内成活络连接”进行解释。“活络连接”如果按照说明书[0008段]进行解释，则是现有技术中的能够实现活动连接的任何结构，具有较大的保护范围，同时对比文件中亦公开了活动连接的结构，涉案专利不具备创造性。如果“活络连接”按照说明书[0012段]进行解释，则涉案专利权利要求的保护范围因新增了说明书中记载的球状体、弹簧安装座等技术特征，获得了限缩解释，对比文件中未公开上述新增特征，涉案专利具有一定创造性。

公众及当事人各方在阅读说明书[0008段]内容对“活络连接”的定义时能够预见到“活络连接”是不具备发明点的现有技术结构，但是专利权人在专利无效程序中引入说明书[0012段]实施例并主张“活络连接”是其发明点，进而试图限缩涉案专利权利要求3的保护范围来维持专利有效，超出了公众及当事人对“活络连接”解释的合理预期，有违可预见性规则。而且，专利人在专利侵权诉讼和专利无效程序中对“活络连接”的解释前后不一，有违诚信原则，为防止专利权人两头得利，应适用禁止反悔原则。

## 三、典型意义

许多专利无效程序因专利侵权诉讼而起，有时候专利权人为了“保住”专利而不得已对权利要求作限缩解释，专利权人的这一限缩解释往往会被被告在专利侵权诉讼中作为禁止反悔原则的适用依据。本案不同的是，涉案专利中的“活络连接”在说明书中存在两处不同的解释，应当适用哪一处解释是本案判断涉案专利是否具备创造性的关键。本案中由于在侵权诉讼中各方对于“活络连接”默认是大范围解释并无争议，因此专利权人并未在民事侵权诉讼中对其作出具体而明确的限缩解释，因此，最高人民法院在二审判决中并未引入2020年9月12日施行的《关于审理专利授权确权行政案件适用法律若干问题的规定（一）》第3条“人民法院在专利确权行政案件中界定权利要求的用语时，可以参考已被专利侵权民事案件生效裁判采纳的专利权人的相关陈述”的规定，而在了解了涉案专利的“活络连接”在民事侵权诉讼中实质上并未被限缩解释的背景下，直接否定了一审法院及国家知识产权局对“活络连接”作限缩解释的做法。此种处理方式较为严谨合理，本案对于民事诉讼与行政诉讼统一裁判标准、促进制度公正具有重要意义，尤其是民事侵权诉讼中对技术特征的范围划定，反过来影响无效程序中技术特征的解释，具有一定的示范效果。

## 四、结语和建议

本案的专利无效行政诉讼因专利侵权民事诉讼而起，因专利侵权民事诉讼而终审改判。因此，专利诉讼案件中，应将专利民事侵权诉讼与专利无效宣告程序及专利行政诉讼作为一个整体对待，尤其是专利民事侵权诉讼先于专利无效宣告程序审理的案件中，对于权利要求中的每一个技术特征，特别是以自造词描述的技术特征，在侵权技术特征比对过程中，务必尽可能提出疑问，要求原告作出合理详细的解释，并记入笔录留痕，以避免专利权人出现针对同一个技术特征在民事侵权诉讼程序和专利无效宣告程序中前后解释不一、两头得利的情况。同时要考虑到，民事侵权诉讼中禁止反悔原则不被采纳时，应将禁止反悔原则逆向应用于与民事侵权诉讼关联的专利无效程序或专利行政诉讼程序中，使专利权人必须做出放弃专利或放弃保护范围的取舍，从而达到最终的诉讼目的。

# 被告如何配合软件专利技术事实的查明并兼顾保密

## ——A 公司诉 B 公司、C 公司、D 公司侵害发明专利权纠纷系列案

刘　军[*]　林　烨[**]　黄碧琪[***]

## 一、案情简介[1]

本系列案涉及三件计算机程序方法的发明专利，原告分别用该三件专利在深圳市中级人民法院起诉了相同的被告、相同的被诉侵权产品，三案总计索赔 1200 万元。笔者是被告 C 公司的诉讼代理人。

涉案专利分别系专利号为 2018××××××96.9、名称为“指标生成方法、装置、计算机设备和存储介质”，专利号为 2018××××××62.7、名称为“数据处理方法、装置、计算机设备和存储介质”，及专利号为 2018××××××45.8、名称为“清单编制方法、装置、计算机设备和存储介质”的发明专利，对应的案号分别是（2022）粤 03 民初 3776 号、（2022）粤 03 民初 3777 号、（2022）粤 03 民初 3778 号，以下分别称为“指标生成案”“数据处理案”

* 刘军：广东君之泉律师事务所律师。
** 林烨：广东君之泉律师事务所律师。
*** 黄碧琪：广东君之泉律师事务所律师。

〔1〕 参见广东省深圳市中级人民法院民事判决书，（2022）粤 03 民初 3776 号、3777 号、3778 号等。

“清单编制案”。

A公司(案件原告)认为被诉侵权产品为“某智慧造价管理系统”所使用的技术方案,B公司(案件被告一)向C公司(案件被告二)提出功能需求定制该系统,C公司中标并提供该系统,B公司采购该系统给其关联公司D公司(案件被告三)使用、管理,该三公司实施了侵权行为。

其间,原告先后申请了针对B公司、D公司的律师调查令、证据保全,法院均同意,被告B公司、D公司应律师调查令、证据保全的要求,一方面出于积极配合法院工作,另一方面出于对自己的商业秘密进行保护的目的,主动提交了与原告主张的涉案专利权利要求相对应的被诉侵权技术方案,原告认为基于被告B公司、D公司提交的技术内容可以完成侵权比对,当庭明确表示不再申请现场勘验,而且无须司法鉴定。

本三案均判决:驳回原告诉讼请求。

此外,在笔者代理的三件涉案专利的无效宣告程序中,国家知识产权局对其中两件涉案专利作出了全部无效的决定,对其中一件涉案专利作出了部分无效的决定。对于广州知识产权法院进行审理的、同样由笔者代理的A公司与C公司等就同样的三件专利的专利侵权诉讼,A公司提出了撤诉申请。广州知识产权法院作出了准许A公司撤诉的裁定。

## 二、案例分析

### (一)案件争议焦点

(1)本三案被告提供的录屏文件是否可以作为本三案侵权比对的对象,本三案是否可以完成侵权比对。

(2)被诉侵权系统软件相应的技术方案是否落入本三案原告主张的涉案专利权利要求的保护范围。

### (二)代理思路

#### 1. 录屏文件可以作为侵权比对的对象，本三案可以完成侵权比对

(1)原告证据要么不具有合法性,不能作为定案依据;要么不应被采信,否则原告存在恶意提起知识产权诉讼的嫌疑,因此,原告证据不足以证明被诉侵权事实的存在。

首先,原告提交的标书不具有合法性,不能作为定案依据。标书是原告唯一的侵权行为证据。该标书属于被告二的商业秘密,按照常理,标书作为一家公司的商业秘密,原告是无法通过合法正当的途径获取的,但原告不仅通过不正当手段获取了被告二的标书,并且在本案中未采取任何保密措施的情况下使用被告二的标书,侵犯了被告二的商业秘密,该证据不具有合法性,不能作为定案依据。

其次,原告提交的说明函要么不应被采信,要么存在恶意提起知识产权诉讼的嫌疑。原告在其提交的说明函中声称房地产建筑行业的造价管理类系统指标体系、价格体系、标准清单体系采用的技术方案是一致的。如果原告该主张不成立,显然该证据不应被采信。

假如原告该主张成立,那么三个涉案专利技术方案就和 2015 年公开的被告二的软件一致,即与被告二于 2016 年、2017 年项目的技术方案是一致的。

三个涉案专利均申请于 2018 年,也就是说,涉案专利申请日前就已公开了与涉案专利一致的技术方案,涉案专利根本不具有创造性,不应被授权,而原告基于不应被授权的专利提起知识产权诉讼,这显然是恶意提起知识产权诉讼的行为。原告在此种情况下,还申请了律师调查令、证据保全,其恶意更明显。

也就是说,如果原告关于行业内采用一致的技术方案的主张是不成立的,那么原告提交的说明函不应被采信;如果原告的该主张是成立的,那么原告显然是在恶意提起知识产权诉讼。

(2)被告应要求提交了被诉侵权技术方案资料,在被告提交的被诉侵权技术方案资料比原告侵权比对表所引用内容更为丰富的情况下,原告仍然认为无法进行侵权比对,其主张显然是不成立的。

在原告证据不足以证明被控侵权事实存在的情况下,被告本不应承担提供被诉侵权产品证据的责任,但为了配合法院进行案件审理,被告提交了被诉侵权产品运行的录像,时长约18分钟,内容包括指标生成、数据处理、清单编制等涉案专利保护范围的内容,较原告侵权比对表中引用的内容更丰富,如原告认为侵权比对表中几段话、几张图可以进行侵权比对,而被告二提供的内容更丰富的被诉侵权产品证据不能进行侵权比对,则原告的主张显然是不成立的。

(3)对于该问题,原告在侵权比对开庭时明确表达了肯定的态度,原告关于被告提交的证据不足以进行侵权比对的指控是站不住脚的。

**2. 侵权比对的结果清楚地显示出被诉侵权产品并不落入本三案任何一个涉案专利的保护范围**

被告应律师调查令、证据保全的要求,提交了操作手册及对被诉侵权方案运行系统的公证视频,通过比对被诉侵权产品与涉案专利,可见被诉侵权产品并不落入本三案任何一个涉案专利的保护范围。

在"指标生成案"中,被诉侵权产品与涉案专利是不同的软件架构,采用的技术思路完全不同,相应的技术手段和技术方案不同。被诉侵权产品不具备涉案专利权利要求1的技术特征B、C,不落入涉案专利权利要求1的保护范围,进而不落入与涉案专利权利要求1相对应的涉案专利权利要求7、权利要求9、权利要求10。因而,被诉侵权产品不落入涉案专利权利要求1、权利要求7、权利要求9、权利要求10的保护范围。

在"数据处理案"中,整体来看,被诉侵权产品与涉案专利采用的是两个完全不同的技术方案,要么涉案专利有些技术特征是被诉侵权产品所不具备的,要么涉案专利技术特征与被诉侵权产品的内涵不同,两者根本不具有任何可比性。从涉案专利权利要求1的内容可知,涉案专利权利要求1保护的并不是处于上位的三个清单文件之间能够实现关联修改，也就是说，并不是三个清单文件只要实现了关联修改就落入了涉案专利权利要求1的保护范围；从涉案专利权利要求1的技术特征B、C、D、E可知，涉案专利权利要求1保护的是实现三个清单文件关联修改的一种处于下位的具体实现方式，该具体实现方式是由涉案专利权利要求1的技术特征B、C、D、E进行限定的，也就是说，只有通过涉案专利权利要求1的技术特征B、C、D、E这种方式实现的三个清单文件的关联修改，才落入涉案专利权利要求1的保护范围，反之，不落入涉案专利权利要求1的保护范围。而被诉侵权产品不具备涉案专利权利要求1的技术特征B、C、D、E，不落入涉案专利权利要求1的保护范围，进而不落入涉案专利权利要求7、权利要求9、权利要求10的保护范围。

在“清单编制案”中，原告关于被诉侵权产品包括调用目标清单模板生成目标清单（基于涉案专利权利要求1的技术特征B和C的方案）因此具备涉案专利权利要求1的技术特征F的主张违反了禁止反悔原则，不应被支持。被诉侵权产品不具备涉案专利权利要求1的技术特征B、C、D、E、F，不落入涉案专利权利要求1的保护范围，进而不落入涉案专利权利要求8、权利要求9、权利要求10的保护范围。

综上所述，三案被诉侵权技术方案均不落入涉案专利的保护范围，因此，被告不存在侵权行为，无须承担任何法律责任。

## 三、典型意义

本案涉及计算机程序方法专利侵权诉讼的取证，这是这类案件常见的难点，即就被诉侵权技术方案如何取证。实务中存在较多的是原告如何取证的经验，但较少存在被告在被采取了相应措施的情况下，如何在配合法院工作、不妨碍案件审理的情况下，维护自身权益的经验借鉴。本案被告面临的正是如此困境，在原告的律师调查令、证据保全已经得到法院同意，并到被告处执行时，被告的代理律师在短时间内积极响应，审查原告的申请内容，质疑原告超范围调取证据、保全证据，同时强调原告并未尽到举证责任，相反，被告提交了被诉侵权技术方案资料，足以进行侵权比对。最终，原告承认被告提交的技术内容可以完成侵权比对。本案被告实现了配合案件审理同时保护自身商业秘密的两全局面。本案对同类计算机程序方法专利案件的处理具有典型意义，对软件行业的权利保护具有指导作用。

## 四、结语和建议

作为被告，在专利侵权诉讼中，对涉案专利提起无效宣告请求是常有的有效手段之一。而成功无效掉涉案专利的关键则在于有效的对比文件，在一个技术方案较为成熟的行业内，对比文件可以优先考虑我方在先的产品、对方在先的产品等。另外，可以考虑将无效宣告程序中的对比文件在诉讼程序中作为现有技术抗辩证据使用，具体如何使用视情况而定。

随着互联网企业的蓬勃发展，企业与企业之间的竞争愈加激烈，战火已逐渐蔓延至知识产权领域，企业想要保护好、运作好专利，既需要自身技术过硬，也需要知识产权代理行业的高质量撰写水平，更需要司法对于多方主体利益衡量的智慧，这将是一段漫长而终将光明的道路。

# 创新构思、研发、专利申请及后续利益分配对职务发明创造认定的影响

## ——深圳某科技公司与广东某电子公司专利权权属纠纷八案

何美华*

### 一、案情简介[1]

深圳某科技公司(以下简称原告)作为国内产量名列前茅的MLCC(片式多层陶瓷电容器)制造企业,近年来遭遇了由其前法定代表人陈某一手策划的资产、人力资源及知识产权大规模转移事件。陈某在担任原告公司法定代表人期间,设立了广东某电子公司(以下简称被告),并利用其在原告的职务便利,系统性地将原告的各项关键资源,包括实物资产、核心技术人员以及一系列知识产权项目,逐步转移到其实际控制的被告之中。值得关注的是,本案争议的系列专利的发明人团队在申请专利时皆为原告正式员工,且该团队的大部分成员在申请当时仍处于在职状态,即便有部分人员离职,其离岗时间亦未超过法定的一年期限。这些专利技术均系发明人在履行原告赋予的职责过程中,利用原告提供的研发环境、设备、技术资料等物质条

* 何美华:广东卓建律师事务所合伙人、律师。

[1] 参见最高人民法院民事判决书,(2022)最高法知民终1028号等。

件所研发的成果，符合专利法规定的职务发明特征。

面对如此严峻的知识产权流失状况，原告于2020年果断采取法律行动，分别在广州知识产权法院和深圳市中级人民法院提起了系列专利权权属纠纷诉讼，旨在确权，主张涉案专利应归属于原告所有。

该8起案件被一致判决涉案专利权均归属于原告，被告不服8起案件的一审判决，上诉至最高人民法院，最高人民法院在审理过程中，对涉案专利与发明人在原告所承担的本职工作之间的关联性进行了细致的审查，明确了涉案专利技术内容与发明人在原告实际从事的研发工作密切相关，且发明活动充分利用了原告的内部研发条件。据此，最高人民法院认定一审判决所认定的涉案专利属于发明人在原告处所完成的职务发明，并无不当，驳回了被告的上诉，维持原判。

## 二、案例分析

### （一）案件争议焦点

（1）涉案专利是否属于涉案专利发明人在原告处的职务发明。

（2）涉案专利权是否应归属原告。

### （二）代理思路

笔者作为本案原告代理人，代理思路如下：首先，通过证明被告与原告之间存在劳动关系，以及被告在原告处任职期间从事与涉案专利相关的技术研发工作，论证涉案专利符合《专利法》第6条关于职务发明创造的定义；其次，通过对涉案专利的申请时间与被告的离职时间进行比对，进一步证明该专利是在被告履行本职工作期间或者离职一年内作出的，从而符合职务发明的时间条件。

第一，涉案专利属于原告员工为完成本职工作任务且利用原告的物质技术条件完成的发明创造，依法应确认原告为专利权人。

《专利法》第6条第1款第2句中规定，“职务发明创造申请专利的权利属于该单位”;《专利法实施细则》第 13 条第 1 款第 3 项规定,退休、调离原单位后或者劳动、人事关系终止后 1 年内作出的,与其在原单位承担的本职工作或者原单位分配的任务有关的发明创造,属于《专利法》第 6 条所称执行本单位的任务所完成的职务发明创造。

涉案专利发明人在原告、分公司、关联公司任职期间,担任生产制造研发等相关岗位,直接从事了原告在 MLCC 领域的研发管理等工作,熟悉原告的技术要点以及技术演进脉络,了解原告在 MLCC 领域的技术发展方向,且参与发明了多项 MLCC 领域的专利发明创造。涉案专利的申请时间均为 2018 年 12 月。在涉案专利申请时,涉案专利发明人大部分尚在原告从事相关研发管理工作,且其从事的本职工作均与涉案专利密切相关。

根据原告提供的发明人签署的合同和社保缴纳证明,涉案专利发明人离职时间距专利申请时间均不足 1 年,且大部分不超过 6 个月。根据惯常经验,一个发明创造从构思到技术方案的完善再到专利申请文件的撰写、提交,一般不可能在短时间内完成。因此,综合本案事实,应认定涉案专利系部分发明人在离职后 1 年内作出的。

第二,结合双方历史背景、技术沿革、技术领域的特殊性,研发资料缺失不影响权属认定。

涉案专利技术系 MLCC 生产流程和生产设备的改进技术,对物质技术条件的要求很高,未实际从事该行业者没有动机和能力发现问题并提出解决方案,故在原告已证明涉案专利技术由其研发完成具有较大可能性的情况下,鉴于被告未能说明技术来源的合理性和正当性,结合双方的股东、高管重合导致的控制权问题使得技术转移可能性较大,以及香港联合交易所对双方股东交易安排的一系列决定,被告将原告的职务发明创造擅自申请为自己的专利,已满足高度盖然性标准,在此情况下,研发资料并非必需的。

第三,考虑到香港联合交易所已明确禁止原告的控股公司将 MLCC 业务出售给原股东,而涉案专利系原告 MLCC 业务的必要技术,若不能确认涉案专利归原告所有，那么香港联合交易所的禁令就会落空，从而损害公共利益。

作为在香港联合交易所上市的公司，原告的控股公司有义务遵守香港联合交易所的规定并接受香港联合交易所的管理，在香港联合交易所已明确否决原告的控股公司将 MLCC 业务出售给原股东的交易安排后，任何可能导致 MLCC 业务实质转移给原股东的行为都不具有合法性。

上述思路从技术细节、双方关系和整体影响进行了全面考量，经评估，获得了委托人认可后执行，执行过程顺利，结果符合预期。

## 三、典型意义

原告作为香港某知名上市公司麾下的核心企业，专精于 MLCC 的制造，不仅在国内四家主要生产商中占有一席之地，更凭借与华为等业界巨擘的深度战略合作，确立了其作为国内制造业典范的地位。此系列案件以其独特而全面的涵盖面，揭示了企业在日常运营中遭遇职务发明权属纠纷的复杂全景。案件不仅涉及实用新型专利与发明专利这两大核心专利类别，还跨越了多个技术细分领域，生动展现了技术创新与法律权益交织的多元场景。案件的争议焦点直指企业内部研发活动中的关键问题——职务发明创造归属的界定，囊括了从创新构思产生、技术研发直至专利申请及后续权益分配等各阶段可能出现的权属争议形态。尤为重要的是，此系列案件以其鲜明的行业特征与广泛的适用性，为同类制造型企业提供了极具参考价值的实践样本。

## 四、结语和建议

诉讼中，被告极力强调原告研发资料缺失，以此主张原告未完成举证责任。为进一步强化该观点，被告以追加当事人、发动案外人主动申请参与诉讼、对已生效案件发起第三人撤销之诉和申请再审等方式削弱或淡化原告在研发资料之外的事实和法律主张。被告的观点，代表了一般认识，即职务发明创造的基本证明责任是应当有直接证据证明立项过程、研发过程、技术内容及相关发明人参与程度。但诉讼的魅力就在于通往胜利的道路并非只有一条，探究本源、拓宽思路，在不可能中寻找可能。

# 可视化助力技术事实的呈现

## ——维刻公司与深圳 W 公司实用新型专利侵权纠纷及专利无效行政纠纷案

孙大勇* 王亚奇**

## 一、案情简介[1]

2021 年 11 月，深圳 W 公司向杭州市中级人民法院起诉维刻公司侵害了其所拥有的名称为"烟弹及具有其的电子烟装置"，专利号为 202××××××× 42.2 的实用新型专利。作为应对，2022 年 4 月，维刻公司针对涉案专利向国家知识产权局提出无效宣告请求。

2022 年 11 月 4 日，国家知识产权局作出第 59043 号无效宣告请求审查决定维持涉案专利有效。随即，2022 年 11 月 8 日，一审法院杭州市中级人民法院作出（2021）浙 01 知民初 913 号民事判决，判决维刻公司构成侵权。

维刻公司和深圳 W 公司均对专利侵权诉讼一审判决不服并向最高人民法院提起上诉。与此同时，维刻公司对第 59043 号无效宣告请求审查决定不服并向北京知识产权法院提起行政诉讼。

---

* 孙大勇：深圳市律师协会第十一届专利法律专业委员会主任，北京大成（深圳）律师事务所高级律师、北京大成律师事务所合伙人。

** 王亚奇：北京大成（深圳）律师事务所律师。

〔1〕 参见北京市知识产权法院行政判决书，（2023）京 73 行初 1438 号。

2023 年 10 月,北京知识产权法院作出(2023)京 73 行初 1438 号行政判决,撤销第 59043 号无效宣告请求审查决定,并认定涉案专利权利要求 1 不具备创造性。随后,深圳 W 公司就侵权诉讼与维刻公司达成和解,最高人民法院于 2024 年 1 月作出民事调解书。

## 二、案例分析

专利无效行政诉讼的裁判结果是促使双方和解的关键。本案专利无效行政诉讼最主要的争议焦点在于:涉案专利权利要求 1 相对于证据 1 结合公知常识是否具备创造性?

第 59043 号无效决定认定权利要求 1 相对于证据 1 结合公知常识不具备创造性,笔者代理维刻公司就该决定向北京知识产权法院提起行政诉讼,最终北京知识产权法院采纳了笔者的观点,认定权利要求 1 相对于证据 1 结合公知常识不具备创造性。

第 59043 号无效宣告请求审查决定认为,涉案专利权利要求 1 相对于证据 1 的区别有以下两点:(1)烟嘴盖、储油组件外壳和加热组件顶盖界定储存舱;(2)加热组件顶盖的贯穿流道具有凹槽以形成气雾室、加热组件设置于气雾室内。下文结合国家知识产权局审查决定中的观点和笔者团队代理意见分别说明。

### (一)关于区别特征(1)

#### 1. 国家知识产权局观点

涉案专利权利要求 1 限定烟嘴盖(1)、储油组件外壳(2)和加热组件顶盖(4)三者界定储存舱(1c),证据 1 中的烟嘴盖(1)在烟弹外壳(2)外部,烟嘴盖(1)不参与储存舱(1c)的界定,因此,证据 1 没有公开区别特征(1)。

#### 2. 笔者团队代理意见

涉案专利所有附图中的烟嘴盖和储油组件外壳均为一体成形结构。涉案专利权利要求 1 中的"所述烟嘴盖(1)、所述储油组件外壳(2)和所述加热组件顶盖(4)限定储存舱(1c)”,既包括“烟嘴盖(1)、储油组件外壳(2)、加热组件顶盖(4)”三个独立的部件限定出储存舱,也包括“烟嘴盖(1)和储油组件外壳(2)一体成形的结构”和“加热组件顶盖”限定出储存舱。对于“烟嘴盖(1)和储油组件外壳(2)一体成形的结构”和“加热组件顶盖”限定出储存舱,其中的“烟嘴盖”指的是一体成形结构的上段(具有烟嘴孔和烟嘴管的部分),其中的“储油组件外壳”指的是一体成形结构的下段。涉案专利技术方案具体如图1所示。

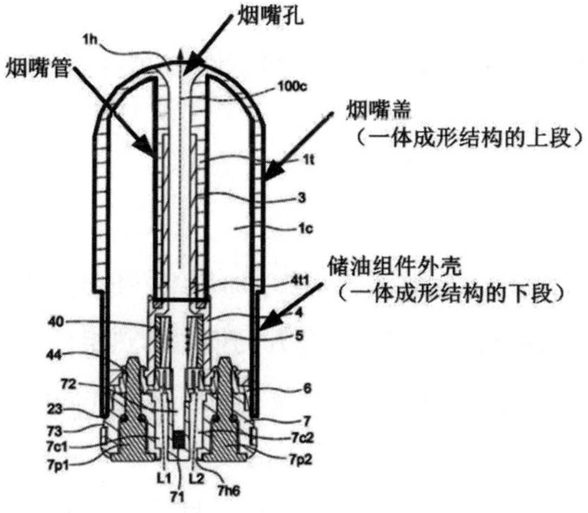


**图1 涉案专利技术方案(涉案专利图4E)**

证据1说明书[0022段]指出“在某些实施例中,烟嘴盖1与烟弹外壳2可以是分开的两个组件。在某些实施例中,烟嘴盖1与烟弹外壳2可以一体成形”。本领域技术人员可知,证据1中的烟嘴盖1和烟弹外壳2一体成形后的结构如图2所示,可以看出,证据1中的“烟嘴盖1和烟弹外壳2一体成形后的结构”同涉案专利的技术方案一模一样,证据1公开了区别特征(1)。

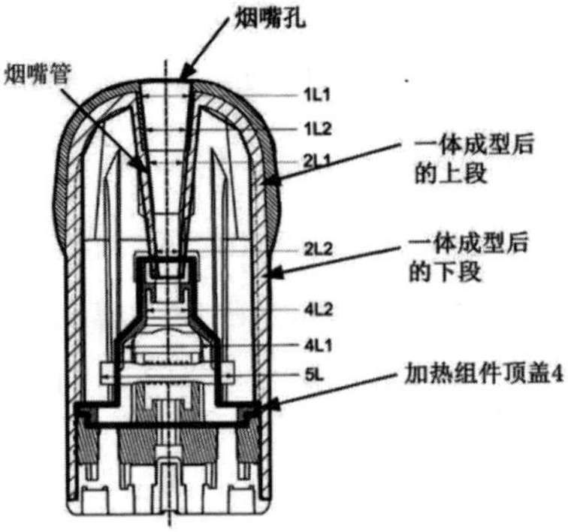


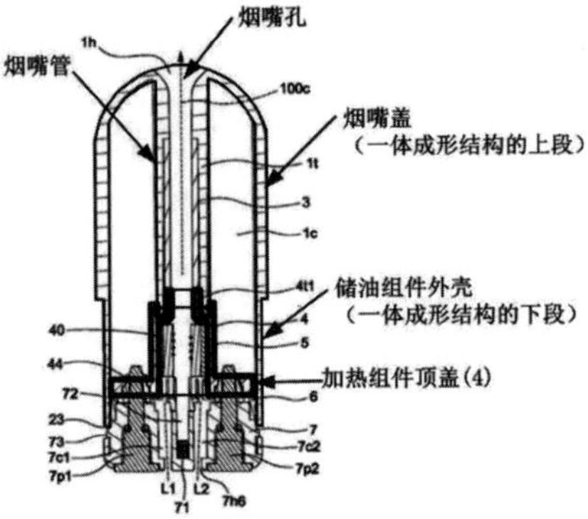


**图2　技术方案对比(左:证据1技术方案,右:涉案专利技术方案)**

### (二)关于区别特征(2)

#### 1. 国家知识产权局观点

区别特征(2)限定出气雾室空间位于加热组件顶盖的内部、加热组件整体设置在气雾室内,相对于证据1所公开的横置加热组件5由加热组件顶盖4和加热组件底座6夹持、加热组件顶盖4和加热组件底座6的组合来界定雾化室40的结构,涉案专利权利要求1的技术方案实际解决的技术问题是简化结构以及提高密封性。关于区别特征2,目前没有证据表明该特征属于本领域公知常识。因此,涉案专利权利要求1相对于证据1结合公知常识具备创造性。

#### 2. 笔者团队代理意见

笔者团队将区别特征(2)分解为两部分,并一一进行了分析。

(1)证据1公开了区别特征(2)中的"加热组件顶盖的贯穿流道具有凹槽以形成气雾室"

首先,气雾室由哪几个零件界定不是涉案专利权利要求记载的特征,不应将证据1中界定雾化室的相关描述作为考量因素认定证据1中的雾化室区别于涉案专利的"气雾室"。具体理由:涉案专利权利要求有关"气雾室40"的记载有两句:所述贯穿流道(4c)具有凹槽以形成气雾室(40);加热组件(5),所述加热组件(5)设置于所述气雾室(40)内。对于“所述贯穿流道(4c)具有凹槽以形成气雾室(40)”,其限定的是“凹槽”的功能,即“凹槽可以形成气雾室”。对于“加热组件(5),所述加热组件(5)设置于所述气雾室(40)内”,其限定的是加热组件和气雾室之间的安装位置,即加热组件设置在气雾室内,气雾室为加热组件提供安装空间。涉案专利权利要求中两处有关“气雾室 40”的记载均未限定气雾室的具体构成。

其次,即使考虑气雾室的界定,涉案专利的气雾室和证据 1 的雾化室均是由加热组件顶盖和加热组件底座两个零件来界定的。具体理由:涉案专利说明书[0089 段]指出“加热组件顶盖 4 内的凹槽与加热组件底座 6 界定雾化室。雾化室可为加热组件顶盖 4 与加热组件底座 6 之间的空腔”。证据 1 说明书[0074 段]指出“加热组件顶盖 4 与加热组件底座 6 界定雾化室 40。雾化室 40 可为加热组件顶盖 4 与加热组件底座 6 之间的空腔”。可知,涉案专利中的气雾室和证据 1 的雾化室均是由加热组件顶盖和加热组件底座两个零件来界定的。

最后,如图 3 所示,涉案专利中的贯穿流道指的是沿纵向贯穿加热组件顶盖的腔体,凹槽指的是贯穿流道下段用于容纳加热组件的部分。根据证据 1 中的加热组件顶盖的结构图可以明显地看出,证据 1 中的加热组件顶盖具有贯穿流道,并且该贯穿流道的下半段用于容纳加热组件,即该贯穿流道具有凹槽以容纳加热组件。证据 1 中的雾化室和涉案专利中的气雾室的结构完全相同(均是加热组件顶盖 4 与加热组件底座 6 之间的空腔),证据 1 中的雾化室同涉案专利中的气雾室功能相同(都是容纳加热组件)。因此,区别特征(2)中的“加热组件顶盖的贯穿流道具有凹槽以形成气雾室”被证据 1 公开。

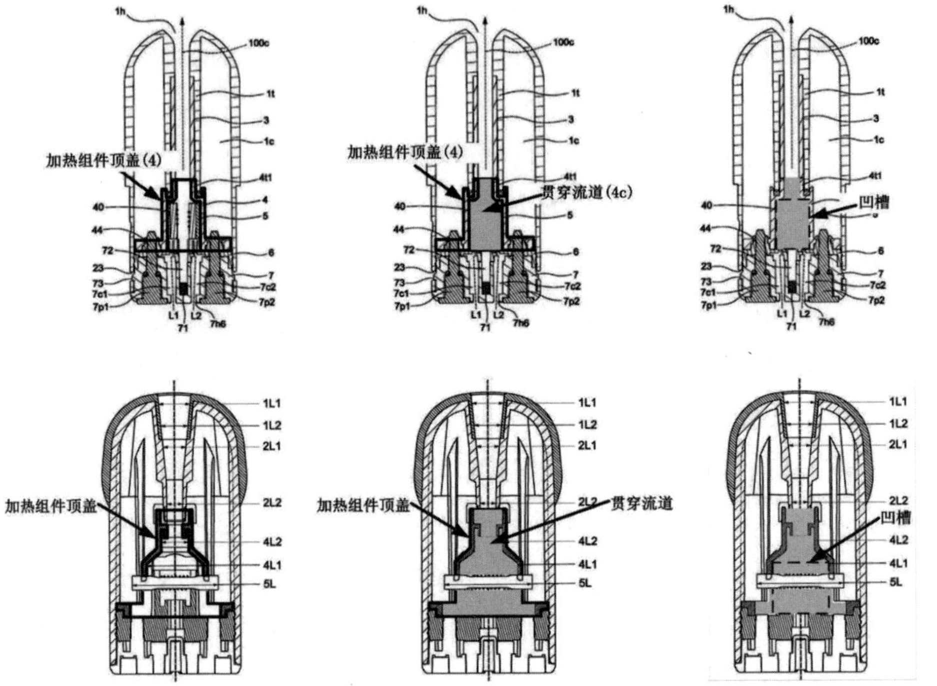


**图 3　技术方案对比(上:涉案专利技术方案,下:证据 1 技术方案)**

(2)区别特征(2)中的“加热组件设置于所述气雾室内”是公知常识

证据 1 中的加热组件主体部分设置在雾化室内,两端伸出到雾化室外,涉案专利中的加热组件整体设置在雾化室内。证据 1 相对于涉案专利的区别在于加热组件两端超出了雾化室。

然而,根据证据 1 说明书和附图可知,如图 4 所示,证据 1 油仓和气道之间在图示的“密封部位”已密封隔离,油仓的烟油可以通过图示的开口 4h 进入到灰色空间内,也就是说,本领域技术人员可知,即使伸出雾化室外的储油组件的两端缩短到雾化室内部,也不影响整个烟弹的工作(不会影响密封)。换言之,将证据 1 中的加热组件两端缩短使加热组件完全在雾化室内,为本领域公知常识。

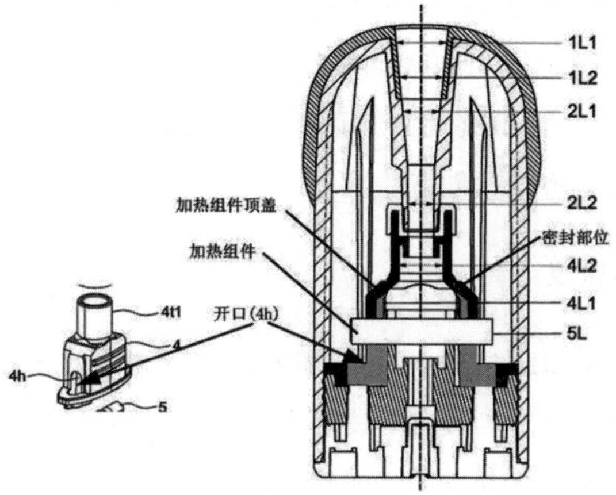


图4　证据1技术方案

综上所述,涉案专利权利要求1相对于证据1结合公知常识不具备创造性。

## 三、典型意义

《专利审查指南》规定判断发明是否具备创造性可以按照以下三个步骤进行:(1)确定最接近的现有技术;(2)确定发明的区别特征和发明实际解决的技术问题;(3)判断要求保护的发明对本领域的技术人员来说是否显而易见。采用"三步法"判断发明是否具备创造性最重要并且难度最大的就是"确定区别特征"以及"判断是否显而易见"。

"确定区别特征"牵涉很多技术特征比对问题,"判断是否显而易见"受判断主体对本领域技术理解深度的影响而具有很大的主观性。区别特征的确定和显而易见的判断随着各方对技术事实的举证解释和演示可以不断深化和发展。之所以同一案件不同程序裁判在结论上存在差异,往往是因为各方所展现或者有效阐释的技术事实的效果存在很大的差异,本案行政诉讼程序与专利无效程序出现不同的结论即属此情形。

本案中,在阐述技术事实时,笔者团队在文字说理基础上,对本专利和证据附图相关结构采用高亮区分显示,以直观的视觉凸显出涉案专利和对比文件(证据1)的区别。在此基础上,向法官阐述被诉决定对技术事实的错误理解,指出涉案专利真正的密封位置,以“直观图示+详细说理”的方式将技术事实呈现给法官,最终北京知识产权法院采纳了代理人的观点认定涉案专利权利要求1不具备创造性。

## 四、结语和建议

在专利案件的审理过程中,往往需要结合专利法的相关规定,进行大量技术事实的比对和认定。法官对技术事实的理解和认识往往随着双方的举证解释和演示不断深化和发展。因此,法官最终采纳的无论是原告的主张,还是被告的主张,抑或法官自己提出的主张,所提主张未被采纳的一方理论上都存在通过查明客观事实真相而颠覆相对方主张的博弈空间。此外,某项专利很可能是某个企业甚至是某个行业的命脉所在,专利无效或者侵权诉讼的裁判结果对该企业甚至该行业的竞争优势、经济效益以及生存都将产生深远的影响,专利诉讼的上述特点决定了当事人委托专业律师代理此类案件有客观上的必要性。

# 权属纠纷案中实际发明人的确定

## ——深圳某股份公司与深圳某科技公司、东莞某仪表公司等专利权属纠纷案

管巧丽[*]　陈文芳[**]

### 一、案情简介[1]

杨某某受聘在原告深圳某股份公司任职总经理,2018 年从原告处离职后成立了深圳某科技公司、东莞某仪表公司,经营与原告相同的业务。杨某某在离职 1 年内向国家知识产权局申请了本案专利,为本案专利发明人。原告主张本案专利系杨某某离职 1 年内作出的与原单位相关的发明创造,属于职务发明创造,遂提起专利权权属之诉。广州知识产权法院认定本案专利不属于职务发明创造,判决驳回原告的全部诉讼请求。原告不服并提起上诉,最高人民法院判决驳回上诉,维持原判。

杨某某在工业仪表行业工作了 20 多年,历任装配工程师、副总经理和总经理职务。入职原告之前,杨某某与原告法定代表人田某在东莞某公司作为同事共事 12 年,原告及被告的业务领域及产品均与东莞某公司相同。原

* 管巧丽:深圳市律师协会第十一届专利法律专业委员会委员,北京市京师(深圳)律师事务所律师。

** 陈文芳:北京市京师(深圳)律师事务所律师。

〔1〕 参见广州知识产权法院民事判决书,(2020)粤 73 知民初 2553 号;最高人民法院民事判决书,(2022)最高法知民终 2810 号。

告及关联方与被告及关联方之间的系列诉讼包括劳动争议纠纷、投资纠纷、借贷纠纷、专利侵权之诉、专利无效程序、恶意提起知识产权诉讼纠纷、保全错误之诉、批量专利权属纠纷等。被告与其受托方深圳市某工业设计有限公司在深圳市市场监督局管理局宝安监管局存在系列专利发明人行政纠纷。

## 二、案例分析

### (一)本案争议焦点

涉案专利是否属于职务发明创造。

### (二)原告举证

原告提交了杨某某在职期间作为发明人的多件授权专利、工程变更通知单、塑胶注塑模具设计制造合同等签字合同以及案外人李某某出具的证人证言等证据,主张杨某某在原告负责产品研发,拟证明本案专利系杨某某离职1年内作出的与原单位相关的发明创造,属于职务发明创造。

### (三)笔者代理意见

笔者作为被告深圳某科技公司、东莞某仪表公司、杨某某之代理人,从杨某某在原告承担的本职工作或原告分配的任务的具体内容、本案专利的具体情况及其与杨某某的本职工作或原告分配的任务的相互关系、原告是否开展了与本案专利有关的技术研发活动、涉案专利的权利人/发明人能否对专利技术的研发过程或者来源作出合理解释等四个方面进行积极抗辩。

第一,杨某某在原告担任总经理职务,不从事研发设计工作,未参与原告具体产品的研发工作。本案专利与杨某某在原告承担的本职工作或原告分配的任务毫无关联性,这不符合职务发明构成要件。

笔者举证了原告历届总经理入职初期及离职阶段的专利发明人变更记录,一方面证实原告举证的专利发明人仅挂名在新任总经理名下,杨某某非上述专利真实的发明人;另一方面印证了原告有挂名专利在历任总经理名下的惯例,原告确定专利的发明人时具有极大的随意性,并不遵从真实发明人原则。

上述举证进一步证实我国专利授权确权行政程序中,未对申请文件中所记载的发明人作实质性审查,专利证书上所记载的发明人仅为名义上的发明人,并不具有证明实际发明人的当然效力。

第二,入职原告之前,杨某某在工业仪表行业已积累了 20 多年从业经验,历任装配工程师、副总经理、总经理的职务,该 20 多年的仪表行业经验属于杨某某自身逐步积累的智慧成果,不属于原告的物质技术条件。

笔者检索并提交杨某某入职原告之前所任职公司有关仪表产品的专利记录,证实入职原告之前,杨某某自身积累的工作经验与原告无关,20 多年的行业经验不应当仅因杨某某在原告任职几年总经理就刻意抹杀。杨某某从原告离职后,仅依靠 20 多年的行业从业经验,足以在短时间内正常运营管理被告。故本案专利未利用原告的物质技术条件,无须利用原告的管理经验或物质技术条件。

第三,本案专利是委托设计,研发过程详尽,技术来源明确。本案专利产品研发合同、产品设计确认书及设计费转账凭证形成证据链闭环,证实本案专利系委托设计,被告依法享有委托设计的技术成果。微信及微信群等的沟通记录进一步证实本案专利系被告委托深圳市某工业设计有限公司研发设计,双方之间的委托设计事实清楚。

第四,本案专利具备 LCD(液晶显示)显示屏以及 LCD 显示屏根据电压强度标识供用户获知当前检测电压的强弱之功能,属于业界具有创造性的全新技术。而原告产品完全没有此类功能设计,两者具有本质区别,不存在技术上的关联性。

### (四)最高人民法院裁判观点

第一,在专利授权程序中,国家知识产权局对于发明人的身份仅进行形式审查,不作实体审查。如当事人提出相反证据证明专利的实际发明人另有其人,则需对专利的实际发明人予以审查。鉴于双方对本案专利实际发明人有争议,且认定本案专利实际发明人系认定本案专利是否为职务发明的前提,本案仍应在先认定杨某某是否为本案专利实际发明人,如能够认定杨某某为本案专利实际发明人,则需进一步认定本案专利是否属于杨某某离职 1 年内作出的与杨某某在原告承担的本职工作或者原告分配的任务有关的发明创造。

首先,本案专利的委托设计证据能够形成完整证据链,证明被告曾委托深圳市某工业设计有限公司设计开发与本案专利技术方案一致的产品及电路图,而深圳市某工业设计有限公司的经营范围包括工业产品、电子产品的设计与研发,深圳市某工业设计有限公司具备设计研发的能力。

其次,根据原告提交的证据,杨某某在原告任职时担任总经理,对原告业务统揽,虽在工程变更通知单、塑胶注塑模具设计制造合同上最终签字,但该行为属于行使其管理职责。原告主张杨某某在职期间作为发明人的测电笔专利为外观设计专利,保护的是产品的外观设计,而本案专利是实用新型专利,保护的是专利技术方案,原告的外观设计专利未披露部件的内在构造,而本案专利保护的正是各部件的内在构造及连接关系,故无法证明本案专利是在原告外观设计专利上进行的改进。

因此,本案证据无法证明本案专利与杨某某在原告的工作内容或原告分配的任务有关。

第二,即使杨某某确在原告参与产品的具体研发,但杨某某在本领域有多年从业经验,在离职后利用其此前工作中积累的经验,重新研发与原告工作任务或原告分配的任务无关的专利,亦不能认定该专利应归原告所有,否则不仅会变相鼓励员工原单位“搭便车”的行为,还会大大压缩员工离职后的就业范围,降低员工离职后的创新热情,最终会限制员工正常的择业自由,不利于营造鼓励创新的社会氛围。

## 三、典型意义

专利法所称的发明人或者设计人,是指对发明创造的实质性特点作出创造性贡献的人,在完成发明创造的过程中,只负责组织工作的人、为物质技术条件的利用提供方便的人或者从事其他辅助工作的人,不是发明人或者设计人。专利授权程序中,国家知识产权局对于发明人的身份仅进行形式审查,不作实体审查。如若在案件审理过程中,当事人提出相反证据证明专利的实际发明人另有其人,则需对相关证据予以审查以便确定专利的实际发明人。劳动者在本领域有多年从业经验,在离职后利用其于此前工作中积累的经验,重新研发与原单位工作任务或原单位分配的任务无关的专利的,不能认定该专利应归原单位所有。本案对涉及同类型的职务发明创造的发明人或者设计人如何认定具有一定指导和借鉴意义。

## 四、结语和建议

本案是员工离职引起的专利权权属纠纷,最高人民法院从企业和离职员工两个层面作出了认定:第一,国家知识产权局对于发明人的身份仅进行形式审查,不作实体审查。若在案件审理过程中,当事人提出相反证据证明专利的实际发明人另有其人,则需对相关证据予以审查以便确定专利的实际发明人。第二,即使离职员工确在原单位参与产品的具体研发,但其在本领域有多年从业经验,在离职后利用其于此前工作中积累的经验,重新研发与原单位工作任务或原单位分配的任务无关的专利的,亦不能认定该专利应归原单位所有。本案对后续专利权属纠纷职务发明中认定专利发明人,具备研发背景的劳动者离职之后能否重新研发具有一定的指导意义。

# 仅记载在说明书附图中的技术方案适用捐献原则

## ——广州A公司诉B公司侵害发明专利权纠纷案

刘志伟*　郑婷婷**

### 一、案情简介〔1〕

2019年,A公司以B公司侵害其专利号为ZL 20161×××7542.5、名称为"一种电镀夹导电式卷对卷垂直连续电镀设备"的发明专利(以下简称涉案专利)权为由,向深圳市宝安区市场监督管理局投诉,后撤回了该投诉。

2019年12月,A公司又以B公司和C公司侵害其包含上述发明专利权在内的两项发明专利权为由,向深圳市中级人民法院提起专利侵权诉讼,要求B公司和C公司停止侵权,赔偿其经济损失1000万元、合理开支50万元。

2020年8月,A公司撤回对C公司的起诉,撤回一个发明专利权,只以涉案专利权为权利基础,并变更诉讼请求为要求B公司停止侵权,赔偿A公司经济损失100万元、合理开支20万元。

---

* 刘志伟:深圳市律师协会第十一届专利法律专业委员会副主任,北京市隆安(深圳)律师事务所律师。

** 郑婷婷:北京市隆安(深圳)律师事务所律师。

〔1〕 参见广东省深圳市中级人民法院民事判决书,(2020)粤03民初6号;最高人民法院民事判决书,(2021)最高法知民终2256号。

一审法院结合原告、被告的主张及庭审情况,归纳了 3 个争议焦点:(1)被诉侵权产品是否落入涉案专利权的保护范围;(2)被告的现有技术抗辩主张能否成立;(3)被告的合法来源抗辩主张能否成立。2021 年 7 月,一审法院经审理认为,被诉侵权产品缺少技术特征,不落入涉案专利权的保护范围,并且 B 公司的合法来源抗辩成立,因此判决驳回 A 公司的诉讼请求。

A 公司不服一审判决并向最高人民法院提起上诉,最高人民法院经审理认为,本案的争议焦点为被诉侵权产品是否具有与涉案专利权利要求 1 所记载的技术特征 34 和技术特征 36 相同或等同的技术特征,被诉侵权产品是否落入涉案专利权利要求的保护范围。2023 年 3 月,最高人民法院经审理认为,被诉侵权产品并不具备涉案专利权利要求 1 中的技术特征 34 和技术特征 36,且 B 公司的合法来源抗辩成立,遂判决驳回 A 公司的上诉请求。

## 二、案例分析

### (一)本案争议焦点

本案的争议焦点在于 B 公司是否侵害了 A 公司的涉案专利权。

### (二)一审代理思路

本案中,A 公司当庭主张以涉案专利权利要求 3、权利要求 4、权利要求 7、权利要求 8 为权利基础,并根据在行政投诉阶段由市场监督管理局拍摄的视频对被诉侵权产品是否具备涉案专利权利要求 3、权利要求 4、权利要求 7、权利要求 8 的技术特征进行了指认。笔者系被告方代理人,笔者认为,涉案专利权利要求 3 引用涉案专利权利要求 2,涉案专利权利要求 2 引用涉案专利权利要求 1,本质上 A 公司主张的涉案专利权利要求 3 包含了涉案专利权利要求 1、权利要求 2 的全部技术特征。

本案主要的争议焦点在于 B 公司是否侵犯了 A 公司的涉案专利权。针对该争议焦点,笔者从不侵权抗辩、现有技术抗辩、合法来源抗辩三个方面进行了答辩。

首先,被诉侵权产品未落入涉案专利权利要求的保护范围。经对比,代理人认为被诉侵权产品的下列特征与涉案专利权利要求1的技术特征,不相同也不等同:(1)被诉侵权产品不具有柔性电路板的技术特征。(2)被诉侵权产品不具有权利要求1中的"所述电镀缸(31)内腔的两端中靠近所述放卷机(1)一端的正上方位置记为入端位置(rd)、靠近所述收卷机(5)一端的正上方位置记为出端位置(cd)""所述入端引导滑轨组的两根引导滑轨最前端位置即为所述入端位置(rd),所述出端引导滑轨组的两根引导滑轨最后端位置即为所述出端位置(cd)"的技术特征。(3)被诉侵权产品不具有"所述负极夹具(32)由所述入端位置(rd)运动至出端位置(cd)期间通过所述负极导电机构与所述直流电源(351)的负极电连接"技术特征。(4)被诉侵权产品不具备"所述入端引导滑轨组(335)的两根引导滑轨的后端部向上弯曲、中部和后端部沿所述下方直线轨迹延伸,所述出端引导滑轨组(336)的两根引导滑轨的前端部和前端部沿所述下方直线轨迹延伸、前端部向上弯曲"的技术特征。(5)被诉侵权产品不具备"每一个所述负极夹具(32)运动到所述入端半圆轨迹和下方直线轨迹的交界位置时,该负极夹具(32)的两个引导滚轮(325)滚动滑入所述入端引导滑轨组(335)的两根引导滑轨内侧面之间""每一个所述负极夹具(32)运动到所述下方直线轨迹和出端半圆轨迹的交界位置时,该负极夹具(32)的两个引导滚轮(325)滚动滑入所述出端引导滑轨组(336)的两根引导滑轨内侧面之间"的技术特征。(6)夹具驱动控制装置(33)为功能性特征。(7)所述的夹具驱动控制装置(33)安装在所述电镀缸(31)的上方位置。(8)负极导电机构为功能性特征。(9)夹具驱动机构为功能性特征。(10)"所述夹具驱动控制装置(33)能够驱动每一个所述负极夹具(32)在所述入端位置(rd)与出端位置(cd)之间循环运动"为功能性特征。

其次,被诉侵权产品使用的技术方案已经在专利申请日之前被在先销售的产品公开。被诉侵权产品的技术特征已经被A公司的关联公司在先销售给B公司的产品公开,被诉侵权产品实施的技术系现有技术。B公司的厂房内有两台设备,其中一台是案外人 C 公司销售给 B 公司的被诉侵权产品,另一台是 A 公司的关联公司销售给 B 公司的产品。

最后,被诉侵权产品系 B 公司通过正常商业方式向案外人 C 公司采购,并支付了合理对价所得,具备合法来源。

### (三)二审代理思路

二审法院将本案的争议焦点聚焦在被诉侵权产品是否具有与"使得:每一个所述负极夹具(32)运动到所述入端半圆轨迹和下方直线轨迹的交界位置时,该负极夹具(32)的两个引导滚轮(325)滚动滑入所述入端引导滑轨组(335)的两根引导滑轨内侧面之间"和"并使得:每一个所述负极夹具(32)运动到所述下方直线轨迹和出端半圆轨迹的交界位置时,该负极夹具(32)的两个引导滚轮(325)滚动滑入所述出端引导滑轨组(336)的两根引导滑轨内侧面之间"相同或等同的技术特征。

代理人认为,第一,对权利要求中出端"交界位置"、入端"交界位置"的含义的解释,应当坚持权利要求的公示与划界作用。禁止权利人通过解释权利要求达到修改权利要求的目的。说明书和附图不能用来限制权利要求书中已经明确无误记载的权利要求的范围。本案中,"交界位置"的含义是清楚的,不应当允许权利人通过解释权利要求来改变权利要求公示的技术方案,以达到修改权利要求的目的。

第二,被诉侵权产品的负极夹具在半圆轨迹的 8 点位置时,开始滑入入端引导滑轨组,该实际滑入位置并非"入端半圆轨迹与下方直线轨迹的交界位置"[入端半圆轨迹的垂直直径与下方直线轨迹交汇的"切点"(6 点位置)的位置],二者不构成相同侵权。负极夹具运动至出端引导滑轨组的最后端位置时,开始滑入出端引导滑轨组,该实际滑入位置并非"下方直线轨迹与出端半圆轨迹的交界位置"(6 点位置)(下方直线轨迹与出端半圆轨迹的垂直直径交汇的"切点"的位置),二者不构成相同侵权。

第三,负极夹具在入端时,根据说明书附图 11 可知,负极夹具滑入滑轨内侧面之间并非在“半圆轨迹和直线轨迹的交界位置时”，而是在入端引导滑轨的最前端(8 点钟位置)，该技术方案与被诉侵权产品采用的技术方案相同。出端“交界位置”的技术方案被捐献负极夹具在出端时，根据说明书附图 12 可知，负极夹具滑入滑轨内侧面之间并非在“半圆轨迹和直线轨迹的交界位置时”，而是在出端引导滑轨的最后端位置，该技术方案与被诉侵权产品采用的技术方案相同。说明书附图 11、附图 12 涉及的技术方案并未记载在权利要求中，而记载在说明书的附图中，根据捐献原则，专利权人不能将说明书附图 11、附图 12 的技术方案重新纳入专利权的保护范围。

## 三、典型意义

本案的典型意义在于确定没有写入权利要求而仅在说明书附图中公开的技术方案同样适用捐献原则。代理人阅读权利要求书、说明书及附图后发现，被诉侵权产品采用的技术方案并非权利要求或说明书公开的实施例记载的技术方案，而是说明书附图公开的技术方案，由此代理人根据捐献原则提出抗辩，仔细分析了权利要求记载的技术方案与说明书附图公开的技术方案的异同，最终法院认定，被诉方案属于当事人记载在说明书附图中而未记载在权利要求中的技术方案，被诉侵权产品未落入涉案专利权利要求的保护范围。最高人民法院通过司法解释将捐献原则写入了侵权判定的规则之中，目的在于限制等同原则的适用范围，即将仅写入说明书及附图但是没有写入权利要求的技术方案排除在权利要求的保护范围之外。

同时，法院采纳了 B 公司关于合法来源的抗辩。关于进口行为是否适用合法来源抗辩，实践中存在争议，本案中，法院采纳了 B 公司关于合法来源抗辩的主张。

本案的可借鉴经验在于代理人在代理专利类案件，特别是发明和实用新型类的案件时，应当准确识别说明书和权利要求的关系，并且熟练掌握权利要求的解释规则，厘清案件适用何种解释规则对当事人最为有利，同时要采用多条思路进行抗辩，以最大限度维护当事人的合法权益。

## 四、结语和建议

准确界定专利权的保护范围不仅是为专利权人提供有效法律保护的需要,也是尊重权利要求的公示和划界作用,维护社会公众信赖利益的需要。本案中,涉案专利权利要求有 9 个,独立权利要求有 5 个,分别是权利要求 1、权利要求 3、权利要求 4、权利要求 7、权利要求 8。本案涉及的技术方案极其复杂,这就要求代理人具有极高的技术水平和代理经验,可以分析被诉侵权产品和涉案专利权利要求的异同。

本案的争议焦点为仅记载在说明书附图中而没有记载在权利要求中的技术方案能否适用捐献原则。由本案可知,权利人捐献技术方案的方式通常有两种,一种是说明书实施例中公开的技术方案没有写入权利要求;另一种是说明书附图中公开的技术方案没有写入权利要求。无论哪一种方式都应当被认定为权利人的捐献,均不能将捐献的技术方案重新纳入权利要求的保护范围中。

捐献原则对申请人撰写权利要求提出了更高的要求,申请人在撰写权利要求时,不但要考虑说明书公开的具体实施例,同时还要考虑附图,在附图与说明书实施例不一致的情况下,要尽可能撰写更多的实施例对说明书附图公开的技术方案进行说明,并将实施例公开的技术方案全部写入权利要求,否则,可能导致技术方案的捐献给申请人造成无法挽回的损失。

本案历时四年,更加需要代理人的耐心和细心。因涉案专利权利要求内容多、被诉侵权产品体积巨大,在诉讼中,代理人提交的书面答辩状、代理词等均有几十页,且代理人在二审时制作 PPT 进行庭审演示,利用诉讼可视化助力审判,方便合议庭直观地利用视频、图片等更好地理解涉案专利和被诉侵权产品的技术方案。

# 第三篇

# 研究报告

# 中国专利侵权诉讼高额索赔举证查证实务问题研究报告*

孙大勇** 周 蓉*** 周 芮**** 刘孝璇*****

## 前 言

2021年6月1日施行的《专利法》第71条第1、2、3款规定:“侵犯专利权的赔偿数额按照权利人因被侵权所受到的实际损失或者侵权人因侵权所获得的利益确定;权利人的损失或者侵权人获得的利益难以确定的,参照该专利许可使用费的倍数合理确定。对故意侵犯专利权,情节严重的,可以在按照上述方法确定数额的一倍以上五倍以下确定赔偿数额。权利人的损失、侵权人获得的利益和专利许可使用费均难以确定的,人民法院可以根据专利权的类型、侵权行为的性质和情节等因素,确定给予三万元以上五百万元以下的赔偿。赔偿数额还应当包括权利人为制止侵权行为所支付的合理开支。”也就是说,我国目前法律规定的专利侵权损害赔偿的确定方式共有5

* 声明:本研究报告的编写主要基于大成孙大勇团队律师检索到的司法实践案例和编写者个人的经验认知,虽业经团队认真审核,但疏漏之处在所难免。欢迎社会各界批评指正,多提宝贵意见,以便我们下一步更好地做好本研究报告的修订、再版工作!

** 孙大勇:深圳市律师协会第十一届专利法律专业委员会主任,北京大成(深圳)律师事务所高级律师、北京大成律师事务所合伙人,本报告课题主持人。

*** 周蓉:深圳市律师协会第十一届专利法律专业委员会委员,北京大成(深圳)律师事务所律师。

**** 周芮:深圳市律师协会第十一届专利法律专业委员会委员,北京大成(深圳)律师事务所律师。

***** 刘孝璇:北京大成(成都)律师事务所律师。

种:“权利人实际损失”、“侵权人侵权获利”、“专利许可使用费的合理倍数”、“法定赔偿”和“惩罚性赔偿”。其中,“权利人实际损失”、“侵权人侵权获利”、“专利许可使用费的合理倍数”和“法定赔偿”适用于一般专利侵权案件,“惩罚性赔偿”适用于“故意侵犯专利权且情节严重”的案件。此外,侵权人还应当承担权利人维权的合理开支。

基于以上法律规定和目前司法实践,本研究报告将主要围绕6个问题展开研究,研究主题分别为:(1)权利人实际损失/侵权人侵权获利举证查证实务问题研究;(2)参照专利许可费标准判赔举证查证实务问题研究;(3)法定赔偿和裁量性赔偿举证查证实务问题研究;(4)约定赔偿举证查证实务问题研究;(5)惩罚性赔偿举证查证实务问题研究;(6)合理开支举证查证实务问题研究。

## 一、权利人实际损失/侵权人侵权获利举证查证实务问题研究

最高人民法院《关于审理专利纠纷案件适用法律问题的若干规定》(以下简称《专利纠纷若干规定》)第14条规定:“专利法第六十五条规定的权利人因被侵权所受到的实际损失可以根据专利权人的专利产品因侵权所造成销售量减少的总数乘以每件专利产品的合理利润所得之积计算。权利人销售量减少的总数难以确定的,侵权产品在市场上销售的总数乘以每件专利产品的合理利润所得之积可以视为权利人因被侵权所受到的实际损失。专利法第六十五条规定的侵权人因侵权所获得的利益可以根据该侵权产品在市场上销售的总数乘以每件侵权产品的合理利润所得之积计算。侵权人因侵权所获得的利益一般按照侵权人的营业利润计算,对于完全以侵权为业的侵权人,可以按照销售利润计算。”[1]

根据上述《专利纠纷若干规定》第14条可知,“权利人实际损失”的计算方式有两种:第一种是专利产品因侵权而销售量减少的总数×每件专利产

[1] 《专利纠纷若干规定》第14条中所提及的“专利法第六十五条”现为2020年修改后的《专利法》第71条。

品的合理利润;第二种是侵权产品在市场上销售的总数×每件专利产品的合理利润。对于第一种计算方式,权利人需要举证证明专利产品因侵权而销售量减少的总数,即需要知晓不存在侵权人实施专利侵权行为的情况下权利人的专利产品的销售量与侵权人实施专利侵权行为后权利人专利产品的销售量之间的差额。换言之,权利人需要举证证明这种假设状态下专利产品销售量的下降额。但事实上这是一种假设模式,客观上是不能实现的,因为权利人无法知晓在既定的时间段内,没有发生专利侵权和发生专利侵权的情况下,专利产品的销售量分别是多少。此外,在动态的市场经济环境中,权利人的专利产品的销售量的变动往往受到多方因素的影响,权利人很难知晓和有效证明侵权人实施专利侵权行为这单一因素直接导致的权利人专利产品实际流失的销售量。《专利纠纷若干规定》为了减轻权利人的举证责任,规定了上述第二种计算方式,即推定侵权产品在市场上销售的总数=专利产品因侵权而销售量减少的总数,这个推定的逻辑就在于侵权人每卖出一份侵权产品就挤占了一份权利人专利产品原本的市场份额,若无侵权人的专利侵权行为,权利人的专利产品是可以实现侵权产品实现的每一份销售量的。

另外,根据上述《专利纠纷若干规定》第14条规定可知,“侵权人侵权获利”计算方式为:侵权产品在市场上销售的总数×每件侵权产品的合理利润。

综上所述,权利人实际损失以及侵权人侵权获利的计算均需要知晓两方面的事实:侵权产品在市场上销售的总数以及(每件专利产品/每件侵权产品)合理利润,本文以下内容将就这两方面事实的举证查明分别进行研究讨论。鉴于以上论述,考虑到实践需求及文章篇幅,本文将不对专利产品因侵权而导致销售量减少的总数的事实的举证查证问题进行研究。

### (一)侵权产品在市场上销售的总数举证查证问题研究

最高人民法院《关于知识产权民事诉讼证据的若干规定》(以下简称《知

产诉讼证据规定》)第 31 条规定:“当事人提供的财务账簿、会计凭证、销售合同、进出货单据、上市公司年报、招股说明书、网站或者宣传册等有关记载,设备系统存储的交易数据,第三方平台统计的商品流通数据,评估报告,知识产权许可使用合同以及市场监管、税务、金融部门的记录等,可以作为证据,用以证明当事人主张的侵害知识产权赔偿数额。”最高人民法院的该条司法解释明确列举了包括记载侵权产品在市场上销售的总数在内的能证明损害赔偿数额的证据,但是该些证明侵权产品在市场上销售的总数的证据如何获取并进行举证、查证,则需要根据司法实践分别进行研究探讨。

1. 通过公开渠道进行取证、固证

所谓公开渠道是指公众均可自由查看的渠道,一般是指互联网公开信息。公开渠道中最常见的有电商平台销售数据,包括奥维云网的统计和京东商城的评价数(一条评价至少可代表已售出产品一件,奥维云网的统计、京东商城的评价数分别可通过购买部分统计数据、公证保全固定相关数据获得)等。例如,在格力公司诉奥胜公司、晶东公司侵害实用新型专利权纠纷案[1]中,法院即认同使用奥维云网的统计和京东商城的评价数(一条评价至少可代表已售出产品一件)计算产品的销售量。

此外,公开渠道中常见的还有行业协会或权威机构等第三方机构通过网络公布的统计数据(商品流通数据),如 IDC(International Data Corporation,国际数据公司)数据。例如,在华为终端有限公司诉惠州三星公司、天津三星公司、三星(中国)公司等发明专利侵权纠纷案[2]中,法院认为,IDC 是全球性的信息技术、电信行业和消费科技市场咨询、顾问和活动服务的专业提供商,其出具的市场报告在行业内具有重要的参考价值,因此认可 IDC 数据记载的关于侵权产品的销售数量的真实性和可靠性。

公开渠道中常见的还有侵权人通过网络进行的广告宣传或者自认的产品销售额,上市公司年报,等等。

---

[1] 参见广州知识产权法院民事判决书,(2017)粤 73 民初 390 号。

[2] 参见福建省泉州市中级人民法院民事判决书,(2016)闽 05 民初 725 号。

关于侵权人的广告宣传，例如，在百益百利公司诉点挂公司、张某彬侵害实用新型专利权纠纷案[1]中，对于侵权人于2017年通过网络途径对外宣称的其累计施工面积已达200万平方米以上，在其未提交有效反证的情况下，法院表示认可。在此基础上权利人主张每平方米所需被诉侵权产品平均用量约为5根，法院计算出侵权产品数为200万×5=1000万根。又如，在泛普公司诉江苏欧帝公司、南京欧帝公司、西藏欧帝公司实用新型专利侵权纠纷案[2]中，被告没有提供其生产销售的数量，没有提供相反证据证明其生产销售的数量没有达到其于网站上记载的5000多套，法院因此认定被告江苏欧帝公司和南京欧帝公司生产、销售的侵权产品数量达到5000套。

关于侵权人的自认，例如，在格力公司诉奥胜公司、晶东公司侵害实用新型专利权纠纷案中，法院认可侵权人对于部分侵权产品销售额的自认，并在其自认的基础上计算出侵权产品总的销售额。

对于网络证据，为了能保证网页证据的清洁性以及有效性，最常用的取证方式便是公证。除此之外，还有以下几种方式可供选择。

（1）可信时间戳固证。可信时间戳®是由联合信任时间戳服务中心签发的一个能证明电子数据（电子文件）在一个时间点已经存在的、完整的、可验证的、具备法律效力的电子凭证。可信时间戳®的电子证据取证、知识产权保护、电子签名、电子邮件认证、电子数据认证等服务主要用于认定电子数据的存在性、完整性或真实性，解决了电子数据易被篡改、伪造等问题，已获得司法广泛认可。[3]举证质证时，若对可信时间戳®取证的证据持有异议，可随时随地在任何一台电脑上通过可信时间戳®验证中心的网页对该证据做验证，以证明该证据自申请时间戳时起，内容保持完整，未被篡改。可信时间戳®取证所需费用比公证取证所需费用更少（固定一个网页证据的费用

---

〔1〕 参见最高人民法院民事判决书，(2021)最高法知民终1066号。

〔2〕 参见福建省福州市中级人民法院民事判决书，(2017)闽01民初774号。

〔3〕 参见联合信任：《什么是可信时间戳?》，载联合信任时间戳服务中心官网2023年9月14日，https://www.tsa.cn/baike/12.html。

为10元)，操作人员(公司人员或者其代理人)在自己的电脑上即可操作，不用去公证处现场，并且操作人员通过操作当场便可获取凭证，高效便捷，因此，现在越来越多的权利人主体愿意采用可信时间戳的取证方式。

(2)电子取证存证平台。我国目前兴起的电子在线取证、存证的平台主要有百度取证、存证云、公证云、安存、云法通、互联网数据取证平台、杭州互联网法院电子证据平台、粤存证等。这类存证平台形式多样化，各有其自身的优势以及价值。其中，百度取证由百度公司联合北京国创鼎诚司法鉴定所联合推出，取证全过程受权威司法机构实时监控，以确保证据真实、完整、不可篡改；全部证据可由权威的司法鉴定机构出具正式的司法鉴定意见书。存证云由存证宝 App 提供包括通话录音、现场录音、拍照存证、录像存证、网页存证等多种形式的存证方式，实行实时录音录像存证，方便高效。公证云是指用户无须前往公证处，仅通过网页、微信等多种方式在公证机构提供的公证服务云端申请办理公证业务、材料审核及支付等，打破了传统公证需要在公证处现场申请办理存证操作等的限制，实现随时随地进行取证存证。[1]

2. 向法院申请证据保全、调查取证以及责令提交书证

(1)向法院申请证据保全

《专利法》第73条规定："为了制止专利侵权行为，在证据可能灭失或者以后难以取得的情况下，专利权人或者利害关系人可以在起诉前依法向人民法院申请保全证据。"

《民事诉讼法》第84条第1、2款规定："在证据可能灭失或者以后难以取得的情况下，当事人可以在诉讼过程中向人民法院申请保全证据，人民法院也可以主动采取保全措施。因情况紧急，在证据可能灭失或者以后难以取得的情况下，利害关系人可以在提起诉讼或者申请仲裁前向证据所在地、被申请人住所地或者对案件有管辖权的人民法院申请保全证据。"

对于由侵权人自行掌握的关于侵权产品在市场上销售的总数的证据，

---

〔1〕 参见李洪江：《互联网＋证据固定方式的最新进展》，载 IPRdaily 中文网 2018 年 12 月 24 日，http://www.iprdaily.cn/article_20579.html。

如财务账簿、会计凭证、销售合同、进出货单据等,根据上述法律规定,权利人可在起诉侵权人前或者起诉侵权人过程中,向法院申请对其进行证据保全。

例如,在握奇公司诉恒宝公司侵害发明专利权纠纷案〔1〕中,北京知识产权法院认为:"由于被诉产品的销售数量及盈利情况掌握在被告手中,本院以证据保全裁定的方式责令被告恒宝公司提交相关财务账册、财务凭证、涉案交易合同。"

又如,在朗科公司诉晶天公司侵害发明专利权纠纷案〔2〕中,朗科公司认为晶天公司制造、使用、销售、许诺销售 USB 闪速存储器等产品的行为侵害其"用于数据处理系统的快闪电子式外存储方法及其装置"发明专利权,索赔 5000 万元。一审法院根据朗科公司的申请对晶天公司向海关申报出口的被诉侵权产品进行了证据保全和财产保全,查扣了被诉侵权产品 231 箱,共计 156,597 片,并据此计算侵权赔偿数额。

(2)向法院申请调查取证

《民事诉讼法》第 67 条第 2 款规定:"当事人及其诉讼代理人因客观原因不能自行收集的证据,或者人民法院认为审理案件需要的证据,人民法院应当调查收集。"《民事诉讼法》第 70 条第 1 款规定:"人民法院有权向有关单位和个人调查取证,有关单位和个人不得拒绝。"

对于由第三方主体掌握且未对外公布(如果对外公布的话则使用上述第 1 点所述的公证、可信时间戳等方式进行取证和固证)的关于侵权产品在市场上销售的总数的证据,权利人因客观原因(如保密要求等)无法自行收集的,则可向法院申请调取,该种方法在实践中应用较多。

第三方常指相关行政主管部门(税务、海关、工信部等),例如,在兄弟工业株式会社诉宁波舒普发明专利侵权案〔3〕中,法院经权利人申请向国家税

〔1〕 参见北京知识产权法院民事判决书,(2015)京知民初字第 441 号。
〔2〕 参见广东省深圳市中级人民法院民事判决书,(2014)深中法知民初字第 510 号。
〔3〕 参见上海知识产权法院民事判决书,(2016)沪 73 民初 519 号。

务总局调取了记载侵权人侵权产品的销售数据的增值税发票记录。又如,在宁德时代公司诉江苏塔菲尔公司、东莞塔菲尔公司(二者合称二塔菲尔公司)等侵害实用新型专利权纠纷案[1]中,福建省高级人民法院向工信部调取两被告自2017年以来销售侵权产品的数据。

第三方还常指向侵权人购买侵权产品的第三方主体,例如,在握奇公司诉恒宝公司侵犯发明专利权纠纷案[2]中,北京知识产权法院提出:"本院根据原告握奇公司在2015年12月18日提出的申请,向中国银行、中国人民解放军61046部队、中金金融认证中心有限公司(又称中国金融认证中心)进行了调查取证,以查清被告恒宝公司向有关银行销售USBKEY产品(被诉产品)的数量情况。上述单位均向本院出具了书面证明(披露销售数量),本院已将上述证明交换给双方当事人。原告握奇公司亦将上述证明作为佐证其赔偿额请求的证据。"

此外,第三方还常指保留侵权人在电商平台上销售侵权产品记录的电商运营方,如淘宝网、京东商城等。

(3)向法院申请提交书证

最高人民法院《关于适用〈中华人民共和国民事诉讼法〉的解释》(以下简称《民诉法解释》)第112条第1款规定:"书证在对方当事人控制之下的,承担举证证明责任的当事人可以在举证期限届满前书面申请人民法院责令对方当事人提交。"《知产诉讼证据规定》第24条规定:"承担举证责任的当事人书面申请人民法院责令控制证据的对方当事人提交证据,申请理由成立的,人民法院应当作出裁定,责令其提交。"

上述司法解释的适用范围仅限于书证,对于由侵权人自行掌握的关于侵权产品在市场上销售的总数的书面证据,如财务账簿、会计凭证、销售合同、进出货单据等,根据上述法律规定,权利人可以在举证期限届满前,向法院书面申请责令侵权人提交。建议不管法院最终是否接受申请并作出裁

[1] 参见福建省高级人民法院民事判决书,(2020)闽民初1号。

[2] 参见北京知识产权法院民事判决书,(2015)京知民初字第441号。

定，权利人均应积极申请，以引导法院实施举证责任转移、运用举证妨碍制度。

例如，在握奇公司诉恒宝公司侵犯发明专利权纠纷案[1]中，北京知识产权法院认为："由于被诉产品的销售数量及盈利情况掌握在被告手中，本院以证据保全裁定的方式责令被告恒宝公司提交相关财务账册、财务凭证、涉案交易合同……并在开庭审理过程中再次要求被告恒宝公司提供上述证据。"

3. 向行政机关申请调查取证

《专利行政执法办法》第37条规定："在专利侵权纠纷处理过程中，当事人因客观原因不能自行收集部分证据的，可以书面请求管理专利工作的部门调查取证。管理专利工作的部门根据情况决定是否调查收集有关证据。在处理专利侵权纠纷、查处假冒专利行为过程中，管理专利工作的部门可以根据需要依职权调查收集有关证据。执法人员调查收集有关证据时，应当向当事人或者有关人员出示其行政执法证件。当事人和有关人员应当协助、配合，如实反映情况，不得拒绝、阻挠。"

当向行政机关提起专利侵权行政处理时，权利人可以依法向行政机构申请调取侵权人以及其他主体掌握的侵权产品在市场上销售的总数的证据，如财务账簿、会计凭证、销售合同等。此外，权利人可以通过侵权行为地市场监督管理行政机关向销售侵权产品的平台所在地市场监督管理行政机关申请协助调查。

4. 通过举证妨碍制度进行推定

实践中，很多确定赔偿额的侵权行为有关证据（如侵权产品在市场上销售的总数）都掌握在侵权人手里，权利人很难进行充分举证以提高专利损害赔偿额。为解决权利人举证难的问题，我国《专利法》第71条第4款规定："人民法院为确定赔偿数额，在权利人已经尽力举证，而与侵权行为相关的

---

[1] 参见北京知识产权法院民事判决书，(2015)京知民初字第441号。

账簿、资料主要由侵权人掌握的情况下，可以责令侵权人提供与侵权行为相关的账簿、资料；侵权人不提供或者提供虚假的账簿、资料的，人民法院可以参考权利人的主张和提供的证据判定赔偿数额。”最高人民法院《关于审理侵犯专利权纠纷案件应用法律若干问题的解释（二）》（以下简称《专利侵权司法解释（二）》）第27条规定：“权利人因被侵权所受到的实际损失难以确定的，人民法院应当依照专利法第六十五条第一款的规定，要求权利人对侵权人因侵权所获得的利益进行举证；在权利人已经提供侵权人所获利益的初步证据，而与专利侵权行为相关的账簿、资料主要由侵权人掌握的情况下，人民法院可以责令侵权人提供该账簿、资料；侵权人无正当理由拒不提供或者提供虚假的账簿、资料的，人民法院可以根据权利人的主张和提供的证据认定侵权人因侵权所获得的利益。”[1]《专利侵权司法解释（二）》第27条规定的是举证妨碍规则。对于侵权产品在市场上销售的总数举证可以适用该条款。

举证妨碍规则常常与上述向法院申请证据保全、调查取证或者责令提交书证等取证方式一起使用，用以证明在权利人已经尽力举证，而与侵权行为相关的账簿、资料主要由侵权人掌握的情况下，侵权人无正当理由却拒不提供的，则法院直接推定或者根据权利人提供的证据和主张认定侵权产品在市场上销售的总数以及侵权损害赔偿数额。

例如，在握奇公司诉恒宝公司侵犯发明专利权纠纷案[2]中，有关被诉产品的销售数量以及盈利情况的证据均掌握在被告的手中，法院以证据保全裁定的方式责令被告提供该证据，但被告拒不提供，法院向第三方调取了被诉产品的销售数量，即481.42万个，但该部分销售数量不是被告被诉产品全部的销售数量，于是原告主张根据行业情况推算剩余的被诉产品的销售数量以及盈利，鉴于被告拒不提供有关被诉产品的销售数量以及盈利情况

---

〔1〕《专利侵权司法解释（二）》第27条中提及的“专利法第六十五条第一款”现为2020年修改后的《专利法》第71条第1款。

〔2〕参见北京知识产权法院民事判决书，（2015）京知民初字第441号。

的证据，对于原告的该计算主张，法院予以支持。

又如，在百益百利公司诉点挂公司、张某彬侵害实用新型专利权纠纷案中，对于侵权人于 2017 年通过网络途径对外宣称的其累计施工面积已达 200 万平方米以上，在其未提交有效反证的情况下，法院表示认可。鉴于有关被诉产品的销售数量以及盈利情况的证据均掌握在侵权人的手中，但侵权人明确表示拒不提供，法院在此基础上同意权利人主张的每平方米所需被诉侵权产品的平均用量约为 5 根，最终计算出侵权产品数为 200 万 ×5 = 1000 万根。

再如，在斯恩蒂斯公司诉大博公司等侵害发明专利权纠纷案〔1〕中，权利人举证有关"德荣医械商城"网站销售侵权产品数量和侵权人销售侵权产品的价格的证据。被诉侵权产品属于植入人体的三类医疗器械，为保证患者的身体健康和生命安全，三类医疗器械的生产、销售记录都应满足我国对于该类产品的可追溯要求。侵权人作为制造该类医疗器械的上市公司理应掌握不同型号、规格的侵权产品的生产、销售情况，完全可以通过自我举证精确计算侵权产品的销售金额、利润率等。在法院要求侵权人提供侵权产品销售数据后，侵权人以销售票据无从查找为由，仅提供了自行制作的 2014 年销售数据打印件供法院参考，在原审中仅提供四张销售发票。侵权人上述消极执行法院命令，拒不提供自己掌握的全部相应证据材料的行为，已经构成举证妨碍。在权利人已经尽力举证，且所举证据和主张的计算方法可以证明其主张的侵权获利金额(2000 万元损害赔偿)具有较大成立可能性的情况下，侵权人尽管不同意权利人主张的金额，但仅对权利人的计算方法提出异议，拒不提供自己掌握的证据，由此可以推定权利人主张的赔偿金额成立。最高人民法院全额支持权利人关于 2000 万元损害赔偿和 10 万元合理开支的诉讼请求。

---

〔1〕 参见最高人民法院民事判决书，(2021)最高法知民终 148 号。

## (二)专利产品或侵权产品合理利润举证查证问题研究

《知产诉讼证据规定》第31条明确列举了包括记载(每件专利产品/每件侵权产品)合理利润在内的能证明损害赔偿数额的证据,关于(每件专利产品/每件侵权产品)合理利润的证据具体举例如下:

权利人专利产品的合理利润可以通过权利人或者权利人关联公司的专项审计报告[1]、上市公司权利人年报[2]、同业上市公司财报[3]等参考确定。

而侵权人侵权产品利润则可以通过侵权人或者侵权人关联公司年报[4]、同业上市公司年报[5]、权威机构/行业协会数据[6]、侵权人财务数据、侵权人宣传或自认[7]以及法院根据权利人证据酌定的数据计算。

至于该些证明(专利产品/侵权产品)合理利润的证据如何获取举证,上述提到的通过公开渠道进行取证、固证,向法院申请证据保全、调查取证以及责令提交书证,向行政机关申请调查取证,通过举证妨碍制度进行推定等四种方法均适用,上述"侵权产品在市场上销售的总数举证查证问题研究"均有论述,在此不再赘述。

例如,在宁德时代公司诉二塔菲尔公司等侵害实用新型专利权纠纷案[8]中,福建省高级人民法院提道:"关于合理利润的确定问题。以专利权人的损失来计算赔偿额,应以专利产品的合理利润作为计算标准。根据宁德时代公司公布的2018年和2019年的年报来看,动力电池的营业毛利率分别为34.10%和28.45%,扣除包括销售费用、管理费用、财务费用在内的三费费

[1] 参见北京知识产权法院民事判决书,(2015)京知民初字第441号。
[2] 参见福建省高级人民法院民事判决书,(2020)闽民初1号。
[3] 参见上海知识产权法院民事判决书,(2018)沪73民初203号。
[4] 参见福建省泉州市中级人民法院民事判决书,(2016)闽05民初725号。
[5] 参见广东省高级人民法院民事判决书,(2018)粤民终1132号。
[6] 参见福建省泉州市中级人民法院民事判决书,(2016)闽05民初725号。
[7] 参见广东省高级人民法院民事判决书,(2018)粤民终1132号。
[8] 参见福建省高级人民法院民事判决书,(2020)闽民初1号。

率,营业利润率分别为 29.27% 和 25.08%,平均营业利润率为 27.18%。从数据可见,宁德时代公司动力电池的营业利润率呈下降趋势。由于二塔菲尔公司生产销售侵权产品的时间段未能准确确定,本院对于专利产品的平均营业利润率酌定为 24%。"

又如,在华为终端有限公司诉惠州三星公司、天津三星公司、三星(中国)公司等侵害发明专利权纠纷案[1]中,一审法院考虑了华为终端有限公司提供的有关三被告的关联公司三星集团在其官网披露的销售利润率为 13.2% 的证据。一审法院认为,虽然三星集团并非本案的当事人,但鉴于其为本案三被告的上级投资集团公司,其所公布的利润率具有一定的参考价值。另考虑三被告提供的工信部 2014 年针对国产手机的调查数据——国产手机的行业平均利润率为 3.2%,据此按照利润率 3.2% ~13.2% 计算,利润区间大致为 22.908951526032 亿元至 94.499425044882 亿元人民币。对于此种计算方式,二审法院表示认同。

再如,在斐珞尔诉珠海金稻、中山金稻等侵犯外观设计专利权案[2]中,上海知识产权法院认为:"关于本案专利产品的合理利润的确定:1. 原告在本案中提交的销售专利产品的发票显示最低售价为 1,380 元,常规售价为 1,880 元,因原告未提交证据证明其销售专利产品的日常均价,故本院确定以其专利产品的较低销售价作为计算产品合理利润的依据;2. 原告代理词中提到 A 股上市的家电公司的财报显示,2018 年小家电的综合毛利率为 38.99%,则本案专利产品的利润率应在 20% 之上,本院认为上述 A 股上市的家电公司的财报并未列明洁面仪产品的毛利率,无法直接作为计算依据,但综合考量同类产品的利润率、涉案专利产品的售价及产品定位等因素,本院认定涉案专利产品的利润率应当不会低于 20%……综上,依照'已查明的侵权产品在市场上销售的总数 358,074 个 × 专利产品的低价销售价格 1380 元 × 每件专利产品的合理利润 20% × 本院酌定的涉案专利设计对专利产品

---

[1] 参见福建省泉州市中级人民法院民事判决书,(2016)闽 05 民初 725 号。

[2] 参见上海知识产权法院民事判决书,(2018)沪 73 民初 203 号。

利润的贡献度30%'的计算方式，可以推算出原告因被告侵权行为所受的损失已超出其主张的300万元。"本案中，法院参考了同类产品的利润率、涉案专利产品的售价及产品定位等因素，最后酌定涉案专利产品的利润率20%以计算权利人的实际损失。

### （三）专利贡献度举证查证问题研究

根据《专利法》第71条第1款的规定以及《专利纠纷若干规定》第14条的规定可知，确定侵犯专利权的赔偿数额的两种方式即"权利人实际损失""侵权人侵权获利"的计算方式为："侵权产品在市场上销售的总数×每件专利产品的合理利润"以及"侵权产品在市场上销售的总数×每件侵权产品的合理利润"。

然而《专利侵权司法解释（一）》第16条规定："人民法院依据专利法第六十五条第一款的规定确定侵权人因侵权所获得的利益，应当限于侵权人因侵犯专利权行为所获得的利益；因其他权利所产生的利益，应当合理扣除。侵犯发明、实用新型专利权的产品系另一产品的零部件的，人民法院应当根据该零部件本身的价值及其在实现成品利润中的作用等因素合理确定赔偿数额。侵犯外观设计专利权的产品为包装物的，人民法院应当按照包装物本身的价值及其在实现被包装产品利润中的作用等因素合理确定赔偿数额。"[1]

符合上述司法解释规定的条件下，确定侵犯专利权的赔偿数额的时候还需要考虑权利人专利的贡献（率）度。

那如何确定专利贡献（率）度呢？北京市高级人民法院《关于侵害知识产权民事案件适用惩罚性赔偿审理指南》第3.12条规定确定知识产权对商业价值的贡献度时，可以根据案件具体情况，综合考虑以下因素：(1)权利客体的创造性、独创性、显著性或者价值性；(2)权利客体的创作研发成本及市

---

〔1〕 此处涉及的"专利法第六十五条第一款"现为2020年修改后的《专利法》第71条第1款。

场价格情况；(3)权利人商品与同类商品的市场价格、销售数量、利润比较情况；(4)侵权商品的生产经营成本、市场价格、单位利润等情况；(5)侵权内容分别占权利客体、侵权客体的数量比例或者重要程度情况。在司法实践中，一般由法官根据涉案专利的技术价值、市场价值和零部件比重等因素最终酌定出专利贡献(率)度。据统计，目前在确定专利侵权损害赔偿时考虑专利贡献(率)度的案例并不多，并且在一些考虑了专利贡献(率)度的案例中，法院未给出具体的专利贡献(率)度的计算公式。

例如，在格力公司诉奥胜公司、晶东公司侵害实用新型专利权纠纷案[1]中，广州知识产权法院认为：关于贡献率，一方面，格力公司专利与现有技术相比具有实质性特点和进步，其通过减少零件数量和装配工序，解决了现有技术因开制模具多而成本增加和效率低下问题，解决了装配工序多所导致的容易漏水、漏风、异响等问题。空调是否容易漏水、是否会产生异响，是消费者选购时关注的重点之一。显然，上述问题的解决会对空调厂商实现利润产生重要贡献。而且，本案诉讼发生前奥胜公司曾有两款型号产品被认定侵犯格力公司相同专利权，并被责令停止侵权和赔偿损失。在此情况下，奥胜公司仍通过本案 8 款型号产品继续使用格力公司专利，这印证了格力公司专利对其实现利润具有重要影响。另一方面，被诉室内机虽是空调重要部件，但毕竟不是空调成品。奥胜公司的奥克斯品牌会对消费者选购产生影响。一审法院在充分考虑上述两方面因素的基础上，合理确定被诉技术方案的利润贡献率。该案二审[2]中，广东省高级人民法院认为：涉及产品零部件侵权的知识产权案件中，应以考虑侵权部件在实现成品利润中的贡献为原则，以成品利润为基数确定赔偿数额为例外。权利人和侵权人需要分别从各自角度进行充分举证，才能较为合理地确定符合涉案专利市场价值的贡献率。权利人可从涉案专利是否涉及侵权产品关键、核心部件的角度进行举证，而侵权人可从涉案专利以外的因素（如商标、其他重要专

---

〔1〕 参见广州知识产权法院民事判决书，(2017)粤 73 民初 390 号。

〔2〕 参见广东省高级人民法院民事判决书，(2018)粤民终 1132 号。

利)对实现成品利润影响的角度进行举证。格力公司和奥胜公司均仅提出主张而未举证。广东省高级人民法院注意到:(1)涉案专利为实用新型专利,涉案专利在十年保护期内,被多次提起无效宣告,历经多次无效宣告程序,仍保持法律效力,证明涉案专利具有技术创新价值;(2)涉案专利涉及空调底壳结构,虽然自身成本较低,但解决了以往技术方案容易漏水、漏风、异响等问题,对实现空调成品利润具有一定贡献;(3)奥胜公司曾因侵害涉案专利被判决停止侵权和赔偿损失,但在本案中仍继续侵害同一专利,可佐证涉案专利具有相当市场价值;(4)涉案专利仅涉及空调室内机,对于室外机等部件、奥克斯自身品牌等因素产生的合理利润应予扣除。上述因素,在确定本案赔偿数额时均应予以考虑。

又如,在无锡国威陶瓷电器有限公司、蒋某屏诉林芝公司、苏宁易购集团股份有限公司侵害实用新型专利权纠纷案[1]中,最高人民法院认为:"关于本案专利对于侵权产品利润的贡献度。根据本案专利说明书对发明有益效果的记载,与涉案专利权利要求2的技术方案相关的有益效果包括产品结构更加紧凑,各配件之间在经过压制后结合更牢固,提高热传导性能,减少配件松动造成的安全隐患,提高产品的可靠性和制作成本等。可见,涉案专利对于林芝公司PTC发热器的市场吸引力起到了重要作用。同时,考虑到涉案专利权利要求2技术方案实现上述有益效果的特征主要体现在导热铝管压制后在左右侧面形成的半圆形凹槽结构,而PTC发热器还包括其他部件,不宜将侵权产品的利润全部归因于涉案专利。在林芝公司无正当理由拒不参加本案庭审的情况下,本院酌定涉案专利对于林芝公司侵权产品利润的贡献度为50%。"

再如,在宁德时代公司诉二塔菲尔公司等侵害实用新型专利权纠纷案[2]中,福建省高级人民法院提出:关于专利贡献度的确定问题。《专利侵权司法解释(一)》第16条第2款规定:"侵犯发明、实用新型专利权的产品系另

---

[1] 参见最高人民法院民事判决书,(2018)最高法民再111号。

[2] 参见福建省高级人民法院民事判决书,(2020)闽民初1号。

一产品的零部件的，人民法院应当根据该零部件本身的价值及其在实现成品利润中的作用等因素合理确定赔偿数额。"本案中，侵害涉案专利权的产品为一种动力单体电池的顶盖，应属电池产品的零部件。法院综合考虑涉案专利的种类、涉案专利的稳定性程度、涉案专利所涉及的产品性能对销售量的影响及涉案专利在实现成品利润中的作用等因素，另外考虑到宁德时代公司共向二塔菲尔公司就涉案侵权产品侵犯其他专利提起包括本案在内的五起专利侵权诉讼，酌定涉案专利的贡献度为10%。综上，本案损失赔偿数额的计算方式应为：（侵权产品的总储电量）736,515.6388kWh ×（产品单价）1300元/kWh ×（合理利润率，即宁德时代公司的平均营业利润率）24% ×涉案专利贡献率10%，据此可得出宁德时代公司因二塔菲尔公司侵权行为遭受的损失为22,979,287元。

再如，在斐珞尔诉珠海金稻、中山金稻等侵犯外观设计专利权案[1]中，上海知识产权法院认为：涉案产品为电动洁面仪，根据原告提交的多份在先专利，洁面仪或洗脸刷产品最早于2010年进行专利申请，主要区别在于外观形态，原告提交的涉案专利评价报告记载：从检索到的现有设计状况可以发现，面部清洁类产品整体形状和各部分的具体设计变化较大，这些变化会对整体视觉效果产生更显著的影响。考虑到洁面仪产品的功能较为统一，认定涉案外观设计对专利产品利润的贡献度在30%以上。综上所述，依照"已查明的侵权产品在市场上销售的总数358,074个×专利产品的低价销售价格1380元×每件专利产品的合理利润20% ×法院酌定的涉案专利设计对专利产品利润的贡献度30%"的计算方式，可以推算出原告因被告侵权行为所受的损失已超出其主张的300万元。

结合上述案例，针对权利人以"权利人实际损失""侵权人侵权获利"主张专利侵权损害赔偿的，笔者建议如下：

第一，先通过公开渠道（如互联网）尽可能就侵权产品的销售数量、价

---

[1] 参见上海知识产权法院民事判决书，（2018）沪73民初203号。

格、利润率等进行积极搜证,并将侵权产品的价格、利润率与专利产品的价格、利润率进行对比,如果前者更高,则权利人应选择以“侵权人侵权获利”主张专利侵权损害赔偿,反之,则权利人应选择以“权利人实际损失”主张专利侵权损害赔偿。实践中,专利产品的价格和利润率一般要高于侵权产品的价格和利润率,并且这方面的证据由权利人自行掌握,取证比较便捷,所以在固定侵权产品销售数量的证据之后,权利人可以尽可能地就专利产品的价格和利润率按照本文列举的方式进行充分举证,以“权利人实际损失”主张专利侵权损害赔偿。

第二,有关侵权产品销售数量、价格、利润率等的证据往往掌握在侵权人或者第三方手里,权利人通过公开渠道收集的相关证据非常有限,因此,权利人尽可能向法院申请证据保全、调查取证以及责令提交书证,以引导法院实施举证责任转移,运用举证妨碍制度,作出对权利人有利的认定。

第三,专利产品涉及权利人多项专利的,则权利人应考虑每件专利的技术价值、稳定性、市场价值和零部件比重等因素后,再决定选择哪项或哪几项专利作为起诉侵权人的权利基础。此外,权利人还需考虑作为权利基础的专利的技术价值、市场价值和零部件比重等因素以确定主张的侵权损害赔偿额。

## 二、参照专利许可费标准判赔举证查证实务问题研究

最高人民法院于1992年发布的《关于审理专利纠纷案件若干问题的解答》(已失效)是最早规定专利权许可使用费赔偿标准的法律文件,该文件的第4条中首次对专利损害赔偿问题进行解释,并规定了包括许可使用费赔偿在内的专利损害赔偿的三种计算方法。[1] 2000年,许可使用费赔偿标准正

---

〔1〕 最高人民法院《关于审理专利纠纷案件若干问题的解答》第4条规定:“专利侵权的损害赔偿,应当贯彻公正原则,使专利权人因侵权行为受到的实际损失能够得到合理的赔偿。专利侵权的损失赔偿可按照以下方法计算:(一)以专利权人因侵权行为受到的实际经济损失作为损失赔偿额……(二)以侵权人因侵权行为获得的全部利润作为损失赔偿额……(三)以不低于专利许可使用费的合理数额作为损失赔偿额。对于上述三种计算方法,人民法院可以根据案情的不同情况选择适用。当事人双方商定用其他计算方法计算损失赔偿额的,只要是公平合理的,人民法院可予准许。”

式写入《专利法》,成为法定的三种知识产权侵权损害赔偿计算方式之一。2001 年发布的《专利纠纷若干规定》第 21 条中对许可使用费赔偿规则适用过程的考量因素及倍数法则进行了细化规定。[1] 2008 年,《专利法》和《专利法实施细则》第三次修改中规定了对现行立法中的损害计算方法的适用顺序,即许可使用费赔偿标准在权利人的实际损失或侵权人的侵权获利难以确定时才能适用。[2] 2015 年修正的《专利纠纷若干规定》第 21 条中取消了许可使用费倍数的限制并规定了许可使用费赔偿的适用的条件。[3]

通过分析现有的法律、司法解释及相关规定可简单归纳出我国"许可使用费赔偿标准"有以下三个关键要素:首先,适用"许可使用费赔偿标准"的前提是"权利人的实际损失或侵权人的侵权获利难以确定时"。其次,我国《专利法》中规定的适用许可使用费赔偿标准来确定专利侵权损害赔偿数额的具体规则是以涉案专利的许可使用费的"合理倍数"来确定最终的赔偿数额,但是在法律以及相关司法解释中均没有明确规定"合理倍数"的取值范围及具体适用规则。最后,我国立法中关于适用许可使用费赔偿标准立法表述采用的是"参照"这一词。基于此,具体个案中不同法院在适用许可使用费赔偿标准上具有较大的自由裁量权,在是否具有"可参照性"这一问题上具有多重标准。

---

[1] 2001 年《专利纠纷若干规定》第 21 条规定:"被侵权人的损失或者侵权人获得的利益难以确定,有专利许可使用费可以参照的,人民法院可以根据专利权的类别、侵权人侵权的性质和情节、专利许可使用费的数额、该专利许可的性质、范围、时间等因素,参照该专利许可使用费的 1 至 3 倍合理确定赔偿数额;没有专利许可使用费可以参照或者专利许可使用费明显不合理的,人民法院可以根据专利权的类别、侵权人侵权的性质和情节等因素,一般在人民币 5000 元以上 30 万元以下确定赔偿数额,最多不得超过人民币 50 万元。"

[2] 2008 年《专利法》第 65 条规定:"侵犯专利权的赔偿数额按照权利人因被侵权所受到的损失确定;实际损失难以确定的,可以按照侵权人因侵权所获得的利益确定。权利人的损失或者侵权人的利益难以确定的,参照该专利许可使用费的倍数合理确定。赔偿数额还应当包括权利人为制止侵权行为所支付的合理开支。权利人的损失、侵权人的获得的利益和专利许可使用费均难以确定的,人民法院可以根据专利权的类型、侵权行为的性质和情节等因素,确定给予一万元以上一百万元以下的赔偿。"

[3] 2015 年《专利纠纷若干规定》第 21 条规定,"权利人的损失或者侵权人获得的利益难以确定,有专利许可使用费可以参照的,人民法院可以根据专利权的类型、侵权行为的性质和情节、专利许可的性质、范围、时间等因素,参照该专利许可使用费的倍数合理确定赔偿数额"。

通过分析我国司法实践中适用许可使用费赔偿标准现有为数不多的案件可以发现，在专利侵权诉讼中，当权利人主张采取许可使用费的合理倍数来确定专利侵权损害赔偿时，法院通常要求原告对其主张的许可使用费的合理性与真实性进行举证。其中专利许可使用费真实，是指许可人和被许可人基于许可实施专利的目的订立书面实施许可合同并按照合同约定支付专利许可使用费。确定专利许可使用费是否真实，通常要综合考虑审查实施许可合同是否是当事人的真实意思表示，专利许可使用费是否依约支付，许可人和被许可人之间是否存在利害关联关系，被许可人是否实施该专利等因素。专利许可使用费合理，是指使用费数额与被诉侵权行为发生时该专利的市场价值相符。确定专利许可使用费是否合理，通常要综合考虑专利许可方式、专利权剩余有效期、专利许可使用费与被诉侵权行为的规模、性质是否相符等因素。如果当事人主张的专利许可使用费不真实或者不合理，即使形式上存在实施许可合同且当事人已支付相关费用，该许可使用费也不应作为确定赔偿数额的参照。[1] 现择要点详细分析如下。

### （一）许可使用费的真实性认定问题研究

#### 1. 专利授权许可使用协议是否已得到实际履行

司法实践中，有的法院认为原告提供的许可协议若没有得到实际履行，则不能参照适用以确定侵权损害赔偿。例如，在信佳公司与龙盛公司专利侵权案[2]和华某某等与丰利机械公司专利侵权案[3]中，法院均拒绝适用许可使用费标准的理由是原告未能提供许可使用费已经实际支付的证据。

有的法院则认为，专利授权许可协议经过备案后即使未实际履行，其中的许可费标准亦可作为参照的依据。例如，在湖南广义等公司与深湘等公

〔1〕 参见最高人民法院民事判决书，(2020)最高法知民终 1660 号。

〔2〕 参见福建省高级人民法院民事判决书，(2007)闽民终字第 26 号。

〔3〕 参见最高人民法院民事判决书，(2007)民三字第 3 号。

司专利侵权纠纷案[1]中，一审法院和二审法院均以未实际履行的许可使用费为判赔依据。笔者认为，法院在适用该标准时不仅考虑到对权利人赔偿举证的支持，还考虑到要避免权利人为了获取高额判赔而伪造许可使用协议的情况。因此，我国大多数法院将许可使用协议是否已经实际履行作为考察许可使用协议真实性的首要条件。专利许可使用协议已经实际履行的证据一般包括银行账单流水、交易发票以及纳税凭证等。有些法院要求的证明标准更为严格，不仅需要原告提供前述证明材料，还需要原告提供证据证明被许可人实际上制造或在市场中销售专利产品后方能视为专利许可协议得到了真实的履行。例如，在孔某与恒明电器厂等专利侵权案[2]中，法院认为原告仅提交了其与案外第三人签订的专利许可使用协议以及已经支付许可使用协议中所达成的许可使用费的证据，这尚不足以证明许可使用协议被实际履行过，原告还应当提供被许可人实际制造或销售涉案专利产品的相关证明材料。最终法院拒绝在该案中适用许可使用费赔偿标准来确定损害赔偿。

2. 专利授权许可使用协议是否已在国家知识产权局备案登记

针对许可使用协议登记备案与否对许可使用费真实性判断的影响的问题，不同法院的做法不同。有的法院认为许可使用协议是否登记备案的事实直接影响许可使用费的真实性判断。例如，在冷某山、泰山塑料厂与段某国、周某乐专利侵权纠纷案[3]中，长沙市中级人民法院认为根据该案中专利实施许可合同未经备案等情况，参照适用许可使用费确定专利侵权赔偿没有法律依据。而在谢某因与鼎立置业公司实用新型专利侵权纠纷案[4]中，虽然原告提供了许可使用费支付的银行凭证、发票以及缴税凭证来证明许可使用协议中确定的许可使用费已经被实际支付过，但法院以该许可使

〔1〕 参见最高人民法院民事判决书，(2013)民提字第127号。
〔2〕 参见广州知识产权法院民事判决书，(2016)粤73民初1784号。
〔3〕 参见湖南省长沙市中级人民法院民事判决书，(2007)长中民三初字第0366号。
〔4〕 参见湖南省长沙市中级人民法院民事判决书，(2009)长中民三初字第0101号。

用协议未经国家知识产权局登记备案为由拒绝适用许可使用费的赔偿方法。

以上案例说明,原告提供的专利实施许可协议只有在经过国家知识产权局等机关进行登记备案的情况下才具有一定的可参照性。相反,有的法院并没有将许可使用协议是否经过国家知识产权局的登记备案作为许可使用费真实性判断的前提,而仅将许可使用费已经实际履行作为许可使用费满足真实性要件的标准。在郑某冕与刘某怀专利侵权纠纷案[1]、冯某执诉万家乐童车厂等侵权案[2]中,原告主张根据许可使用费赔偿标准,但被告基于该许可使用协议并未经过国家知识产权局登记备案的事实,对原告所提交的许可使用协议的真实性提出疑问。法院则认为许可使用协议是否登记备案并不影响许可使用协议作为证据在确定专利侵权损害赔偿中的适用。

3. 专利授权许可使用协议所涉双当事人之间是否具有利害关联关系

专利授权许可使用协议所涉双方当事人之间存在一定的利害关联关系可能会影响该许可使用协议中的许可使用费的真实性,因为该许可使用费可能无法公允地反映涉案专利权真实的市场交易价格,故在这种情形下法院将会拒绝参照适用原告提供的专利授权许可使用协议作为损害赔偿计算的依据。例如,在柳州市甲青纺织科技有限公司、郑某军与天迈公司侵权案[3]中,原告主张以其与案外人甲青公司达成的专利授权许可使用协议为本次诉讼损害赔偿的依据。法院经审理查明,案外人甲青公司的法定代表人是该案的原告,法院指出原告主张的其与案外人甲青公司之间的专利授权许可使用协议中达成的许可使用费已经无法客观真实反映涉案专利的市场价值,故最终未参照该专利授权许可使用协议计算损害赔偿。

司法实践中出现过有些法院未将专利授权许可使用协议双方当事人之

[1] 参见甘肃省高级人民法院民事判决书,(2015)甘民三终字第8号。
[2] 参见浙江省杭州市中级人民法院民事裁决书,(2005)杭民三初字第79号。
[3] 参见浙江省高级人民法院民事判决书,(2011)浙知终字第240号。

间的利害关联关系纳入考察范围的情况，即法院认定专利授权许可使用协议双方当事人之间存在利害关联关系，但仍然采纳原告提交的专利授权许可使用协议并将其作为损害赔偿数额计算的依据。例如，在湖南广义公司等与深湘公司等专利侵权案[1]以及湖南富丽真金公司诉卢某同等专利侵权案[2]中，法院均认定专利授权许可使用协议所涉双方当事人之间具有利害关联关系，但仍然将专利授权许可使用协议中确定的许可使用费作为计算损害赔偿数额的依据。法院认为，双方当事人尽管存在利害关联关系，但是独立的民事主体，其协议中达成的许可使用费是合理的，可以作为法院裁决判定的依据。

综上所述，笔者认为，法院考察原告提交的专利授权许可使用协议是否经过备案、是否实际履行，甚至考察被许可人是否实际制造、销售或者使用涉案专利产品，以及考察专利授权许可使用协议所涉的双方当事人之间是否具有利害关联关系，本质在于考察确保原告所提交的专利授权许可使用协议是真实的，其中所约定的许可使用费是公允的，符合市场交易价值的。鉴于此，作为原告或者原告代理人在进行举证时，首先应按照以上法院考察的事项进行举证，若确实无法进行相应形式举证时，则应当按照证明专利授权许可使用协议真实性、许可使用费公允性这一本质内涵要求进行其他形式的补充举证。

### (二)专利许可使用费合理性判断问题研究

#### 1. 相同专利已有许可使用协议的情形

即便是相同类型的专利，也可能会因为被许可人的生产规模或自身业务能力的不同等客观因素，而影响许可使用费的高低。因此适用许可使用费进行判赔应考虑个案的具体情况。例如，在刘某和诉章某明侵权案[3]

---

〔1〕 参见最高人民法院民事判决书，(2013)民提字第127号。
〔2〕 参见山东省高级人民法院民事判决书，(2011)鲁民三终字第187号。
〔3〕 参见安徽省合肥市中级人民法院民事判决书，(2006)合民三初字第9号。

中,原告认为应适用其与案外人合肥大兴压铸厂之间曾订立的许可使用费来确定损害赔偿数额,然而法院却认为专利授权许可使用协议中的诸多内容与该案的实际情况存在较大差异,比如所处的市场条件、双方当事人的营业能力等,因此法院指出许可使用费适用于该案不具有合理性。在王某与洁灵特科技公司、通州鹏源纺织公司侵权案[1],郑某冕与刘某怀侵权案[2]中,原告均主张法院应参照原告与案外人之间存在的既有的专利授权许可使用协议作为损害赔偿判赔额的依据,但法院均认为既有的专利授权许可使用协议中的内容与相应案件的实际情况不符,适用许可费确定损害赔偿判赔额不具有合理性。

从已有的案例来看,法院并不会当然地将已经存在的许可使用费直接适用在专利侵权案件中,而是需要考察既有的许可使用费与本案的实际情况。只有许可使用费约定适用的情形与本案存在的情况大致相当时,许可使用费才可作为计算确定损害赔偿额的依据,或者用作确定、计算损害赔偿额的一个考量因素,再结合具体案件存在的其他因素,包括侵权人主观状态、侵权程度及范围、侵权产品生产制造及销售规模等,综合确定一个最终合理的许可使用费赔偿数额。

2. 相关或者相似专利情形下已有许可使用协议的情形

经检索案例发现,在司法实践中曾出现过法院参照与涉案专利高度相关或者相似的专利的许可使用协议作为确定损害赔偿额的做法。例如,在固丰公司诉宿迁华顺公司案[3]中,虽然固丰公司以其拥有 ZL20××××××××34.1 号发明专利权为其主张权利的依据,但 ZL20××××××××34.1 号发明专利的权利要求保护范围包含在 ZL20××××××××13.9号实用新型专利权的保护范围之内。因此,固丰公司将 ZL20××××

---

〔1〕 参见江苏省高级人民法院民事判决书,(2014)苏知民终字第 0209 号。

〔2〕 参见甘肃省高级人民法院民事判决书,(2015)甘民三终字第 8 号。

〔3〕 参见江苏省高级人民法院民事判决书,(2015)苏知民终字第 00038 号。本案系 2016 年江苏省高级人民法院发布的 2015 年度知识产权十大典型案例之五。

××××13.9号实用新型专利权授权给大力神公司的实施许可中包含了涉案发明专利权利要求保护的技术方案。因此该专利实施许可合同所确定的专利实施许可费对确定该案侵权赔偿数额具有较强参考价值。依照该合同所约定的专利实施许可费,侵权人实施侵权行为所需支付的专利实施许可费高达948万元,故法院认定专利权人仅主张300万元的赔偿额具有充分依据。

很显然,法院这种裁判思路在一定程度上突破了司法实践中固有的仅以相同专利已有的许可使用费作为赔偿数额依据的局限,在涉案标的物本身不存在既有的专利许可费时,通过参照相似专利的既有许可使用费来确定损害赔偿判赔额度。

如前所述,确定专利许可使用费是否合理,通常要综合考虑专利许可方式,专利权剩余有效期,专利许可使用费与被诉侵权行为的规模、性质是否相符等因素。但如果侵权发生时,侵权人仅给付合理许可费,这意味着侵权人可以先侵权,侵权的后果不过是赔偿原本就应提前达成的许可使用费,这种做法实际上是把侵权人和被许可人同等对待,在某种程度上讲,不能起到预防侵权作用。进一步而言,如果侵权后发现合理许可使用费赔偿与侵权前协商确定的许可使用费相同或相比更低,将无法达到威慑侵权的作用,对其他不侵害他人专利的竞争者不公平[1]。首先,对权利人而言,不仅应取得侵权人原本就应支付的许可使用费,其其他利益的损失也应被考虑在内,例如权利人因侵权诉讼所耗费的时间与金钱成本;侵权人提供劣质产品给权利人所带来的名誉伤害;侵权人若事先取得许可,还可能基于合同关系而负有某些特定义务;权利人丧失了约束侵权人制订价格的利益;等等。其次,侵权人一般是针对市场上已经成功的专利产品实施侵权,故不用承担相关的商业风险。最后,该基于侵权而产生的合理许可使用费赔偿的支付一般比商业协商许可使用费的支付要晚较长的时间,故侵权人在实施专利侵权时,至少会节省下专利许可使用费的利息。因此,若合理许可使用费赔偿

---

〔1〕 参见朱雪忠、陈荣秋:《专利保护的经济分析》,载《科研管理》1999年第2期。

和一般当事人协商的许可使用费相同显然是鼓励侵权。

基于以上的考量并结合司法解释的相关规定，笔者认为，所谓考察专利许可使用费合理，其用意并非以该专利的许可使用费数额直接代替侵权损害赔偿数额，而是在确定合理的专利授权许可费和相关倍数后，按照被诉侵权的情形以该专利许可使用费为基数乘以合理倍数来最终计算获得损害赔偿数额。

结合上述案例，针对原告以专利许可使用费为计算索赔的依据或者索赔考量因素的情形，笔者建议如下：

第一，专利授权许可合同应尽可能预先在国家知识产权局进行登记备案。

第二，注意保留好能够证明合同实际履行的转账凭证、银行流水、发票等。

第三，注意收集被许可人实际使用涉案专利的证明，例如制造、使用、销售、许诺销售涉案专利产品的相关证据。

第四，注意授权许可双方存在利害关联关系的授权许可合同的真实性在法庭调查中会被质疑。

第五，原告举证时注意论证授权许可合同确定专利许可费的适用情形同被告侵权时的生产、销售情形具有可比性，因此比照专利授权许可费确定专利侵权损害赔偿额具有合理性。

第六，注意评估法院依据专利授权许可费确定专利侵权损害赔偿额时，在可能性与因提高起诉索赔额而产生的高额诉讼费、律师费之间的平衡，要考虑到法院仅“参照”专利授权许可费确定损害赔偿额，其最终是否“参照”以及“参照”的程度如何尚存很大的不确定性。

### 三、法定赔偿和裁量性赔偿举证查证实务问题研究

2013 年 10 月 22 日，最高人民法院召开“人民法院加大知识产权司法保护力度的有关情况新闻发布会”，将裁量性赔偿适用的典型案例向媒体发

布，时任民三庭副庭长金克胜将“裁量性赔偿方法”定义为：“是在计算赔偿所需的部分数据确有证据支持的基础下，人民法院根据案情运用裁量权，确定计算赔偿所需要的其他数据，从而确定公平合理的赔偿数额。”〔1〕当时裁量性赔偿的方法被命名为“酌定赔偿方法”。2016 年，最高人民法院副院长陶凯元在全国法院知识产权审判工作座谈会暨全国法院知识产权审判“三合一”推进会上更是明确指出：“针对知识产权市场价值的客观性和不确定性双重特点，要善于运用根据具体证据酌定实际损失或侵权所得的裁量性赔偿方法，以提高损害赔偿计算的合理性。”

按照现行相关规定，我国专利法确立了五种专利侵权损害赔偿方式：权利人的损失、侵权人获得的利益、授权许可费的合理倍数、法定赔偿和惩罚性赔偿，但并未规定裁量性赔偿方法。鉴于惩罚性赔偿是以权利人的损失、侵权人获得的利益、授权许可费的合理倍数为计算基准，而裁量性赔偿方法与法定赔偿均体现了法官很大的自由裁量度，二者非常近似，那裁量性赔偿方法与法定赔偿二者的关系如何？

最高人民法院在前述“人民法院加大知识产权司法保护力度的有关情况新闻发布会”上明确“裁量性赔偿不同于法定赔偿”。笔者认为，裁量性赔偿和法定赔偿虽然都在不同程度上依赖于法官自由心证，但存在本质差别。具体分析如下。

### （一）法官自由心证的逻辑基础不同

所谓裁量性损害赔偿制度，是指法院在一定事实和证据的基础上，根据案情运用裁量权酌定公平合理赔偿数额的制度，本质上是一种根据权利人损失或者侵权人获利来确定损害赔偿数额的方法〔2〕。因此，该种判赔方法

---

〔1〕《酌定赔偿更接近权利人损失 赔偿数额更合理》，载中国法院网 2013 年 10 月 22 日，https://www.chinacourt.org/article/detail/2013/10/id/1110984.shtml。

〔2〕参见王东勇：《裁量性损害赔偿在专利侵权案件中的运用——原告施特里克斯有限公司诉被告沃尔玛、中山舜龙世纪电器等侵犯发明专利权纠纷案》，载《中国知识产权报》2013 年 8 月 14 日，第 8 版。

非常依赖当事人双方的举证和客观事实的调查，法官的自由裁量集中在对证据的审查认定、利润率和专利贡献度的确定等方面并最终表现为确定合理的损失赔偿额。法定赔偿则更多取决于法官的主观判断，法官结合专利权的类型、侵权行为的性质和情节等因素进行综合判断以确定被告应当承担的赔偿额。总结而言，裁量性赔偿是通过赋予法官对于损害额度的裁量权来降低权利人相关证明标准，而法定赔偿则是由法官通过自由心证直接酌定赔偿数额，法官的主观好恶对两种类型的判赔方法影响度明显不同，两种判赔方法所对应的法官自由心证的逻辑基础不同。

### （二）举证难易程度不同

裁量性赔偿要通过客观数据进行计算推导，故需要权利人积极举证。举证过程中，既要考虑证据收集难易程度，又要考虑证据本身对最终判赔结果的有效性，还要考虑举证本身对本案诉讼以及权利人往后商业活动的影响。法定赔偿则主要依据法官的自由心证，当事人只需要结合专利权的类型、侵权行为的性质和情节等因素进行举证后即可要求法官进行法定判赔，举证相对简单。

### （三）法官判赔数额的受限程度与裁判尺度的伸缩刚性不同

法定赔偿由法官自由酌定，为限制裁量权的任意性，《专利法》第 71 条规定了 3 万～500 万元的裁判区间。裁量性赔偿依托于客观证据，自然可以高于法定赔偿限额。实际上，当事人选择适用裁量性赔偿，进行积极举证，其目的是希望能够获得高于法定赔偿限额或者得到可预期的赔偿数额，这是突破法定赔偿额或者增加判赔可预期性的重要方式。而裁量性赔偿依据客观事实，从而更容易在裁判前进行预估判断，因此，不同法院、不同法官之间裁判尺度的差异相对较小，从而更有助于不同法院裁判尺度的统一。法定赔偿则主要依赖法官的自由心证进行评价和判断，最终的判赔额受法官主观判断的影响较大，这是导致不同法院、不同法官最终判赔额裁判尺度不一的根本原因。

有观点认为:“裁量性赔偿,是指在当事人无法举证证明权利人的损失或侵权人违法所得的确切数额,但有证据证明上述数额明显超出法定赔偿限额的情况下,根据案件具体情况在法定赔偿限额之外酌情确定赔偿数额的一种方法。”笔者对此并不认同。《专利法》第 71 条第 1 款中规定,“侵犯专利权的赔偿数额按照权利人因被侵权所受到的实际损失或者侵权人因侵权所获得的利益确定”,但实际上以上两种损害赔偿的方式在司法实践并不好确定。例如,原告的损失很难证明就是由被告侵权所导致的,有可能是原告经营的问题、市场环境的影响所导致的;而被告所获得的利益、侵权产品的销售额可能好确定,但侵权产品的利润率就比较难确定。又如,专利贡献度的问题是司法判断的难点。最终法院确定的利润率可能既不是原告主张的利润率,也不是被告主张的利润率,而是市场的中间利润率,当然,也可能是其他第三方公司的利润率,甚至是不同的数家公司的平均利润率。而专利贡献度的确定则更需要法官根据专利的类型,专利对被诉产品的功能影响、营销价值影响,以及专利的创新性等各种因素综合确定,甚至需要法官对原告所提交的或者法院调查取得的被诉产品的销售数量、销售额等证据进行评估认定。因此,笔者认为,司法实践所称的根据“权利人的损失和侵权人获得的利益”所最终确定的赔偿额大多是法官实施裁量性赔偿方法的结果,而该结果有可能落在 3 万元至 500 万元的额度范围内。若权利人放弃裁量性赔偿方法,而仅由法官按照专利权的类型、侵权行为的性质和情节等因素进行综合判断,则判赔结果的可预期性将会大幅度降低。因此,即使预估采用裁量性赔偿方法的计算结果仍落在 3 万元至 500 万元的区间内时,笔者亦建议权利人积极举证,申请法院按照裁量性判赔方法进行裁判,而不是直接采用法定判赔的方法进行裁判。当然,若预估损失赔偿额度在 500 万元以上,则积极申请法院适用裁量性判赔方式具有更为积极的意义。

### (四)裁量性赔偿与法定赔偿的适用顺位不同

《专利法》第 71 条第 1 款规定:侵犯专利权的赔偿数额按照权利人因被

侵权所受到的实际损失或者侵权人因侵权所获得的利益确定;权利人的损失或者侵权人获得的利益难以确定的,参照该专利许可使用费的倍数合理确定。对故意侵犯专利权,情节严重的,可以在按照上述方法确定数额的一倍以上五倍以下确定赔偿数额。《专利法》第 71 条第 2 款规定:权利人的损失、侵权人获得的利益和专利许可使用费均难以确定的,法院可以根据专利权的类型、侵权行为的性质和情节等因素[1],确定给予3 万元以上500 万元以下的赔偿。根据前述规定可知,专利侵权损害赔偿的求偿顺位为:第一位,权利人的损失或者侵权人获得的利益;第二位,专利许可使用费的合理倍数;第三位,3 万元至 500 万元的法定赔偿。惩罚性赔偿则是基于计算基准的实际情况,跟随第一顺位或者第二顺位的求偿顺序确定的。裁量性赔偿属于权利人的损失或者侵权人获得的利益的下位计算方法,根据实际情况跟随第一顺位的权利人的损失或者侵权人获得的利益的相应情形确定,故其显然应优于法定赔偿适用。

在早期的很多案件中,裁定判赔的方式比较粗略,如单纯采用利润推定的方式进行裁量性判赔。鉴于该种判赔方式系基于一定的数据基础而推定,故属于裁量性判赔的范畴。

例如,在格力公司诉美的公司案[2]中,格力公司拥有一款关于"控制空调器运行"的发明专利,2008 年,格力公司认为美的公司空调产品中关于"舒睡模式"的设定落入格力公司涉案专利权的保护范围之内,遂起诉美的公司等

---

〔1〕 还可以专利权的价值为法定赔偿的参考因素,专利权的价值评估考虑以下方面:(1)专利技术创造性、专利设计显著性;(2)专利技术研发成本、实施情况;(3)侵权行为发生时的合理转让价格、合理许可费用;(4)专利使用许可的种类、时间、范围;(5)市场上同类产品的平均利润;(6)专利权以及其同族专利在境外被申请宣告无效的次数[参见江苏省高级人民法院民事判决书,(2015)苏知民终字第 00172 号];(7)涉案专利的同组专利在境外的授权情况及涉案专利在国内获得政府资助情况[参见广东省高级人民法院民事判决书,(2017)粤民终 2844 号];(8)专利文献被引用的次数(参见谢萍、王秀红、卢章平:《企业专利价值评估方法及实证分析》,载《情报杂志》2015 年第 2 期;邱洪华、宋秋玉:《中国专利价值影响因素的评价及其与美国的比较》,载《创新》2018 年第 2 期;刘妍:《专利价值评估研究综述与趋势展望》,载《国家情报工作》2022 年第 15 期);等等。

〔2〕 参见广东省高级人民法院民事判决书,(2011)粤高法民三终字第 326 号。

侵犯格力公司的专利权。法院经过二审终审，认定美的公司生产的四款型号的空调构成侵权，综合全案案情判决美的公司须支付赔偿金200万元。

关于上述判决金额的确定问题，二审法院分析如下：关于美的公司的侵权获利数额，可以依据四款型号的侵权空调的销售数量、售价和利润等情况计算得出，而上述情况应当由美的公司掌握，在美的公司没有对外披露的情况下，格力公司很难查知，故美的公司负有证据披露的义务，据此原审法院责令美的公司提交相关证据。

一审已经查明其中一款型号的侵权空调产品的利润为477,000元，但美的公司没有提交另外三款空调器的相关数据，且没有正当理由而没有完整地履行证据披露义务，因此，美的公司应承担相应的举证妨碍的法律后果。原审法院在美的公司持有证据而无正当理由拒不提供的情况下，参照其中一款型号的侵权空调产品的利润即477,000元，推定另外三款型号的侵权空调产品的利润均不少于477,000元。对于难以证明侵权受损或侵权获利的具体数额，但有证据证明前述数额明显超过法定赔偿最高限额的，应当综合全案的证据情况，在法定最高限额以上合理确定赔偿额。鉴于该案推定另外三款型号的侵权空调产品的利润均不少于477,000元，故有证据证明侵权损失或侵权获利明显超过法定赔偿100万元的最高限额。[1] 原审法院在综合考虑涉案专利的类型、市场价值，侵权主观过错程度，侵权情节，参考利润，维权成本等因素后，最终判令美的公司赔偿格力公司包括为制止侵权的合理开支在内的经济损失200万元。

在该案中，其他三款型号的侵权空调产品的利润计算就属于裁量性判赔。

又如，在握奇公司诉恒宝公司案[2]中，原告握奇公司拥有一款“一种物理认证方法及一种电子装置”的发明专利，握奇公司发现，被告恒宝公司向

〔1〕 现行《专利法》规定法定赔偿的判赔范围为3万元至500万元，彼时的旧《专利法》规定法定赔偿的判赔范围为1万元至100万元。

〔2〕 参见北京知识产权法院民事判决书，(2015)京知民初字第441号。

中国银行等12家银行销售涉及侵犯握奇公司专利权的USBKey产品。原告遂向北京知识产权法院起诉被告,要求停止侵权行为并赔偿原告合理的经济损失和费用。北京知识产权法院经审理后认为,恒宝公司销售的产品构成侵权,恒宝公司应赔偿原告所有损失4900万元。

关于经济损失赔偿数额的认定问题,法院分析如下:

关于被诉侵权产品的实际销售数量,法院通过查证裁量认定被告恒宝公司向中国银行等12家银行销售被诉侵权产品的数量为481.42万个。关于原告握奇公司专利产品的合理利润,法院通过裁量认定专利产品的利润为12.02元,现握奇公司请求以10元为每个专利产品的利润,显系合理。法院以该10元利润乘以被告恒宝公司向中国银行等12家银行实际销售被诉侵权产品的数量481.42万个,计算出原告损失为4814.2万元。

除上述12家银行外,被告恒宝公司还向渤海银行、浙江农村信用社(合作银行)、湖北银行销售了被诉侵权产品,该销售数量不在中国银行等3家单位证明函统计的范围之内,也就是说,被告恒宝公司实际销售被诉侵权产品的数量超过了481.42万个。虽然被告恒宝公司承认向渤海银行等销售了被诉侵权产品,但是未提供充分证据予以说明其实际盈利状况。在此前提下,原告握奇公司根据行业惯例推断被告恒宝公司向渤海银行、浙江农村信用社(合作银行)、湖北银行销售被诉侵权产品的盈利在200万元以上。

故此,法院在被告恒宝公司拒不提交其向渤海银行、浙江农村信用社(合作银行)、湖北银行销售被诉侵权产品相关证据的前提下,推定原告握奇公司提出的被告恒宝公司销售获利200万元的主张成立。原告握奇公司只主张其中的85.8万元,并与之前计算出的4814.2万元损失合并主张经济损失4900万元,有理有据,法院最终予以支持。

在该案中,法院将恒宝公司向渤海银行、浙江农村信用社(合作银行)、湖北银行销售被诉侵权产品的利润确定为200万元,这一判定就属于裁量性判定。

笔者认为,目前司法实务界根据权利人的损失或者侵权人获得的利益所计算的被告应支付原告的侵权损害赔偿额大部分通过裁量性赔偿的计算方式得出。随着司法赔偿计算精细化的发展,裁量性赔偿与法定赔偿相结合计算损害赔偿额的方式应运而生。此种计算方式相较于单纯的裁量性赔偿或者法定赔偿,在某些情况下表现更为合理。在无锡国威陶瓷电器有限公司等与林芝公司等侵害实用新型专利权纠纷案[1]中,法院最终确定损害赔偿数额时就依据此种方式。

首先,关于林芝公司侵权产品销售总金额的计算。法院对能够查明的部分,查明确定林芝公司向海信(山东)空调有限公司销售该案侵权产品的总金额(不含税)约为 114,371,557 元,对不能查明、确定的部分,则按照法定赔偿的方式确定。

其次,关于林芝公司销售侵权产品的利润率。林芝公司在该案一审庭审中表示其产品的利润率为 10% ~15%。原告提供的证据显示侵权产品的最低销售利润率为 16.54%,最高销售利润率为 32.04%。综合考虑林芝公司主张的最高利润率和原告主张的最低利润率,法院酌定侵权产品的利润率为 15%。

最后,关于该案专利对于侵权产品利润的贡献度。根据该案专利说明书对发明有益效果的记载、该案专利对于林芝公司 PTC(正温度系数)发热器的市场吸引力所起到的重要作用以及该案侵权产品 PTC 发热器还包括其他部件,不宜将侵权产品的利润全部归因于该案专利等因素,以及林芝公司无正当理由拒不参加该案庭审的情况,法院酌定该案专利对于林芝公司侵权产品利润的贡献度为 50%。

综合上述分析,法院对于林芝公司在向海信(山东)空调有限公司销售侵权产品过程中因侵犯该案专利权获得的利润计算如下:114,371,557 元 × 15% × 50% = 8,577,867 元。

对于销售数量无法查明的部分,即被告林芝公司向广东美的制冷设备有

---

[1] 参见最高人民法院民事判决书,(2018)最高法民再 111 号。

限公司、海信(浙江)空调有限公司采购部及 TCL 空调事业部采购部供货部分,法院考虑到该案专利为实用新型专利,林芝公司从事侵权产品的生产和销售,且规模较大,法院酌定林芝公司就该部分向原告赔偿经济损失 80 万元。

经综合上述两项,被告应当赔偿原告:(1)被告获利 +(2)法院酌定赔偿 =9,377,867 元(8,577,867 +800,000)。

法院在计算被告获利部分时,无论是利润率的确定还是专利贡献度的确定,均采用了酌定的方式。鉴于上述两项酌定建立在查明被告销售总额的基础之上,因此,被告获利部分的计算即属于典型的裁量性判赔。

结合上述案例,为提高最终的赔偿额度、避免法院恣意行使判赔自由裁量权,提高法院赔偿结果的可预期性,笔者建议如下:

第一,从权利人的损失、侵权人获得的利益两个方面择一出发,积极举证,避免将损害赔偿额完全交由法官自行酌定,法官自行酌定的赔偿数额通常不高。

第二,将侵权索赔证据进行分类,划分出能够查清侵权产品的销售数量(或者具体销售数额)和不能查清销售数量(或者具体销售数额)这两部分证据。对能够查明的部分考虑引入裁量性赔偿计算方法,对不能够查明的部分,考虑引入法定赔偿计算方法。

第三,引入裁量性赔偿计算方法时,注意对产品利润率、专利贡献度两方面进行积极举证。具体举证可参照本研究报告前述章节的阐述。

第四,需要注意的是,无论预估计算的裁量性赔偿是否超过 500 万元,裁量性赔偿计算方法都应是一个损害赔偿计算的考虑选项,除非通过裁量性赔偿计算方法预估后发现,裁量判赔的预估值明显低于类案在当地法院通常法定判赔的数额,即经过复杂举证和烦琐计算的赔偿数额尚不足以同当地类案的法定判赔数额相当,则就降低工作复杂性、减轻工作量、产出回报应相匹配的角度而言,直接选择适用法定判赔的方式将更为合理、恰当。

## 四、约定赔偿举证查证实务问题研究

### （一）约定赔偿的法律依据以及在实务中发生的具体情形

#### 1. 法律依据

在专利诉讼领域中，我国2020年修正的《专利法》第71条只规定了：侵权赔偿一般按照权利人因被侵权所受的实际损失或者侵权人因侵权所获得的利益——参照专利许可费的倍数——法定限额内酌定赔偿这样的逻辑顺序来判定，没有规定约定赔偿的相关问题。但在《专利侵权司法解释（二）》第28条规定了：权利人、侵权人依法约定专利侵权的赔偿数额或者赔偿计算方法，并在专利侵权诉讼中主张依据该约定确定赔偿数额的，人民法院应予支持。

可见，约定赔偿并未在《专利法》及其实施细则等法律规定中直接体现，而最高人民法院通过司法解释的形式为专利侵权纠纷适用约定赔偿提供直接法律依据。专利法等法律并未禁止在侵权责任承担领域基于当事人意思自治的形式对侵权赔偿数额或赔偿计算方式作出约定，而往往在实际专利侵权诉讼中，实际损失、侵权获利、专利许可使用费、惩罚性赔偿等赔偿数额的确定方式存在举证困难、诉讼成本较高等现实困境，约定赔偿的方式有利于解决专利侵权纠纷中损害赔偿举证难、计算耗时费力等难题，是一种更加简便的损害赔偿确定方法。

#### 2. 约定赔偿在实务中发生的具体情形

根据《专利侵权司法解释（二）》第28条的相关规定，约定赔偿既包括侵权行为发生后的事后约定，也包括侵权行为发生前的事先约定。[1] 事先约定赔偿是指双方对未来可能发生的侵权情形的责任承担进行事先约定，若将来出现约定范围内的侵权事实，则按照约定承担赔偿责任的情形。比如

---

〔1〕 参见宋晓明、王闯、李剑：《〈关于审理侵犯专利权纠纷案件应用法律若干问题的解释（二）〉的理解与适用》，载《人民司法（应用）》2016年第10期。

在先达成调解/和解协议、合同、生效的民事调解书、被控侵权方作出的承诺书等。单方出具的承诺书对承诺方当然具有约束力，对相对方是否有约束力取决于相对方是否有同意适用的意思表示。事后约定赔偿是指双方对已经发生的侵权情形进行协商，对本次侵权行为责任承担事项达成明确一致的意思表示。这样的约定可以是具有强制执行效力的民事调解书，可以是没有强制执行效力的双方约定，一方在对方违反该约定时可以向法院起诉侵权并主张适用约定的赔偿数额或计算方式。

无论是事先约定赔偿还是事后约定赔偿都要依法约定，约定赔偿要遵守社会公共利益和第三人利益、平等自愿、诚实信用、公平合理等合同法基本原则。如果约定赔偿违反合同法的基本原则，则当事人可以申请法院或仲裁机构确认无效、变更或者撤销。[1]

### （二）约定赔偿条件触发时侵权责任和违约责任竞合问题研究

针对侵权赔偿数额进行的约定，仅是针对侵权责任承担数额的确定，而并非形成一种合同关系继而对基础合同约定义务的违反，其承担的仍然是侵权责任，因此不会产生侵权责任和违约责任的竞合问题。由于约定赔偿的性质仍属于侵权责任，在适用约定赔偿条款时，仍然应在审查侵权责任构成要件的基础上确定侵权责任是否成立，而不是依据合同违约责任构成要件进行审查。[2]

例如，在时刻美公司、欣时公司、曾某与卡西欧株式会社、博之轮公司侵害外观设计专利权纠纷案[3]中，广东省高级人民法院认为，《专利侵权司法解释（二）》第28条规定：权利人、侵权人依法约定专利侵权的赔偿数额或者赔偿计算方法，并在专利侵权诉讼中主张依据该约定确定赔偿数额的，法院

---

〔1〕 参见张鹏：《〈民法典〉情势变更制度在知识产权侵权事先约定赔偿中的法律适用》，载搜狐网2020年8月13日，https://m.sohu.com/a/412997522_120051855/。

〔2〕 参见朱佳平：《侵权约定赔偿的适用规则》，载《人民司法》2022年第8期。

〔3〕 参见广东省高级人民法院民事判决书，（2019）粤民终3211号。

应予支持。根据该条规定，约定赔偿可以作为确定赔偿数额的一种方式。约定赔偿的实质是当事人双方就未来或已经发生的侵权赔偿达成的一种简便的确定方式，是当事人意思自治的体现。由于约定赔偿的当事人双方之间不存在基础交易合同关系，不会因一方当事人的违约行为同时侵害对方权益而产生侵权责任，因此，约定赔偿在性质上不属于侵权责任与违约责任的竞合。

在大木林公司、衡艺公司侵害发明专利权纠纷案〔1〕中，最高人民法院认为，该案系侵害发明专利权纠纷，适用专利法及其相关规定，原审判决援引的是专利法的有关规定，以此来确定侵权责任。侵权责任是指因侵犯他人的人身财产或者知识产权而依法应当承担的民事责任。而违约责任是当事人不履行合同义务或者履行合同义务不符合约定而依法应当承担的民事责任。从承诺书的内容看，承诺书系大木林公司就其未来若再次发生侵权行为时的赔偿数额作出的约定，不是对侵权行为发生之后当事人就违反不得再次侵权约定如何承担违约责任所作的约定，故该承诺书并非双方当事人之间的合同，对应的责任是侵权责任，而非违约责任。

### （三）约定赔偿适用具体实务问题研究

#### 1. 在约定赔偿案件中，涉案被诉产品必须包含在达成约定的责任范围内才能适用该约定

在约定赔偿案件中，除了需要明确约定适用的特定侵权情形、特定被诉产品，还应慎重约定责任限定的侵权行为期间、是否包括合理开支等。权利主体若在约定中忽略侵权赔偿责任承担范围的限定因素，则在后续的维权诉讼中很可能面临不利的法律后果。

笔者经检索案例发现，以事后约定赔偿案件为例，在纽珀公司与山河公司、海迅公司等侵害发明专利权纠纷案〔2〕中，原告提交的其与被告在前案

---

〔1〕 参见最高人民法院民事判决书，（2020）最高法知民终1010号。

〔2〕 参见上海知识产权法院民事判决书，（2019）沪73知民初547号。

达成的协议约定:乙方及其投资人俞某承诺自本协议签署之日起,立即停止并保证今后不再生产、销售、许诺销售涉案的各型号产品和未列入案件中的其他与涉案产品功能相同或等同的产品及专用零部件。虽然后案所涉发明专利并不包含在前案所涉发明、外观设计专利权内,但被诉产品仍然属于功能相近的起泡器产品,因此,法院最终认定后案被诉产品包含在和解协议约定的范围内。

相反的,在三宝公司与陈某、汕头市澄海区多佳星玩具厂侵害外观设计专利权纠纷案[1]中,多佳星玩具厂曾与三宝公司签订和解协议,约定:如果多佳星玩具厂在签订该协议后继续生产、销售侵犯三宝公司权利的产品,多佳星玩具厂需向三宝公司赔偿100万元。但该和解协议所涉权利约定不明确,并不能认定是对涉案专利侵权赔偿的约定,因此,三宝公司主张按照该和解协议确定陈某、多佳星玩具厂赔偿其100万元,一审、二审法院均未予支持。三宝公司没有举证证明权利人被侵权造成的实际损失或侵权人因侵权获利情况,该案没有专利许可使用费可供参考,因此最终根据《专利法》(2008年)第65条[2]的规定适用法定限额内酌定赔偿。

2. 能否以约定赔偿的数额过高或过低为由申请调整

约定赔偿不同于违约责任,不具有司法酌增规则和司法酌减规则,双方约定如果符合合同法等法律规定,则应遵循而不得以约定数额比实际损失或获利过高或过低为由主张无效,这点对于权利主体和被控侵权方来说都是一样的。[3]

司法案例中,较多情形是被控侵权方以约定赔偿额高出实际损失或侵权获益为由进行抗辩,这种情况下司法支持约定赔偿额往往更能体现公平正义。实践中约定赔偿多数是事后约定,即已经确定被控侵权方在先实施

---

〔1〕 参见广东省高级人民法院民事判决书,(2020)粤民终797号。

〔2〕 相关规定参见2020年《专利法》第71条。

〔3〕 参见宋晓明、王闯、李剑:《〈关于审理侵犯专利权纠纷案件应用法律若干问题的解释(二)〉的理解与适用》,载《人民司法(应用)》2016年第10期。

过侵权行为，而约定赔偿的适用以证明被控侵权方再次实施侵权行为为前提，此时约定赔偿方式往往兼具补偿与惩罚双重功能，甚至更偏重惩罚功能，这符合我国民法典和专利法中关于惩罚性赔偿的立法精神和适用目的。但正因为约定的优先适用性，所以权利主体在约定时应慎重考量。

例如，在比肯公司诉强静公司侵害发明专利权纠纷案〔1〕中，案件审理期间比肯公司与强静公司达成协议书，约定强静公司承诺不再实施侵害涉案专利权的行为，否则无条件一次性向比肯公司赔偿200,000元，后比肯公司撤诉。在后诉〔2〕中法院认定强静公司制造销售的产品构成专利侵权，且认定双方在先达成的协议书不违反法律的强制性规定，应属合法有效，法院尊重双方当事人在私法自治的范畴内对侵权赔偿数额作出的处分行为，故适用强静公司承诺的再次侵权自愿赔偿200,000元的数额作为该案的赔偿数额。比肯公司主张超出上述部分的赔偿数额的诉讼请求，一审法院依法未予支持，二审法院确认一审判赔额，并表示虽强静公司上诉称其经营不善、获利较少，请求将赔偿数额变更为50,000元，但其上述主张不能对抗双方当事人自愿达成的约定赔偿协议，不能成立，法院不予支持。

又如，在禧玛诺公司诉赛冠公司侵害外观设计专利权纠纷案〔3〕（前案）中，案件审理期间双方达成调解协议，赛冠公司承诺停止侵权行为，否则支付禧玛诺公司违约金100万元，在赛冠公司再次侵权被诉案〔4〕（后案）中，法院确认赛冠公司在后案中实施侵害涉前案专利权行为，禧玛诺公司和赛冠公司在前案调解协议中约定的100万元违约金，是对后续发生的侵权行为如何承担侵权赔偿责任的约定，可以作为确定该案赔偿金额的依据。且后案中的另一被告优升公司虽不是调解协议签订主体，但与赛冠公司有共同侵权的意思联络，以及逃避调解协议约定责任的共同目的，应连带承担赔偿

---

〔1〕 参见广州知识产权法院民事裁定书，(2017)粤73民初1485号。

〔2〕 参见最高人民法院民事判决书，(2021)最高法知民终425号。

〔3〕 参见天津市第二中级人民法院民事调解书，(2015)二中民三知初字第20号。

〔4〕 参见上海市高级人民法院民事判决书，(2020)沪民终555号。

责任并受前案调解协议关于赔偿金额的约束；赛冠公司、优升公司系故意侵权、多次侵权，并存在故意逃避侵权责任的情节，依据前案调解协议判决损害赔偿金额，有利于保护民事主体合法权益，维护社会和经济秩序，有利于弘扬社会主义核心价值观，且未超出该案各方当事人的合理预期，故赛冠公司、优升公司关于一审判赔金额违反侵权责任的比例原则、造成严重不公平和利益失衡的上诉理由不能成立。

**3. 已约定赔偿数额，原告却主张按照原告损失或被告获利计算判赔额的，能否突破约定赔偿的数额进行判赔**

民事主体进行民事行为以意思自治为优先适用的原则，若双方已经达成赔偿协议，当事人协商一致的损害赔偿数额或计算方法应当优先于专利法规定的赔偿数额计算方法予以适用。即便原告能提供证据证明原告损失或被告获利超出在先协议约定的赔偿数额，能否对超出部分赔偿进行支持，也应当以已经协商一致、对超出部分承担赔偿的情形达成约定为必要前提，否则法院没有支持超出部分赔偿的事实依据。

在时刻美公司、欣时公司、曾某与卡西欧株式会社、博之轮公司侵害外观设计专利权纠纷案〔1〕中，卡西欧株式会社作为原告在诉前曾因侵权纠纷与时刻美公司达成过民事赔偿协议，约定：时刻美公司再次郑重承诺不再有侵犯卡西欧株式会社知识产权的任何行为，并承诺如果再次故意侵犯卡西欧株式会社相关知识产权（含附件款式），且在经卡西欧株式会社主动提醒后仍然继续侵犯卡西欧株式会社其他知识产权，愿意就每项知识产权至少赔偿卡西欧株式会社50万元；如卡西欧株式会社的损失大于此赔偿金额，卡西欧株式会社有权另行追究。

后卡西欧株式会社举证证明在达成民事赔偿协议后，时刻美公司等仍再次实施侵害外观设计专利权，深圳市中级人民法院在一审中根据卡西欧株式会社举证证明的涉案侵权产品销售金额及时刻美公司营业利润率，在

〔1〕 参见广东省高级人民法院民事判决书，(2019)粤民终3211号。

推算出时刻美公司侵权获利的基础上，在时刻美公司拒不支付财务账簿、资料的情况下，结合卡西欧株式会社为证明侵权人侵权获利所提交的初步证据，被诉侵权人侵权性质、侵权主观恶意、侵权规模、侵权持续时间，涉案专利对于产品利润的贡献率，卡西欧株式会社合理维权开支等因素，对卡西欧株式会社在该案中主张的赔偿金额（含合理维权费用）438 万元予以全额支持。

然而，广东省高级人民法院在二审中认为，《专利侵权司法解释（二）》第 28 条规定约定赔偿可以作为确定赔偿数额的一种方式。约定赔偿的实质是当事人双方就未来或已经发生的侵权赔偿达成的一种简便的确定方式，是当事人意思自治的体现。上述约定一旦符合合同法等法律的规定，就成为当事人确定赔偿数额的依据，当事人不得以约定数额比实际损失或获利过高或过低为由主张约定无效。约定是平等市场主体自愿达成的合意，对于双方当事人而言，依据该约定确定赔偿数额的主张机会应当是均等的，即如果侵权人主张依据约定确定赔偿数额，权利人同理不能以约定数额明显低于侵权人获利为由主张不依约定确定赔偿数额，除非权利人证明该约定不符合法律规定。

该案中的协议还约定：如卡西欧株式会社的损失大于此赔偿金额，卡西欧株式会社有权另行追究。该案中卡西欧株式会社是否可以据此获得超过 50 万元的赔偿，对此广东省高级人民法院认为：首先，协议约定的成就条件是卡西欧株式会社的“损失”大于 50 万元，而该案中卡西欧株式会社的主张和全部举证均只与侵权人的获利数额有关，缺乏关于卡西欧株式会社本身“损失”的主张和直接证据，而且，对于侵权获利与权利人的损失之间关系如何，如何进行转换认定，卡西欧株式会社均未提供证据证明或作出合理的阐述。其次，卡西欧株式会社主张的侵权获利数额明显缺乏事实依据，因此无法据此直接推定卡西欧株式会社的损失大于 50 万元。综上，协议约定“另行追究”的条件不成就，卡西欧株式会社不能根据协议获得超过 50 万元的赔偿。

结合前述案例,关于约定赔偿,笔者建议如下:

第一,在专利侵权诉讼中,原告损失、被告获利、许可使用费、惩罚性赔偿的法定赔偿形式都需要充分的证据加以证明,对原告来讲,客观上存在调查取证困难、取证成本高等实际问题,因此约定赔偿不失为一种直观、明确、成本更低的赔偿计算方式,权利主体应珍惜约定赔偿的机会。

第二,慎重确定赔偿金额或赔偿计算方式,避免出现约定金额过低的情形,在后续的诉讼中若被控侵权方主张按照约定金额承担赔偿责任,权利主体超出约定金额的部分就很难获得支持。

第三,慎重约定赔偿金额适用的侵权情形,避免因约定不明而产生对权利主体不利的后果。如应约定清楚被控侵权方具体的侵权情形、侵权行为类型、赔偿金额是否包含维权合理开支、被控侵权方是否对超出约定赔偿金额部分承担侵权责任等事宜。

## 五、惩罚性赔偿举证查证实务问题研究

自 2013 年我国《商标法》首次规定了商标侵权惩罚性赔偿起,知识产权惩罚性赔偿在各个不同知识产权类别的法律规定上不断完善,2020 年《民法典》首次就知识产权侵权的惩罚性赔偿作出明确的概括性规定,随后修订的《专利法》正式引入惩罚性赔偿,实现了知识产权领域惩罚性赔偿的全面覆盖。

2021 年 3 月,最高人民法院出台《关于审理侵害知识产权民事案件适用惩罚性赔偿的解释》(以下简称《知识产权惩罚性赔偿的解释》),并相继发布了一批典型案例,指导惩罚性赔偿的正确适用。同时各个地方司法文件也不断出台,对惩罚性赔偿作出了更为具体的指南或者指引,如北京市高级人民法院《关于侵害知识产权民事案件适用惩罚性赔偿审理指南》、山东省高级人民法院《关于审理侵害知识产权民事案件适用惩罚性赔偿的裁判指引》等。

《知识产权惩罚性赔偿的解释》作为《民法典》概括性规定的进一步细

化，明确了知识产权侵权适用惩罚性赔偿的两个构成要件：故意和情节严重。其中，“故意”是对侵权人主观意志的评价，包括《商标法》第 63 条第 1 款和《反不正当竞争法》第 17 条第 3 款规定的“恶意”。

“情节严重”需从客观层面出发，依据侵权行为的性质、持续时间、地域范围、规模、后果等因素进行整体评价。

本报告旨在通过对“故意”以及“情节严重”两个赔偿要件的研究，来探讨司法实践中对于惩罚性赔偿的举证查证实务适用问题。

### （一）惩罚性赔偿中的主观要件“故意”认定问题研究

#### 1. 惩罚性赔偿中的故意与恶意

适用惩罚性赔偿所涉及的故意，主要是指侵权人明知自己的行为会侵害他人知识产权，仍然实施侵害他人知识产权行为的主观状态。

最高人民法院朱理法官认为，惩罚性赔偿语境下的“故意”要件应理解为“认识到其行为的侵害结果，且对结果的发生有追求或放任的心理状态”[1]，《知识产权惩罚性赔偿的解释》中将故意确定为包括《商标法》中第 63 条第 1 款与《反不正当竞争法》第 17 条第 3 款规定的“恶意”。由此可以看出，在知识产权纠纷的惩罚性赔偿的司法实践应用语境中，“故意”与“恶意”并不进行实质上的区分。

但是这里需要注意的是，知识产权纠纷中的“故意”除惩罚性赔偿的应用场景外，还有在合法来源抗辩中，销售者或者使用者中“不知且不应知”的主观判断标准，以及《商标法》中恶意抢注等应用语境，以上的应用场景或者语境中的“恶意”与惩罚性赔偿语境中的“故意”是否具有同一内涵，法院在其他应用场景中对“故意”“恶意”的判断是否可以用在惩罚性赔偿中“故意”的应用场景中，或者惩罚性赔偿中“故意”的实践认定标准是否能够适用于其他应用场景，值得思考。笔者查阅部分司法实践后，发现部分案例对于

---

〔1〕 朱理：《专利侵权惩罚性赔偿制度的司法适用政策》，载《知识产权》2020 年第 8 期。

惩罚性赔偿认定的“故意”与合法来源抗辩中销售者或使用者的“知道或应知”采用了相同或近似的标准，这种思路可供读者参考。

2. 惩罚性赔偿故意的认定与证明标准

行为人的故意是一种内在的主观状态，在民事诉讼中查明难度较大，往往只能通过客观证据加以认定。通常情况下，侵权人与权利人的关系越密切，侵权人知道诉争知识产权的可能性就越大。例如，《商标法》第 15 条、最高人民法院《关于审理商标授权确权行政案件若干问题的规定》第 15 条和第 16 条就如何认定具有明知他人商标的特定关系作了规定。

“故意”要件虽证明难度较高，但仍可通过客观化的证据予以证明。例如，《知识产权惩罚性赔偿的解释》第 3 条第 1 款明确了人民法院认定故意时，应当综合考虑被侵害知识产权客体类型、权利状态和相关产品知名度、被告与原告或者利害关系人之间的关系等因素。

3. 惩罚性赔偿故意认定的司法实践

《知识产权惩罚性赔偿的解释》列举了多项初步认定存在“故意”的具体情形，我们将在下面的论述中逐条从司法实践的角度进行说明。

（1）被告经原告或者利害关系人通知、警告后，仍继续实施侵权行为的

《知识产权惩罚性赔偿的解释》第 3 条第 2 款第 1 项在故意的具体情形认定上，规定“被告经原告或者利害关系人通知、警告后，仍继续实施侵权行为的”属于“故意”。

可以知晓的是，在知识产权诉讼中，侵权通知、警告是较为常规的操作，那么权利人或者权利人的授权人员在收到“通知”或者“警告”后未停止侵权的操作是否必然构成惩罚性赔偿的故意呢？

第一，关于“通知”或者“警告”的适格要求。

侵权警告函往往具有双面特性。一方面，其往往能够对侵权者起到震慑的作用，一定程度上遏制了侵权范围的扩大，使得权利人避免冗长的司法程序，而取得维权效果；另一方面，权利人有可能对其进行滥用，非基于侵权而是排除他人竞争等不正当目的，从而发函。对于法院来说，在惩罚性赔偿

的判断中，需要结合侵权警告函本身内容，从被控侵权人角度来判断其不具有故意的盖然性。

“通知”或者“警告”是否足以让被控侵权人形成故意，应当从两个角度综合考虑，其一，侵犯权利的类型是否使得提供“通知”或者“警告”就足以让一般被控侵权人明显知晓其行为构成侵权；其二，被控侵权人本身的特点是否使其接到“通知”或者“警告”之后就能够确认其行为构成侵权。

对于初步判断较为容易的侵权类型，如商标权、一般作品著作权，只要权利人发送“通知”或者“警告”就有可能使被控侵权人被确认存在故意。《知识产权惩罚性赔偿的解释》第 3 条第 2 款第 5 项明确被告实施盗版、假冒注册商标的行为的，可以直接被认定为具有侵害知识产权的故意。

例如，在音集协、金某某金豪歌城著作权侵权纠纷案〔1〕中，陕西省高级人民法院就认为，对于 KTV 视听作品而言，音集协于 2020 年 8 月 12 日向金某某金豪歌城发送律师函，通知金某某金豪歌城停止使用音集协管理的歌曲并予以赔偿。该律师函就使被控侵权人被确认存在故意。法院虽然后期考虑到金某某金豪歌城侵权未被证明已达到情节严重的程度，故对有关金某某金豪歌城适用惩罚性赔偿的主张未予考虑，但对于被控侵权人的“故意”却未予否认。

而对于初步判断侵权较难的专利侵权类型，“通知”或者“警告”可能需要权利人不仅指明权利类型、侵权行为，还提供相关的专利技术方案说明。例如，在张某武诉路桥公司专利权侵权纠纷案〔2〕中，张某武提交其向路桥公司发出的两份律师函作为证据，以证明路桥公司主观上知道或应当知道路桥公司使用的产品系侵权产品。广西壮族自治区高级人民法院经审查认为，类似律师函的侵权警告函的发出，既可能基于侵权事由，也不排除基于其他不正当竞争目的，且专利权人并不当然具有判断侵权与否的能力，因此，应结合涉案专利权的类型、被诉侵权产品与涉案专利技术是构成等同侵

〔1〕 参见陕西省高级人民法院民事判决书，(2022)陕知民终 325 号。

〔2〕 参见广西壮族自治区高级人民法院民事判决书，(2018)桂民终 646 号。

权还是相同侵权等案件具体情况，认定仅有侵权警告函是否可以认定使用者主观上的知道或应当知道。涉案专利为实用新型专利，保护的是具体的技术方案，对于使用者来说，了解其使用的产品的技术方案无疑具有一定难度，要求其将使用的产品与专利技术方案进行准确比对，过于严苛。张某武在其发出的第一份律师函中并未记载任何涉案专利的技术信息，路桥公司无从判断侵权与否。而第二份律师函是在路桥公司完全接收了被诉侵权产品后发出的，该函仅提供了专利证书，未对被诉侵权产品的技术方案与涉案专利技术方案进行说明，路桥公司无从判断侵权与否。因此，张某武仅凭两份律师函主张路桥公司知道或应当知道其使用的产品为侵权产品，不能成立，故推定路桥公司主观上为不知道且不应当知道状态。

又如，在恒昊公司与李某刚侵犯实用新型专利权纠纷案〔1〕中，最高人民法院认为，销售者就其销售侵权产品的行为承担赔偿责任的前提是知道或者应当知道其销售的产品是未经专利权人许可而制造并售出的专利侵权产品。专利权人应当对此承担证明责任。知道或者应当知道其销售的产品是侵权产品的销售者，具有主观过错，应当承担赔偿责任。通常情况下，销售者对于其销售的产品领域的生产工艺、技术状况等并不具有相当的专业知识，不应推定其知晓他人专利的存在，更难以判断其销售的产品是否属于未经专利权人许可而制造并售出的专利侵权产品。专利权人可以通过发送警告函或者告知函的方式向销售者说明相关情况。专利权人发送的警告函或者告知函应该至少包括或者附加如下信息：专利权人联系信息、主张受到侵害的专利权信息（专利号、专利名称、专利权证书复印件等）、足以确定具体侵权产品的信息、侵权比对基本信息，以及主张具体侵权产品落入专利保护范围的具体理由。

综上所述，侵权警告函的发送是否足以认定被控侵权人存在司法实践上的"故意"，需要综合知识产权类型和特点进行分别考虑。

---

〔1〕 参见最高人民法院民事裁定书，(2015)民申字第2349号。

除以上知识产权类型和特点应当考虑外，被控侵权人的类型以及与权利人的关系也应当考虑。例如，在恒昊公司与李某刚侵犯实用新型专利权纠纷案[1]中，恒昊公司的涉案专利是“多层次酸蚀工艺图案玻璃”实用新型专利，不仅涉及较为复杂的专利技术方案，且权利要求中还涉及酸蚀制造工艺。即使是长期从事玻璃销售的销售者，在同时销售多种产品的情况下，亦难以从产品外观上判断何种产品落入涉案专利保护范围。此处从被控侵权人的角度，对被控侵权人的类型进行了考虑。

又如，在巨凯公司与JUKI株式会社侵害商标权纠纷案[2]中，上海知识产权法院就认为，对于巨凯公司侵权故意的认定，应当综合考虑被侵权客体类型、权利状态和相关产品知名度、被控侵权人巨凯公司与JUKI株式会社或者利害关系人之间的关系等因素。此处则从被控侵权人与权利人的关系出发，进行了综合考虑。

第二，被控侵权人在权利人对侵权行为进行投诉、警告并与其进行和解、调解或者经第三方认定侵权之后，又继续侵权的，一般被认定具有侵权故意。

在这种情况下，通常认为被控侵权人对于侵权有一定的合理预判，被控侵权人在进行和解或者经第三方认定侵权之后，又继续侵权的，则认为具有侵权故意。例如，在周某伟、费格拉公司等侵害外观设计专利权纠纷案[3]中，深圳市中级人民法院认为，对于侵害知识产权的故意的认定，法院应当综合考虑被侵害知识产权客体类型、权利状态和相关产品知名度、被告与原告或者利害关系人之间的关系等因素。被告经原告或者利害关系人通知、警告后，仍继续实施侵权行为的，法院可以初步认定被告具有侵害知识产权的故意。原告早于2017年6月15日向阿里巴巴集团知识产权保护平台投诉费格拉公司销售的“多功能皮具收纳盒”产品侵害其外观设计专利权，费

---

〔1〕 参见最高人民法院民事裁定书，(2015)民申字第2349号。
〔2〕 参见上海知识产权法院民事判决书，(2022)沪73民终187号。
〔3〕 参见广东省深圳市中级人民法院民事判决书，(2021)粤03民初6065号。

格拉公司提出申诉,处理状态为卖家申诉不成立。在阿里巴巴集团知识产权保护平台经审核下架被诉侵权产品后,二被告反复上架被诉侵权产品,直到2021年6月,二被告仍然通过1688平台、天猫平台销售、许诺销售被诉侵权产品。因此,足以认定二被告在知悉原告专利权的情况下仍继续侵权,具有侵权故意。该案中,原告投诉后,被诉侵权产品经第三方平台认定后下架,被告又进行侵权时,认定为具有侵权故意。该案中,通过对被告经网络销售平台认定侵权而下架被诉侵权产品后又反复上架的行为,直接认定了被告的故意。

由上可知,实践中,对于“警告”“通知”以及权利人投诉侵权后被控侵权人是否可被认定为具有侵权故意,法院会综合考虑被侵权客体类型、权利状态和相关产品知名度、利害关系人之间的关系以及被控侵权人被投诉之后的行为等因素。

(2)被告或其法定代表人、管理人是原告或者利害关系人的法定代表人、管理人、实际控制人,或者被告与原告或者利害关系人之间存在劳动、劳务、合作、许可、经销、代理、代表等关系,且接触过被侵害的知识产权的

被告或其法定代表人、管理人是原告或者利害关系人的法定代表人、管理人、实际控制人,或者被告与原告或者利害关系人之间存在前述劳动等关系,这种关系导致被控侵权人应当对原告或者利害关系人之间的权利状态有所知晓,后被告又进行侵权的,则此时可以认定被告具有侵害知识产权的故意。但是值得注意的是,当被控侵权人曾经与权利人存在劳动、劳务、合作、许可、经销、代理、代表等关系时,若要认定被诉侵权人具有侵害知识产权的故意,则被控侵权人必须接触过被侵害的知识产权。

例如,在创世纪公司与恒远公司、元昌公司侵害实用新型专利权纠纷案[1]中,广东省高级人民法院就认可了原审法院提出的以下观点:恒远公司举证证明创世纪公司有从恒远公司跳槽的员工,创世纪公司申请了一系列与被

[1] 参见广东省高级人民法院民事判决书,(2019)粤知民终86号。

诉侵权产品相关联的专利，且其申请的专利有被涉案专利相关专利作为对比文件驳回申请的情况。恒远公司并未提交证据证明被诉侵权产品和恒远公司的专利产品完全相同，员工跳槽是同行业内的普遍情况，创世纪公司有恒远公司的跳槽员工并不必然得出创世纪公司有侵权故意，故恒远公司现有证据不足以证明创世纪公司有侵权的故意。

然而值得注意的是，当被控侵权人曾经是权利人的法定代表人或实际控制人时，被控侵权人只要侵权，则必然具有故意。当被控侵权人是权利人的高级管理人员时，司法实践中通常参照法定代表人或者实际控制人的情况来认定。

(3)被告与原告或者利害关系人之间有业务往来或者为促成合同等进行磋商，且接触过被侵害的知识产权的

被告与原告之间曾经存在业务往来，或者就合作达成过磋商，并接触过被侵害的知识产权的，则可以认定被告存在惩罚性赔偿应用下的故意。值得注意的是，在原告、被告之间的合作关系本身基于知识产权许可、授权的情形下，当合作关系终止后，被告继续使用原告知识产权的，易构成本条件下的“故意”。例如，在浙江巴洛克公司与巴洛克公司、迪尼商行等侵害商标权纠纷案[1]中，江苏省高级人民法院认为，合作关系终止后，浙江巴洛克公司对字号或企业名称的使用构成不正当竞争。涉案第16×××60号“生活家”汉字及英文组合商标于2001年注册。第77×××46号“生活家巴洛克”汉字及英文组合商标于2009年10月申请注册。第47×××26号“生活家”汉字及英文组合商标于2009年3月被核准注册。巴洛克公司于2006年5月成立。浙江巴洛克公司前身为湖州正达木业有限公司，于2009年11月更改名。双方合作始于2006年。显然，浙江巴洛克公司使用“生活家巴洛克”作为企业字号是基于双方合作经营对外开展业务的需要而被授权许可使用，否则其名称的由来及变更将成为无源之水。巴洛克公司在一审中提

---

〔1〕 参见江苏省高级人民法院民事判决书，(2017)苏民终1297号。

供大量证据证明了浙江巴洛克公司在生产、销售的产品上、广告宣传中、网页中以及经营门店的门头及门店装潢中使用“生活家”“生活家巴洛克”字样及其企业名称等表现形式，同时证明“生活家”“生活家巴洛克”等商业标识以及巴洛克公司字号享有较高知名度和商业信誉。因此，基于巴洛克公司的授权及合作需要，浙江巴洛克公司在双方合作期间可依约使用巴洛克公司字号，但在合作关系终止后，特别是在巴洛克公司明确要求浙江巴洛克公司在商业环境中停止使用有关标识及企业字号之后，浙江巴洛克公司使用上述标识以及企业名称或其简称必然产生市场混淆与误认的后果。浙江巴洛克公司明知巴洛克公司商标及企业字号享有较高知名度以及使用相关文字会造成相关公众的混淆，仍不予避让与停止使用，相反继续刻意使用，主观恶意明显。基于此情形，在缺乏法律依据及合同依据的情况下，法院应当认定浙江巴洛克公司构成商标侵权与不正当竞争，责令其变更企业名称中的字号，以制止与惩治这种恶意侵权行为。

以上介绍了一般情况下对惩罚性赔偿中的故意的认定。从目前的司法实践来看，是否能够认定为惩罚性赔偿中的“故意”，需要综合考虑被侵害知识产权客体类型、权利状态和相关产品知名度、被告与原告或者利害关系人之间的关系等因素〔1〕。

### （二）惩罚性赔偿中的客观要件“情节严重”认定问题研究

#### 1. 惩罚性赔偿中情节严重的考虑因素

除前述的主观故意外，侵权情节严重也是惩罚性赔偿的适用前提之一。需要考虑侵权手段、次数，侵权行为的持续时间、地域范围、规模、侵权后果，侵权人在诉讼中的行为等因素，综合认定惩罚性赔偿是否构成情节严重。

#### 2. 惩罚性赔偿中情节严重的认定司法实践

《知识产权惩罚性赔偿的解释》第 4 条规定，对于侵害知识产权情节严

---

〔1〕 参见《知识产权惩罚性赔偿的解释》第 3 条。

重的认定包括以下几种情形。

(1)因侵权被行政处罚或者法院裁判承担责任后,再次实施相同或者类似侵权行为

在此种情形下,是否多次侵犯同一专利,以及是否在人民法院作出的侵权判决生效之后仍继续侵权,是司法实践中认定是否会构成“情节严重”的重要情节。例如,在奥胜公司与格力公司等侵害实用新型专利权纠纷案[1]中,广东省高级人民法院就认为,综合考虑专利技术在产品利润中的贡献、奥胜公司侵权行为性质、奥胜公司侵权主观状态、格力公司维权合理费用支出等因素,尤其考虑到奥胜公司多次侵害格力公司同一专利,甚至在人民法院作出的侵权判决生效之后仍继续制造、销售侵害格力公司专利权的产品,侵权主观故意明显,一审法院判定格力公司诉请赔偿的4000万元有事实和法律依据,可予维持。虽知识产权侵权损害赔偿以补偿权利人损失为主要目的,但是对于重复侵权、恶意侵权等严重侵犯知识产权的行为,尤其是对于判决生效后仍然无视国家法律、司法权威而继续实施侵权行为的侵权人,应加大赔偿力度,提高赔偿数额,让侵权人付出沉重代价,有效遏制和威慑侵犯知识产权的行为,使侵权人不敢侵权,不再侵权。在此情形下,即使判定的赔偿数额高于侵权人因实施侵权技术方案的实际获利,也具有正当性和合理性。

(2)以侵害知识产权为业

所谓“以侵害知识产权为业”,即被告实施的知识产权侵权行为系其主营业务,构成主要利润来源。主营业务不应当以被告营业执照登记的经营范围为准,而应当着重考虑被告的实际经营业务;对于主要以侵权为业的侵权人,可以计算其销售利润。

例如,在广州天赐公司、九江天赐公司侵害技术秘密纠纷案[2]中,最高人民法院认为,安徽纽曼公司虽在二审阶段提交营业执照等证据佐证其经

[1] 参见广东省高级人民法院民事判决书,(2018)粤民终1132号。

[2] 参见最高人民法院民事判决书,(2019)最高法知民终562号。

营范围不止卡波产品的生产。但营业执照记载的经营范围系安徽纽曼公司申请注册成立时的选择，其实际经营范围既可能大于也可能小于营业执照记载的经营范围。且根据已查明的事实，安徽纽曼公司除卡波产品外，并没有生产其他产品，安徽纽曼公司未进一步举证证明其除卡波产品以外生产其他产品的事实。华某被诉披露技术秘密的侵权行为发生于2012～2013年，安徽纽曼公司利用华某从广州天赐公司与九江天赐公司非法获取的卡波生产工艺、设备技术生产卡波产品，并向国内外销售。此外，安徽纽曼公司明确陈述其所生产的卡波产品均为相同设备所产。

最高人民法院认为，界定行为人是否以侵权为业，可从主客观两方面进行判断。就客观方面而言，行为人已实际实施侵害行为，并且该侵害行为系其公司的主营业务，构成主要利润来源；从主观方面看，行为人包括公司实际控制人及管理层等，明知其行为构成侵权而仍予以实施。安徽纽曼公司以及刘某等人的行为，即属此类情形。由该案可知，判断被告是否以侵权为业，主要从利润来源出发。

（3）伪造、毁坏或者隐匿侵权证据

在惩罚性赔偿的认定中，被告是否伪造、隐匿或者毁坏证据是判断惩罚性赔偿的重要情节，侵权证据既包括是否构成侵权的证据，也包括能够证明侵权损害的证据。例如，在广州天赐公司、九江天赐公司侵害技术秘密纠纷案[1]中，法院在论述惩罚性赔偿部分时提道：在本案原审阶段，被告无正当理由拒不提供相关会计账册和原始凭证，构成举证妨碍。笔者认为，被告此举即是隐匿侵权证据，侵权情节严重的表现之一。

（4）拒不履行保全裁定

在惩罚性赔偿认定中，拒不履行保全裁定的，可以初步认定属于情节严重的一种，考虑这里的保全裁定主要是针对侵权行为而言，因此这里的保全

---

〔1〕 参见最高人民法院民事判决书，(2019)最高法知民终562号。

裁定应当主要指的是行为保全裁定和证据保全裁定〔1〕。例如,在来电公司与街电公司实用新型专利纠纷案〔2〕中,法院认为,被告街电公司曾因侵害原告来电公司相同专利权被北京知识产权法院在一审中判决停止侵权及赔偿损失,本两案在诉讼中作出裁定,法院责令街电公司停止侵权行为,但在该裁定作出两个多月后,市场上还存在侵权产品,且来电公司提交的证据记载,街电公司通过向其合作商户发表声明及寄送告知函的形式,鼓动相关商户配合其持续侵权,可见街电公司主观恶意十分明显。实施这种不尊重在先裁决,不积极履行裁定,无视国家法律和他人权利的恶意侵权行为的人,应当付出沉重代价。法院最终对街电公司实施了惩罚性判赔。

(5)侵权获利或者权利人受损巨大

本项中侵权获利或者权利人受损巨大的认定,可以从侵权范围、侵权时间以及侵权规模、侵权后果等进行综合认定。例如,在巨凯公司与JUKI株式会社侵害商标权纠纷案〔3〕中,上海知识产权法院认定被告巨凯公司在一定时间段内,主要生产、销售标注"JUKAI"的侵权产品,并在网站、微信公众号上使用"JUKAI"标识,构成再次实施相同侵权行为,且在微信公众号中自2017年起持续发布包含涉案侵权标识"JUKAI"的产品图文、视频。巨凯公司在境内长期实施了生产、销售侵权产品的行为,同时自称"迄今为止,公司已经在多个国家和地区设立了分公司和办事处;在国内市场上,巨凯先后在二十多个省、自治区、直辖市设立了多个销售分公司和专卖店",在印度申请商标时更是在2012年的邮件中称"自采用并开始使用该商标以来,申请人已就所述商品或服务的持续、广泛、排他并公开地使用该商标……并获得了相当大的市场空间",可见巨凯公司无论是生产出口还是境内销售,侵权规模均较大,获利巨大。

---

〔1〕 参见山东省高级人民法院于2022年4月21日发布的《关于审理侵害知识产权民事案件适用惩罚性赔偿的裁判指引》。

〔2〕 参见广州知识产权法院民事判决书,(2018)粤73民初1851-1852号。

〔3〕 参见上海知识产权法院民事判决书,(2022)沪73民终187号。

(6)侵权行为可能危害国家安全、公共利益或者人身健康

在涉及药品、食品等与公共利益、人身健康或者国家安全领域相关的产品时,侵权人涉及假冒商标等行为的,无论侵权规模大小和侵权时间,均有可能被认定为情节严重。例如,在阿尔塞拉公司与柯派公司侵害商标权纠纷案[1]中,广州知识产权法院认为,柯派公司在2016年10月即因侵权而被行政处罚,时隔一年后再次实施相同的侵权行为;(2018)粤0104刑初856号刑事判决书查明,柯派公司在2016年11月28日至2017年11月6日,生产、销售侵权商品数额高达2,290,410元,现场缴获的侵权商品价值达193,100元;侵权商品为超声治疗仪,是用于医疗美容行业的产品且直接用于人体面部,也就是说,侵权行为可能危及人体健康。根据相关司法解释的规定,柯派公司侵权情节严重。

### (三)惩罚性赔偿的赔偿数额计算问题研究

#### 1. 惩罚性赔偿计算依据

根据《知识产权惩罚性赔偿的解释》第5条第1、2款的规定,法院确定惩罚性赔偿数额时,应当分别依照相关法律,以原告实际损失数额、被告违法所得数额或者因侵权所获得的利益为计算基数。前述所称实际损失数额、违法所得数额、因侵权所获得的利益均难以计算的,法院依法参照该权利许可使用费的倍数合理确定,并以此为惩罚性赔偿数额的计算基数。由上可知,权利人请求惩罚性赔偿的,可以选择按照下列方法确定赔偿基数:(1)权利人因侵权行为所受到的实际损失;(2)侵权人因侵权行为所获得的利益;(3)许可使用费的合理倍数或者权利使用费。

然而在实践中,更多的情况是原告在主张惩罚性赔偿时,因无法掌握证据,而无法获得原告实际损失或者被告侵权获利以及许可使用费的数据,在这种情况下,由于法定赔偿数额不得作为计算惩罚性赔偿的基数,在原告未

---

[1] 参见广州知识产权法院民事判决书,(2020)粤73民终2442号。

对侵权损失、被告因侵权获利或许可使用费的合理倍数进行举证的情况下，司法实践中，法院通常直接对惩罚性赔偿不予支持。例如，在胡某维与祥和公司等侵害外观设计专利权纠纷案[1]中，北京知识产权法院认为，原告胡某维提交的证据并不能证明权利人的经济损失或侵权人获得的利益，其主张的计算基础和计算方式缺乏客观的证据予以支持，故对于其要求适用不到一倍的惩罚性赔偿的主张，不予支持。对于具体的赔偿数额，法院将综合考虑涉案专利价值、被告侵权主观故意、被控侵权行为持续时间较长、被诉产品的售价及销售数量等因素，在法定赔偿数额以内酌情加重确定赔偿数额。在这种情况下，原告可以向法院申请责令被告提供其掌握的与侵权行为相关的账簿、资料等。法院依法责令被告提供其掌握的与侵权行为相关的账簿、资料，被告无正当理由拒不提供或者提供虚假账簿、资料的，法院可以参考原告的主张和证据确定惩罚性赔偿数额的计算基数。

2. 惩罚性赔偿计算的倍数确定

《知识产权惩罚性赔偿的解释》第 6 条规定了惩罚性赔偿倍数的确定方式。关于惩罚性赔偿的倍数，《专利法》、《商标法》、《著作权法》、《反不正当竞争法》及《种子法》均规定的是“一倍以上五倍以下”。鉴于相关部门法未限定惩罚倍数必须是整数，法院可以在上述规定的区间范围内选择非整数的惩罚性赔偿倍数[2]。实际司法实践中，法院通常会根据被告的侵权行为、侵权性质以及在庭审中的配合程度等，综合确定惩罚性赔偿的倍数。例如，在周某伟、费格拉公司等侵害外观设计专利权纠纷案[3]中，深圳市中级人民法院认为，综合考虑以下情况：(1)涉案专利的知名度及有效期；(2)原告在网上多次投诉被诉侵权产品侵权，二被告明知原告具有涉案知识产权，仍在申诉不成立的情况下更换链接继续侵权；(3)侵权行为持续时间超过 3

---

[1] 参见北京知识产权法院民事判决书，(2021)京 73 民初 648 号。

[2] 参见张汉国、张占江：《海问 · 观察|〈最高人民法院关于审理侵害知识产权民事案件适用惩罚性赔偿的解释〉评析》，载微信公众号“海问律师事务所”2021 年 3 月 5 日，https://mp.weixin.qq.com/s/0_U6rVA-HvmvBPKRhzpHhg。

[3] 参见广东省深圳市中级人民法院民事判决书，(2021)粤 03 民初 6065 号。

年;(4)二被告在多个网站开设多个店铺,侵权范围较广,确定赔偿倍数为2倍。

又如,在雷盟光电公司与美高公司侵害实用新型专利权纠纷案[1]中,广州知识产权法院认为,鉴于美高公司主观上具有侵害涉案专利权的故意,其不仅拒不履行前案生效判决确定的专利侵权责任,还重复实施侵害涉案专利权的行为,而且,侵权时间长,其至今未能举证证实已停止实施被诉侵权行为,属于侵权情节严重的情形,故按侵权获利的三倍适用惩罚性赔偿。

再如,在广州天赐公司、九江天赐公司侵害技术秘密纠纷案[2]中,当安徽纽曼公司的前法定代表人刘某因侵害商业秘密行为被追究刑事责任,相关生产工艺、流程及设备被确认侵害权利人技术秘密后,安徽纽曼公司仍未停止生产,销售范围达二十余个国家和地区,同时其在原审阶段无正当理由拒不提供相关会计账册和原始凭证,构成举证妨碍,足见其侵权主观故意之深重、侵权情节之严重。《反不正当竞争法》设立惩罚性赔偿制度的初衷在于强化法律威慑力,打击恶意严重侵权行为,威慑、阻吓未来或潜在侵权人,有效保护创新活动,对长期恶意从事侵权活动之人从重处理。因此,最高人民法院依据所认定的安徽纽曼公司侵权获利的五倍确定损害赔偿数额。该案作为惩罚性赔偿适用的典型案例,对于后续司法实践中的惩罚性赔偿倍数确定有深远的影响。

司法实践中,对于惩罚性赔偿的倍数的确定,可以就以下因素:侵权故意程度;侵权持续时间;侵害知识产权的数量;侵权行为对行业造成的危害;侵权人是否多次侵害知识产权;侵权人是否如实提交侵权获利证据等综合考虑和举证。

### (四)其他:网络服务提供者等侵权人的惩罚性赔偿认定

在网络服务高度发达的今天,网络服务提供者涉及知识产权侵权时的

---

〔1〕 参见广州知识产权法院民事判决书,(2020)粤73知民初57号。

〔2〕 参见最高人民法院民事判决书,(2019)最高法知民终562号。

惩罚性赔偿在司法实践中明确,有利于进一步打击网络服务中的知识产权侵权,净化网络服务环境。

北京市高级人民法院《关于侵害知识产权民事案件适用惩罚性赔偿审理指南》中明确,网络服务提供者明知网络用户利用其网络服务实施侵权行为,无正当理由不采取或者延迟采取删除、屏蔽、断开链接等必要措施,致使发生严重侵害知识产权行为,权利人请求对网络服务提供者适用惩罚性赔偿的,一般予以支持。网络服务提供者教唆网络用户利用其网络服务实施侵权行为,网络用户经教唆严重侵害他人知识产权的,权利人请求对网络服务提供者适用惩罚性赔偿的,一般予以支持。

对于网络服务提供者的惩罚性赔偿,北京市高级人民法院仍然从主观"明知"和客观的"情节严重"两个方面进行了明确,其规定在以下情况下,网络服务提供者可以被初步认定为"明知":(1)接到权利人发出的侵权通知;(2)接到知识产权行政主管部门发出的侵权通知;(3)因网络用户利用其网络服务实施同样的侵权行为而参加相关诉讼、仲裁等程序;(4)与网络用户以分工合作方式提供侵权客体。对于网络服务提供者侵害知识产权的情节严重,则主要规定了以下情形:(1)网络用户的行为被依法认定侵权后,网络服务提供者仍然教唆或者继续教唆该网络用户实施同样或者类似的侵权行为,网络用户经教唆实施相关侵权行为的;(2)网络服务提供者因网络用户利用其网络服务实施侵权行为被依法认定侵权后,仍然教唆或者继续教唆网络用户实施同样或者类似的侵权行为,网络用户经教唆实施相关侵权行为的;(3)网络用户拒不履行认定其侵权的生效判决、裁定,网络服务提供者仍然为该网络用户继续实施同样的侵权行为提供网络服务的;(4)网络用户被依法认定侵权后,该网络用户再次实施同样的侵权行为,经权利人通知后,网络服务提供者无正当理由不采取或者延迟采取删除、屏蔽、断开链接等必要措施的;(5)网络服务提供者因网络用户利用其网络服务实施侵权行为被依法认定侵权后,仍然为该网络用户继续实施或者再次实施同样的侵权行为提供网络服务的;(6)主要以教唆、帮助他人侵害知识产权为业的。

此外,北京市高级人民法院对于网络服务平台未履行转通知义务、未及时终止措施以及网络直播带货侵权和代购等知识产权网络侵权的高发领域和场景适用惩罚性赔偿的情形进行了规定,虽然北京市高级人民法院《关于侵害知识产权民事案件适用惩罚性赔偿审理指南》为北京地方司法文件,但是其规定的情形具有典型性和高发性,值得在实际司法实践中参照适用。

综合上述现阶段知识产权惩罚性赔偿的实践情况,为了使权利人更好地在司法实践中主张惩罚性赔偿,权利人在进行维权时,笔者建议:

第一,及时对侵权行为进行警告。权利人在维权过程中,一旦发现侵权,应当及时警告、通知,避免因侵权数量小、规模不大,就暂不予处理的做法。在进入司法程序之前,结合考虑被侵权客体类型、权利状态和相关产品知名度、利害关系人之间的关系等因素,权利人可进行适格的侵权警告、通知。如果对方通过网络服务平台侵权,应当将该侵权警告通知抄送平台。

第二,在发现侵权以后,对被控侵权人进行全面调查。积极梳理被控侵权人的侵权产品来源和侵权渊源,了解被控侵权人之前是否有反复侵权史、其主要人员是否与权利人有所联系等,同时对其收入进行全面调查,落实其利润情况和主要销售来源,所谓“知己知彼,百战不殆”。

第三,落实到司法行动维权时,应当及时考虑提出惩罚性赔偿诉求。根据《知识产权惩罚性赔偿的解释》的规定,惩罚性赔偿请求应当在一审法庭辩论终结前提出。因此权利人在起诉时,应当积极考虑提出惩罚性赔偿的可能性,避免诉求提出不及时导致后续主张困难或者需要另行起诉。

第四,主张惩罚性赔偿时,应当提出明确的计算依据和倍数请求。由于法定赔偿数额不得作为计算惩罚性赔偿的基数,在原告未对侵权损失、被告因侵权获利或许可使用费的合理倍数进行举证的情况下,司法实践中,法院通常直接对惩罚性赔偿不予支持。因此,权利人在提出惩罚性赔偿时,确实无法掌握相关计算依据的,应当及时向法院申请由被告提供侵权相关证据,进而依据《知识产权惩罚性赔偿的解释》第 5 条第 3 款进行惩罚性赔偿的适用。

除了前述几点建议之外,笔者同时建议权利人在维权时,积极关注被控侵权人在侵权前、侵权时以及诉讼中的各种行为,全面搜集辅助证据,为支撑惩罚性赔偿请求打下坚实基础。

## 六、合理开支举证查证实务问题研究

### (一)合理开支与赔偿金应分别判赔,不应概括判赔

#### 1. 法律依据和政策文件

《专利法》第 71 条第 3 款规定:侵犯专利权的赔偿数额还应当包括权利人为制止侵权行为所支付的合理开支。《专利纠纷若干规定》第 16 条规定:权利人主张其为制止侵权行为所支付合理开支的,人民法院可以在《专利法》第 65 条[1]确定的赔偿数额之外另行计算。

最高人民法院《关于当前经济形势下知识产权审判服务大局若干问题的意见》(法发〔2009〕23 号)第 16 条中规定:除法律另有规定外,在适用法定赔偿时,合理的维权成本应另行计赔。2016 年 7 月 7 日,时任最高人民法院副院长陶凯元《在全国法院知识产权审判工作座谈会上的讲话》中指出:"要加大对合理开支的支持力度,除法律另有规定外,在适用法定或者酌定赔偿时,应另行计算合理的维权成本。"

按照最高人民法院的观点,合理开支不管适用何种赔偿方式,只要权利人主张,都应予以单独计算。但实践中采用法定赔偿方式确定赔偿数额时,若权利人主张的合理开支有相应证据证明,单独计算问题不大。但对于权利人没有提供相应证据的,单独计算则在操作上存在难度。合理开支没有证据予以证明的,还是应当纳入赔偿总额中一并予以考虑,不宜在酌定的赔偿数额之外单独进行酌定。[2] 笔者赞同上述观点,合理费用与赔偿金分别

---

〔1〕《专利法》(2008 年修正)第 65 条,《专利法》(2020 年修正)第 71 条。

〔2〕参见蔡伟、福建省高级人民法院知识产权审判庭:《谈谈知识产权侵权诉讼中合理开支的有关问题》,载微信公众号"知识产权那点事"2019 年 2 月 27 日,https://mp.weixin.qq.com/s/Ov55epVuLXs0WvOajZlH1g。

认定判赔这一导向和做法的前提是权利主体的证据能够证明合理开支数额,若能证明存在合理开支但不能证明合理开支的具体数额,客观上不宜在酌定的赔偿数额之外再单独对合理开支进行酌定。

2. 相关案例

长期以来,法院在很多专利侵权纠纷案件判赔中将侵权赔偿和合理开支不加区分、笼统并入判赔额中,只在分析的时候说明赔偿额包含合理开支。最高人民法院出台的司法解释明确将合理开支计算在赔偿数额之外,且司法实践中针对不加区分的判赔情况,最高人民法院作为二审法院首先对一审判赔额是否合理进行审核,然后结合案件事实认定原告维权的合理开支数额,并将判赔额中相应数额部分定性为合理开支并不再改判。最高人民法院的做法传达出一种司法判赔导向,即专利侵权诉讼判赔中合理费用与赔偿金应分别认定判赔而不可概括判赔。

例如,在伟东公司、和力泰公司侵害实用新型专利权纠纷案〔1〕中,一审法院综合考虑涉案专利为实用新型专利,被诉侵权产品的价格,涉案专利产品是整个机器中的一个重要部件,伟东公司侵权行为的性质(制造、销售、许诺销售)、情节(制造、销售的数量及持续时间等),伟东公司注册资本及和力泰公司为诉讼所支付的必要合理维权费用等因素,酌定伟东公司赔偿和力泰公司经济损失及维权合理费用共计600,000元。二审中最高人民法院认为,原审法院没有严格按照《专利纠纷若干规定》(2015年)第22条〔2〕的规定,在原审判决中分别确定经济损失和合理开支的数额,而将该两部分金额笼统加总,该做法有欠严谨。最高人民法院酌定伟东公司分别赔偿和力泰公司经济损失300,000元及合理开支20,000元。

又如,在松原公司、奥托立夫公司侵害发明专利权纠纷案〔3〕中,最高人民法院二审认为:原审法院没有严格按照《专利纠纷若干规定》第16条的规

〔1〕参见最高人民法院民事判决书,(2020)最高法知民终1917号。

〔2〕相关规定参见2020年《专利纠纷若干规定》第16条。

〔3〕参见最高人民法院民事判决书,(2021)最高法知民终2340号。

定,在原审判决中分别确定经济损失和合理开支的数额,而将该两部分金额笼统酌定,该做法有欠严谨。考虑到该案调查取证情况以及涉案发明专利技术特征对比的难易程度对律师费用的影响等因素,酌情确定奥托立夫公司为该案支付的合理开支为8万元。故在原审酌情确定的赔偿数额50万元中,8万元可进一步酌定为奥托立夫公司为维权支付的合理费用。

(二)合理开支的范围探讨

1. 合理开支的一般类型

专利法和司法解释并未明确合理开支的具体类型和范围。司法实践中,判断一项支出是否属于合理开支一般需要评估该项支出的真实性、关联性和合理性。在符合民事诉讼请求原则的基础上,权利人在诉讼期间新增的合理开支,只要是“为制止侵权行为所支付的合理开支”,都可以获得支持。[1] 合理开支一般包括:律师费、公证费、证据调查费用、技术鉴定费、财务审计费、交通差旅费、文印费用、可信时间戳固证费用等与制止侵权或诉讼直接相关的合理维权开支;一般情况下,保全财产保险费等其他并非维权必要的、不合理的开支则不属于合理开支。

2. 权利主体在二审中新增的律师费诉求能否作为本次侵权诉讼的维权合理开支获得支持

司法实践中,权利主体在一审胜诉后作为被上诉人参与二审诉讼,或者权利主体一审胜诉,但对一审判赔额不予认可而提起上诉,对于这两类情形下二审程序新增的律师费,法院倾向于以提交的证据所涉费用超出其一审诉请范围而不予采纳,或者认可相关证据与本案的关联性,但默认一审判赔额已经包含二审律师费等合理开支而不再额外支持。

例如,在雀勋公司、萧山机电厂等与雀兆公司侵害外观设计专利权纠纷

---

〔1〕 参见陈志兴:《浅析知识产权诉讼合理开支的确定与赔偿》,2014年中华全国专利代理人协会年会第五届知识产权论坛论文(第二部分)。

案[1]中,在二审中权利主体作为被上诉人提交专利无效程序的委托协议及发票、二审律师费发票,用以证明被上诉人一审后又增加了维权费用1.6万元,上海市高级人民法院认为:被上诉人提交的证据所涉费用超出其一审诉请范围,且其未就该案提起上诉,故对该费用不予支持。又如,在乌斯特公司、圣蓝公司侵害外观设计专利权纠纷案[2]中,权利主体因不满一审判赔额上诉并增加因维权所支出的二审律师费及交通费等合理费用5万元,上海市高级人民法院认为:该主张超出其一审诉讼请求范围,不属于该案二审审查范围,并且在对其上诉请求不予支持的情况下,其要求圣蓝公司承担其二审律师费的主张缺乏依据。

再如,在利威尔公司、山大远图公司侵害实用新型专利权纠纷案[3]中,权利主体不服一审判赔额而上诉,并在二审中提交律师代理费发票一份,欲证明二审阶段支出的合理费用为5万元。最高人民法院认为:根据综合因素确定本案经济损失(含合理费用)共计80万元,并无不妥,法院予以支持,故对于利威尔公司赔偿金额过低、山大远图公司赔偿金额过高的上诉理由,均不予支持,并驳回上诉,维持原判。另如,在科信达公司、路通公司侵害外观设计专利权纠纷案[4]中,权利主体路通公司作为被上诉人在二审中提交了律师费发票一份,拟证明二审期间为维权支出合理开支2万元,要求在一审赔偿的基础上增加律师费2万元,云南省高级人民法院提出:对于路通公司所提在一审判赔金额的基础上增加赔偿二审律师费的要求,综合考虑本案判赔因素,认为一审判赔金额已经可以弥补路通公司的该项支出,故对于路通公司所提的该项要求,法院不再予以支持。而在荣美公司、王某侵害实用新型专利权纠纷案[5]中,权利主体作为被上诉人在二审中提交二审律师费用发票一张,拟证明其支出合理维权费用15,000元。广东省高级人民法院

---

[1] 参见上海市高级人民法院民事判决书,(2020)沪民终290号。

[2] 参见上海市高级人民法院民事判决书,(2020)沪民终292号。

[3] 参见最高人民法院民事判决书,(2020)最高法知民终986号。

[4] 参见云南省高级人民法院民事判决书,(2022)云民终840号。

[5] 参见广东省高级人民法院民事判决书,(2017)粤民终921号。

认为:该案中,一审法院综合考虑涉案专利的类型、荣美公司侵权行为的性质和情节、被诉侵权产品的单价、王某为该案支出的合理费用等因素,并参考荣美公司网店显示的被诉侵权产品成交量,酌定荣美公司应赔偿王某经济损失及合理开支10万元,并无不当,法院对此予以确认。王某在二审提交的律师费发票虽然没有标注案号,但开具日期、客户名称、律师事务所名称等均与本案相关信息一致,且金额在合理范围内,故法院对其关联性予以确认,最终驳回上诉,维持原判。

司法实践中有少数权利主体在一审败诉后提起二审,二审翻案且一审、二审律师费、公证费等合理开支均被支持的案例。例如,在莱顿汽车公司与盖淤优公司侵害发明专利权纠纷案件[1]中,权利主体在一审中败诉,二审上诉时主张合理费用包括:公证费4500元(一审诉讼中的公证费3500元,二审诉讼中的公证费1000元)、律师费1,500,000元(一审律师费600,000元,二审律师费900,000元),江苏省高级人民法院认为:依据上诉人提交的代理合同、转账凭证,并综合案件性质、难度、代理工作量等因素,法院认定上诉人主张的150万元律师费属于合理支出,予以全额支持。关于购买侵权产品以及公证取证的费用,因有相应发票、公证书等佐证,且考虑到上诉人为证明侵权产品落入涉案专利权保护范围的相关实验费用均未主张,故予以支持。

笔者认为,只要原审原告在一审中就律师费、公证费等合理维权开支提出过诉求,那么二审新增律师费诉请并不属于《民诉法解释》第326条[2]关于原审原告增加独立的诉讼请求的情形,就并未超出一审诉讼请求范围,二审法官只需要结合案件事实证据评判原告主张的律师费、公证费中真实的、关联的、合理的部分,而无论该部分是在一审中提出的还是在二审中新增的。这

---

[1] 参见江苏省高级人民法院民事判决书,(2015)苏知民终字第00172号。

[2] 《民诉法解释》第326条规定:"在第二审程序中,原审原告增加独立的诉讼请求或者原审被告提出反诉的,第二审人民法院可以根据当事人自愿的原则就新增加的诉讼请求或者反诉进行调解;调解不成的,告知当事人另行起诉。双方当事人同意由第二审人民法院一并审理的,第二审人民法院可以一并裁判。"

样做既不会损害当事人诉讼权利，不会与现行法定诉讼程序相悖，更能最大程度节约司法资源，且更能高效、全面地评判案件所涉纷争，达到诉讼便民、彻底定分止争的社会效果。

3. 专利侵权纠纷中，涉案专利无效宣告请求案件而产生的律师费能否作为侵权诉讼维权合理开支获得支持

笔者认为，因涉案专利无效宣告请求案件而产生的律师费系为维持涉案专利权有效而支出的费用，并非涉案专利侵权案件的维权支出，因此法院应不予支持。[1]

### （三）律师费酌定判高的司法考量因素研究

司法实践中，法院往往考量律师代理工作的必要性、案件疑难复杂程度、律师代理过程的实际付出、起诉标的额与判赔额支持比例以及律师行业相关收费标准等因素来综合评估律师费全部或部分是否属于合理开支。

例如，在握奇公司诉恒宝公司侵犯发明专利权纠纷案[2]中，一审法院北京知识产权法院认为：

首先，该案系发明专利侵权案件，专业性要求较高，代理人不仅要了解案件基本情况，更要具备知识产权诉讼业务知识和相应的法律能力，需要律师甚至是知识产权专业律师参与诉讼，故原告握奇公司委托律师事务所指派相关律师作为其诉讼代理人具备合理性和必要性。

其次，该案涉及计算机和通信领域，技术性较强，同时，还需要诉讼代理人将其所掌握的该领域技术知识与专利法律有机结合，并作出侵权判断。尤其原告握奇公司主张被诉侵权技术方案既落入了方法权利要求的保护范围，同时还落入了产品权利要求的保护范围，需要根据方法特征和产品特征

---

〔1〕 参见最高人民法院民事判决书，（2021）最高法知民终932号；最高人民法院民事判决书，（2022）最高法知民终600号。

〔2〕 参见北京知识产权法院民事判决书，（2015）京知民初字第441号；北京市高级人民法院民事裁定书，（2017）京民终399号。

的不同保护对象分别进行特征比对,代理工作难度较大。不仅如此,原告握奇公司还针对被告提出了高额赔偿,需要较为缜密、更有说服力的证据组织形式,这增加了案件的难度。

最后,关于原告律师为该案实际付出的情况。原告握奇公司的律师参与了四次对被诉侵权产品的公证保全取证,向法院提出了多次证据保全申请并为此提供了相关证据线索,提交了数百页书面证据和书面代理意见;法院传唤原告握奇公司律师谈话四次,开庭五次,每次开庭时间均在三个小时以上;根据原告握奇公司律师提供的书面申请和证据线索,采取财产保全一次,证据保全及向案外人调查取证三次;此外,鉴于涉案专利技术较为复杂,涉及两项独立权利要求,技术特征较多,均需要原告握奇公司的律师在深入理解、掌握该领域技术,并详细分析、理解被诉侵权产品的方法特征和产品特征后提出侵权对比意见,原告握奇公司的律师在庭后还多次口头修正、解答法庭提出的技术比对问题;对于原告握奇公司提出的赔偿请求,原告握奇公司的律师提供了包括案外人相同产品盈利证据在内的多份关联性、说服力较强的证据及翔实的计算依据。上述工作的完成需要原告握奇公司的律师及其工作团队花费较多的时间和精力,法院在此予以认定。

另外,我国民事诉讼法规定当事人只能委托一至二名委托代理人,但是,鉴于该案的复杂程度,原告委托的律师事务所安排多于二人的律师团队从事案件辅助性工作实属正常。法院还根据案件审理流程审查了原告握奇公司律师提交的2016年1月至4月的日志统计表和握奇专利诉讼律师工作小时明细表,确认其中与案件审理有关联的工作安排以及事前准备工作所花费的时间数据是真实的,且目前无证据证明统计表中记载的时间数据存在虚报、伪造等情形,故法院对原告握奇公司在该案中提供的律师工作时间予以认可。该律师事务所根据该时间数量收取的律师费总额并不违反法律规定。

而且,原告握奇公司已向其委托的律师事务所实际支付了部分律师费,实际损失已经发生,其余部分未支付系因为该案尚未审结,但应属客观的、必然要发生的费用，对于原告握奇公司而言，应归于实际损失之列。

在该案的二审裁定中，虽因上述案件权利人专利权所涉权利要求被宣告无效而裁定撤销了一审判决，但法官在上述判决中支持高额律师费的分析说理依然可以参考。案件的难易程度，律师的工作态度、专业程度、实际工作量等都是法院认定律师费是否属于合理支出的考量因素。因此，诉求方应留存相关证据，如律师费发票、委托代理合同、付款凭据、工作记录统计明细表等，以证明律师费的必要性和合理性，从而获得判赔支持。

又如，在思拓凡瑞典股份公司等与博格隆公司侵害发明专利权纠纷案[1]中，上海市高级人民法院认为，对于原告方为本案支出的律师费和差旅费，虽原告未能提交相应凭证，但两原告的四位委托代理人实际参与了该案的立案、庭前会议及庭审等诉讼活动，故法院综合以下因素酌情确定了相关费用：

第一，涉案专利为基因工程蛋白质领域的发明专利，案件技术事实疑难复杂。第二，该案为涉外案件，其间历经上海知识产权法院立案受理和上海市高级人民法院提审，司法程序较为复杂。审理中两原告的四位委托代理人均参加了庭前会议和正式庭审并代表委托人提交了大量证据，制作了技术争点演示视频和 PPT，出具了书面侵权比对意见、对被告证据的质证意见和代理意见，实际工作量较大。第三，该案与（2020）沪知民初 11 号案件为系列案件，当事人和被诉侵权行为均相同，原告方在两案中提交的证据，委托代理人发表的侵权比对意见、质证意见和代理意见基本相同，且两案的庭前会议和正式庭审在征得双方当事人同意的基础上合并进行，故在确定该案原告方委托代理人的工作量时，应酌情与（2020）沪知民初 11 号案件予以平衡。第四，原告方继 2020 年 5 月 11 日提交证据后，又分别于 2020 年 9 月 3 日等 6 日提交证据，且在线证据交换曾由于原告方设备无法清晰展示证据内容等原因被推迟，上述情况均客观上导致案件审理进程被延迟。第五，在

---

〔1〕 参见上海市高级人民法院民事判决书，（2020）沪知民初 12 号。

确定该案当事人支出的律师费用时，还应考量起诉标的金额与判决支持金额之比，而该案中原告方诉请标的金额已被足额支持。第六，该案于2020年9月3日进行现场谈话，于2021年2月8日采用在线方式进行庭前会议，于2021年8月17日采取在线与现场相结合的方式进行庭审（原告方王某某律师到庭参与现场庭审），综合考量该案立案、庭审等诉讼活动，该案诉讼中原告方可能支出的差旅费用不应过高。上海市高级人民法院综合考虑以上因素并参考律师行业相关收费标准，酌情确定被告应向两原告支付的其因该案诉讼而产生的律师费和差旅费为15万元。

结合前述案例，关于维权合理支出的举证查证问题，笔者建议如下：

第一，分别计算。权利主体在起诉时对其维权合理开支应尽量与赔偿分别主张，分别计算，以期获得分别判赔的更高赔偿额。

第二，全面计算。除对维权过程中支付的律师费、公证费、调查费、鉴定费等必要开支进行主张外，涉及涉案专利二审律师费、新增公证费等合理支出也要按期举证证明和主张，以期获得判赔支持。

第三，全力举证。诉讼中应妥善留存相关证据、工作记录等，尽量证实维权支出的客观事实，尽量从费用支出的真实性、关联性、合理性三个层面去论证和说服法官，争取获得法官对维权合理开支最大限度的支持。在真实性层面，需要保留并提交发票、合同、转账记录、工作记录、工作成果等相关证据原件，以证明费用支出是真实的。在关联性层面，在收集、保留证据时一定注意对证据进行必要的“标注”，比如笔者在公证票据上会要求备注对应的公证书编号，合同上会写明花费的具体内容，避免证据因无法与涉案纠争一一对应而被否认关联性。在合理性层面，比如在律师费的主张上，尽量通过对律师代理的必要性、案件难易程度、律师专业程度、律师实际工作付出、律师在整个案件中的参与度和工作量等各个角度去论证和阐释相关费用支付的合理性，以期争取法官的支持。

## 结 语

本研究报告系统梳理了中国专利侵权诉讼中高额索赔的举证查证实务

问题,针对当前司法实践中权利人面临的“举证难、赔偿低”等核心挑战,从法律依据、司法判例及实务策略多维度展开深度剖析。报告围绕六大主题展开:(1)权利人实际损失与侵权获利的计算,强调通过公开渠道取证、法院证据保全、举证妨碍制度等破解销售数据与利润率举证难题;(2)参照专利许可费的判赔,提出需重点验证许可协议真实性及合理性,并结合个案调整倍数;(3)法定赔偿与裁量性赔偿的区分,厘清二者在举证要求、自由裁量逻辑及适用顺位上的差异,倡导通过精细化计算提升判赔可预期性;(4)约定赔偿的适用,明确其法律依据及竞合处理,强调需细化责任范围以避免争议;(5)惩罚性赔偿的要件认定,结合主观“故意”与客观“情节严重”的司法审查标准,提出从侵权历史、行业危害等多角度强化举证;(6)合理开支的举证规则,主张将维权成本单独计算并覆盖全流程费用。

报告通过典型案例解析与实务建议,为专利权人及代理人提供了从证据收集到诉讼策略的全面指引,尤其针对高判赔额的关键环节(如专利贡献度、惩罚性赔偿倍数)提出可操作性方案。其价值在于:其一,系统性整合了现行法律与司法解释,为实务操作提供清晰框架;其二,结合司法动态(如最高人民法院典型案例)揭示裁判趋势,助力精准预判;其三,立足实务痛点,提出创新策略(如区块链存证、裁量性赔偿与法定赔偿结合计算),助力突破判赔瓶颈。在知识产权保护力度持续强化的背景下,本报告不仅是理论研究与实务经验的结晶,更是企业维权与律师代理的重要参考,为推动专利侵权损害赔偿的精细化、合理化贡献了专业智慧。

# 后　　记

本书由孙大勇主任主导统编，在刘志伟副主任、左殿勇委员、丁建春委员的分工落实以及深圳市律师协会专利法律专业委员会其他众多委员、干事的辛勤付出和努力下，历时一年有余，终于圆满完成！这是团队智慧的结晶，是我们对知识产权领域深入探索的结果。我们怀着无比激动的心情，将这些最新的研究成果呈现给读者，希望它能为法律从业者、学者及相关领域的专业人士提供有益的参考。

在写作过程中，我们经历了许多挑战与考验。知识产权法领域，尤其是专利法领域细节繁复，案例分析的难度极高。每一个案例都要求我们在细致分析和全面理解后找到关键点，这不仅需要扎实的专业知识，更需要团队成员之间无缝地协作与支持。参与本书编撰的人员都是知识产权领域的专业律师，每日都有繁忙的工作需要完成。这本书的顺利成稿与出版，需要每一位参与者牺牲工作之余的休息时间，投入大量精力。谨此，向所有参与编撰的成员致以敬意。

在完成这本书的过程中，我们深刻认识到知识产权保护在科技创新背景下的重要性与复杂性。知识产权保护是激励创新、维护市场秩序和推动新质生产力发展的基石。然而，伴随技术的飞速发展，知识产权保护的复杂性在快速增加。面对这些挑战，需要不断完善法律体系，提升执法能力，确保知识产权保护能够适应时代的变化，继续为社会经济的发展和科技创新的进步保驾护航。只有这样，才能在激烈的国际竞争中保持优势，推动社会经济的持续健康发展。

知识产权律师通过总结案件经验并形成专业著作，不仅可以提升自身的专业能力和知识储备，还能推动行业标准和法律实践的提升，促进法律与科技的深度融合，提高社会对知识产权保护的认知，推动政策的科学制定。这不仅对知识产权律师专业能力的提升有益，更能为知识产权保护体系的整体进步作出重要贡献，推动知识产权保护朝着更高水准发展。

我们希望，这本书能够唤起更多人对知识产权保护的重视，并激励更多的专业人士投入这项事业中，共同推动法律的进步与社会的发展。未来的路还很长，我们愿意继续在这条道路上前行，不断学习，不断探索。期待有更多的机会与读者分享我们的思考和成果。

**马　戎**

**深圳市律师协会专利法律专业委员会副主任**

**2025 年 6 月 30 日**

深圳市律师协会专利法律专业委员会近年来在协会管理和业务建设方面做了大量的工作，特别是组织推动了业务研究、优秀案例评选和分享、业务交流等活动，既拓宽了执业律师的视野，也提高了执业律师的业务水平。深圳是一个极具创新的城市，也是实践知识产权创造、保护、运用和管理的前沿城市。本书既是深圳专利律师近几年来对知识产权实践中出现的法律热点问题的思考和总结，也是他们努力践行专利制度宗旨所取得的丰硕成果。本书不仅对于专利代理师和律师是一本难得的参考书，同时也适合大专院校、企事业研究机构中从事知识产权创造、保护、运用和管理的人员阅读和学习。

——陈迎春（国家知识产权局专利局复审委员会诉讼处原处长、二级巡视员）

深圳的专利纠纷案例在全国乃至全球有着重大影响，如全球首例标准必要专利许可费纠纷、全国首例标准必要专利反垄断纠纷、禁令纠纷均发生在深圳，深圳的探索精神为专利领域的发展作出了重要贡献。而同样富有探索精神的深圳专利律师的专业水准也是非常高的，更为难能可贵是，他们在办理完案件后，还在不断总结、提炼，本书就是由这些案例、文章汇集而成。本书最大的特点是兼具新颖性和实用性，如探讨了在互联网环境下的专利公开、恶意诉讼等问题，对专利诉讼赔偿问题给出了非常实用的建议，对于专利律师、专利代理人、企业知识产权从业者来说是一本不可多得的专业参考书籍。

——邱永清（广东省高级人民法院民事审判第三庭原副庭长）

2020年至今，随着《专利法》的最新修改以及最新的《专利法实施细则》的出台，对于专利的申请、无效、侵权判断均发生了新变化，对专利的各种专业问题，法官、律师、学者虽有不同的认识，但对核心内容的认识一致，本书体现了深圳专利律师对专业问题的研究和思考。该书从深圳知识产权律师代理专利民事诉讼、专利无效审查两大业务板块为着眼点，对实务操作中遇到的复杂、疑难问题展开理论总结，辅以2021年~2023年深圳律师专利类获奖典型案例评述及中国专利侵权诉讼高额索赔举证查证实务问题研究报告，展开实务探讨和研究，充分展现了深圳知识产权律师的理论水平和实务操作能力。本书源于经验，又超越经验，具有非常重要的实务和理论参考价值，值得专利实务工作者学习和借鉴。

——于春辉（深圳市中级人民法院知识产权法庭原审判长）